Wermke · »Hab a Talent, sei a Genie!«
Band 2

Jutta Wermke

»Hab a Talent, sei a Genie!«
Kreativität als paradoxe Aufgabe

Band 1:
Entwicklung eines Konzepts der Kreativität
und ihrer Förderung durch Literatur

Band 2:
Empirische Überprüfung literaturdidaktischer
Möglichkeiten der Kreativitätsförderung

Jutta Wermke

»Hab a Talent, sei a Genie!«

Kreativität als paradoxe Aufgabe

Band 2:
Empirische Überprüfung literaturdidaktischer
Möglichkeiten der Kreativitätsförderung

Deutscher Studien Verlag · Weinheim 1989

Über die Autorin:

Jutta Wermke, Dr. phil., Jg. 43, ist Privatdozentin im Fachbereich Sprach- und Literaturwissenschaften der Universität-Gesamthochschule-Siegen mit den Schwerpunkten Produktionsforschung, Literatur- und Mediendidaktik.
1. und 2. Staatsexamen für das Lehramt an Höheren Schulen in den Fächern Germanistik, evangelische Theologie und Pädagogik; kontinuierliche Tätigkeit in der Lehrerausbildung für alle Schulstufen; Buchpublikationen zu Comics, zur Ästhetischen Erziehung, zur Bildbeschreibung; Aufsätze und Schulbücher.

CIP-Titelaufnahme der Deutschen Bibliothek

Wermke, Jutta:
»Hab a Talent, sei a Genie!« : Kreativität als paradoxe Aufgabe / Jutta Wermke. – Weinheim : Deutscher Studien Verlag, 1989

Bd. 2. Empirische Überprüfung literaturdidaktischer Möglichkeiten der Kreativitätsförderung. – 1989
ISBN 3-89271-165-8

Druck nach Typoskript (DTP)

Alle Rechte, insbesondere das Recht der Vervielfältigung und Verbreitung sowie der Übersetzung, vorbehalten. Kein Teil des Werkes darf in irgendeiner Form (durch Photokopie, Mikrofilm oder ein anderes Verfahren) ohne schriftliche Genehmigung des Verlages reproduziert oder unter Verwendung elektronischer Systeme verarbeitet, vervielfältigt oder verbreitet werden.

© 1989 Deutscher Studien Verlag · Weinheim
Seriengestaltung des Umschlags: Atelier Warminski, 6470 Büdingen 8
Printed in Germany

ISBN 3 89271 165 8

VORBEMERKUNG ZUM ZWEITEN BAND

Der zweite Band baut auf dem ersten auf. Er setzt die Kenntnis der dort entwikkelten und begründeten Vorstellungen und Annahmen zur Kreativitätsförderung voraus, angefangen bei der kritischen Darstellung von Aspekten der Kreativität in der Literaturdidaktik über die Entfaltung eines integrativen Konzepts der Kreativität in Auseinandersetzung vor allem mit psychologischer Forschung bis zum Entwurf eines Programms der Kreativitätsförderung speziell im Umgang mit Literatur.

Der zweite Band ist jedoch insofern in sich geschlossen, als für eine Klassenstufe, und zwar die fünfte, die Ausarbeitung, Durchführung und Überprüfung des Programms in allen relevanten Schritten dokumentiert wird. Zu den vier jeweils zwölfstündigen Unterrichtssequenzen habe ich im 4. Kapitel für jede Einzelstunde den Verlaufsplan und die Schülermaterialien sowie einen Kurzkommentar aufgrund von Protokollen zusammengestellt. Die Entwicklung der 'Tests' zur Lernerfolgskontrolle ist so anschaulich und vollständig wie möglich im 5. Kapitel reproduziert. Ebenso habe ich mich bemüht, die Datenerhebung und Auswertung auch für Nicht-Empiriker weitgehend verständlich darzustellen. Der Illustration dienen darüber hinaus die zu jeder Unterrichtssequenz exemplarisch aufgenommenen Schülerarbeiten. Meine Bedenken gegenüber Testverfahren im Rahmen von Kreativitätsförderung haben zum einen dazu geführt, daß ich entgegen der üblichen Praxis die 'Tests' selbst in den Ablauf der Sequenzen an entscheidender Stelle integriert und die Test-Texte der Schüler zum Gegenstand des weiterführenden Unterrichts gemacht habe. Zum anderen gehe ich explizit und konkret auf Fragen der Reichweite bzw. Begrenztheit der Aussagekraft der Ergebnisse ein, allerdings unter der Voraussetzung, daß auch für kreativitätsfördernden Unterricht eine, wenngleich eingeschränkte, Überprüfung des Lernerfolgs möglich sein muß.

Und schließlich ist der zweite Band als Anregung an die Lehrerinnen und Lehrer unter den Lesern gedacht, die hier abgedruckten Vorschläge zum Ausgangspunkt ihres eigenen kreativitätsfördernden Unterrichts zu nutzen. Darum habe ich mich auch um eine Präsentation bemüht, die den Prozeßcharakter hervorhebt: In die vorliegende Druckfassung sind die Ergebnisse früherer Arbeitsgänge quasi als Selbstzitate eingelagert und durch die ältere Schreibmaschinenschrift markiert. Mit den Vorformen der Tests ist daher nicht nur die älteste Werkschicht dokumentiert, sondern auch die Grenze der Lesbarkeit erreicht. Dieser demonstrative Verzicht auf eine durchgängig perfekte (vereinheitlichte und geschlossene) formale Gestaltung signalisiert dem Leser optisch die Offenheit der vorgestellten Konzeption und die Möglichkeit, sie in seinem Stil und mit seiner 'Handschrift' umzusetzen. So sollen die Vorlagen zu den ausgearbeiteten Unterrichtseinheiten gerade nicht als 'Gebrauchsanweisung' einfach übernommen, sondern entsprechend der jeweiligen Klassensituation modifiziert und verbessert werden. Sie können aber auch als Beispiel (nicht als Muster) für die eigenständige Entwicklung von anderen kreativitätsspezifischen Sequenzen dienen. Dafür ist es jedoch sinnvoll, wieder auf den ersten Band und die dort lediglich skizzierten aufbauenden Entwürfe für den Unterricht in den Klassen 6 bis 9 zurückzugreifen. Das Programm wurde nicht zuletzt deshalb nicht für alle Klassenstufen ausgefüllt, damit sich die bunte Vielfalt didaktischer Kreativität in individuellen 'Fortsetzungen' dieses zweiten Bandes ausbreiten kann.

Siegen, im Sommer 1989 J.W.

Anschrift:
Dr. Jutta Wermke, Fachbereich 3/Germanistik, Universität-Gesamthochschule-Siegen, Postfach 10 12 40, 5900 Siegen

INHALT

> **Erster Band: Entwicklung eines Konzepts der Kreativität und ihrer Förderung durch Literatur**

	Seite
Einleitung	1 - 6

Erstes Kapitel:	**ASPEKTE DER KREATIVITÄT IN DER LITERATURDIDAKTIK**	7 - 27
1.1.	Produktivität und Poetik	8
1.2.	Originalität und Spiele mit Sprache	11
1.3.	Expressivität und Gestaltungsübung	17
1.4.	Phantasie und Kritisches Lesen	21
1.5.	Zusammenfassung und Konsequenzen	26

Zweites Kapitel: KREATIVITÄT ALS INTEGRATIVES KONZEPT — 28 - 144

- 2.1. Eigenschaften und Fähigkeiten der kreativen Person — 37
  - 2.1.1. Wahrnehmung und Kognition — 40
  - 2.1.2. Emotion und Motivation — 57
  - 2.1.3. Verhalten und Handeln — 65
- 2.2. Stadien des kreativen Prozesses — 74
  - 2.2.1. Schematische Darstellung — 75
  - 2.2.2. Entwicklungsgeschichtliche Akzente — 81
  - 2.2.3. Intuition und Organisation — 84
- 2.3. Merkmale einer kreativitätsfördernden Umwelt — 93
  - 2.3.1. Atmosphäre — 93
  - 2.3.2. Angebote und Anreize — 98
  - 2.3.3. Interaktionen — 106
- 2.4. Formen und Funktionen des kreagenen Produktes — 117
  - 2.4.1. Kriterien und ihr Geltungsbereich — 119
  - 2.4.2. Besonderheiten literarischer Texte — 128
  - 2.4.3. Anwendung literarischer Verfahren — 135
- 2.5. Zusammenfassung als Explikationsversuch — 142

Drittes Kapitel: EIN OFFENES PROGRAMM   **145 - 200**
                   ZUR KREATIVITÄTSFÖRDERUNG
                   IM UMGANG MIT LITERATUR

3.1. Leitziele und Lehrziele   147
    3.1.1. Von Personmerkmalen zu Leitzielen   147
    3.1.2. Über Produktmerkmale zu Lehrzielen   152

3.2. Kontinuum für die Klassen 5 bis 9   163
    3.2.1. Charakterisierung der Stränge   164
    3.2.2. Differenzierung nach Klassenstufen   167
    3.2.3. Ergänzende Perspektiven   185

3.3. Aufbau der Sequenzen   189
    3.3.1. Der gelenkte Prozeß   189
    3.3.2. Unterrichtsphasen als Prozeß-Umwelt-   192
           Interaktionen

3.4. Zusammenfassung und Rückblick   195

Literaturverzeichnis   **199**

Namenregister   **219**

> Zweiter Band: Empirische Überprüfung literaturdidaktischer
> Möglichkeiten der Kreativitätsförderung

	Seite
Viertes Kapitel: UNTERRICHTSEINHEITEN FÜR DIE FÜNFTE KLASSE	225 - 383
4.1. Unterrichtseinheit: "Ich möcht' ein Clown sein!"	225
4.1.1. Expressive Phase (1. bis 3. Stunde)	228
4.1.2. Technische Phase (4. bis 7. Stunde)	237
4.1.3. Inventive Phase (8. bis 12. Stunde)	254
4.2. Unterrichtseinheit: "Siehst du was? Hörst du was?"	262
4.2.1. Expressive Phase	265
4.2.2. Technische Phase	276
4.2.3. Inventive Phase	292
4.3. Unterrichtseinheit: "Schatzsuche"	303
4.3.1. Expressive Phase	306
4.3.2. Technische Phase	315
4.3.3. Inventive Phase	332
4.4. Unterrichtseinheit: "Stark oder schwach?"	339
4.4.1. Expressive Phase	342
4.4.2. Technische Phase	355
4.4.3. Inventive Phase	369
4.5. Nachbemerkung	379
Fünftes Kapitel: EMPIRISCHE ÜBERPRÜFUNG DES LERNERFOLGS	384 - 586
5.1. Entwicklung des Testaufbaus	385
5.1.1. Funktion und Grenzen der Tests	385
5.1.2. Integration des Tests in einen kreativitätsfördernden Unterricht	392
5.1.3. Konzeption des Testmaterials	397
5.2. Erprobung im Vortest	428
5.2.1. Schulpraktische Vorüberlegungen	428
5.2.2. Konsequenzen aus dem Verlauf	432
5.2.3. Auswertung der Ergebnisse und Festlegung der Testendform	439

5.3.	Durchführung des Haupttests		538
	5.3.1. Planung		538
	5.3.2. Ablauf		542
	5.3.3. Ergebnisse und Interpretation I: Tauglichkeit der Tests 1 bis 4		545
	5.3.4. Ergebnisse und Interpretation II: Brauchbarkeit der Unterrichtseinheiten 1 bis 4		559
5.4.	Perspektiven		584

Anhang 587

Literaturverzeichnis 621

Namenregister 641

Verzeichnis der Tabellen 647

Viertes Kapitel: **UNTERRICHTSEINHEITEN FÜR DIE FÜNFTE KLASSE**

Das gute Leben ist von Liebe beseelt
und von Wissen geleitet.
                    Bertrand Russell

Zur Veranschaulichung, wie dieses Programm konkret im Unterricht umzusetzen ist, werden die Sequenzen für eine Klassenstufe ausgearbeitet und im folgenden dargestellt. Die Überprüfung des Lernerfolgs der durchgeführten Unterrichtseinheiten ist Gegenstand des fünften Kapitels. Daß für die detaillierte Darstellung wie für die anschließende Untersuchung die fünfte Klasse ausgewählt wird, hat nicht nur den Grund, daß sie die Eingangsstufe des Kontinuums ist. Hinzu kommt, daß gerade für diese Altersgruppe in unserem Schulsystem ein starker Kreativitätsabfall nachgewiesen ist (2.2.2.) und somit den Ergebnissen, die hier unter erschwerten Bedingungen erzielt werden, besondere Aussagekraft zukommt.

Die Durchführung erfolgte zwischen dem 4.11.1983 und dem 9.3.1984 an vier Duisburger Gymnasien. Die Auswahl des Schultyps, der einzelnen Schulen wie der speziellen Klassen wird im fünften Kapitel begründet.

Für alle Sequenzen gilt einheitlich der unter 3.3.1. skizzierte Aufbau: Von den insgesamt zwölf Stunden sind drei der expressiven Phase vorbehalten, vier der technischen gewidmet und fünf dienen der inventiven. Wie und warum die Tests zur Überprüfung des Programms nicht 'angehängt', sondern als Bestandteile des Unterrichts der dritten Phase (jeweils in der 8./9. Stunde) integriert sind, wird im fünften Kapitel erläutert.

Auch die Gestaltung der Lernumwelt nach 3.3.2. wird hier lediglich in der konkreten Umsetzung vorgeführt. Aus Zeit und Platzgründen werden die Maßnahmen jedoch nicht im einzelnen explizit auf die für eine kreativitätsfördernde Atmosphäre, für Anreiz und Angebot sowie die entsprechenden Interaktionen festgelegten Grundsätze rückbezogen.

Die Zielangaben (3.1.) und Profile der Stränge (3.2.) werden allerdings stichwortartig jeweils aufgegriffen, um die Planung der Unterrichtseinheiten innerhalb des Programms möglichst transparent zu machen. Aus demselben Grund werden zu jeder Einzelstunde nicht nur Textauswahl, Intentionen und Verfahren angegeben, sondern gelegentlich auch Hinweise auf deren Funktion in diesem Konzept der Kreativitätsförderung.

Obgleich zu allen Stunden Gedächtnisprotokolle angefertigt wurden, soll auf die Unterrichtserfahrung nur eingegangen werden, sofern diese über die spezielle Klassensituation hinaus von allgemeinerem Interesse ist und Konsequenzen für das Programm haben könnte. Eine (systematischere) Auswertung der teilnehmenden Beobachtung erfolgt im Zusammenhang der Testentwicklung und -durchführung, über die im fünften Kapitel berichtet wird.

4.1. Unterrichtseinheit: "Ich möcht' ein Clown sein!"

Der Clown dient für die erste der Sequenzen, die mit Mitteln der Komik Freiräume des Subjekts gegen alltägliche Rollenzwänge entwerfen, als Leitfigur, da er den Kindern in dieser Funktion vertraut ist. Als Ausgangspunkt erscheint die stereotype Zirkusszene zwischen Weißclown und Dummem August besonders geeignet: Indem der scheinbar Schwächere den autoritär Auftrumpfenden schließlich lächerlich macht, wird ein Gegenmodell zur häufig negativen Lebenserfahrung, nach der der Schwächere 'der Dumme' ist, inszeniert. Die humorvolle Rollendistanz bleibt jedoch einseitig, so daß das Ziel eines toleranten Nonkonformismus erst mit der Überschreitung auch dieser Konstellation erreicht ist in einer Situation, in der weder der eine noch der andere ausgelacht wird, sondern beide miteinander und über sich selbst lachen können.

Um die Schüler wenigstens in ihrer Vorstellung bis an diesen Punkt zu führen, soll zunächst expressives Verhalten freigesetzt werden, sowohl in der Artikulation ihrer (auch aggressiven) Lust am Modell der Zirkusszene als Reaktion auf den Machtmißbrauch 'typischer' Erwachsener, wie auch im pantomimischen Ausagieren ihres Vergnügens an situationskomischen Effekten.

Im Mittelpunkt der technischen Phase steht der gezielte und reflektierte Umgang mit Mehrdeutigkeiten der Sprache, angefangen bei der Konstruktion komischer Dialoge und abschließend mit der Umfunktionierung von stereotypen Handlungsabläufen in komische Szenen. Beide Male schließt sich an die Analyse einer literarischen Vorlage die Produktion und Besprechung von Schülertexten an.

Während die Bühne des fiktionalen Geschehens von der Manege ins Klassenzimmer wechselt, bleiben die Akteure eindeutig Clowns und damit durch ihre Rolle legitimiert, sanktionsfrei Autoritäten zu verulken. Erst mit der inventiven Phase wird die Verwendung komischer Strategien in realitätsnahen Konfliktsituationen zwischen Kindern und Erwachsenen direkt angegangen. Den Transfer sollen allerdings die Schüler selbst (im Rahmen des Tests) leisten. Die in Gruppen (und mit Begründung) erfolgende Auswahl von Schülertexten für ein gemeinsames Buch sowie die gestisch-mimische Verdeutlichung der Stimmung durch Illustrationen dienen der Reflexion der alltäglichen Gegeninszenierungen und können eventuell auch denen, die beim Verfassen der Texte nicht erfolgreich waren, zu kreativen Einsichten verhelfen.

Tabelle E

Erste Unterrichtseinheit "ICH MÖCHT' EIN CLOWN SEIN!" - Planung -

Krea.-Phasen	Unterr.-Phasen/Stunden	Thema/Tätigkeiten	Texte/Abbildungen	Hausaufgaben
Problemwahrnehmung	I Expressive Phase			
	1.Stunde	Zirkusclowns als Prototypen komischerSzenen mit e. Geschichte einführen	W.W.Parth:Manegenzauber(A1) Interaktionsschema(A2)	Erzählung: Ein Clown in der Schule.
	2./3.Stunde	Pantomime gestisch-mimische Gestaltung erspielen n.Vorlage und erfinden zu e.Thema	Spielvorlagen: Friseurlehrling(A3), Szenenphoto(A4)	Teile d.Erzählung als Pantomime beschreiben(nach A5)
Präraration und Inkubation	II Technische Phase			
	4.Stunde	Sprachkomik Analyse e.Dialogs u. Spiel mit mehrdeutigen Wörtern u.Wendungen	Valentin:In der Apotheke(A6)	Materialsammlung(A7) Dialog mit Mißverständnissen(A8)
	5.Stunde	Situations- und Sprachkomik Besprechung v.Schüler-Arbeiten;gezielter Einsatz v.Ausdr.-mitteln in e.Verhaltenskette	HA 1, 2/3, 4	Verhaltenskette mit Humor (A9)
	6.Stunde	Komische Szenen 1 Zus.fassender Rückblick;Verbindung d. Teilaspekte in e. szen.Gestaltung: rezeptiv/produktiv	Übersicht z.Aufbau d.UE (A10) Waechter:Schule mit Clowns,1.Szene(A11)	Eine dritte Schlußszene z.Schule mit Clowns (A12)
	7.Stunde	Komische Szenen 2 Besprechung v.Schüler-Arbeiten:Komik als Mittel zu Konfliktlösungen	HA 5, 6	---
	III Inventive Phase			
Illumination1/ Elaboration1	8./9.Stunde	Geneninszenierungen TEST selbständige Anwendung auf Alltagssituationen	Vordrucke	---
Kommunikat.1/ Illumination2	10.Stunde	Textauswahl Zusammenstellung f. Klassenbuch, Begründung	Kopien von Testlösungen	Verbesserte Reinschrift e.(fremden) Schülertextes
Kommunikat.2/ Elaboration2	11./12.Stunde	Illustration Ergänzung d.Dialoge durch (gemalte) gestisch-mimische Akzente, als Buch heften	HA 10	---

: "Anlage" ; HA: "Hausaufgabe"; UE:"Unterrichtseinheit"

4.1.1. *Expressive Phase*

Erste Stunde

Thema: Zirkusclowns

Ziel: Zur Einführung sollen die wichtigsten Aspekte "Komischer Szenen" angesprochen werden:
- Mittel der Situations- bzw. der Sprachkomik
- Funktion der Komik als ein Sich-Wehren gegen Autoritäten
- Unterschiedliche Zielvorstellungen für Konfliktlösungen zwischen Auslachen und Miteinanderlachen

Textauswahl: "Manegenzauber" von Wolfgang W. Parth (Anlage 1)
Es handelt sich um einen leicht verständlichen Text aus dem Bereich der Kinder- und Jugendliteratur, der eine klassische Clowns-Nummer beschreibt: Der arrogante Weißclown soll eine Rede halten und wird daran durch die Aktivitäten des Dummen August gehindert, bis er schließlich unter dem Gelächter des Publikums aufgibt. Zur Einführung eignet sich der Text ferner aus folgenden Gründen: Zum einen macht die Rahmenhandlung (ein Mädchen und ein Junge freunden sich mit Leuten vom Zirkus an) deutlich, daß 'der Clown' eine Rolle ist, die von einer Person *gespielt* wird und die dafür Begabung, Übung, Kunstfertigkeit benötigt. Zum andern hat die Erzählform den Vorteil, daß man auch über die Dialoge hinaus *verbalisieren* muß, was auf der Bühne geschieht, die Clowns werden beschrieben und charakterisiert, die Reaktion des Publikums mitgeteilt usw.

Unterrichtsschritte:
0. Erläuterung des Experimentes zum kreativen Deutschunterricht
1. Textlektüre
2. Gliederung des Textes
3. Charakterisierung der Clowns
4. Beurteilung des Handlungsablaufs

Kommentar zur Vorgehensweise und *Bericht:*

ad 0: Die Schüler werden so umfassend wie möglich über den Zweck der Untersuchung informiert, so daß sie eventuell einen Zusammenhang mit ihrer eigenen Unzufriedenheit am Deutschunterricht erkennen können und ihre Mitarbeit als Engagement von Schülern für Schüler verstehen.

ad 1: Der Lehrer (gemeint ist damit im folgenden die Verfasserin, die den Unterricht durchführt) liest selbst vor (Anlage 1). Die Schüler haben die Kopien vor sich und dürfen, wenn sie wollen, mitlesen. Auf folgende Leitfragen ist zu achten: Wie werden die verschiedenen Clowns dargestellt? Wie ist der Text gegliedert, z.B. durch Wiederholungen?

ad 2: a) Spontane Äußerungen.
b) Anschließend Gliederung des Textes in Abschnitte, die den Aufbau als Klimax deutlich machen: zwischen Vorstellung der Clowns (1) und Wirkung auf das Publikum (7) die Steigerung der Überraschungseffekte vom Einsatz der Tuba im 'falschen' Moment (2) über die Instrumente aus dem Koffer (3) und im Gehrock (5) bis zur virtuosen Imitation (6); dazwischen in der Mitte (4) die sprachkomische Einlage.

ad 3: a) Vorbereitung in Einzelarbeit: Aussagen über den Dummen August sind rot, über den Weißclown blau zu unterstreichen. Die erste Gliederungseinheit (Z. 1-16) bearbeiten alle Schüler, die folgenden Gliederungsabschnitte werden (auch aus Gründen der Zeitersparnis) jeweils von einer Stuhlreihe übernommen.
b) Sammlung unter den Stichworten: äußere Erscheinung, Auftreten, Tätigkeiten, Reaktionen (Anlage 2a: Tafel). Frage nach der Dummheit des Dummen August.

ad 4: a) Beurteilung des Ablaufs vor dem Hintergrund eigener Erfahrungen: Mit welchem der Clowns identifizieren sich die Kinder? Begründung? Beispiele für ähnliche Erlebnisse außerhalb der Zirkuswelt? Wie enden Konfliktsituationen zwischen Kindern und Erwachsenen 'normalerweise'? (Anlage 2b: Tafel). Das Clowns-Modell ist zwar besser als die Alltagserfahrung, da Anmaßung und Dünkelhaftigkeit entlarvt werden. Aber ist der Sieg des Schwächeren die beste Lösung?
b) Beurteilung des Ablaufs im Hinblick auf Verbesserungsmöglichkeiten: Könnte der Weißclown nicht auch anders reagieren? Parallele zur erhofften Reaktion von Erwachsenen, speziell Lehrern auf die Späße der Kinder? Voraussetzung, daß der Betroffene mitlachen kann, ist, daß die Scherze nicht aggressiv und verletzend sind, und auch, daß der 'Stärkere' Spaß versteht.

Hausaufgabe:
"Ein Clown in der Schule" (Erzählung von ca. 1 Heftseite)
Hinweise: Überlegt euch, ob ihr jemanden auslachen oder zum Mitlachen bringen wollt. Andere Klassenkameraden dürfen nicht in beleidigender Weise dargestellt werden.

Manegenzauber

Der Wanderzirkus Manzoni gibt ein Gastspiel in der Stadt, in der Rock und Rocky wohnen. Die beiden Freunden sich mit dem Mädchen Tina an, das auf dem Seil und auf galoppierenden Pferden tanzt, und mit Onkel Bill, dem dummen August. Tina hat ihnen Freikarten geschenkt, und nun sitzen sie in der Nachmittagsvorstellung.

1   Plötzlich ein gewaltiger Paukenschlag. Im Publikum wird
    es still, und alles blickt zum Sattelplatz, wo hinter dem roten
    Vorhang lautes Gezeter hörbar wird.
    Mit Schwung wird der Vorhang aufgerissen, und herein
5   treten die drei traditionellen Spaßmacher des Zirkus: der
    „vornehme“ Weißclown mit dem buntschillernden Paillettengewand und dem weißgeschminkten Gesicht, der Dumme
    August mit roter Perücke und ein schmächtiger Hanswurst
    mit überdimensionaler Glatze.
10 Der Dumme August ist »Onkel Bill«, das erkennen Rock
    und Rocky trotz der Verkleidung sofort. Er trägt einen knallbunt karierten Gehrock, der ihm drei Nummern zu groß ist,
    und die reinsten Elbkähne als Schuhe. Um den Hals hängt
    ihm ein sogenanntes Bombardon, eine riesige messingglän-
15 zende Baßtuba, die ihn schier erdrückt, und dazu schleppt er
    noch einen großen verbeulten Koffer mit.
    Die drei streiten sich noch immer. Es wird klar, daß der
    vornehm tuende Clown eine Rede halten will, aber von Billy,
    der sich mit seinem Instrument sehr wichtig vorkommt, daran
20 gehindert wird. Immer wieder tritt er vor und beginnt mit
    eitlen Gesten:
    »Geährtes Publikum! Meine Damen und Härren —«
    Doch ehe er seine Rede halten kann, bläst Billy in seine
    Tuba und quetscht ohrenbetäubende Töne hervor.
25 Bei diesen Tönen, müssen Rock und Rocky denken, hat
    Billy am Abend zuvor versagt. Gebannt verfolgen sie die
    weitere Entwicklung. Aber es geschieht nichts. Billy bläst immer weiter, bis ihm der Clown verzweifelt das Instrument
    entwindet und es dem glatzköpfigen Hanswurst zum Ab-
30 transportieren gibt.
    Dann setzt er erneut zu seiner Ansprache an. Doch inzwischen hat Billy heimlich seinen Koffer geöffnet und eine Posaune herausgeholt, auf der er nicht minder laut zu blasen
    beginnt.
35 Das Publikum quiekst vor Vergnügen.
    Natürlich wird Billy auch die Posaune abgenommen, aber
    dafür kommt jetzt aus dem Koffer eine ebenso große Trompete und anschließend noch ein Saxophon hervor.

40 Jetzt packt dem eitlen Clown die Verzweiflung. Er nimmt
    den Koffer und stülpt ihn um, daß noch eine Menge anderer
    Instrumente herauspurzeln. Alle überpig er dem dritten
    Mann, der sie sofort hinter dem Vorhang verschwinden läßt.
    „So, jätz ist Ruhä!“, sagt der Clown befriedigt und will
45 wieder mit seiner gespreizten Begrüßung beginnen. Doch da
    tritt Billy vor ihn hin und fragt in aller Unschuld: »Weißt
    du, wer dich grüßen läßt?«
    »Nein«, sagt der Clown und rückt sich geschmeichelt.
    »Wer läßt mich grüßen?«
50 »Kein Schwein!«
    Lautes Lachen. Das ärgert den Clown natürlich. Er will
    sich rächen und tippt Billy vielsagend an die Stirn. »Sag mal,
    wie lange kann ein Mänsch eigentlich ohne Gehirn leben?«
    Billy überlegt eine Weile, dann fragt er: »Wie alt bist du?«
    Arglos erwidert der Clown: »Dreißig Jahre.«
55 »Siehst du — immerhin so lange!«
    Erneut schallendes Lachen. Vor allem die Kinder sind begeistert und klatschen vor Vergnügen in die Hände.
    Als sich der Beifall gelegt hat, tritt der Clown wieder vor.
    »Geährtes Publikum! Meine Damen und Härren —«
60 Aber schon hat Billy augenzwinkernd in seinen übergroßen
    Gehrock gegriffen und eine dort versteckte Klarinette herausgezogen, auf der er sich vergnügt zu spielen beginnt.
    Empört reißt der Clown die Klarinette an sich, und da in
    diesem Augenblick der Hanswurst schadenfroh zu lachen be-
65 ginnt, schlägt er das Instrument wütend auf dessen hohe
    Glatze, daß es in zwei Stücke zerspringt.
    Natürlich ist das noch lange nicht das Ende der Szene. Immer neue Instrumente zaubert Billy aus seinem Gehrock hervor, eine Oboe, eine Flöte und sogar ein Fagott. Und alle
70 Instrumente weiß er meisterlich zu spielen.
    In seiner Verzweiflung reißt der Clown dem Billy jetzt den unbequemen ganzen Gehrock vom Leib und trägt ihn eigenhändig hinaus. Samt allen noch darin versteckten
    Instrumenten. Billy steht jetzt nur mit einem knappen Rin-
75 gelhemd bekleidet da. Darunter kann er bestimmt kein Instrument mehr verborgen halten.
    Der Clown ist nun sicher, endlich ungestört seine Rede halten zu können. Doch kaum setzt er zu den ersten Worten an, ertönt erneut ein schmetterndes Trompetensolo.
80 Woher? Von Billy natürlich. Aber womit? Wutentbrannt rennt der Clown
    sieht bei ihm ein Instrument. Wutentbrannt rennt der Clown
    auf ihn zu, untersucht ihn, stellt ihn kopf auf den Kopf.
    Nichts zu finden. Aber die Trompete schmettert weiter.
    Jetzt stellt sich heraus, daß Billy die Töne mit dem Mund
85 produziert. Er braucht kein Instrument, trompetet ganz einfach mit den Lippen, wobei er die Hände als Schallrichter benützt. Man könnte meinen, er habe die richtige Trompete verschluckt.

UE 1 / Anlagen 1 + 2

Anlage 2

c) Gegen-Vorstellung

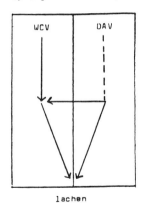
lachen zusammen

a) Zirkus

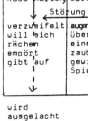

wird ausgelacht

b) Häufige Erfahrung

wird ausgelacht

Anlage 1 (S.3)

Das ist zuviel für den Clown. Er gibt auf, verzichtet auf
seine Rede, rennt so verstört davon, als habe er in Billy den
leibhaftigen Gottseibeiuns entdeckt.
Das Publikum ist von dieser Wendung begeistert. Den
prasselnden Beifall quittiert Billy augenzwinkernd. Zum
Dank produziert er sich noch weiter als Klangimitator, ahmt
täuschend die Töne der verschiedensten Instrumente nach. Er
ist ein großer Künstler auf diesem Gebiet, ein Musikclown
von hohen Graden.
»Mit diesem Talent«, meint Rock, »könnte er glatt ein
ganzes Orchester ersetzen.«
Zum Abschluß parodiert Billy einen Violinvirtuosen. Mit
übertrieben ausgeheimter Handbewegung streicht er das rote
Haar seiner Perücke zurück, nur dann so, als klemme er sich
eine Geige unters Kinn, greift nach einem nicht vorhandenen
Fiedelbogen und vollführt mit dem rechten Arm gefühlvolle
Streichbewegungen. Dabei erzeugt er, während er langsam
die Manege verläßt, mit gespitzten Lippen Töne, die wie
schluchzendes Saitenspiel klingen: »Auf Wiedersehn – auf
Wiedersehn...«
Ein wirkungsvoller Abgang und ein großer Erfolg für
Onkel Bill.

90
95
100
105
110

aus Wolfgang U. Parth: Rock und Rocky. Hilfe, der
Zirkus brennt!, München 1976, S.83–86

Zweite / Dritte Stunde

Thema: Pantomime

Ziel: Mit der Pantomime sollen Ausdrucksmöglichkeiten von Gestik und Mimik ausprobiert (und ansatzweise reflektiert) werden:
- Effekte der Situationskomik herausspielen
- ohne Gegenstände Handlungsabläufe simulieren
- Sich-frei-Spielen in der Gruppe, mit der Gruppe, vor der Gruppe

Textauswahl: "Der Friseurlehrling" (Anlage 3) ist eine relativ kleinschrittig beschriebene Clownsszene mit viel Action und Klamauk, die sich als Vorlage für erste pantomimische Versuche eignet, da die Situation selbst und einige der Gags bekannt sind.
Szenenphoto mit Unterschrift: "Vier Clowns kämpfen mit den Schwierigkeiten, ein Feuer zu löschen, das im Hut eines ahnungslosen fünften Clowns ausgebrochen ist ..." (Anlage 4). Diese Themenangabe ohne direkte Handlungsanweisungen erfordert pantomimische Erfindungen, und zwar im Unterschied zur Friseurszene differenzierte Variationen zu einer im wesentlichen gleichbleibenden Situation.

Unterrichtsschritte:
0. Verbindung zur vorherigen Stunde
1. Spiel nach Vorlage: "Der Friseurlehrling"
2. Freie Erfindung einer Szene zum Thema "... Feuer unterm Hut ...".

Kommentar zur Vorgehensweise und *Bericht:*
Es wird eine Doppelstunde angesetzt, damit genügend Zeit zur Planung, zum Vorspielen aller Gruppen und zum Besprechen ist.

ad 0: Erinnerungen an den spielerischen, überraschenden Umgang des Dummen August mit Instrumenten und Sprache. Beides soll im folgenden genauer besprochen werden, hier zunächst das Spiel ohne Sprache.

ad 1: Die Vorlage "Der Friseurlehrling" (Anlage 3) wird in drei Teilen kopiert.

    a) Aufgabenstellung: Die Schüler erhalten den Anfang der Szene (3.1.) und beraten in Partnerarbeit, wie sie die Begegnung von Clown und Dummem August pantomimisch darstellen wollen / können. Bedingungen: es darf bei der Darstellung kein Wort gesprochen und es sollen keine Gegenstände benutzt werden.

    Empfehlung: zu jedem Satz der Vorlage mindestens eine gestisch-mimische Aktion zu finden.

    Ziel: Zuschauer, die den Text nicht kennen, verstehen, was dargestellt wird.

    Einige 'Proben' werden vorgespielt und auf Verbesserungsmöglichkeiten hin besprochen.

    Erklärung möglicherweise unbekannter Wörter.

b) Gruppenarbeit: Die eine Hälfte der Klasse erhält den zweiten Teil der Szene (3.2.), die andere den dritten (3.3.). Es werden Gruppen gebildet, die die Verteilung der Rollen selbständig übernehmen und Spielideen besprechen bzw. ausprobieren. Informationen über die beiden Szenenabschnitte dürfen nicht untereinander ausgetauscht werden.

c) Vorspielen und Raten: Die Gruppen, die den zweiten Teil vorbereitet haben, spielen nacheinander vor. Die andern Schüler schauen zu und erzählen nach jeder Vorführung die Geschichte, wie sie sie wahrgenommen haben. Nachdem alle Versionen präsentiert worden sind, dürfen die Spieler sagen, was den Zuschauern entgangen ist. Dann liest der Lehrer den Text vor, und die Darbietungen, Beobachtungen und Verbesserungsvorschläge werden gemeinsam besprochen. Derselbe Ablauf zum dritten Teil. Abschließend Verteilung der jeweils fehlenden Textteile.

ad 2: Die Schüler erhalten Anlage 4.

a) Aufgabenstellung: Da zum Thema "... Feuer unterm Hut ..." keine Handlungsanweisungen gegeben werden, soll die Aufgabe, damit sie nicht zu schwer für die Kinder wird, folgendermaßen präzisiert werden: man muß wahrnehmen, daß ein Feuer ausgebrochen ist; man muß erkennen, daß der betroffene Clown nichts davon merkt; man muß sehen, wie die vier andern zu löschen versuchen. Um Wiederholungen (z.B. pausenloses Pusten) zu vermeiden, sollen die Gruppen zu jedem der Punkte nur die drei besten Ideen auswählen und realisieren.

Als zusätzlichen Spielanreiz bei dieser schwierigen Aufgabe und zum Vergnügen der Zuschauer erhalten die Kinder einen Satz Schminkstifte und den Auftrag, sich gegenseitig anzumalen.

b) Gruppenarbeit

c) Vorspielen.

Hausaufgabe:

Die Hausaufgabe der vorherigen Stunde wird noch nicht besprochen, sondern ergänzt. Zu ihrer Geschichte "Ein Clown in der Schule" sollen die Kinder versuchen eine Spielanleitung (nach Vorlage 5) zu schreiben. Die teilweise Übersetzung der Erzählung in die Beschreibung einer Pantomime dient der Einführung der Regieanweisungen und Übung der inszenierenden Vorstellung.

UE 1 / Anlagen 3 + 4

Anlage 4

Vier Clowns kämpfen mit den Schwierigkeiten, ein Feuer zu löschen, das im Hut eines ahnungslosen fünften Clowns ausgebrochen ist. ...

aus: Die Welt des Circus, hrsg. v. Rupert Croft-Cooke und Peter Cotes, Zürich 1977, S.146

Anlage 3 (1.)

Der Friseurlehrling

1. Clown und Dummer August treffen aus verschiedenen Richtungen kommend in der Manege ein.
Große Begrüßung.
August berichtet, daß er arbeitslos ist.
Der Clown bietet ihm eine Stelle als Gehilfe in seinem gerade eröffneten Frisiersalon an.
Während sie sich darüber einig werden, trifft ein Kunde ein.

Anlage 3 (2.)

2. Höfliches Geschwafel; schließlich sitzt der Kunde.
Er möchte rasiert werden.
August knotet ihm eine Riesenserviette so fest um den Hals, daß der Arme schier erstickt ...

3. Wieder macht August eine ungeschickte Bewegung und bringt den Stuhl samt Kunden zum Kippen.
Der Clown bedauert den unglücklichen Zwischenfall und schimpft seinen Gehilfen tüchtig aus.
Der greift zum Kübel voller Seifenschaum, hüllt geschwind mit dickem Malerpinsel das Gesicht des armen Kunden in eine flockige Schaumwolke und leert ihm den restlichen Kübelinhalt auf den Kopf.

4. Der Kunde strebt außer sich vor Wut dem imaginären Ausgang zu, aber der Clown und sein Gehilfe halten ihn zurück und setzen ihn wieder auf den Stuhl, der erneut nach hinten kippt ...

Anlage 3 (3.)

5. Während der Clown noch versucht, den Kunden zu beschwichtigen, hat der Dumma August das riesige Rasiermesser ergriffen...
...und sich des tobenden Opfers bemächtigt.
Der Clown kann aufatmen: wenigstens ist die Rasur geglückt.
Auf sein Drängen willigt der Kunde zu einer Erfrischung ein.
Da hat der Gehilfe schon den Wassereimer zur Hand und schwappt ihm einen ordentlichen Schwall ins Gesicht.

6. Der Gehilfe richtet wirklich fürchterliches Unheil an.
Der Clown versucht, die Schnitzer auszubügeln und will das Brennen der Rasur durch Pudern lindern...
Schon hat der Gehilfe den Blasebalg zur Hand und hüllt sein Opfer in eine weiße Talkumwolke.

7. Während der Gehilfe sein Werk zufrieden beschaut, legt der Friseur dem Kunden die Rechnung vor, der aber holt aus und bezahlt mit ein paar Ohrfeigen.
Als der Gehilfe sich mit dreisten Trinkgeldwünschen vorwagt, bekommt er auch noch eine gewischt.

aus: Zirkus, Fischer Flick Flack, Frankfurt 1977, S.50-53

UE 1 / Anlage 5

Spielanleitung

zur Erzählung "Ein Clown in der Schule" von

Handlung: Was geschieht?	Gestik und Mimik: Wie kann man das spielen?
– Nehmt ein Blatt von dieser Größe (DIN A4).	– Vergeßt nicht das Kohlepapier unterzulegen.
– Schreibt auf die linke Seite Eure Erzählung.	– Auf die rechte Seite schreibt Ihr die Spielanleitung.
– Unterstreicht in mindestens drei verschiedenen Sätzen ein Wort, zu dem Ihr die Spielanleitung angeben wollt.	– Laßt Euch zu jedem Wort möglichst viel einfallen, indem Ihr Euch genau vorstellt, was für ein Gesicht, was für Bewegungen jemand macht, der ....
z.B.: .... Sie öffnet vorsichtig die Türe und	z.B.: Sie legt den Kopf etwas schief und horcht; sie greift nach der Klinke und zieht die Hand wieder zurück; sie schaut sich um; sie drückt die Klinke ganz langsam; ....
z.B.: .... Er erschrickt, weil jemand ihm eine Knorsel unter die Nase hält	z.B.: Er reißt die Augen auf; er hält die Luft an; er preßt die Hände vor den Mund; ....

Anmerkungen zur expressiven Phase

Zweierlei ist bei der Durchführung aufgefallen: Erstens das hohe Interesse an Verbesserungsmöglichkeiten des Deutschunterrichts, an Informationen die Untersuchung betreffend und generell an ernsthafter Auseinandersetzung mit den Problemen der Schüler in diesem Schulsystem. Das heißt, es ist neben dem Kreativitätsförderungsprogramm, das sich über literarische Verfahren zunächst implizit den Problemen der Alltagserfahrung nähert, bereits in der 5. Klasse und ab der 1. Stunde jeweils auszuloten, wie hoch das Bedürfnis auch an expliziter Auseinandersetzung mit einer unbefriedigenden (Um)Welt ist. Die Gefahr der Anpassung an die Erwartungen des Lehrers (und damit die Verfälschung der Testergebnisse) ist dabei relativ gering. Denn auch wenn den Schülern die Intentionen und die Anlage der Untersuchung bekannt sind, könnten sie zwar die eine oder andere Meinung des Lehrers übernehmen, die hier als Lernkontrolle angezielte differenzierte und Originalität erfordernde Produktion literarischer Texte wird ihnen (von Zufallstreffern abgesehen) kaum mehrmals gelingen, wenn sie nicht tatsächlich etwas gelernt haben.

Das zweite, was schon in der ersten Phase auffällt, ist die für diese Reihe spezifische Schwierigkeit, zwar Aggressivität zum Ausdruck kommen zu lassen, den Sieg des einen über den andern jedoch nicht als optimale, sondern in Richtung auf Solidarität zu überwindende Konfliktlösung erkennbar zu machen. Die Schüler unterscheiden in den Beispielen, die sie vorbringen, klar zwischen aggressiven Späßen, mit denen sie Erwachsene, die es verdienen, kleinkriegen wollen, und lustigen Späßen, mit denen sie Erwachsene, die sie mögen, necken und zum Mitspielen veranlassen möchten. In beiden Fällen verstehen sie sich als reaktiv auf das vorgegebene Erwachsenenverhalten. Es erscheint ihnen offensichtlich unrealistisch, mit ihrem Humor einen unsympathischen 'Typ' zu 'bekehren'. Dabei berufen sie sich auch auf die Zirkusszenen: "Die gehen immer so aus." Das heißt, möglicherweise erleichtert der Clown als Leitfigur zwar den Widerstand gegen Autoritäten, aber er erschwert auch die Überschreitung der antagonistischen Handlungsabläufe zu einer humorvoll-versöhnlichen Lösung.

4.1.2. Technische Phase

Vierte Stunde

Thema: Sprachkomik

Ziel: Möglichkeiten der Sprachkomik sollen erkannt und ausprobiert werden:
- Aneinandervorbeireden als (ein) Prinzip komischer Dialoge
- Homonyme und bildliche Redewendungen als Quelle lustiger Mißverständnisse
- Gezielter Einsatz sprachspielerischer Effekte

Textauswahl: "In der Apotheke" von Karl Valentin (Anlage 6)
Die Rollenverteilung entspricht der der Zirkusszene, wobei Liesl Karlstadt den Part des Weißclowns, Karl Valentin den Dummen August spielt. Wie dort wird hier der Apotheker in seinen Nachforschungen ständig gestört, nicht durch Musikinstrumente, sondern durch Wörter, die ihm der Kunde im Mund herumdreht. Außer der Beibehaltung des Handlungsmusters spricht für diesen Text sein mittleres Schwierigkeitsniveau. Die komischen Effekte sind für Schüler dieses Alters durchweg als solche zu erkennen. Nicht jedoch bzw. erst im anschließenden Gespräch, wie sie erzielt werden. Der Dialog verbraucht seine Wirkung also nicht bei der Lektüre, er bleibt in seiner Konstruktion zunächst rätselhaft genug, um zur Analyse zu motivieren.

Unterrichtsschritte:
0. Überleitung
1. Textlektüre
2. Besprechung der komischen Effekte
3. Sammlung von mißverständlichen Wörtern und Wendungen
4. Beispiel für einen 'Homonymen-Dialog'

Kommentar zur Vorgehensweise und *Bericht:*
Während die Pantomime in der ersten Phase primär die Funktion hatte, Expressivität freizusetzen, und Gestik und Mimik (als Elemente des Spiels wie jeder Sprechsituation) darum nicht systematisch und kaum kritisch besprochen wurden, sollen in der technischen Phase die Sprachkomik, der komische Dialog, die komische Szene gezielt analysiert, produktiv geübt und die Schülertexte dazu der Kritik ausgesetzt werden. Die gestische und mimische Gestaltung wird dabei, sei es als Spiel, als Illustration oder als Beschreibung, im jeweiligen Funktionszusammenhang der Texte miteinbezogen.

ad 0: Hinweis, daß man nicht nur mit Gegenständen, sondern auch mit Wörtern spielen kann.

ad 1: Kurze Information zu Karl Valentin und Liesl Karlstadt. Wichtig ist für die Klasse, daß es 'wider Erwarten' Frauen als Clowns gibt. Da die meisten Schüler den Dialog kennen, wird er mit verteilten Rollen gelesen; auf Wunsch noch ein zweites Mal. Leitfrage für die Zuhörer: Was sie daran komisch finden.

ad 2: Es werden spontan Beispiele genannt, über die man lachen muß. Verbindung zur Zirkusszene wird ebenfalls ungefragt genannt und erläutert. "Der Kunde nimmt die Wörter spaßig, der Apotheker nimmt sie ernst." Es werden die restlichen Textstellen für das Aneinandervorbeireden genannt.

ad 3: Sammlung von
- a) Homonymen. Die Frage nach weiteren Wörtern, die man gut mißverstehen kann, führt auf das Repertoire des Teekesselchenspiels. Das Prinzip, daß ein Wort zwei verschiedene Bedeutungen haben kann, ist den Schülern von daher bekannt.
- b) Übertragener Sprachgebrauch. Der Lehrer nennt einige Beispiele ("ins Fettnäpfchen treten", "eine Fliege machen"). Die Frage, wie man diese Wendungen komisch mißverstehen könne, beantworten die Schüler pantomimisch und können erst anschließend den Unterschied von wörtlichem und übertragenem Sprachgebrauch auf den Begriff bringen.

ad 4: Wiederholung (Anlage 8.1).
Beispiel wird mit verteilten Rollen gelesen und von den Schülern erklärt.

Hausaufgabe:

Materialsammlung mit Wörtern für 'Kippeffekte' anlegen (Anlage 7): Zu jeder Gruppe sollen mindestens drei Beispiele eingetragen werden.

Einen Dialog schreiben zu einem 'Teekesselchen-Wort', der dreimal umkippt (Anlage 8.2.; Muster 8.1.). Redewendungen werden ausdrücklich nicht zugelassen, um sie für den Test aufzusparen.

In der Apotheke

1 KARL VALENTIN: Guten Tag, Herr Apotheker.
LIESL KARLSTADT: Guten Tag, mein Herr, Sie wünschen?
K. V.: Ja, das ist schwer zu sagen.
L. K.: Aha, gewiß ein lateinisches Wort?
5 K. V.: Nein, nein, vergessen hab ich's.
L. K.: Na ja, da kommen wir schon draf, haben Sie kein Rezept?
K. V.: Nein!
L. K.: Was fehlt Ihnen denn eigentlich?
K. V.: Nun ja, das Rezept fehlt mir.
10 L. K.: Nein, ich meine, sind Sie krank?
K. V.: Wie kommen Sie denn auf so eine Idee? Schau ich krank aus?
L. K.: Nein, ich meine, gehört die Medizin für Sie oder für eine andere Person?
K. V.: Nein, für mein Kind.
15 L. K.: Ach so, für Ihr Kind. Also, das Kind ist krank. Was fehlt denn dem Kind?
K. V.: Dem Kind fehlt die Mutter.
L. K.: Ach, das Kind hat keine Mutter?
K. V.: Schon, aber nicht die richtige Mutter.
20 L. K.: Ach so, das Kind hat eine Stiefmutter.
K. V.: Ja ja, leider, die Mutter ist nur stief statt richtig, und deshalb muß sich das Kind erkältet haben.
L. K.: Hustet das Kind?
K. V.: Nein, es schreit nur.
25 L. K.: Vielleicht hat es Schmerzen?
K. V.: Möglich, aber es ist schwer. Das Kind sagt nicht, wo es ihm weh tut. Die Stiefmutter und ich geben uns die größte Mühe. Heut hab ich zu dem Kind gsagt, wenn du schon sagst, wo es dir weh tut, kriegst du später mal ein schönes Moorrad.
30 K. V.: Und?
K. V.: Das Kind sagt es nicht, es ist so verstockt.
L. K.: Wie alt ist denn das Kind?
K. V.: Sechs Monate alt.
L. K.: Na, mit sechs Monaten kann doch ein Kind noch nicht sprechen.
35 K. V.: Das nicht, aber deuten könnte es doch, wo es die Schmerzen hat, wenn schon ein Kind so schreien kann, dann könnt's auch deuten, damit man weiß, wo der Krankheitsherd steckt.
L. K.: Hat's vielleicht die Finger immer im Mund stecken?
K. V.: Ja, stimmt!
40 L. K.: Dann kriegt es schon die ersten Zähne.
K. V.: Von wem?
L. K.: Na ja. Von der Natur.
K. V.: Von der Natur, das kann schon sein, da braucht's aber doch net schrein, denn wenn man was kriegt, schreit man doch nicht, und freut
45 man sich doch. Nein, nein, das Kind ist krank, und meine Frau hat gsagt: Geh in d' Apothekn und hol einen ---?
L. K.: Kamillentee?
K. V.: Nein, zum Trinken ghört's nicht.
L. K.: Vielleicht hat's Würmer, das Kind.
50 K. V.: Nein, nein, die tat man ja sehn.
L. K.: Nein, ich mein innen.
K. V.: Ja so, innen, da haben wir noch nicht reingschaut.
L. K.: Ja, mein lieber Herr, das ist eine schwierige Sache für einen Apotheker, wenn er nicht erfährt, was der Kunde will!
55 K. V.: D' Frau hat gsagt, wenn ich den Namen nicht mehr weiß, dann soll ich an schönen Gruß vom Kind ausrichten, von der Frau vielmehr, und das Kind kann nicht schlafen, weil's immer so unruhig ist.
L. K.: Unruhig? Da nehmen Sie eben ein Beruhigungsmittel. Am besten vielleicht: Isopropilprophemilbarbitursauresphenildimenthyldimenthylami-
60 nophirazolon.
K. V.: Was sagn S'?
L. K.: Isopropilprophemilbarbitursauresphenildimenthyldimenthylaminophirazolon.
K. V.: Wie heißt des?
65 L. K.: Isopropilprophemilbarbitursauresphenildimenthyldimenthylaminophirazolon.
K. V.: Jaaaa! Des is 's! So einfach, und man kann sich's doch nicht merken!

aus: Alles von Karl Valentin, hrsg. v. Michael Schulte, München, Zürich 1978, S. 191 f.

UE 1 / Anlage 7

Material für komische Mißverständnisse

1. Wörter, die gleich klingen, aber unterschiedliche Bedeutung haben:
   Bank: Sitzmöbel; Geldinstitut
   Pony: _____

2. Wendungen, die in übertragenem Sinn gebraucht werden:
   das Geld aus dem Fenster werfen: verschwenderisch sein
   ins Fettnäpfchen treten: _____

3. Wörter und Wendungen, die nur von einer Gruppe (Familie, Schulklasse, Jugendliche usw.) in einem bestimmten Sinn gebraucht werden:
   Diesel: Treibstoff; Getränk
   Kiste: _____

UE 1 / Anlage 8

Anlage 8 (2.)

Ein Dialog mit drei komischen Mißverständnissen

von _____

Ein Weißclown und ein Dummer August reden aneinander vorbei, weil jeder das Wort „_____" anders versteht.

1. WC sagt: _____

   DA sagt: _____

2. WC sagt: _____

   DA sagt: _____

3. WC sagt: _____

   DA sagt: _____

Anlage 8 (1.)

Beispiel für ein komisches Mißverständnis

„die Bank"

- Ich gehe heute auf die Bank.
- Du hast noch Schulden bei mir?
- Im Gegenteil. Ort hebt man es auf!
- Und da hat einer sein Geld verloren?
- Wenn kein Bankräuber kommt –
- Ist das ein sicheres Versteck?

Fünfte Stunde

Thema: Situations- und Sprachkomik

Ziel: Möglichkeiten der Situations- und Sprachkomik sollen wiederholt und vertieft werden anhand von Schülertexten:
- Thematischen Bezug zum Alltag hinter der Situationskomik der Erzählungen herausheben
- Funktion von Gestik und Mimik in normalen Gesprächssituationen als Ausdrucksmittel bzw. Interpretationshilfe zur gesprochenen Sprache an den Spielanleitungen / Regieanweisungen verdeutlichen
- Uneindeutigkeit und Kontextabhängigkeit von Sprache an den komischen Dialog-Strategien nicht nur als Handicap, sondern als Chance erkennen

Textauswahl: Schülerarbeiten zur Hausaufgabe der 1., 2./3. und 4. Stunde
Der Besprechung der Arbeiten möglichst vieler Schüler kommt ein zentraler Stellenwert zu. Gerade an ihren fiktionalen Texten wird ihnen die Relevanz der Komik in ihrem Alltag transparent, da sie sich zum Teil direkt auf gemeinsame Erlebnisse in der Klasse beziehen und da auch individuelle Erfahrungen den Altersgenossen recht unmittelbar verständlich sind. Ferner geben die Kinder mit dem 'Stand' ihrer Lösungen dem Lehrer das Niveau der Besprechung nach Schwierigkeitsgrad und Explizitheit selbst vor, was vor allem hinsichtlich der Verbalisierung von meist unbewußt ablaufenden gestisch-mimischen Prozessen ausschlaggebend ist. Und schließlich kann die Konfrontation mit der Fülle von Ideen, der Materialsammlung an 'mißverständlichen' Wörtern und Wendungen, der gelungenen Dialoge nicht nur Spaß machen, sondern auch das Selbstvertrauen in die eigene sprachliche Kompetenz auf unschulische Weise stärken.

Unterrichtsschritte:
0. Vorbemerkung
1. Vorlesen einiger Erzählungen und kurze Besprechung der Situationskomik im Handlungsablauf
2. Vorlesen und 'Testen' von Spielanleitungen zur gestisch-mimischen Umsetzung
3. Einführung von Interaktionsketten und Charakterisierung der Verhaltensweisen als Aktion bzw. Reaktion
4. Vorlesen mehrerer Dialoge, Besprechung nur bei Bedarf
5. Abrufen von bildlichen Redewendungen (soweit dafür Zeit bleibt)

Kommentar zur Vorgehensweise und *Bericht:*
ad 0: Ankündigung, daß von jetzt an (mit Ausnahme der nächsten, 6., Stunde) Schülerarbeiten im Mittelpunkt stehen werden. Zusage, daß von jedem Kind mindestens einmal etwas vorgestellt wird, und zwar grundsätzlich etwas Gutes (wenn auch vielleicht Verbesserungsfähiges). Diese

Mitteilung, daß der Lehrer sicher ist, daß jede und jeder etwas 'schafft', und daß er sich verpflichtet, bei allen gleichermaßen darauf zu achten, beschäftigt die Schüler sehr und motiviert sie um so stärker, je mehr sie während der folgenden Stunden merken, daß es ernst gemeint ist. Dieses Versprechen, sofern es gegeben wird, muß eingehalten werden - und kann eingehalten werden unter der Voraussetzung, daß der Lehrer didaktische Kreativität entfaltet (z.B. indem er den einen guten Anfang einer Geschichte entdeckt und der Klasse zum Weitererzählen vorliest, auch wenn der 'schwache' Schüler selbst die Erzählung abgebrochen hat - was niemanden etwas angeht). Solche Maßnahmen, die notwendigerweise damit verbunden sind, daß die 'Spitze' vergleichsweise seltener als gewöhnlich in den Vordergrund gerückt wird, dafür aber nun ihre besonderen Fähigkeiten unter Beweis stellen kann, indem sie gute Ansätze bei andern aufspürt und Hinweise auf Verbesserungsmöglichkeiten gibt, haben sich deutlich zugunsten eines ausgeglicheneren Klimas in der Klasse ausgewirkt und die aufmerksame Mitarbeit der sonst stillen und angeblich schlechteren Schüler gefördert.

ad 1: Erzählungen zum Thema "Ein Clown in der Schule" (Hausaufgabe der 1. Stunde)
  a) Zusammenstellung der Auslegungen des Themas, die die Schüler gefunden haben, ohne daß die Geschichten schon verraten werden: 1. Vorführung einer Clowns-Nummer in der Aula; 2. Ein Zirkusclown kommt in den Klassenunterricht; 3. Ein Mitschüler ist ein Zirkuskind; 4. Ein Mitschüler ist der Klassenclown im übertragenen Sinn; 5. Der Lehrer ist ein 'Clown'.
  b) Auswahl von Texten der 3., 4. und 5. Gruppe mit der Begründung, daß wir uns schon eingehend genug mit den 'echten' Clowns befaßt haben und nun mehr auf den Clown in Alltagssituationen achten wollen.

  Der Lehrer trägt alle Geschichten selbst vor, damit die großen Unterschiede, die auf dieser Klassenstufe noch im lauten Lesen bestehen, die Wirkung nicht verzerren.

ad 2: Spielanleitungen zur Erzählung (Hausaufgabe der 2./3. Stunde)
  a) Kurzes Vorgespräch: Wiederholung der Begriffserklärung von Gestik, Mimik, Pantomime. Bedeutung von Gestik und Mimik in normalen Gesprächssituationen (zusätzlich zur Intonation) an Variationen des Satzes "Laß mich in Ruhe." Funktion der Spielanleitung für die Schauspieler?
  b) Der Lehrer liest einige Beispiele vor. Zuerst spielt ein Mitschüler nach den Angaben, dann der Verfasser so, wie er es sich vorgestellt hat. An der Diskrepanz, auch bei den wenigen guten Arbeiten, merken die Schüler, was alles sie mitteilen müssen, damit sich ein Leser die Szene vorstellen kann.

ad 3: Interaktionsketten (Hausaufgabe in dieser Stunde)
  a) Ihr habt die Wörter in eurer Erzählung, zu der ihr eine Spielanleitung geben wolltet, unterstrichen. Was waren das für Wörter? "Tuwörter und ..." (Begriff für Adverbien fehlt noch), also: Wörter, die angeben, was einer tut und wie er es tut. Verhaltensmerkmale, die auf den Dummen August oder den Weißclown passen sammeln und überlegen, wie man sie illustrieren könnte.
  b) Nun reden die Clowns zwar aneinander vorbei, aber sie reagieren trotzdem ständig aufeinander. Beispiele dafür, wie der eine sich verhält und der andere es quittiert usw.

- c) Erklärung der Hausaufgabe (Anlage 9): Schwierig ist der mittlere Teil. Die Schüler müssen sich entscheiden, mit wem sie anfangen wollen (in welcher Richtung also der Pfeil gilt) und wie das Verhalten motiviert ist ("weil" oder "obwohl"...). Die Nummerierung von 1 bis 3 bezeichnet Anfang, Mitte, Ende einer Interaktion. Die Aufgabe soll die Aufmerksamkeit auf unterschiedliche Möglichkeiten der Verhaltensänderung lenken.

ad 4: Homonymen-Dialoge (Hausaufgabe der 4. Stunde).
- a) Verfasser lesen selbst vor, indem sie die Reden der Gesprächspartner unterschiedlich intonieren.
- b) Fragen: Ist das 'mißverständliche' Wort gut ausgewählt? Sind die Möglichkeiten für den komischen Dialog ausgeschöpft?

ad 5: Sammlung von bildlichen Redewendungen (ebenfalls Hausaufgabe der 4. Stunde) konnte aus Zeitgründen nicht mehr abgerufen werden.

Hausaufgabe:

s.o. Nr. 3 (dazu Anlage 9).

UE 1 / Anlage 9

Verhaltenskette mit Humor

1. Sammelt Wörter, die verschiedene Verhaltensweisen von WC und DA charakterisieren können:

   WC verärgert, _____

   _____

   DA vergnügt, _____

   _____

2. Sucht für jeden Clownstyp drei Wörter aus, die zusammen eine Verhaltenskette bilden können:

   WC verhält sich / ist 1._____, 2._____, 3._____

   $\updownarrow$ weil/obwohl $\quad$ $\updownarrow$ weil/obwohl $\quad$ $\updownarrow$ weil/obwohl

   DA verhält sich / ist 1._____, 2._____, 3._____

3. Malt oder zeichnet in die folgenden Kästchen DA und WC so, daß man ihre Verhaltensweise erkennen kann.
   Schreibt den Ausdruck dafür jeweils neben das Bild.

   [ ]   WC _____   DA _____   [ ]

   [ ]   WC _____   DA _____   [ ]

   [ ]   WC _____   DA _____   [ ]

245

Sechste Stunde

Thema: Komische Szenen (1)

Ziel: Zusammenführung aller bisher besprochenen Möglichkeiten der Komik sowie der szenischen Gestaltung in einer Kinderkomödie:
- Transparenz der Anlage der ganzen Unterrichtsreihe
- Verbindung von Pantomime und Lesen mit verteilten Rollen
- Anknüpfung an der 1. Stunde mit der Frage nach dem besten Schluß

Textauswahl: "Schule mit Clowns" von Friedrich Karl Waechter (Anlage 11)
Der Auszug aus der Kinderkomödie impliziert Sprachkomik und Situationskomik, Pantomime und verdrehte Dialoge. Die auftretenden Personen lassen deutlich den Weißclown (u.a. an seiner affektierten Sprache) erkennen und mehrere Dumme Auguste (beiderlei Geschlechts). Der Witz dabei ist, daß es sich um eine Lehrerparodie und (fast schon) Satire auf den Schulalltag handelt: Abfragerei und Überbewertung der Gedächtnisleistung, Prüderie und fehlender Sinn für Humor, die preußischen Tugenden von Ruhe und Ordnung, Disziplin und Respekt usw. werden lächerlich gemacht. Vor allem jedoch empfiehlt sich der Text dadurch, daß er zwei Schlüsse en suite anbietet: Zunächst das toll herausgespielte Zirkusende ("Wiesel lacht: So klein haben wir ihn gemacht, so klein."), das jedoch von der Realität eingeholt wird: Die in die Flucht geschlagene komische Figur kehrt zurück als "Unterweiser", der zwar keine Autorität ist, aber Macht hat, der sich die Clowns im wahrsten Sinne des Wortes unterwerfen. Die Annäherung an Alltagserfahrungen ist hier sehr deutlich, jedoch ohne daß der Schutz der Fiktion aufgegeben wäre.

Unterrichtsschritte:
1. Erläuterung des Plans der Unterrichtsreihe
2. Lesen und Spielen der Komischen Szene
3. Besprechung der Schlüsse
4. Auf Wunsch nochmaliges Spielen

Kommentar zur Vorgehensweise und *Bericht:*

ad 1: Die Erläuterung des Zusammenhangs zwischen den verschiedenen Hausaufgaben einerseits, den besprochenen Textsorten andererseits scheint nach der Hälfte der Stunden notwendig und etwa am Ende der technischen Phase auch möglich. Die Schüler erhalten Anlage 10 in Kopie. Der Lehrer kommentiert die Schemata ausführlich und weist darauf hin, daß die Aufgaben 5 und 6 noch ausstehen und eine weitere Zusammenführung von Situations- und Sprachkomik (nämlich in Anwendung auf den Alltag).

ad 2: "Schule mit Clowns" (Anlage 11)
   a) Vorbemerkung: Der schräggedruckte Text ist die Spielanleitung, die hier nicht neben, sondern unter den Dialogen steht. Da das Stück in der Schule spielt, sind wir alle auf der Bühne, und jeder spricht mit, wenn "alle Clowns" reden.

Der Fachlehrer, der wie in den meisten Stunden dabei ist, liest zunächst die Spielanleitung, die Verfasserin übernimmt den lächerlichen Pauker. Beide werden nach einer Anlaufphase von Schülern abgelöst. Die übrigen Rollen können doppelt besetzt werden: die einen führen vor der Klasse eine Pantomime nach den soufflierten Regieanweisungen vor, die andern lesen die Dialoge auf ihren Plätzen vom Blatt ab.

b) Vorspielen und lautes Lesen geht mit Konzentration und großer Begeisterung über die Bühne. Nur die Schmuseszene ist den wirklichen Kindern wie dem komischen Unterweiser "ein pißchen zu terp", womit sich der ernste Hintergrund der Parodie unvermittelt enthüllt.

ad 3: Besprechung:
a) Formen der Sprach- und Situationskomik können die Kinder inzwischen allein erkennen.
b) Zentrale Frage nach den Schlüssen wird von den Schülern direkt beantwortet: "Der zweite Schluß ist wie im Leben." ... "Der erste wie die Zirkusszene." ... "Die wollen sich gegenseitig fertig machen. Erst die Schüler den Lehrer, dann der Lehrer die Schüler." Lehrer: "Und ihr macht den dritten Schluß." -?- "Wie man komische Effekte erzielt, da kennt ihr nun genug Möglichkeiten. Überlegt jetzt, wie die Clowns Dr. Sinn damit auf ihre Seite ziehen können, indem sie ihn allmählich umstimmen. Damit ihr nicht vergeßt, daß ihr eine neue Szene erfinden sollt, in der sich die Personen anders verhalten, habe ich die Namen leicht abgeändert."

Hausaufgabe:
s.o. Nr. 3b (Anlage 12).

UE 1 / Anlage 10

```
                          6
                       Gespräch
                          in
                    Alltagssituationen
                       ↗      ↖
    1              2              3
 Handlung      Gestik/Mimik  +  wörtliche Rede         Theater
    als     - - - - - - ↑ - - - - - - - - - ↑ - - -  = Schauspiel
 Erzählung     Spielanleitung  +    Dialog            Text-Buch
                       ↖      ↗
                          5
                     Illustration
                          4
```

Übersicht zur 1.-6. Hausaufgabe (Aspekt: szenische Gestaltung)

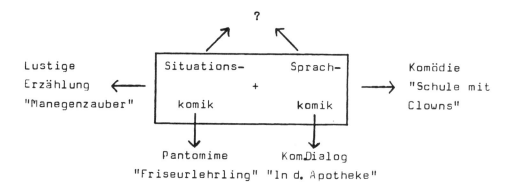

1. Std.   2.+3.Std.   4.+5.Std.   6.+.7.Std.

Übersicht über die Stundenplanung (Aspekt: komische Szenen)

UE 1 / Anlage 11

Schule mit Clowns
von Friedrich Karl Waechter

1.
Dr. Sinn erscheint durch die Mitteltür. Er hat ein großes Buch, einen Schirm und eine Thermosflasche bei sich. Er hängt den Schirm auf. Die Clowns hasten auf ihre Plätze. Dr. Sinn geht ans Pult und dirigiert.
DIE CLOWNS: Guten Morgen, Herr Doktor.
DR. SINN: Kuten Morken.
Dr. Sinn schreibt die Kapitelnummern des Tages an die Tafel. Er hält seine Hand davor, damit niemand abgucken kann.
DR. SINN: Wo waren wir stehen kepliepen?
Verstooktes Schweigen.
DR. SINN: Wo waren wir stehenkepliepen?
Die Clowns stecken die Köpfe zusammen und tuscheln.
DR. SINN: Also wo?
Schmaltz meldet sich.

DR. SINN: Ja, Schmaltz?
SCHMALTZ *zeigt auf den Boden:* Da.
Dr. Sinn schüttelt den Kopf.
SCHMALTZ *zeigt woandershin:* Da?
Dr. Sinn schüttelt den Kopf.
SCHMALTZ: Da, da, da.
DR. SINN: Falsch, falsch, falsch.
Schmaltz läßt sich fallen und heult.
DR. SINN: Schmaltz, kip Ruhe!
Schmaltz heult ärger.
DR. SINN: Schmaltz, kip Ruhe!!
Schmaltz heult noch ärger.
DR. SINN: Tas keht entschieden zu weit. Unter solchen Umständen kann ich nicht arpeiten. Ihr sorkt tafür, taß Schmaltz wieter Ruhe kipt, sonst ...!
Dr. Sinn eilt hinaus und schlägt die Tür hinter sich zu. Wiesel, Quaste und Karfunkel springen auf und versuchen, Schmaltz zu erheitern. Schmaltz heult weiter. Da laufen die Clowns hinaus, knallen die Tür hinter sich zu und schleichen ganz leise wieder hinein. Beim Türknall springt Schmaltz hoch, klopft sich den Staub vom Gewand, dreht sich um, entdeckt die anderen und wirft sich sofort wieder heulend auf die Erde. Da fällt den anderen etwas ganz Komisches ein.
KARFUNKEL: Schmältzchen, schau hier her, damit du wieder lustig wirst.
Schmaltz heult, lacht unter Tränen und albert schließlich mit.
WIESEL: Schnell nachschaun, wo wir stehengeblieben sind.
Sie holen das Buch vom Pult auf die Erde und blättern darin. Dr. Sinn erscheint, die Clowns stürzen auf ihre Plätze.
DR. SINN: Wo ist mein Puch?
KARFUNKEL: Hier.
DR. SINN: Wo hier?

2.

KARFUNKEL *hüpft aufs Buch:* Hier!
Schmaltz, Wiesel und Quaste stellen sich dicht hinter Karfunkel und zeigen auf das Buch.
DIE CLOWNS: Da, da.
DR. SINN: Ta ist mein Puch, mein wertvolles Puch. *Er hebt sein Buch auf - alle Clowns fallen nach hinten. Dr. Sinn tritt ans Pult und blättert im Buch. Die Clowns rappeln sich hoch und nehmen Platz.*
DR. SINN: Mein kutes Puch - - Karpitel einsunttreißik.
DIE CLOWNS: Kapitel 31.
DR. SINN *liest:* Ssepastian üpt mit Pepi kehen. Ta kommt ein Mätel tes Weks unt macht Ssepastian schöne Auken. *Blickt auf.* Sseit ihr aufmerksam pei ter Ssache?
Schweigen.
DR. SINN: Es wieterholt, was ich keläsen hape: Wiesel!
Wiesel springt auf und versucht, das Vorgelesene pantomimisch darzustellen.

DR. SINN: Falsch! Ich hap kesakt: wieterholen, was ich keläsen hape. Wiesel setzt sich betrübt. Quaste!
QUASTE *springt auf, steht stramm:* Kapitel 31. Sebastian übt mit Baby gehen. Da kommt ein Mädel des Wegs und macht Sebastian schöne Augen.
DR. SINN: Falsch! Es heißt Auken nicht Äuken. Mach tu es richtik, Karfunkel.
KARFUNKEL *tappt ans Pult, macht einen Knicks:* Kapitel einsundeinsig. Baby übt mit Mädel nähen, da macht Sepatzian ganz schöne Brausen.
DR. SINN: Ich hap es mir getacht! Reißt euch zusammen, konzentriert euch unt kept acht. Ich läße nicht noch einmal zweimal. Ssepastian üpt mit Pepi kehen, ta kommt ein Mätel tes Weks unt macht Ssepastian schöne Äuk - Ä - Auken. Tas tut Ssepastian kut, unt er verkißt Pepi. Ta üpt Pepi allein kehen, trifft einen Frosch unt spielt mit ihm.
Schmaltz ist Ssepastian, Wießel ist Pepi, Quaste ist Mätel unt Karfunkel ist Frosch. Fankt an.
Die Clowns verkleiden sich sparsam und beginnen zu spielen. Dr. Sinn vergleicht das Spiel mit dem Text in seinem Buch.
DR. SINN: Ta kommt ein Mätel - unt macht Ssepastian schöne Auken. Ja, so ist es kut! *Sebastian und Mädel scharwenzeln recht förmlich miteinander.*
DR. SINN: Ta üpt Pepi allein kehen.
Baby und Frosch tapsen aufeinander zu, balgen, schmusen und küssen sich, bis es Dr. Sinn zuviel wird.
DR. SINN: Tas kenükt, tas kenükt! Wießel, Karfunkel! Auseinanter!

Dr. Sinn wischt den beiden die Kußmünder ab, Wiesel beißt dabei ins Taschentuch.
DR. SINN: Wießel! Es war kanz kans kut, nur keken Schluß ein Iteechen zu terp. Ta werten wir ßokleich ein weiteres Karpitel in Ankriff nehmen. Karpitel Ssiepenuntzwanzik.

3. DIE CLOWNS: Kapitel 27.
DR. SINN: Schneewittchen. Trei Zwerka schleichen ins Schloß von Schneewittchens pößer Stiefmutter, um ihr ten Spiekel zu entwenten. Wießel, Quaste unt Karfunkel ßint tie trei Zwerke, Schmaltz ist tie pöße Stiefmutter. Fankt an.
Schmaltz holt einen großen Spiegel, die andern setzen sich Zipfelmützen auf. Man hört Glas zerscheppern.
SCHMALTZ: Au, au!
Schmaltz erscheint mit einem Spiegelrahmen, in dem nur noch zwei Scherben stecken.
DR. SINN *setzt seine Thermosflasche ab:* Schmaltz, hast tu ten Spiekel zerprochen?
SCHMALTZ *entfernt die zwei Scherben:* Nein.
KARFUNKEL *gibt Schmaltz eine schwarze Jacke und Brille:* Zieh das an, dann bist du sein Spiegelbild.
Schmaltz tut das.
DR. SINN: Es hat sich ßo ankehört, als würte ein Spiekel zu Pruch kehen, ßo hat es kescheppert. Es ist ein kostpares Stück, es wäre furchtpar.
Wiesel und Quaste versuchen, Dr. Sinn abzulenken.
WIESEL: Quaste hat mir einen Witz erzählt, da habe ich vor Lachen gescheppert.
DR. SINN: Ihr wollt mich wohl zum pesten halten. Schmaltz! Zeik ten Spiekel her!

Schmaltz dreht den Spiegel zu Dr. Sinn hin, der streckt seine Hände vor. An der Stelle, an der sie das Spiegelglas berühren müßten, klatscht Schmaltz seine Hände gegen die des Unterweisers. Schmaltz macht nun alles, was Dr. Sinn macht, wischt sich die Brille, tritt zurück, winkt, zappelt, streckt die Zunge raus etc.
DR. SINN/SCHMALTZ: Merkwürtik.
KARFUNKEL *zu Schmaltz:* Psssst!
Dr. Sinn kratzt sich am Ohr, behaucht das vermeintliche Glas, holt sein Taschentuch hervor, wischt den Spiegel, spuckt gegen das Glas, stutzt und wischt sein Gesicht sauber.
DR. SINN: Ein Abpraller. Jetzt ist für Dr. Sinn klar, daß der Spiegel doch heil ist. Ich tachte schon, ter kostpare Spiekel wäre zu Pruch kekanken. *Mit gebieterischer Geste:* Fankt an.
Schmaltz hat Dr. Sinns Spiegelbild weitergespielt und dabei den Spiegel so umgestoßen, daß Dr. Sinn nun mitten im Rahmen steht. Dr. Sinn wundert sich und starrt auf den Rahmen, schaut hoch, Wiesel setzt ihm dabei eine Zwergenmütze auf und macht nun Dr. Sinns Spiegelbild von der anderen Seite. Karfunkel setzt Schmaltz eine Zwergenmütze auf. Dr. Sinn wendet sich zu Schmaltz hin, sieht die Mütze auf dessen Kopf, lacht, greift an seinen Kopf, merkt, daß er ja auch eine Mütze auf hat, erschrickt und wirft sie von der Bühne, doch wohin er sich auch wendet, überall begegnet er seinem zipfelbemützten Spiegelbild. Dr. Sinn gerät in Panik. Er will nach links von der Bühne - stößt auf sein Spiegelbild, er will nach rechts von der Bühne - stößt auf sein Spiegelbild, reißt die Mitteltür auf - stößt auf sein Spiegelbild, wird immer enger von vier Spiegelbildern bedrängt, bricht endlich aus und flieht, die Tür hinter sich zuknallend.

QUASTE: Aaaijaijaijai.
KARFUNKEL: Haste gesehen.
WIESEL: Wir müssen ihn verschreckt haben.
SCHMALTZ: Wir haben dem großen Herrn Doktor das Fürchten beigebracht.
Sie schaffen den Spiegelrahmen von der Bühne.
WIESEL *lacht:* So klein haben wir ihn gemacht, so klein.
~~Karfunkel tapst freundlich in den Zuschauerraum.~~
QUASTE: Jetzt hat er uns kennengelernt, der Herr Doktor. ~~Entdeckt Karfunkel im Zuschauerraum, zeigt auf sie: Aaaijaijaijai. Wiesel läuft hinter Karfunkel her.~~
~~WIESEL: Karfunkel, komm zurück, wir werden fürchterlich bestraft, wenn wir ins Publikum laufen, komm zurück.~~
~~Wiesel trägt Karfunkel auf die Bühne zurück.~~ *Sie stecken ihre Zipfelmützen in den Schrank. Dr. Sinn erscheint.*

4. DR. SINN: Ruhe! *Die Clowns erstarren, wo sie stehen.* Ortnunk! *Die Clowns marschieren wie die Soldaten.* Tisziplin! *Die Clowns stehen auf ihren Plätzen stramm.* Respekt! *Die Clowns verneigen sich vor ihrem Unterweiser.* Seetzen! *Die Clowns setzen sich.* Auf! *Die Clowns springen auf.* Seetzen! *Die Clowns setzen sich.* Ich hape mit euch ein ernstes Wörtchen zu reten. Tie Vorfälle von Treistikkeit unt Respektloßikkeit hapen ßich in ter letzten Zeit kehäuft. Tas hat ein ßo unkepührliches Maß ankenommen, taß ich euch jetzt fürchterlich pestrafen werte.
Die Clowns schrecken zusammen. Dr. Sinn genießt die Situation.
DR. SINN: Es ßei tenn, ihr wollt euerm Unterweißer per Hantschlak versprechen, euch ap ßofort nur noch in Ruhe unt Ortnunk üpen zu wollen.

Die Clowns stürzen auf Dr. Sinn los, jeder will ihm die Hand geben.
DIE CLOWNS *durcheinander:* Mein Ehrenwort, Ruhe und Ordnung, mein Ehrenwort, Disziplin üben ...
Alle schütteln ihm so ungestüm die Hand, daß sie - Dr. Sinn zuunterst - übereinanderfallen. Alle liegen wie erstarrt.

...

aus:
Friedrich Karl Waechter: 3mal Kindertheater, Frankfurt/Main 1975, S. 12 - 19

Dritte Schlußszene in einer Schule mit Clowns

Gegen-Vorstellung von _____

Die Clowns Paste, Wusel, Fakunkel und Schmatz
ziehen Dr. Sonn allmählich auf ihre Seite ...

Spielanleitung	Dialog
(Wie wird gesprochen? Was geschieht auf der Bühne? Hier: Situationskomik)	(Was wird gesprochen? Den Namen des Sprechers immer zuerst angeben. Hier: Sprachkomik)

Wer mit dieser Aufteilung nicht zurecht kommt, schreibt eine Erzählung zum selben Thema.

Siebte Stunde

Thema: Komische Szenen (2)

Ziel: Hinführung zur Gegeninszenierung als Ausdruck eines toleranten Nonkonformismus:
- Entwicklung von Ideen zu einem 'dritten Schluß' in Abgrenzung von Alltagserfahrung und Zirkusmodell
- Motivierte allmähliche Änderung der Reaktion der Autoritätsperson auf die Späße der Kinder
- Erfindung eines Erwachsenen, der sich zum versöhnlichen Mitlachen gewinnen läßt

Textauswahl: Es werden ausschließlich Schülerarbeiten besprochen, da die Kinder den 'dritten Schluß' ohne Vorlage selbst erbringen sollen.

Unterrichtsschritte:
0. Überleitung
1. Besprechung von Schwierigkeiten der Aufgabenstellung
2. Vorlesen von Schülerarbeiten

Kommentar zur Vorgehensweise und *Bericht:*

ad 0: Mitteilung, was den Schülern leichtgefallen ist, nämlich das Ausdenken komischer Dialoge und von Späßen für die Spielanleitung. Schwierig dagegen war für viele, daß der Schluß anders verlaufen sollte, da sie dafür die Denkrichtung ändern müssen.

ad 1: Bei der Besprechung der Aufgabenstellung werden als Probleme genannt: sich vorzustellen, daß der Dr. Sinn / Sonn seine Haltung ändert. Ideen, was er zu guter Letzt mit den Kindern Schönes unternehmen könnte, werden aufgezählt. Jedoch, die Schüler selbst glauben nicht recht an die Lernfähigkeit der Erwachsenen. Aber auch wenn sie sich einen positiven Verlauf ausdenken, fällt es ihnen schwer, den allmählichen Sinneswandel durch die Clowns zu motivieren, da sich ein differenzierteres psychologisches Bewußtsein in diesem Alter erst zu entwickeln beginnt.

ad 2: Nachdem die Aufgabe noch einmal besprochen worden ist, melden sich die Schüler, die glauben, daß sie eine Lösung gefunden haben und lesen vor. Der Lehrer, der bei der Durchsicht der Arbeiten 'seine' Auswahl getroffen hat, bittet die Kinder, die zu scheu sind, ihre (guten) Beiträge vorzubringen, nun auch zu lesen. Gesprochen wird über die Texte nur, sofern in der Klasse das Bedürfnis geäußert wird. Im übrigen soll das Anhören der Beispiele im Anschluß an die ausführliche Anleitung genügen, damit nicht einzelne konkrete Einfälle zu stark akzentuiert werden und dann zur Imitation verleiten.

Hausaufgabe: entfällt.

Anmerkungen zur technischen Phase

Hier wird die angestrebte Integration von Arbeit und Spiel zum Problem. In einem Schulsystem, das überwiegend auf Arbeit ohne Spiel angelegt ist, erscheint es nur verständlich, daß die Schüler, wenn sie die Gelegenheit zum Spielen erhalten, nun umgekehrt nicht zugleich arbeiten wollen. Auch wenn anfangs, wie in dieser Klasse, das Informationsbedürfnis allgemein groß und das Reflexionsniveau bei einigen Kindern hoch ist, so bleibt die Ausdauer dabei doch gering: die Textproduktion wird gern übernommen, die Besprechung aber zunehmend als lästig empfunden, was auch durch den wachsenden Konflikt zwischen spontanen Bedürfnissen und besserer Einsicht bei der Anwendung von Strategien der Komik bedingt sein mag. Das heißt, der Lehrer hat zwar die Aufgabe, das hinsichtlich der Zielsetzung jeweils richtige Maß an impliziten bzw. expliziten Zugangsweisen zu finden, er muß aber auch den Mut haben, sich zeitweilig durch den Wechsel von Geben und Nichtgeben von Spielraum unbeliebt zu machen, bis die Schüler einsehen können, daß Kreativität (und erst recht Kreativitätsförderung) nicht ohne Arbeit möglich ist.

Die Unterordnung von Strategien der Komik unter einen versöhnlichen Humor hat darüberhinaus eine Umgruppierung der Aktiven in einer Klasse zur Folge. Es war zu beobachten, daß sich diejenigen, die als Komiker unter ihren Klassenkameraden gelten und sich zum Teil durch aggressive Scherze auszeichnen, in der ersten Phase angesprochen fühlten, dann aber das Interesse verloren und eher störten als mitmachten. Dafür mag es mehrere Gründe geben, nicht nur den, daß die erfundenen Späße in ihrer Wirkung auf den Betroffenen auch unter im weitesten Sinne moralischen Gesichtspunkten beachtet werden sollten, sondern auch, daß ein solcher Unterricht diesen Schülern die Show stiehlt und sich zudem zeigt, daß andere genauso gute, wenn nicht bessere komische Effekte erzielen. Diejenigen, die so in den Vordergrund rücken, sind nach Auskunft des Fachlehrers die Stilleren, Eigenwilligeren, auch die Schwächeren (nach den Leistungen im üblichen Deutschunterricht), es sind, nach ihren Produktionen zu urteilen, die 'kognitiven' bzw. skurilen Clowns, die einen Stein im Fußball gar nicht erst als Witz in Betracht ziehen. Das heißt: der Lehrer muß ständig auf Veränderungen in der Klasse als Folge seines Unterrichts achten und reagieren, z.B. auch indem er die Probleme der zurückgedrängten 'burlesken Witzbolde' mit ihnen bespricht.

Es ist bedauerlich, daß solche Prozesse hier nicht anhand von Stundenprotokollen und Hausaufgaben veranschaulicht werden können. Aber die notwendige Begrenzung des Umfangs läßt ein solches Vorgehen nicht zu.

4.1.3. Inventive Phase

Achte / neunte Stunde

Thema: Gegeninszenierungen

Ziel: Die behandelten Strategien der Komik sollen selbständig auf (fingierte) Alltagssituationen angewandt werden, in denen Erwachsene einem Kind autoritär, arrogant, aggressiv begegnen:
- humorvoll Widerstand leisten
- mehrdeutige Wendungen ins Komische umkippen lassen
- einen schlecht gelaunten Erwachsenen allmählich umstimmen
- eine antagonistische Ausgangssituation umdrehen in eine versöhnliche

Unterrichtsschritte:
1. Erläuterung der Aufgabenstellung
2. Lösung der Aufgaben

Kommentar zur Vorgehensweise und *Bericht:*

Die inventive Produktion, die in dieser Doppelstunde angezielt wird, dient zugleich als Test für die Tauglichkeit des nach den oben entwickelten Grundsätzen durchgeführten Unterrichts hinsichtlich seiner kreativitätsfördernden Wirkung. Im Zusammenhang der Entwicklung des Testmaterials und der Planung des Testverlaufs (im 5. Kapitel) wird also auch die Anlage dieser Doppelstunde begründet unter folgenden Stichwörtern: Transfer des Gelernten auf eine neue Situation (5.1.3.1.), Zielkriterien im Vorversuch und als modifizierte Fassung sowie Aufgabenstellung des Vorversuchs und endgültige Formulierung (5.1.3.1. und 5.2.3.1.), Durchführung von Vor- bzw. Haupttest (5.2.2.2. und 5.3.2.). Über die Auswertung der Ergebnisse hinsichtlich der Tauglichkeit des Tests wird unter 5.3.3. berichtet, zur Brauchbarkeit dieser Unterrichtsreihe 5.3.4.1.. Das den Schülern ausgehändigte Material und die Instruktionen für die Einschätzung der Testleistung sind abgedruckt im Anschluß an 5.2.3.1.

Um unnötige Wiederholungen zu vermeiden, soll es an dieser Stelle genügen, die Aufgaben kurz zu charakterisieren und den Ablauf zu skizzieren:

ad 1: Ausgangspunkt ist in allen Fällen eine Gesprächssituation zwischen Herrn oder Frau Hoppdidopp und einem Kind, die in unterschiedlichem Maße vorstrukturiert ist. Unterschieden werden folgende Kategorien:

1) Aufgaben mit Angaben zu *allen* Äußerungen des Gesprächspartners:
   - Situation und Dialogpart von Hoppdidopp sind gegeben (Dialog ergänzen und Ende erfinden)
   Aufgabe: 1 und 2
   - Situation und Redewendungen des Gesprächspartners sind gegeben (Reihenfolge herstellen und Dialog ergänzen)
   Aufgabe: 3

2) Aufgaben mit Angabe nur der *ersten* Äußerung des Gesprächspartners:
   - Situation und der erste provozierende Satz sind gegeben (Dialog fortführen)
   Aufgabe: 4, 5, 6

ad 2:   Unterrichts- bzw. Testablauf in zwei Phasen:
1) Die Erläuterung der Aufgabenstellung (nach einer kurzen Begründung der Funktion des Tests) geht aus einem Beispiel, das mit den Schülern besprochen wird, hervor. Die entscheidenden Merkmale des Textes sind schriftlich zusammengefaßt, samt einigen technischen Hinweisen zur Bearbeitung der Aufgaben. Diese Instruktionen werden vom Lehrer vorgelesen. Die Schüler lesen mit und dürfen Verständnisfragen stellen (ca. 30 Minuten im Ganzen).
2) Die Lösung der Aufgaben erfolgt in Einzelarbeit. 'Test-Lehrer' und Fach-Lehrer betreuen gemeinsam die Schüler an ihren Plätzen, ohne inhaltliche Hinweise zu geben, aber indem sie immer wieder auffordern, in den Anweisungen nachzulesen oder eine Pause zu machen oder noch einmal nachzudenken usw. (ca. 60 Minuten, wobei jeder / jede eine individuelle Pause von insgesamt 15 Minuten einlegen durfte, allerdings ohne das Klassenzimmer zu verlassen).

Zehnte Stunde

Thema: Textauswahl

Ziel: Bei der Auswahl von Schülerarbeiten für ein Klassenbuch zu "Komischen Szenen" sollen sich die Schüler noch einmal mit den Merkmalen einer gelungenen Gegeninszenierung auseinandersetzen:
- implizit in ihrer Entscheidung für bestimmte Texte
- explizit in der Begründung der Entscheidungen

Textauswahl: Zu jeder der 6 Aufgaben trifft der Lehrer eine Vorauswahl von 10 Texten nach folgenden Gesichtspunkten: Es werden bevorzugt solche Texte aufgenommen, die erkennbar sprachkomische Effekte anzielen. Mit Absicht enthält die Sammlung nur fünf Texte, die zu einer versöhnlichen Gegeninszenierung führen, die fünf andern bleiben bei einer aggressiven Schlußwendung, so daß die Schüler ihre Entscheidung treffen müssen, indem sie vor allem die unterschiedlichen Handlungsabläufe besprechen und beurteilen. Ferner wurde darauf geachtet, daß bei den insgesamt 60 Beispielen jeder Schüler mindestens einmal vertreten ist. Auf den Kopien wurden die Verfasser nicht angegeben.

Unterrichtsschritte:
1. Aufgabenstellung
2. Gruppenarbeit
3. Mitteilung der Ergebnisse vor der Klasse

Kommentar zur Vorgehensweise:

ad 1: Die Schüler sollen aus den (numerierten) Texten die 5, die ihnen am gelungensten erscheinen, für ein gemeinsames Buch auswählen und auf einem separaten Blatt unter der jeweiligen Nummer stichwortartig begründen, warum ihnen der Text gefällt.

ad 2: Es werden 6 Gruppen gebildet. Jede Gruppe erhält 10 Kopien zu einer der 6 Aufgaben. Der Lehrer mischt sich in den Meinungsbildungsprozeß auf keinen Fall ein. Dadurch, daß sich die Schüler zwischen aggressiven und versöhnlichen Lösungen entscheiden müssen, besteht die Chance der 'inventiven Reflexion': im Gespräch miteinander können Kinder Einsichten gewinnen, die ihnen bei der eigenen Textproduktion entgangen sind. Der Gruppenprozeß kann aber auch dazu führen, daß nach der Anstrengung der vorhergehenden (Test-)Stunde nun ein Ventil gesucht wird auch gegen den 'Testlehrer'.

ad 3: Jede Gruppe nennt, eine nach der andern, ihre Aufgabe, liest einen Text, der ihr am besten gefallen hat, vor und gibt zu allen ausgewählten Beispielen die Begründung an.
Die Klasse nimmt die Entscheidungen zur Kenntnis. Eine Besprechung soll nicht mehr folgen. An diesem Punkt ist es wichtig, sich zweierlei zu vergegenwärtigen: zum einen, daß es sich um den Anfang eines großangelegten Programms handelt, und zum andern, daß Kreativität nicht gelehrt, sondern nur gelernt werden kann. Fehlentscheidungen (aus der Sicht des Lehrers) sind darum in dieser Phase kommentarlos hinzunehmen und als Indiz dafür zu werten, wie weit die Kinder freiwillig mitgehen und wo sie noch nicht folgen können oder wollen.

Hausaufgabe:
Jeder Schüler schreibt einen der ausgewählten Texte (nach Möglichkeit das Werk eines andern) verbessert und schön auf ein Zeichenblockblatt.

Elfte / zwölfte Stunde

Thema: Illustration

Ziel: Die Illustration der ausgewählten Texte soll abschließend ein entspanntes Ausmalen der Szenen ermöglichen:
- Vervollständigung des Dialogs um Gestik und Mimik
- Einbeziehung von Situationskomik in Gags und Clownerien
- Buchschmuck

Textauswahl: Ergebnis der 10. Stunde

Unterrichtsschritte:
1. Aufgabenstellung
2. Gruppenarbeit
3. Zusammenheften

Kommentar zur Vorgehensweise und *Bericht:*

ad 1: Jeder Schüler illustriert einen Text; es muß nicht derselbe sein, den er abgeschrieben hat.
Kurzer Hinweis, daß nicht 'richtig' gemalt werden muß, sondern daß der expressive Charakter von Farben und Größenverhältnissen genutzt werden kann, um Sympathie und Antipathie, Zustimmung und Kritik auszudrücken: z.B. indem die Veränderung der Gesprächssituation angezeigt wird durch den Ausgleich des Größenunterschiedes zwischen einem zunächst riesengroßen und einem winzig kleinen Gesprächspartner. Oder über die Farben: während anfangs ein lustig bunt gemaltes Kind einem zornigroten oder trist grauen Erwachsenen gegenübersteht, so gewinnt dieser zunehmend auch an fröhlichen Farben.
Verteilung der Zusatzaufgaben: ein Titelblatt malen und ein Vorsatzblatt für jede Aufgabe.

ad 2: Gruppenbildung führt nicht über die 'Sitzordnung' hinaus, die Schüler malen alleine und sprechen ihre Illustrationen nicht ab.

ad 3: Sammeln, ordnen, heften übernimmt der Lehrer am Ende der Stunde.

Dokumentation zur inventiven Phase

Anmerkungen, wie sie zur expressiven und zur technischen Phase gegeben werden, erübrigen sich, da der Testablauf als der Kern dieser dritten Phase ausführlich im nächsten Kapitel kommentiert wird.

Statt dessen sind hier die von den Schülern ausgewählten Texte zusammengestellt. Die Sammlung enthält weniger Spitzenleistungen im Sinne des Tests und der Zielsetzung der Reihe als einen relativ breiten Überblick über unterschiedliche Niveaus (wobei völlige Nieten durch die Vorauswahl ausgeschlossen waren) und gibt zugleich die (leicht aggressive) Stimmung in der Klasse am Ende der als spannend, aber auch als anstrengend empfundenen Reihe wieder.

Die unterschiedliche Anzahl der Beispiele zu den sechs Aufgaben erklärt sich dadurch, daß die Schüler sich nicht in allen Fällen auf fünf Arbeiten einigen konnten, die sie gut genug für ihr 'Klassenbuch' fanden. Die Texte werden lediglich orthographisch verbessert und ansonsten unverändert wiedergegeben.

"Klassenbuch" zur UE 1

1. Aufgabe

Dein Freund hat eben geschellt, und Du springst nicht gerade leise die Treppe hinunter. Da reißt Herr Hoppdidopp die Korridortüre auf und ruft wütend:
"Jetzt habe ich aber die Nase voll! Was fällt dir eigentlich ein?!"
Antwort:"Womit haben Sie die Nase voll? Übrigens mir fällt momentan nichts ein."
Herr H. sauer, verstört:"Dein Vater sollte dir mal den Hintern versohlen, daß dir Hören und Sehen vergeht!"
Antwort:"Das sollte Ihr Vater mal mit Ihnen tun!! Aber daß Ihnen Sprechen und Gehen vergeht!"
Herr(n) H. hat's die Sprache verschlagen:"Jetzt halt aber die Luft an."
Antwort: Mmpf, gnumpf, schluck, humpf, grummel
Ende: Herr H. lacht freundlich, fährt mit der Arbeit fort und sagt:"Nun mach endlich die Tür auf, dein Freund versauert sonst draußen!!!!!!"

Dein Freund hat eben geschellt, und Du springst nicht gerade leise die Treppe hinunter. Da reißt Herr Hoppdidopp die Korridortüre auf und ruft wütend:
"Jetzt habe ich aber die Nase voll! Was fällt dir eigentlich ein?!"
Antwort:"Im Moment fällt mir nichts ein, aber Sie könnten mir ja mal helfen?"
Herr H. schreit empört: "Dein Vater sollte dir mal den Hintern versohlen, daß dir Hören und Sehen vergeht!"
Antwort: "Au jeu, dann höre und sehe ich in der Schule nichts, und dann brauch ich auch nicht hin."
Herr H. ruft nun, noch sauer: "Jetzt halt aber die Luft an."
Ende: Herr H. sagt nun freundlich: "Also dich kann man nicht ausschimpfen, du bist zu witzig."

Dein Freund hat eben geschellt, und Du springst nicht gerade leise die Treppe hinunter. Da reißt Herr Hoppdidopp die Korridortüre auf und ruft wütend:
"Jetzt habe ich aber die Nase voll! Was fällt dir eigentlich ein?!"
Antwort: "Ich muß noch den Käfig vom Hansi sauber machen."
Herr H. wütend: "Dein Vater sollte dir mal den Hintern versohlen, daß dir Hören und Sehen vergeht!"
Antwort: "Mein Vater muß aber dann erst zum Schuster gehen und welche holen."
Herr H. ärgerlich: "Jetzt halt aber die Luft an."
Antwort: "Wie lange denn? Außerdem muß ich meinem Freund noch die Tür aufmachen."
Ende: Herr H. lachend: "Dann geh mal schnell. Aber poltere nicht so."

Dein Freund hat eben geschellt, und Du springst nicht gerade leise die Treppe hinunter. Da reißt Herr Hoppdidopp die Korridortüre auf und ruft wütend:
"Jetzt habe ich aber die Nase voll! Was fällt dir eigentlich ein?!"
Antwort: "Brauchen Sie ein Taschentuch? Und mir fällt nicht gerade viel ein."
Herr H. noch wütender: "Dein Vater sollte dir mal den Hintern versohlen, daß dir Hören und Sehen vergeht!"
Antwort: "So etwas kann mein Vater nicht, das muß der Schuster machen. Außerdem habe ich am Hintern keine Ohren und auch keine Augen."
Herr H. etwas lächelnd: "Jetzt halt nicht, sonst ersticke ich."
Antwort: "Geht nicht, sonst ersticke ich."
Ende: Herr H. lacht lauthals.
"Jetzt sind Sie aber zu laut, Herr Hoppdidopp. Jetzt sind wir quitt.

Dein Freund hat eben geschellt, und Du springst nicht gerade leise die Treppe hinunter. Da reißt Herr Hoppdidopp die Korridortüre auf und ruft wütend und verärgert:
"Jetzt habe ich aber die Nase voll! Was fällt dir eigentlich ein?!"
Antwort: "Mir fällt gerade ein, daß ich in zehn Tagen Geburtstag habe. Was schenken Sie mir?"
Herr H. schimpft noch verärgerter: "Dein Vater sollte dir mal den Hintern versohlen, daß dir Hören und Sehen vergeht!"
Antwort: "Können Hören und Sehen denn laufen?"
Herr H. wird immer ärgerlicher: "Jetzt halt aber die Luft an."
Antwort: "Vielleicht übermorgen, heute habe ich keine Lust."
Ende: Herr H. rennt wütend weg:"Jetzt reichts mir aber!"

"Klassenbuch" zur UE 1

2. Aufgabe

Du bist bei Deinem Freund zu Besuch und willst beim Abräumen helfen. Da stolperst Du über eine Schultasche, die im Flur liegt, und fällst mit dem Geschirr hin. Frau H. sagt empört: "Mußt du denn immer über Tische und Bänke gehen!"
Antwort: "Auf dem Boden rutsche ich immer aus."
Frau H. ernst: "Nun werd nicht noch frech! Du benimmst dich wie ein Elefant im Porzellanladen."
Antwort: "Dann müßte ich sehr vorsichtig sein."
Frau H. ärgerlich: "Jetzt mach dich aber dünn!"
Antwort: "Ich will nicht, ich möchte gerade dicker werden."
Ende: Frau H. wütend: "Verzieh dich, du frecher Bengel."

Du bist bei Deinem Freund zu Besuch und willst beim Abräumen helfen. Da stolperst Du über eine Schultasche, die im Flur liegt, und fällst mit dem Geschirr hin. Frau H. sagt empört: "Mußt du denn immer über Tische und Bänke gehen!"
Antwort: "Ich wollte ja immer schon Tarzan sein."
Frau H. ärgerlich: "Nun werd nicht noch frech! Du benimmst dich wie ein Elefant im Porzellanladen."
Antwort: "Ach Porzellanläden? Sie arbeiten doch da."
Frau H. nicht mehr so ernst: "Jetzt mach dich aber dünn!"
Antwort: "Noch dünner als ich bin?"
Ende: Frau H. lachend:"Jetzt heb aber das Porzellan auf, du Elefant."

Du bist bei einem Freund zu Besuch und willst beim Abräumen helfen. Da stolperst Du über eine Schultasche, die im Flur liegt, und fällst mit dem Geschirr hin. Frau H. sagt empört: "Mußt du denn immer über Tische und Bänke gehen!"
Antwort: "Mach ich doch gar nicht! Nur über Schultaschen."
Frau H. sauer: "Nun werd nicht noch frech! Du benimmst dich wie ein Elefant im Porzellanladen."
Antwort: "Ich wette, Sie haben noch keinen gesehen."
Frau H. aufgebracht: "Jetzt mach dich aber dünn!"
Antwort: "Geht schlecht. Ich kann nur meinen Bauch einziehen."
Ende: Frau H. lachend: "Heb jetzt die Scherben auf und tu sie in den Mülleimer, du Spaßmacher."

Du bist bei einem Freund zu Besuch und willst beim Abräumen helfen. Da stolperst Du über eine Schultasche, die im Flur liegt, und fällst mit dem Geschirr hin. Frau H. sagt empört: "Mußt du denn immer über Tische und Bänke gehen!"
Antwort: "Ich werde schwindelig, wenn ich über Tische und Bänke gehe."
Frau H.ärgerlich: "Nun werd nicht noch frech ! Du benimmst dich wie ein Elefant aus dem Zirkus oder aus dem Zoo ausgebrochen?"
Frau H. wütend: "Jetzt mach dich aber dünn!"
Antwort: "Warum? Das kann ich nicht. Dann muß ich erst mal eine Abmagerungskur machen."
Ende: Frau H. ungeduldig: "Dann bleib hier und spiel mit Peter. Aber komm bloß nicht noch einmal in die Küche."

259

3. Aufgabe

Herr Hoppdidopp sieht, wie Dir im Hausflur gerade Dein Kaugummipapier auf den Boden fällt und sagt aufgebracht:
"Das kommt gar nicht in die Tüte. Heb es wieder auf!"
Antwort: "Es ist ja auch nicht in der Tüte, sondern auf dem Boden."
Herr H. empört: "Willst du mich für dumm verkaufen!"
Antwort: "Nein, Sie kauft ja doch keiner."
Herr H. sauer: "Jetzt reicht's, mach endlich eine Fliege."
Antwort: "Kann ich nicht, ich bin zu groß dazu."
Ende: Herr H. lachend:"Na dann mach ich mal en Auge zu. Hau endlich ab.

Herr H. sieht, wie Dir im Hausflur gerade Dein Kaugummipapier auf den Boden fällt und sagt aufgebracht:
"Mach, daß du das Papier aufhebst, und dann mach eine Fliege."
Antwort: "Wie Sie wünschen, aber Sie sind schuld, wenn ich auf die Nase fliege!"
Herr H. sagt wütend:"Meinst du, ich lasse mich für dumm verkaufen? Du weißt genau, was ich meine!"
Antwort: "Ich habe genau das gemacht, was Sie gesagt haben, ich bin eben ein lieber Junge."
Herr H. ruft empört: "Ich glaub, mich laust der Affe. Du bist nicht mehr richtig im Kopf. Am besten gehst du zum Arzt."
Antwort: "Warum denn das? Warum drücken Sie nicht einmal ein Auge zu? Sie verstehen keinen Spaß!"
Ende: Herr H. sagt freundlich: "Komm gar nicht in die Tüte. Dazu bist du viel zu frech."

Herr H. sieht, wie Dir im Hausflur gerade Dein Kaugummipapier auf den Boden fällt und sagt aufgebracht:
"Also Uwe. Naja, diesmal drücke ich noch ein Auge zu."
Antwort: "Dann drücken Sie mal schön. Viel Spaß!"
Herr H. empört: "Willst du mich für dumm verkaufen?"
Antwort: "Hätte ich an sich nicht vor, aber bitte, wenn Sie wollen."
Herr H. ärgerlich: "Das kommt überhaupt nicht in die Tüte."
Antwort: "In die Tüte sowieso nicht."
Ende: Herr M. nun langsam freundlich: "Komm, ich weiß, wenn ich jetzt noch lange meckere, mach ne Fliege, denn summst du mir ja doch was vor, anstatt daß du abhaust."

Herr H. sieht, wie Dir im Hausflur gerade Dein Kaugummipapier auf den Boden fällt und sagt aufgebracht:
"Heb das sofort wieder auf. Du willst mich wohl für dumm verkaufen."
Antwort: "Dumme Leute können aber andere nicht gebrauchen."
Herr H.sagt beruhigt: "Du willst wohl nicht in die Tüte kommen. Also reiß dich zusammen."
Antwort: "Erstens war ich vorher nicht auseinandergerissen. Zweitens bin ich viel zu dick für eine Tüte."
Herr H. sagte etwas beruhigt: "Ich will nochmal ein Auge zudrücken."
Ende: Herr H. geht lachend zurück in die Wohnung und sagt:
"Klaus, jetzt mach ne Fliege nach oben."
Klaus breitet seine Flügel aus und fliegt nach oben.

"Klassenbuch" zur UE 1

4. Aufgabe

Deine Mutter gibt Dir ein Paket, das Du bei der Post aufgeben sollst. Du mußt Dich anstellen, weil mehrere Leute vor Dir sind. Nach einer Weile fängst Du an, herumzuhampeln. Vor Dir steht Frau Hoppdidopp und sagt gereizt:
"Stell dich nicht so an! Du machst mich ganz nervös!"
Antwort: "Dann fuschel ich mich eben vor."
Frau Hoppdidopp kochend: "Ich gehe gleich die Wände hoch."
Antwort: "Sind Sie Artistin?"
Frau H. noch ärgerlicher: "Du willst mich wohl auf den Arm nehmen!"
Antwort: "Sie sind mir viel zu schwer. Da hebe ich mir einen Bruch."
Ende: Frau H. wieder freundlicher: "Jetzt bin ich dran, aber geh mal vor. Bei mir dauert es sowieso ein bißchen länger."

...
"Stell dich nicht so an! Du machst mich ganz nervös!"
Antwort: "Wieso, ich bin nervös und nicht Sie."
Frau H. aufgebracht: "Du gehst mir auf den Keks."
Antwort: "Ich sehe keinen Keks. Und außerdem ist mir der Keks dafür zu schade. Der arme Keks. Sniff."
Frau H. sehr aufgebracht: "Sei nicht so frech!"
Antwort: "Ich bin nicht frech."
Ende: Frau H. lachend: "Nein, du bist nicht frech, nur unruhig."

...
"Stell dich nicht so an! Du machst mich ganz nervös!"
Antwort: "Ich steh hier schon viel länger wie Sie, und das macht mich nervös."
Frau H. empört: "Auch noch frech werden, wie? Wie ist der Name deiner Eltern?"
Antwort: "Rauch"
Frau H. laut: "Willst du mir hier noch Befehle erteilen?"
Antwort: "Nö, wieso? Sie wollten doch den Namen wissen: Rauch."
Ende: Frau H. fast hinfallend: "Dieses Kind macht mich verrückt."

...
"Stell dich nicht so an! Du machst mich ganz nervös!"
Antwort: "Dann gehe ich nach ganz vorne!"
Frau H. spielt verrückt: "Werde nicht frech, du Motte!"
Antwort: "Motten fressen Wolle, ich nicht."
Frau H. flippt aus: "Werde bloß nicht noch frecher, du, du, du Laus."
Antwort: "Läuse sitzen in den Haaren, ich nicht."
Ende: Frau H. spinnt: "Meine Nerven, meine Nerven."

...
"Stell dich nicht so an! Du machst mich ganz nervös!"
Antwort: "Wieso stellen Sie sich denn an, wenn Sie das nervös macht?"
Frau H. ärgerlich: "Man sollte dir die Bollen versohlen!"
Antwort: "Schwein, Rind oder Reh?"
Frau H. sauer: "Huhn, du Blödmann!"
Antwort: "Huhn? Mm lecker!"
Ende: Frau H. lachend: "Schleckermaul!!!!!!!!!"

5. Aufgabe

Herr H. streicht Euern Hausflur an. Du stellst Dich neben die Leiter und guckst zu.
Da sagt Herr H. ganz unfreundlich: "Du fällst mir auf den Wecker!"
Antwort: "Haben Sie überhaupt einen Wecker dabei?"
Herr H. wütend: "Geh mir aus den Augen!"
Antwort: "Ich bin doch gar nicht darin!"
Herr H. schreit sauer: "Mach dich dünne, sonst knallt's!"
Antwort: "Können Sie mir gütigerweise sagen, wie ich mich dünne machen soll?"
Ende: Herr H. höflich: "Bitte geh zu deiner Freundin auf den Hof!"

...
"Du fällst mir auf den Wecker!"
Antwort: "Wo steht der Wecker?"
Herr H. bösartig: "Nervensäge."
Antwort: "Wo ist denn bei mir das Sägeblatt?"
Herr H. sauer: "Du kriegst jetzt 'ne Tracht..."
Antwort: "Ne bayrische?"
Herr H. weitermachend: "Ich geb's auf."

...
"Du fällst mir auf den Wecker!"
Antwort: "Ich paß schon auf."
Herr H. gereizt: "Mach ne Fliege."
Antwort: "Ich kann nicht fliegen."
Herr H. aufgebracht: "Ich gehe gleich die Wand hoch."
Antwort: "Soll ich Ihnen Superkleber unter die Schuhe schmieren."
Ende: Herr H. erschreckend, fliegt von der Leiter in den Maltopf.

"Klassenbuch" zur UE 1

6. Aufgabe

Du bist bei der Zahnärztin. Frau Dr. H. ist sehr ungeduldig und sagt: "Nimm dich mal zusammen. Du tötest mir den letzten Nerv!"
Antwort: "Ich bin kein Mörder."
Frau H. unfreundlich: "Kleine haben hier nichts verloren."
Antwort: "Doch, ich habe meinen Zahn hier verloren."
Frau H. aufgebracht: "Du bist ganz schön frech."
Antwort: "Ich bin auch der Schönste der Klasse."
Ende: Frau H., erschrocken über die Antwort, fällt in Ohnmacht.

... Du tötest mir den letzten Nerv!"
Antwort: "Wer hat denn die andern getötet, oder sind die gestorben oder gar gestohlen worden?"
Frau H. wütend: "Jetzt setz dich hin."
Antwort: "Wohin denn? Auf Ihren Schoß?"
Frau H. beleidigt: "Nein, auf den Stuhl, dann fahre ich den Stuhl hoch, und dann geht's los."
Antwort: "Wohin denn: nach Afrika oder nach Asien?"
Ende: Frau H. lachend: "Nein, dann kriegst du deine Blombe!"

...Du tötest mir den letzten Nerv!"
Antwort: "Wieviel Nerven sind Ihnen denn schon getötet worden? Soll ich die Polizei informieren?"
Frau H. sagt wütend: "Deine Zähne sehen sehr schlecht aus, wir müssen bohren."
Antwort: "Mit nem echten Bohrer von Black und Decker?"
Frau H. sagt aufgebracht: "Du kriegst gleich was auf die Löffel."
Antwort: "Ich muß erst einen Löffel von zu Hause holen. Sie haben die freie Auswahl:Kochlöffel, Eßlöffel..."
Ende: Frau H. schreit: "Begib dich sofort nach Hause!"
Claus geht erleichtert weg.

... Du tötest mir den letzten Nerv!"
Antwort: "Womit denn!"
Frau H. hat nicht zugehört und sagt leise in Gedanken: "Das ist ja ein richtiger Löwenzahn!"
Antwort: "Wir sind doch hier nicht in der Biologiestunde in der Schule."
Frau H. beleidigt: "Ich hab noch viele Patienten. Jetzt sei ruhig!"
Antwort: "Das sagen Sie nur, weil Sie so gerne: 'Der Nächste, bitte!' sagen."
Ende: Frau H. ärgerlich: "Du bist wirklich ungezogen!"

... Du tötest mir den letzten Nerv!"
Antwort: "Haben Sie nur noch einen?"
Frau H. ungeduldig: "Du Nervensäge!"
Antwort: "Erst töte ich Ihnen einen Nerv und dann zersäge ich ihn noch!"
Frau H. sauer: "Du bist ein Hampelmann."
Antwort: "Jetzt sitze ich schon so lange ruhig und werde dann Hampelmann genannt."
Ende: Frau H. freundlich: "Ich weiß keine Frage mehr, also kannst du auch keine freche Antwort geben."

4.2. Unterrichtseinheit: "Siehst du was? Hörst du was?"

Die Anfangssequenz des Strangs, dessen Aufgabe es ist, die alltägliche Umwelt hinter stereotypen Wahrnehmungsschemata zu entdecken und sichtbar zu machen durch experimentelle Dichtung, konzentriert sich auf die akustische Dimension von Wirklichkeit und ihre Erschließung in Lautgedichten. Es geht also nicht um formale Spielereien, sondern um bedeutungstiftende Re-Konstruktionen. Und zwar in dem Sinn, daß die Destruktionen der Sprache funktional gebunden bleiben an die konstruktive (ungewöhnliche und überraschende) Fassung eines Realitätsaspekts. Sowohl die (rezeptive) Enträtselung eines literarischen Textes wie auch die (produktive) Verrätselung von Wahrgenommenem sollen die Neugier der Schüler wecken und fordern ihre Ambiguitätstoleranz heraus, indem beide Male die Interpretationsbedürftigkeit 'der Welt' in der Verfremdung der Sprache erfahrbar wird.

Die expressive Phase wahrt dabei die Nähe zu phonetischen Spielen der Kinder in Geräuschwörtern, Imitationen, Lautmalereien, jedoch so, daß über die Textauswahl jeweils ein strukturierendes Moment hinzugewonnen werden kann: die rhythmische Anordnung von Geräuschwörtern, die Entwicklung von Geräuschimitationen aus der Veränderung eines Wortes, die Einordnung der Lautmalerei in einen Kontext.

In der technischen Phase werden diese Verfahren nun nicht mehr einzeln, sondern an komplexen Konstruktionen von Klang-Bildern und Geräusch-Kulissen analysiert und geübt. Die Interpretierbarkeit des so repräsentierten Wirklichkeitsausschnitts ist dementsprechend von größerer Relevanz für die Lebenserfahrung der Schüler, als es die mehr spielerisch mehrdeutigen Gedichte der ersten Phase waren. Die Auswahl der Texte, die sämtlich zur 'Erwachsenenliteratur' rechnen, intendiert für diesen zweiten Teil bewußt Verfrühung: Sie sind ebensowenig 'kindgemäß' präpariert, wie es die Realität ist, in der die Kinder leben.

Während bis zu diesem Zeitpunkt die Produktionsaufgaben im Anschluß an einzelne literarische Texte so gestellt werden, daß sie Analogiebildungen (im weitesten Sinne) zunächst provozieren und dann ermöglichen, obliegt es den Schülern in der inventiven (Test-)Phase, zu einem gegebenen Thema den Realitätsaspekt, den sie hervorheben wollen, selbst zu entdecken und die geeigneten Mittel für eine sprachliche Realisierung zu finden. Die Hauptschwierigkeit besteht für sie dabei darin, eine sinnvolle Textstruktur zu entwickeln, die die einzelnen Techniken, deren Anwendung im Unterricht gelernt wurde, zu integrieren vermag. Die anschließende gemeinsame Beurteilung der Werke und Reflexion der Funktionalität von Sprachmanipulationen bei der Auswahl von Textlösungen für ein 'Klassenbuch' ist deshalb besonders wichtig als eine weitere Chance, kreative

Einsichten zu gewinnen. Demselben Zweck dient die typographische Gestaltung der Gedichte, die es ermöglicht, die individuellen Merkmale der kreativen Re-Konstruktionen eines Wirklichkeitsausschnitts optisch hervorzuheben, sozusagen als schmückende deiktisch-didaktische Hilfe von Schülern für Schüler.

Tabelle F

Krea.-Phasen	Unterr.-Phasen/Stunden	Thema/Tätigkeiten	Texte/Abbildungen	Hausaufgaben
Problemwahrnehmung	**I Expressive Phase**			
	1.Stunde	Rhythmus durch Anordnung v. Geräuschwörtern	E.Gomringer: pinpong (A1)	Laut-Gedicht: Im Treppenhaus
	2.Stunde	Geräuschimitation durch Veränderung u.Variation eines 'Signalwortes'	E.Jandl: schtzngrmm (A2)	Laut-Gedicht: silvester
	3.Stunde	Klangcharakter durch Wortauswahl u.Worterfindung	J.W.Goethe: Zigeunerlied (A3)	1.Zur Wahl:Protestsong vom zornigen Hobbit, od.:Klagelied v.d.Langeweil einer Blattlaus 2.'Normalisierung' v.C.Morgensterns: Gruselett (A4)
Präparation und Inkubation	**II Technische Phase**			
	4.Stunde	Laut-Gedichte 1 Besprechung von Schülerarbeiten: Wdh.d.einzelnen Ausdrucksmittel	HA 1, 2, 3 (A 5 A-E)	1.Aus/Überarbeitung der HA 2 oder HA 2.Ergänzung des Merkblatts (A5 D/E)
	5.Stunde	Klang-Bilder symbolische Geräusche,Stimmen,Stimmung ent- u.verschlüsseln	E.Jandl: im reich der toten (A 6)	Zur Wahl: Klang-Bild zu einem Traum land bzw.Alptraum oder: 6 Themen f. Laut-Gedicht finde
	6.Stunde	Geräusch-Kulissen alltägliche Geräusche,Stimmen,Stimmung identifizieren u.rekonstruieren	HA 4, 5 E.Jandl: restaurant (A 7)	Zur Wahl: Geräusch-Kulisse: Bahnhof oder zu einem freien Thema
	7.Stunde	Laut-Gedichte 2 Besprechung von Schülerarbeiten: Anwendung d.Ausdrucksmittel im Zusammenhang	HA 5, 6	---
	III Inventive Phase			
Illumination1/ Elaboration1	8./9.Stunde	Re-Konstruktionen TEST selbständige Anwendung d.Techniken auf andere Geräusch-Komplexe	Vordrucke	---
Kommunikation1/ Illumination2	10.Stunde	Textauswahl Zusammenstellung f.Klassenbuch, Begründung	Kopien von Testlösungen	Vorschläge zur typografischen Gestaltung
Kommunikation2/ Elaboration2	11./12.Stunde	Visualisierung Veranschaulichung d.akustischen Akzente durch typografische Gestaltung, als Buch heften	HA 10	---

A: "Anlage" ; HA: "Hausaufgabe"

4.2.1. *Expressive Phase*

Erste Stunde

Thema: Rhythmus einer Geräuschfolge

Ziel: Erkennen und Ausprobieren, wie der Rhythmus einer Geräuschfolge durch die Anordnung von Geräuschwörtern ausgedrückt werden kann:
- Abgrenzung von Beschreibung und Lautgedicht
- Vertrautmachen mit einer nicht-traditionellen Gedichtform
- Wiedererkennen analoger Geräuschfolgen in der eigenen Umwelt und Entwicklung von Ideen zur Versprachlichung

Textauswahl: "ping pong" von Eugen Gomringer (Anlage 1)
Der Text ist zur Einführung geeignet, da die 'abgebildete' Geräuschfolge den Schülern vertraut ist und Geräuschwörter zu ihrem Repertoire gehören, so daß sie sich ganz auf die Entschlüsselung der ungewöhnlichen Anordnung konzentrieren können.

Unterrichtsschritte:
0. Erläuterung des Experimentes zum kreativen Deutschunterricht
1. Wiedergabe von Geräuschen
2. Textbesprechung: "ping pong" von Gomringer
3. Aufzählung anderer rhythmischer Geräuschfolgen
4. Ideensammlung zum Thema "Im Treppenhaus"

Kommentar zur Vorgehensweise und *Bericht:*

ad 0: s.o. 1. Unterrichtseinheit

ad 1: Lehrer fragt danach, was man alles in den ersten fünf Minuten nach Betreten der Klasse hören konnte. Die Schüler beschreiben. Lehrer fragt nach einer Weile nach: "Ist es wirklich das, was Ihr vorhin gehört habt: 'Klaus hat die Tür zugeknallt.' 'Eva hat geflüstert' usw.?" Die Schüler wiederholen die Handlung oder imitieren Geräusche. Den Unterschied benennen sie selbst: einmal wird beschrieben, einmal nachgemacht. Weichenstellung für die folgenden Stunden: Geräusche sollen direkt ausgedrückt und nicht beschrieben werden. Übrigens erwähnt oder gebraucht kein Schüler 'Peng-Wörter', da offenbar nicht erwünscht im (üblichen) Unterricht.

ad 2: a) Jeder liest / betrachtet den Text für sich.
b) Die Schüler entdecken und erklären fast ohne Nachfragen des Lehrers, daß "ping" und "pong" verschiedene Geräusche (Auftreffen des Balls auf unterschiedlichen Materialien) bezeichnen; sie interpretieren den letzten Wechsel von "ping" zu "pong" als Spielende (Wegspringen des Balls von der Platte); die Textanordnung markiert den Spielverlauf ...

ad 3: Viele Beispiele werden genannt: tropfender Wasserhahn, große Standuhr ...

ad 4: a) Aufzählen, was alles man im Treppenhaus hört.
b) Strukturierung: Klären, wodurch eine bestimmte Geräuschfolge festgelegt ist; Beispiele von Schülern für unterschiedliche Treppenformen als Muster möglicher Textanordnungen an der Tafel skizzieren lassen: zwei parallele Treppen, Treppe führt um die Ecke, Wendeltreppe ...

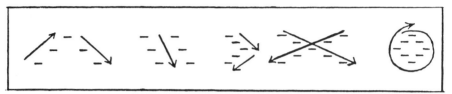

c) Auswahl treffen: z.B. Mann mit Holzbein; Mann mit Hund ...; Schüler nennen weitere Beobachtungen: raufgehen klingt anders als runtergehen; Stöckelabsätze oder flache Schuhe ...
d) Kontrolle, ob das Prinzip verstanden ist: "Ein Ball hüpft die Treppe runter." Tafelanschrieb: Erster Schüler schreibt "bang" in gleichen Treppenstufen. Kritik der andern: zuerst springt der Ball langsam, dann immer schneller. Zweiter Schüler variiert die Abstände von groß zu immer kleiner 'auslaufend'...

Hausaufgabe:

"Im Treppenhaus", ein Text-Bild aus Geräuschwörtern.

UE 2 / Anlage 1

    ping pong
       ping pong ping
       pong ping pong
           ping pong

von Eugen Gomringer
aus: konkrete poesie, hrsg.v. E. Gomringer, Stuttgart 1973,
    S. 56

Zweite Stunde

Thema: Geräuschimitation

Ziel: Erkennen und Ausprobieren, wie Geräuschimitation durch Veränderung und Variation eines 'Signalwortes' erfunden werden kann:
- Erkennen der akustischen Ausdruckskraft einzelner Konsonanten
- Rekonstruieren von verfremdet geschriebenen Wörtern
- Sich von den Buchstaben eines 'Signalwortes' zu Geräuschimitationen (und deren Schreibweise) inspirieren lassen

Textauswahl: "schtzngrmm" von Ernst Jandl (Anlage 2)

Der Zugang zur phonetischen konkreten Poesie wird den Schülern an diesem Text dadurch erleichtert, daß sie selbst bei ihren Wild-West- und anderen Spielen Schießgeräusche imitieren. Das Prinzip, daß alle akustischen Varianten nur mit den Konsonanten eines Wortes gebildet werden, das Signalcharakter hat, indem es die Situation (etwa im Unterschied zu einer Krimi-Knallerei) präzisiert, ist zwar nicht so leicht zu durchschauen wie Gomringers "ping pong". Einmal entdeckt, ist das Verfahren jedoch leicht von den Schülern zur Strukturierung eigener 'Hör-Rätsel' anzuwenden.

Unterrichtsschritte:
1. Besprechung der Hausaufgabe
2. Textbesprechung: "schtzngrmm" von Jandl
3. Ideensammlung zum Thema "Silvester"

Kommentar zur Vorgehensweise und *Bericht:*

ad 1: Zusicherung, daß im Verlauf der Reihe jeder Schüler mindestens einmal mit einem guten Beispiel vertreten sein wird (s.o. 1. Unterrichtsreihe)
- a) Zwei Schüler schreiben ihren Text auf die Rückseite der Tafel.
- b) Die Machart der Texte wird genau beschrieben. Interpretationen werden ausprobiert.
- c) Die Verfasser erklären abschließend, was sie sich gedacht haben. Begriffe zur Charakterisierung der Lautgedichte werden 'nebenbei' eingeführt und gebraucht in Anwendung auf die Beispiele, ohne durch allzuviel definitorischen Aufwand die expressive Phase zu stören: Rhythmus als regelmäßige Folge von Geräuschen; Text-Bild als bedeutungsvolle Anordnung auf der Fläche, indem z.B. durch die Wiederholung bestimmter Wörter ein Muster gebildet wird; Variation als in der Veränderung erkennbare Wiederholung.

ad 2:
- a) Jeder für sich liest, betrachtet, probiert den Text.
- b) Lautes Vorlesen durch Schüler. Argumente gegen das Vorspielen einer Dichterlesung z.B. auf Schallplatte: die Perfektion von Jandls Vortrag kann entmutigend wirken, während das Ausprobieren verschiedener Lesarten sich als ein wichtiges Mittel bewährt, um den Aufbau des Textes herauszufinden.
- c) Spontane Äußerungen: die Schüler entdecken, daß Selbstlaute fehlen, daß nur neun Buchstaben vorkommen, daß alle zu dem "Wort" in der ersten Zeile gehören.

d) Nachfragen: Die folgenden freien Assoziationsversuche werden allmählich auf die Materialbasis zurückgelenkt durch Lehrerfragen: Was ist das denn für ein Wort? Wie könnten wir das herausfinden? Schüler setzen versuchsweise Selbstlaute ein: Schatz, Schutz, Gramm, Schutzgramm, Schützgramm, Schützengraben. Frage nach der falschen Schreibweise wird mit Hinweisen auf die verschliffene Aussprache beantwortet: -graben zu -gramm. Worterklärung: nicht alle Kinder wissen, was ein Schützengraben ist.

e) Jetzt werden die Geräuschimitationen noch einmal gelesen. Eine Schießerei wird artikuliert und ausagiert. Maschinengewehr und andere Geschosse werden unterschieden.

f) Wie geht die 'Geschichte' aus? Das letzte Maschinengewehrgeräusch erstirbt "t-tt" und gewinnt die Bedeutung "tot".

g) Zusammenfassung des Geschehensablaufs in Beschreibungssprache.

h) Vergleich mit "ping pong": Die unterschiedliche Machart wird vor allem vom Lehrer hervorgehoben. Beide Male geht es um Lautmalerei. Im Text von Gomringer handelt es sich um bekannte Geräuschwörter, Jandl dagegen leitet Geräuschimitationen aus einem 'Signalwort' ab, das selbst bereits verändert, verfremdet, reduziert eingeführt wird.

ad 3: Ideensammlung zur Entwicklung eines Lautgedichtes aus dem Wort "silvester".

a) Aufgabenstellung: mit dem Wort "silvester" spielen, bis Ihr Buchstabenkonstellationen findet, die etwas zum Thema ausdrücken. Die Vokale sollen nicht eliminiert werden. Es darf ein weiterer Buchstabe eingeführt werden, um ein neues Wort zu bilden.

b) Was fällt Euch denn alles zu Silvester ein? Hierzu und im folgenden sollen nur Ideen gesammelt werden ohne Bewertung.

c) Schnitte legen: Welche Buchstabengruppe könnte man herauslösen und variieren?

d) Kombinieren: Vertauschen und Neuzusammensetzen.

e) Wortneubildungen: Wer hat schon ein zweites Wort, das in den Zusammenhang paßt, aus den Buchstaben des Wortes gebildet bzw. durch Ergänzung eines Buchstaben? Wer hat 2, 3, 4 Wörter? Die Schüler melden sich, ohne ihre Entdeckungen zu verraten. Nur wenn ein Schüler dabei ist, der nichts findet, wird ein Beispiel genannt.

f) Erinnerung an die Beobachtungen der ersten Stunde: den Rhythmus einer Geräuschfolge durch Wiederholung und Variation auszudrücken und den Bewegungsablauf im Text-Bild festzuhalten.

Hausaufgabe:
"silvester", Geräuschimitation aus einem Signalwort.

schtzngrmm
schtzngrmm
t-t-t-t
t-t-t-t
grrrmmmmm
t-t-t-t
s————c————h
tzngrmm
tzngrmm
tzngrmm
grrrmmmmm
schtzn
schtzn
t-t-t-t
t-t-t-t
schtzngrmm
schtzngrmm
tssssssssssssss
grrt
grrrrrt
grrrrrrrrrt
scht
scht
t-t-t-t-t-t-t-t-t
scht
tzngrmm
tzngrmm
t-t-t-t-t-t-t-t-t
scht
scht
scht
scht
scht
grrrrrrrrrrrrrrrrrrrrrrrrrrrr
t-tt

aus Ernst Jandl: Laut und Luise, Stuttgart 1977, S.38

Dritte Stunde

Thema: Klangcharakter

Ziel: Erkennen und Ausprobieren, wie der Klangcharakter durch Wortauswahl und Worterfindung geprägt werden kann:
- Erkennen der akustischen Ausdruckskraft von Vokalen
- Untersuchung von 'vollständigen' Wörtern auf ihren Klangcharakter hin
- Erreichen einer bestimmten Klangwirkung durch Wortauswahl und Erfindung von Lautgruppen

Textauswahl: "Zigeunerlied" von Johann Wolfgang von Goethe (Anlage 3)
Das Gedicht ist unter zwei Gesichtspunkten ausgewählt worden: Erstens ist der Klangcharakter für seine Wirkung konstitutiv, und zwar in einer für die Schüler relativ leicht zu analysierenden Ausprägung. Zweitens kann man annehmen, daß es nach den ersten (und vor den folgenden) eher spröden und sperrigen Texten eine gewisse Entspannung ermöglicht durch den abenteuerlich-geheimnisvollen Inhalt und den liedhaft-eingängigen Stil. Daß das traditionelle Gedicht erst nach zwei experimentellen besprochen wird, die bereits die Aufmerksamkeit auf das Sprachmaterial konzentriert haben, hat noch einen weiteren Grund: Verfremdungen innerhalb eines scheinbar leicht verständlichen Textes zu entdecken, ist möglicherweise (jedenfalls ohne vorherige Übung) schwieriger als in als ganze widerständigen Kontexten.
Im einzelnen ergeben sich folgende Anknüpfungspunkte: Über den Refrain zu Gomringers "ping pong"; allerdings werden hier keine Geräusche, sondern Stimmen durch ungewöhnliche Klangwörter wiedergegeben. Der Vergleich mit Jandls "schtzngrmm" zeigt den Kontrast zwischen Reduktion und Überangebot: zu der ausformulierten Information über eine Hexennacht kommt die Vergegenwärtigung der unheimlichen Atmosphäre durch Wortauswahl und -erfindung. Am Beispiel der ersten Strophe: die Wirkung wird vor allem getragen von den stabreimenden Konsonanten w und h und von der Abstufung der Vokale von vorwiegend hellen (a, e, i in Zeile 1 und 2) über Zwischentöne (ö, eu, ei in Zeile 3 und 4) zu dunklen Klängen (au, o, u im Refrain).

Unterrichtsschritte:
1. Besprechung der Hausaufgabe
2. Textbesprechung: "Zigeunerlied" von Goethe

Kommentar zur Vorgehensweise und *Bericht:*
ad 1: Zwei Schüler schreiben ihre Texte zu "silvester" an die Tafel. Fragestellung: Was wird dargestellt? Wie wird es gemacht?

ad 2: a) Schüler lesen das Gedicht laut vor. Den Refrain sprechen alle, so wie es jeder am schönsten findet.

Erklärung unbekannter Wörter.

b) Frage, was auffällt. Ob es ein Lautgedicht sei? Refrain wird genannt.

c) Kurze Zusammenfassung des Inhalts; Charakterisierung der Stimmung.

d) Wodurch wird der Eindruck erzielt? Ich könnte auch sagen: "Jemand geht im Winter nachts durch den Wald ..." Welcher Text klingt unheimlicher? Die Schüler finden keine Begründung. Lehrer liest nun Zeile für Zeile vor, die Schüler unterstreichen die Selbstlaute in den betonten Silben und diktieren sie an die Tafel. An der Vokal-Folge der ersten Strophe wird die Veränderung des Klangs von hell nach dunkel erkannt. Der Lehrer weist selbst auf die Häufung von w und h (wie "Windhauch") hin.

Hausaufgaben:

1. Gedicht unter besonderer Beachtung des Klangcharakters verfassen:
entweder "Protestsong vom zornigen Hobbit"
oder "Klagelied einer Blattlaus, die sich langweilt" (kurze Besprechung, worauf es ankommt)
2. Rückübersetzung von Morgensterns "Gruselett" (Anlage 4) in Normalsprache (mit sowenig Änderungen wie möglich).

Zigeunerlied.

Im Nebelgeriesel, im tiefen Schnee,
Im wilden Wald, in der Winternacht,
Ich hörte der Wölfe Hungergeheul,
Ich hörte der Eulen Geschrei:
    Wille wau wau wau!
    Wille wo wo wo!
    Wito hu!

Ich schoß einmal eine Katz' am Zaun,
Der Anne, der Hex', ihre schwarze liebe Katz';
Da kamen des Nachts sieben Wehrwölf' zu mir,
Waren sieben, sieben Weiber vom Dorf.
    Wille wau wau wau!
    Wille wo wo wo!
    Wito hu!

Ich kannte sie all', ich kannte sie wohl,
Die Anne, die Ursel, die Käth',
Die Liese, die Barbe, die Ev', die Beth;
Sie heulten im Kreise mich an.
    Wille wau wau wau!
    Wille wo wo wo!
    Wito hu!

Da nannt' ich sie alle bei Namen laut:
Was willst du, Anne? was willst du, Beth?
Da rüttelten sie sich, da schüttelten sie sich
Und liefen und heulten davon.
    Wille wau wau wau!
    Wille wo wo wo!
    Wito hu!

von Johann Wolfgang von Goethe
    Weimarer Ausgabe, I. Abteilung Bd.1, S.156f.

GRUSELETT

Der Flügelflagel gaustert
durchs Wiruwaruwolz,
die rote Fingur plaustert
und grausig gutzt der Golz.

von Christian Morgenstern
  Das Schönste aus seinem Werk, herausgegeben und
  eingeleitet von Theo Riegler, München 1965, S.46.

Anmerkungen zur expressiven Phase

Wie in der vorigen Klasse fällt das Interesse an einem anderen Deutschunterricht auf. Die Ankündigung, daß in den folgenden Stunden Regeln der Rechtschreibung und der Grammatik außer Kraft gesetzt werden dürfen, begeistert die Schüler erwartungsgemäß. Erstaunlich ist allerdings, daß sie die Gelegenheit nicht ausnutzen, um nun beliebig Fehler zu machen, sondern mit viel Engagement und Einfallsreichtum neue Regeln zur Strukturierung über Texte erfinden. Die Beobachtungen sprechen dafür, daß in Verbindung mit einem solchen Literaturprogramm auch ungenutzte Möglichkeiten eines kreativen Grammatik- und Rechtschreibunterrichts liegen.

Ebenso gibt die Reaktion der Schüler auf die vorgelegten Gedichte Anlaß, über die Normen des Faches nachzudenken. Während bei aller Aufgeschlossenheit gegenüber 'Sprachspielen' traditionelle Texte, speziell in Gedichtform, als 'kindgemäß' experimentellen bzw. avantgardistischen in den Stoffplänen vorgeordnet werden, so als müßte auch im kulturhistorischen Bereich die Ontogenese die Phylogenese nachvollziehen, hatten die Kinder an "ping pong" und "schtzngrmm" erheblich mehr Spaß als am "Zigeunerlied", und zudem fiel es ihnen leichter, die literarischen Verfahren und ihre Funktion an den stark verfremdeten Texten zu erkennen als an den konventionell erschließbaren. Auch diese Feststellung (sie bestätigt sich im folgenden) sollte Anlaß geben, die Stoffpläne weniger an Kanontraditionen oder den inzwischen als unhaltbar nachgewiesenen Lesealtern zu orientieren als an empirisch überprüften Verständnisbarrieren.

4.2.2. Technische Phase

Vierte Stunde

Thema: Laut-Gedichte (1)

Ziel: Vorbereitung auf die Ausarbeitung komplexerer Konstruktionen bei der Besprechung von Schülertexten:
- unterschiedliche Möglichkeiten der Realisierung desselben Themas erkennen
- Mittel der Ideenfindung und Strukturierung reflektieren
- Anregungen zur Elaboration der spontanen Einfälle geben

Textauswahl: Die Schülertexte (Anlage 5A) lassen jeweils mindestens zwei Merkmale von Lautgedichten erkennen und decken zusammengenommen alle besprochenen Verfahren ab. Weiterer Gesichtspunkt: Es sollen Texte von möglichst vielen Kindern vorgestellt werden.

Unterrichtsschritte:
1. Wiederholung: "Im Treppenhaus"
2. Besprechung unterschiedlicher Beispiele zum "Klagelied einer Blattlaus ..."
3. Hinweise für ein systematischeres Vorgehen am "Protestsong vom zornigen Hobbit"
4. Anregungen für Verbesserungen zu "silvester"

Kommentar zur Vorgehensweise und *Bericht:*

ad 1: Erinnerungen an die Aufgabenstellung. Die Texte, die verfaßt wurden, halten sich noch eng an die besprochenen Variationen.

ad 2: Die vier Gedichte zur "Blattlaus" (Anlage 5A) werden daraufhin untersucht, was die einzelnen Schüler von bisher Gelerntem umgesetzt haben. Unter Nr. 5 überträgt jeder seine Version auf das Arbeitsblatt. Es ist wichtig, sich für die Besprechung ebensoviel Zeit zu lassen wie für die anderer literarischer Texte auch, und den Verfassern Gelegenheit zu geben, auf Details, die von den andern übersehen wurden, aufmerksam zu machen.

ad 3: Um künftig möglichst viele verschiedene Möglichkeiten für die eigenen Lautgedichte zu nutzen, ist es sinnvoll, sich zu den spontanen Einfällen auch ganz bestimmte Fragen zu stellen. Die verschiedenen Schritte werden durchgespielt am "Protestsong vom zornigen Hobbit" (Anlage 5B). Kein Schüler hatte dieses Thema, das alternativ zur "Blattlaus" gestellt war, gewählt, so daß es sich anbot, an diesem Beispiel auszuprobieren, wie man vorgehen kann, wenn einem spontan nicht genug einfällt.

ad 4: Der nächste Schritt ist die Verbesserung des ersten Entwurfs. Beispiele zu "silvester" (Anlage 5C): Die Unterstreichungen markieren die Vorschläge des Lehrers für Veränderungen. Besonders beachtet wurden dabei die Möglichkeiten: 1. eine Buchstabengruppe in ein neues (passendes) Wort zu überführen, 2. gute Übergänge vom Zeilenende zum nächsten Zeilenanfang zu finden. Wichtig ist der Hinweis, daß bei diesen Gedichten - anders als bei sonstigen

Gelegenheiten im Deutschunterricht - viele Verbesserungsvorschläge nicht bedeuten, daß der Ausgangstext besonders schlecht sei, sondern umgekehrt, daß er gute Ansatzpunkte zum Weiterdenken und Anreichern bietet.

Hausaufgaben:
1. Entweder eine Verbesserung des eigenen Textes zur "Langeweile der Blattlaus" bzw. zu "silvester" anfertigen (aber nur, wenn man wirklich Verbesserungsmöglichkeiten sieht!) oder den "Protestsong vom zornigen Hobbit" ausarbeiten (nach Vorlage oder frei).
2. Die Übersetzungen von Morgensterns "Gruselett" (Anlage 5D) lesen und vergleichen.
   Das Merkblatt (Anlage 5E) lesen und aus den besprochenen Lautgedichten zu den einzelnen Punkten ein Beispiel eintragen.

Anlage 5 A

Beispiele zum
"Klagelied einer Blattlaus, die sich langweilt."

1.
Ich bin es satt,
sitz auf dem Blatt!
Hab' nichts zu tun,
kann immer ruhn!
Die Langeweile quält mich sehr,
drum müssen neue Blätter her!
Drauf wohnen sicher nette Leute,
eine riesengroße Blattlausmeute!
Lause, lause, la
Lause, lause, lo
So, so!

von Ralf

2.
Eine Blattlaus auf dem Baume saß,
sie dabei ein Blatte fraß,
Sie fraß und fraß und fraß,
doch dies machte ihr keinen Spaß.
Denn nur Blätter fressen im Leben
ist nichts für jeden.
schmatz schmatz schmatz schmatz

Sie saß am Baum und fraß,
und sie dabei vergaß,
daß es zum Leben
noch andere Dinge kann geben,
anstatt auf dem Baum zu sitzen
und es dort zu verschwitzen.
schmatz schmatz schmatz schmatz

von Brigitta

3.
ja ja
ja la la la
ei jei jei jei
tja tja tja
na na na na
no no no
(klipp klapp klipp klapp)
dum dum dum (dum)
dum

von Birgit

4.
diedel-diedel diedel-diese
dies dies ..... u
uuuu -
kn bitti mhruuu
   tap
         tap
üüüü
baaaa
brennnesselt
  tap
         tap
diedel diedelbaaa
diiiiiidel
iiiindiiii

von Jörg

5.

Anlage 5 B

Ein Anfang zum
"Protestsong vom zornigen Hobbit"

1. Wie klingt das?

dunkel, drohend: viele o
hart, abgehackt: viele z, t

2. Wörter sammeln!   **3. Sortieren**

o   Ausstreichen / Ergänzen
gong   Zusammenhang?
potz
ohne   Geräuschwörter
Bohne
motzen   Vielleicht ist das
Zottel   das Problem des Hobbit?
Zorn
Klotz   Signalwörter für
Trotz   Lautmalerei: ausprobieren
hoppla   Wortveränderungen: ausprobieren
Hobbit
hoppst   Brauchbar für
...   Anfang oder Ende?
...
...   Rhythmus?
                              Wiederholungen? Refrain? Text-Bild?

4. Lautgedicht   **5. Verbesserung:**
Entwurf:

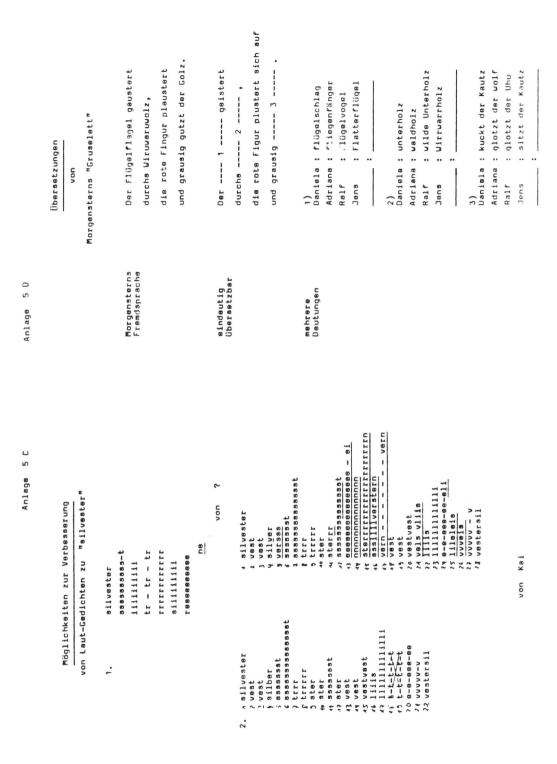

UE 2 / Anlage 5

Merkblatt

zum

Verfassen von Laut-Gedichten

Wenn Du ein Laut-Gedicht machst, dann laß Dir etwas
einfallen zu folgenden Punkten:

1. Rhythmus   Beispiele bitte selbst eintragen:

   Wiederholung
   Variation
   Text-Bild

2. Lautmalerei

   Geräuschwörter
   Buchstabengruppen aus einem Signalwort
   frei erfundene Buchstabengruppen

3. Wortveränderung

   Weglassen von Buchstaben
   Vertauschen von   "
   Hinzufügen von   "

4. Klangcharakter

   Häufung bestimmter Vokale und Konsonanten:
   hell oder dunkel
   weich oder hart
   ...

Voraussetzung für ein gutes Laut-Gedicht ist, daß Du
Dir ganz genau vorstellst, was Du ausdrücken möchtest.

Wichtig ist dann, daß Du Dein Gedicht so anlegst, daß
sich auch der Leser etwas - am besten Verschiedenes -
vorstellen kann.

Darum solltest Du immer mehrere dieser Ausdrucksmittel
für Deinen Text verwenden.

Du darfst aber nicht alles neu erfinden. Einen Teil muß
der Leser wiedererkennen können, um den Sinn zu verstehen.

Fünfte Stunde

Thema: Klang-Bilder

Ziel: Symbolisch-bedeutsame Geräusche, Stimmen, Stimmungen in Klang-Bildern ent- und verschlüsseln:
- Rätselcharakter beruht auf Mischung von Innovation und Redundanz.
- Rezipient muß zur Re-Konstruktion eines Textsinns ein bedeutungsintegrierendes Prinzip im Text erkennen können.
- Produzent muß dem Leser in einer konstruktiven Destruktion Brücken bauen über die (Verständnis-)Lücken.

Textauswahl: "im reich der toten" von Ernst Jandl (Anlage 6)

Der Text integriert Merkmale der zuvor besprochenen Gedichte auf einem höheren Komplexitätsniveau. Auch hier ist eine unheimliche Stimmung thematisiert, die allerdings - anders als der nächtliche Winterwald des "Zigeunerliedes" - die eigene Erfahrung überschreitet. Die Zeileneinheiten sind durchgängig doppelt codiert, und zwar so, daß einerseits der Eindruck reiner Lautmalerei vermittelt wird, andererseits jede Buchstabengruppe assoziativ semantisch aufgeladen werden kann. Die Anordnung erinnert ebenfalls an strophische Zeilengliederung, und gleichzeitig läßt sie sich als sinnvolles Textbild interpretieren.

Hinzukommt die Funktion der Überschrift als bedeutungsintegrierendes Moment, das die Innovationen an Redundantes rückbindet und das Rätsel lösbar macht.

Unterrichtsschritte:
1. Besprechung des Merkblatts (Anlage 5E)
2. Übersetzungen von Morgensterns "Gruselett" (Anlage 5D)
3. Textbesprechung: "im reich der toten" von Ernst Jandl (Anlage 6)

Kommentar zur Vorgehensweise und *Bericht:*

ad 1: Die Schüler haben als Hausaufgabe Beispiele zu den Charakteristika von Laut-Gedichten aufgeschrieben. Zur Kontrolle, ob die Begriffe von allen verstanden sind, wird jeweils ein Beispiel genannt. Die übrigen Hinweise liest der Lehrer selbst vor und erläutert den Schülern im Vergleich mit Rätseln, daß dem Leser nicht alles neu und unbekannt sein darf, sondern daß er irgendetwas wiedererkennen können muß, um das Neue aufzuschlüsseln.

ad 2: Veranschaulichung dieses Prinzips an Morgensterns "Gruselett": Einige Wörter sind unverändert aus der Normalsprache übernommen, andere leicht rückzuübersetzen. Nur die Akteure und der Ort der Handlung bleiben offen für Phantasievorstellungen.

ad 3: Die Textbesprechung verläuft so überraschend, daß es angebracht erscheint, aus dem Gedächtnisprotokoll ausführlicher zu zitieren. Nahezu alle Schüler haben sich begeistert beteiligt.

a) Die Überschrift wird nicht mitgeteilt. Eine Schülerin liest vor. Spontane Äußerungen: Z. 4-6 "wie Geister"; Z. 1-3 "Mondschein"; Z. 12 wie Lokomotive, die anfährt; "schlafen"; "Schiff"; Z. 9-11 "dann", später: "Donner"; Z. 8 "gleich" wird mit "dann" in Verbindung gesetzt und mit "Schiff"; Z. 6 "klares Wasser"; Z. 7 "blaue Ruhe"; Z. 17-21 "nur"; später "Narr"; Z. 16 "Schiff umgedreht", wird so stehen gelassen, "futsch" wird erst im 2. Teil vom Lehrer als Möglichkeit angeboten (die einzige Aufschlüsselung, die nicht von den Schülern stammt); Z. 13, 14 "klirren"; Z. 15 "schallen", "schalten" - Was paßt zu "klirren" und "Narr" vielleicht noch besser? - "schelten". Zwischendurch Interpretationsversuche wie: "Da schläft einer." "Er schnarcht." "Ein Geisterschiff". "Es wird immer leiser." Um neue Versuche anderer Schüler nicht zu blockieren, wird alles aufgenommen. Erst als die Vorstellungen sich an "schnarchen" festzusetzen beginnen, äußert der Lehrer zwar Verständnis für das Bedürfnis der Schüler, gleich den Sinn packen zu wollen, bittet sie aber, vorerst noch Wörter zu entdecken und die Interpretationen zurückzustellen.

Zu den unterschiedlichen Antworten betont der Lehrer, daß mehrere Bedeutungen nebeneinanderstehen bzw. mitschwingen können bei diesen 'offenen' Buchstabengruppen: also "Narr" und "nur"; "schallen" und "schelten"; "dann" und "Donner" ... Nur selten und erst gegen Ende der Assoziationskette wird nachgefragt, ob ein anderes Wort besser zu dem schon Gefundenen passen könnte, so daß das langsame Entstehen eines wie vieldeutig auch immer miteinanderverstrickten Bedeutungszusammenhangs den Kindern nachvollziehbar wird.

Nachdem alle Wörter Deutungen gefunden haben und der Text allein keinen Hinweis für deren Verbindung mehr hergibt, werden die Interpretationen narrativ angereichert in Richtung auf Schauergeschichten. Der Lehrer gibt jetzt die Überschrift bekannt als "Band, mit dem wir unsere Wortdeutungen zusammenbinden" können.

b) Die Überschrift wird an die Tafel geschrieben. Lehrer: "Wenn der Leser etwas wiedererkennen soll, muß er auch einiges wissen. Hier z.B. müßt Ihr wissen, daß in der Antike das Reich der Toten in der Unterwelt vorgestellt wurde; die war getrennt vom Reich der Lebenden durch einen Fluß, an dem die Verstorbenen ankamen und von einem Fährmann übergesetzt wurden. Das Reich der Toten heißt auch Reich der Schatten, Reich der Stille."

Die Schüler probieren zusammenhängende Interpretationen aus: Z. 1-6 "Er kommt bei Mondschein an und sieht das klare Wasser. Da hört er ein Käuzchen schreien."

Frage zu Z. 7-12: "Habt Ihr eine Vorstellung, warum die beiden Zeilen so weit herausgezogen sind? Wie erklärt Ihr Euch das Text-Bild?" - Schüler: "'gleich', 'dann' und 'Schiff' - dazwischen könnte der Fluß fließen." - Schüler: "Daß das 'Schiff' noch länger ist als die 1. lange Zeile, zeigt, wie es sich entfernt; es wird undeutlicher; vielleicht sind es die Wellen, die man schließlich nur noch hört."

Frage zu Z. 13-21: "Da kommen die Verstorbenen an, werden über den Fluß gefahren und landen im Reich der Toten. Was geschieht dann?" - Schüler: "Der Fährmann schimpft." - Schüler: "Die Toten dort empfangen sie mit Schelte, 'Narr', sie werfen nach ihnen etwas, das klirrt. Sie wollen sie nicht aufnehmen." - Schüler: "Vielleicht hat er im Leben etwas Böses getan und wird bestraft."

Lehrer greift die Antwort vom Anfang: "Es wird immer leiser." auf. "Achtet einmal auf die Verteilung von Selbstlauten und Mitlauten." - Schüler: "Manchmal gibt es Selbstlaute und manchmal nicht." - Schüler: "Nur am Anfang von Z. 4-7." - Lehrer: "Habt Ihr eine Ahnung, warum es den Klang von Vokalen nur gibt bis zur Ankunft am Fluß und danach nicht mehr?" - Schüler: "Im Reich der Toten kann man nur flüstern." - Schüler: "Es ist dort Frieden." - Die Besprechung wird an diesem Punkt beendet. Daß Zeile 1-3 auch "Menschen" heißen könnte (Schüler: "Mondschein"), die angesichts des Todes nichts als Narren sind, wird absichtlich nicht beigesteuert. Die Interpretation der Kinder wird dem Text auch so voll gerecht.

Hausaufgabe:
Entweder ein Klang-Bild erfinden zu einem Traumland bzw. Alptraum
oder 6 Themen / Überschriften für Lautgedichte in Eurer Umgebung finden.

```
1    nnnnnntschn
     nnnnnntschn
     nnnnnntschn
     glawaraaaaaaaaaa
5    üiiiiiiiiiiiiiiiiiiiii
     glawaraaaaaaaaaa
     blaaauuuuuuurrruuuuuuurrruuuuuuurrruuuuuuu
     glc-------h
     dnnnnnnnnnnn
10   dnnnnnnnnnnn
     dnnnnnnnnnnn
     s---c---hfffffs---c---hfffffs---c---hfffffs---c---h
     glllrrrrrrrrrr
     glllrrrrrrrrrr
15   schlllllllltnnn
     fffffds--c--h
     nnnrrrrrrrrrr
     nnnrrrrrrrrrr
     nnnrrrrrrrrrr
20   nnnrrrrrrrrrr
     nnnrrrrrrrrrr
```

aus Ernst Jandl: sprechblasen
Neuwied, Berlin 1968 S.43

Sechste Stunde

Thema: Geräusch-Kulissen

Ziel: Komplexe Geräuschkulissen aus realitätsadäquat-verfremdetem Sprachmaterial (re)konstruieren:
- Formulierung von Themen für Laut-Gedichte aufgrund differenzierter Umweltwahrnehmung
- Konstruktive Textrezeption durch Ausprobieren unterschiedlicher Bedeutungen und Konkretisierungen im gegebenen situativen Kontext
- Identifizierung des textspezifischen Prinzips der Sprachverfremdung als Charakteristikum der realen Geräuschkulisse

Textauswahl: "restaurant" von Ernst Jandl (Anlage 7)

Auch durch diesen Text werden die Schüler mit einer komplexen Konstruktion konfrontiert. Wie "im reich der toten" fällt die durchgehende Doppelcodierung der Zeileneinheiten als expressive Lautmalerei und als Zitat semantischen Sprachmaterials auf; die Überschrift fungiert hier wie dort als bedeutungskonstitutiv; die phonetische Verfremdung ist in beiden Fällen thematisch motiviert. Im Unterschied zum Phantasieraum des Klang-Bildes handelt es sich hier um eine alltägliche Geräusch-Kulisse, die aus verschiedenen Gründen für die Kinder schwerer zu decodieren ist: Zunächst dürfte die Motivation, sich mit etwas so Unsensationellem wie dem Krach in einem Restaurant zu beschäftigen, geringer sein als mit den geisterhaften Klängen aus dem Jenseits. Der objektiv höhere Schwierigkeitsgrad gegenüber den getragenen Wiederholungen der unterhalb der Satzgrenze bleibenden Bedeutungseinheiten resultiert daraus, daß Stimmengewirr und sich überlagernde Geräusche in einer sprunghaften Anordnung von Sprachfetzen Ausdruck finden, daß es sich dabei zum Teil um Bruchstücke von (stereotypen) Redewendungen handelt und daß zudem in der Schreibung verschliffen Gesprochenes imitiert wird.

Unterrichtsschritte:
1. Besprechung einzelner Probleme der Hausaufgaben aus der 4. und 5. Stunde
2. Textbesprechung: "restaurant" von Ernst Jandl (Anlage 7)

Kommentar zur Vorgehensweise und *Bericht:*

ad 1: Es werden keine Schülertexte vorgelesen, sondern zusammenfassend folgende Punkte besprochen:
   a) Lob ist keine Aufforderung zur Wiederholung des Gleichen (das wird zur "Masche").
   Lob ist eine Aufforderung zur Wiederholung der Anstrengung, ein neues Thema mit neuen Ideen zu erschließen.
   b) Kommentare zum Text müssen überflüssig werden. Wer seinen Text selbst kommentiert, zeigt zwar, daß er nachgedacht hat; er zeigt aber auch, daß ihm noch nicht genug zur Umsetzung eingefallen ist.

- c) Verbesserungen sind eine eigenständige (und darum schwierige) Leistung, wenn man ohne Muster arbeitet. Wer meint, daß sein Text noch besser sein könnte, aber keine Verbesserung fertig bringt, schreibt auf, was ihm daran schwer fällt.
- d) Die Begründung für die Auswahl eines Themas enthält wesentliche Hinweise für die Gestaltung des Textes.

ad 2: Die Textbesprechung verläuft vergleichsweise schleppend und bestätigt die Vermutung, daß der Schwierigkeitsgrad sich hier der Grenze des Zumutbaren nähert. Sättigung als (primäre) Ursache scheidet aus, da das Interesse in den folgenden Stunden bei anderen Texten und Aufgaben wieder ansteigt.

- a) Der Text wird von Schülern vorgelesen (mit der Überschrift).
- b) Die Ausgangsfrage, was typisch für die Geräuschkulisse in einem Restaurant ist, wird von einer Schülerin mit "Stimmengewirr" und "verschiedene Geräusche" beantwortet. Das spontane Interesse der Klasse richtet sich anschließend auf Einzelheiten, und dabei stärker auf die Identifizierung von Lautmalereien als von semantischen Einheiten.
- c) Im weiteren Verlauf wird dementsprechend weniger der rote Faden vom Betreten des Lokals bis zum Bezahlen gesucht als von Zeile zu Zeile der Ansatzpunkt für eine kleine Geschichte, die um eine Buchstabengruppe ausgesponnen werden kann.
- d) Über das wiederholte "llllt" der 21. Zeile wird die Ausgangsfrage nochmals aufgegriffen und nun für die meisten Schüler verständlich beantwortet.

Hausaufgabe:
Die Geräusch-Kulisse zu einem freien Thema oder zum "Bahnhof" hörbar machen.
Hinweis: Ahmt keinen der gelesenen Texte nach, sondern jongliert mit den Mitteln, die Ihr kennt.

restaurant


```
bllllllllllllllmmmmm
mmmlllllmmmlllllmmmmm
s--c--h  c--h  s--c--h  c--h  s--c--h  c--h
tsch
pfffffffffp
pfffffffffp
blllllmmmmmmmmmmmmrrr
ts
ts
gs-----c-----hbwwwwww
wwwwwws-----c-----hgb
aabla
gnnnnnnnnnnnnnnnnnnnn
gnnnk
fffptst
rrrrrdrrrrr
blllnnbnnnblllnnbnnnblllnnbnnn
oj
g ptt g ptt g ptt
fffffwwwfffff
lllllt lllllt lllllt lllllt lllllt
kc--hll
aabla
snnn snnn snnnksnnn
lll
```


aus Ernst Jandl: sprechblasen
Neuwied, Berlin 1968 S.42

Siebte Stunde

Thema: Laut-Gedichte (2)

Ziel: Anregung zur Reflexion der eigenen Produktivität in textexternen Zusammenhängen bei der Besprechung von Schülerarbeiten:
- Abgrenzung von Beschreibung bzw. traditioneller Lyrik: Verfremdung
- Überschreitung von Nonsens und Spielerei: Funktionalität
- Berücksichtigung des Adressaten beim Schreiben: Kommunikabilität

Textauswahl: Die Schülertexte (Anlage 8 A/B) sind unter folgenden Gesichtspunkten ausgewählt: Gut aufgebaute Gedichte (Nr. 2 und 3), die mit einfachen Mitteln ein geeignetes Thema akustisch präsentieren; hervorragende Gedichte (Nr. 1 und 4), die 'mit allen Mitteln' ein schwieriges Thema packen; Beispiele (Nr. 5 und 6) für mißverständliche Ausdrucksformen; Beispiel (Nr. 7) für Selbstvergleich von eigenen späteren mit früheren Laut-Gedichten (vgl. den traditionellen Text desselben Schülers: Anlage 5A Nr. 1).

Unterrichtsschritte:
1. Drei Kernsätze zur Abgrenzung von Laut-Gedichten
2. Drei Ratschläge zur Abfassung von Laut-Gedichten
3. Besprechung von Schülerarbeiten

Kommentar zur Vorgehensweise und *Bericht:*

ad 1: Als Oberbegriff wird "Laut-Gedicht" eingeführt und ganz formal und pragmatisch bestimmt:
 1) Ein Text, der hintereinanderweg die Zeile ausfüllt, ist kein Gedicht.
 2) Nicht jedes Gedicht ist ein Laut-Gedicht.
 3) Laut-Gedichte unterscheiden sich von anderen Gedichten vor allem durch Lautmalerei und Wortveränderung (neben Klang und Rhythmus).

 Ohne daß Negativ-Beispiele vorgelesen werden, können einzelne Schüler, die noch 'schwanken', gezielt angesprochen werden.

ad 2: Der funktionale Aspekt (bezogen auf Realitätsadäquanz bzw. Kommunikabilität) wird in drei Ratschlägen zusammengefaßt:
 1) Mach ein Gedicht nur mit Lautmalerei. Bau immer mindestens *ein* Kennwort ein als Hilfe für den Leser.
 2) Verdreh die Wörter nicht nur zum Spaß. Vergiß nicht, daß deine Wortveränderungen etwas *bedeuten* sollen.
 3) Überleg dir *vorher*, wie du den Text anordnen willst oder arbeite eine zweite Fassung aus (Zeilenlänge, -abstand, -anfang usw.).

ad 3: Die Schülerarbeiten finden viel Interesse:
 Der Rummelplatz mit seinen Stationen wird als Evas Traumland entdeckt (Nr. 2). An Marcus' "Umzug" fallen vor allem die verschiedenen Schreibweisen von "trap" auf und finden ebenso differenzierte Erklärungen (leichtes Laufen ohne Gepäck, zu zweit etwas schleppen usw.).

Die Mißverständnisse amüsieren alle Beteiligten und rücken den nicht-allwissenden Rezipienten ins Bewußtsein der Kinder. Die hilflose Frage des Lehrers, wie das viele "Preiselbeergelee" mitten in den "dschungel" komme (Nr. 5, Z. 10-14), und die völlig unangefochtene Klarstellung von Christof, daß da "ein Elefant zum Fluß hinabschreitet", verfehlen ihren Effekt nicht. Daß Mißverständnisse nicht nur komisch, sondern auch produktiv sein können, zeigt sich an der abgetippten Fassung von "Mit einem Hund im Wald" (Nr. 6), deren Ende an "such den Ball" (der zudem sichtbar wegspringt) erinnert. Der Verfasser erkennt darin seinen Text nicht wieder: "ruhig Bello" soll es heißen - aber bitte in einer Zeile! Der Vergleich dieses Lautgedichtes (Nr. 7) von Ralf mit seinem ersten Versuch soll die Schüler anregen, ihre Werke seit Beginn der Reihe einmal hintereinander durchzulesen und ihre eigenen Fortschritte zu begutachten.

Stephanies Alptraum (Nr. 1) zeigt ausgezeichnete Ideen zu Wortveränderungen: die verdrehten Verfolger kommen immer näher, so daß die Wortgrenzen zusammenstoßen, andere Silben überdehnt werden, der Schrei nach Hilfe gerät zum Zeilensprung und läßt dabei eine Fee erscheinen usw. Die Anforderungen an die Mitschüler sind hoch, ebenso wie bei Lars' Geräuschkulisse "In der Kirche" (Nr. 4). Er macht eine Litanei hörbar um die in der Mitte plazierten Kennwörter 'Gemeinde' und 'Amen'.

Daß der vorbereitende Wechsel von Rezeption und Produktion mit der hier vorgeschlagenen Differenzierung der Aufgabenstellungen gerade nicht zu 'Schemaliteratur' führt, sondern zur Individualisierung im Ausdruck und in der Wahl des Sujets, belegen die Schülerarbeiten am Ende der technischen Phase.

UE 2 / Anlage 8

Anlage 8 A

Beispiele
zu verschiedenen Themen

1. Alptraum

```
   rrrrrr - ptschpüüüüü
   rrrrrr - schschsch
   hilleedaahg
   frrrvillohgeerhinteer
 5 frrrvillogeehinteer
   iiiiiiiiiiim - meeehrrnääh - heeeer
   iiiiiiiiiiim - meeehrrnääh - heeeer
   schnllr schnllr schnllr
   uuuuuuuhhh
10 hhiiiiiiiiiiiiiiiiiiiiiiiiiiilllllllllll
   hhiiiiiiiiiiiiiiiiiiiiiiiiiilllllllllll
   fee
   fee
   ------
15 plums
   autsch
   ------
   rrrrrr - ptschpüüüüü
   rrrrrr - schhiiiii
20 rrrrrr - schschsch
```
von Eva

2. Traumland

```
   dm dm dm
   diedel dum
   rattattattttattttaaaaam
   uiiiiu
 5 uiiiiu
   rrt
   plums
   schlk
   schlk
10 schmtz
   schmtz
   schmtz
   ong
15 png
   bmmm
   gunnn
   tll
   tap
20 tap
   tap
```
von Marcus W.

3. Wir machen einen Umzug

```
   ↗ mmmmmmmmm
     iiiii
     trap trap trap trap
     ding ding
 5   trapptrapptrapptrapptrapp
     peng
     trapptrapptrapptrapp
     trapp-trapp-trapp-trapp
     quietsch
10   peng
     trapp trapp trapp trapp
     peng peng
   ↗ mmmmmmmmm
```
von Marcus W.

4. In der Küche

```
   dng - dng - dng - dng
   tr - tr - tr - tr - tr
   tnp-tr-tnp tpn tr tr
   tr tr tr t t t
 5 mmurmmrumlmmmmm
   lo lu la li lor loum
   lummurml gmnden
   ammmeen
   lo lu la li
10 dng - dng - dng - dng
   mmrumlmmmmmul
   dong - dng - dong - dng
   gritsch - gritsch
   tr tr tr tr tr tr
15 tr tpn tpn tpn
   t t t t
   t t t
   t
```
von Lars

5. im dschungel

```
   dschungel
   dschngl
   ruäää trpf trpf
   bruääää trpf trpf trk - trk
   trk - trk - trk - trk ruääää
   trpf trpf
   trr schrrg sch --- sch --- sch
   bruääää - bruääää - bruääää
   krks , krks , krks
   prrbsg
                  prrbsg
                  prrbsg
   krrm - krrm
   trr , trr , trr
   ruääää - ruääää
   trpf
   trpf
   trpf
```
von Christof

6. Mit einem Hund im Wald

```
   krack
   krack krack
   krock
   krack
 5 uu-uu-uu
   uh uh - uh uh
   krack
                            8-11
   krock
   uauuuu uauu uauuuu
10 s-ch 8-11-
   s-ch
```
von Marek

7. verkehrschaos

```
   brmm brmm brmm
   qutschsch
   qutsch
   krrch krrch
   bm
   oj
   g putt g putt  g putt
   brmss brmss
   hp - hp - hp
   tt - tt - tt
   rrrrrng rrrrrng rrrrrng
   plz plz plz
   krnknwng krnknung
```
von Ralf

Anlage 8 B

Anmerkungen zur technischen Phase

Auch hier bestätigt sich wie in der expressiven Phase, daß Kinder geborene 'Avantgardisten' sind. Dafür spricht nicht nur die Faszination und Leichtigkeit, mit der sie sich experimentelle Literatur erschließen. Fast noch erstaunlicher ist der hohe Grad an Bewußtheit, mit dem viele von ihnen ihre eigenen Texte ausarbeiten. Die meisten können auf Nachfrage genau angeben (und brennen häufig darauf, zu erklären), was sie ausdrücken wollten und warum mit diesen Mitteln, auch wenn sie nicht immer die beste Lösung für ihre Zielidee gefunden haben mögen. Die Beobachtungen bestätigen jedenfalls keineswegs den Mythos vom Kind als Künstler, das ausschließlich intuitiv und spontan - oder gar nicht-schöpferisch tätig wird und selten weiß, was es tut. Die Reflexionsanreize in Verbindung mit Selbsttätigkeit, wobei der Lehrer allerdings keinen Druck ausüben darf und die Schüler das Abstraktions- und Verbalisierungsniveau vorgeben, wirken zunehmend motivierend und bereichernd auf die Produktionen zurück. Die Erfahrungen in diesem Unterricht sprechen also für eine didaktische 'Verfrühung' nicht nur bei der Textauswahl, sondern auch bei der Metakommunikation.

Bemerkenswert ist ferner, daß sich die Entscheidung als richtig erwiesen hat, die Schüler ihr Lerntempo insofern selbst bestimmen zu lassen, als sie nach der ersten und zweiten Stunde der technischen Phase jeweils die Wahl hatten zwischen Produktions- und anderen Aufgaben. Daß die Gewährung einer solchen flexiblen Inkubationszeit sinnvoll ist, zeigen die darauf folgenden Arbeiten. Möglicherweise ist sie mit dafür verantwortlich, daß die Schülertexte am Ende dieses stark auf Analyse und Einprägung literarischer Verfahren konzentrierten Teils der Unterrichtsreihe gerade keine Tendenz zur Imitation von 'Mustern' zeigen, sondern im Gegenteil eine verglichen mit den ersten Versuchen starke Entfaltung individueller Stile.

Nach dieser positiven Erfahrung mit der selbständigen Verarbeitung von Lernangeboten kann auch folgende Alternative zu den Hausaufgaben der mittleren Phase erwogen werden: Die Schüler erhalten nach jeder Stunde einen kurzen Text als Begleitlektüre, zu dem jeder für sich seine Beobachtungen notieren oder mit Buntstiften markieren kann. Was er da herausfindet, soll zu seiner 'Trickkiste' gehören, die er für die eigenen Produktionen nutzen darf. Die Texte selbst werden nicht besprochen, es sei denn, ein Schüler verweist bei der Besprechung seiner Arbeiten darauf. So kann zum Beispiel nach der 4. Stunde von Ernst Jandl "hauuuuuuuuuuuuuuuuu" angegeben werden, nach der 5. von Jandl "Eulen", nach der 6. von Hugo Ball "Karawane", nach der 7. von Ball "Seepferdchen".

4.2.3. *Inventive Phase*

Achte / Neunte Stunde

Thema: Re-Konstruktionen

Ziel: Die Möglichkeiten von Laut-Gedichten sollen selbständig genutzt werden, um (vertraute bis ungewöhnliche) Situationen über ihre akustische Dimension zu charakterisieren in ausdrucksvollen Verfremdungen:
- durch gezielte Auswahl der Wörter nach ihrem Klang
- durch frei erfundene Lautmalerei
- durch zusätzliche Bedeutung freisetzende Wortveränderung
- durch Variation und Wiederholung als Mittel der Strukturierung
- durch Gestaltung des Text-Bildes nach einem erkennbaren Prinzip
- durch Integration der Einzelheiten in einen Funktionszusammenhang

Unterrichtsschritte:
1. Erläuterung der Aufgabenstellung
2. Lösung der Aufgaben

Kommentar zur Vorgehensweise und *Bericht:*

Die inventive Produktion, die in dieser Doppelstunde angezielt wird, dient zugleich als Test für die Tauglichkeit des nach den oben entwickelten Grundsätzen durchgeführten Unterrichts hinsichtlich seiner kreativitätsfördernden Wirkung. Im Zusammenhang der Entwicklung des Testmaterials und der Planung des Testverlaufs (im 5. Kapitel) wird also auch die Anlage dieser Doppelstunde begründet unter folgenden Stichwörtern: Transfer des Gelernten auf eine neue Situation (5.1.3.2.), Zielkriterien im Vorversuch und als modifizierte Fassung sowie Aufgabenstellung des 'Vorversuchs' und endgültige Formulierung (5.1.3.2. und 5.2.3.2.), Durchführung von Vor- bzw. Haupttest (5.2.2.2. und 5.3.2.). Über die Auswertung der Ergebnisse hinsichtlich der Tauglichkeit der Tests wird unter 5.3.3. berichtet, zur Brauchbarkeit dieser Unterrichtsreihe: 5.3.4.1.. Das den Schülern ausgehändigte Material und die Instruktionen für die Einschätzung der Testleistung sind abgedruckt im Anschluß an 5.2.3.2.

An dieser Stelle mag eine kurze Charakterisierung der Aufgaben genügen: Es werden Themen vorgegeben, zu deren Bearbeitung im einzelnen die Schüler keine weiteren Hinweise erhalten. Sie lassen sich auf folgende Kategorien verteilen:

1) Aufgaben *mit* bekannter Geräuschkulisse
    - eindrucksvolle akustische Effekte (Geräusche)
        Aufgabe 3: "Ein Gewitter"
    - alltägliche akustische Effekte (Geräusche und Stimmen)
        Aufgabe 1: "Du gehst durch ein Kaufhaus."
        Aufgabe 2: "Auf dem Spielplatz"

2) Aufgaben *ohne* bekannte Geräuschkulisse
   - fremde akustische Effekte (Stimmen und Geräusche)
   Aufgabe 5: "Zwei Zwerge freuen sich."
   Aufgabe 6: Juan Miró "Gespräch der Insekten"
   - unspezifische akustische Effekte
   Aufgabe 4: "Du schaust ins Wasser."

Diese Aufgaben für die inventive Phase unterscheiden sich von den bisher gestellten in unterschiedlichem Maße: Bei den Themen der ersten Gruppe kann das im Unterricht Gelernte unmittelbar angewandt werden, jedoch in der Übertragung auf andere (aber vertraute) Wahrnehmungen. Die Themen der zweiten Gruppe erfordern darüberhinaus das Ausdenken der (ungewöhnlichen) Situation selbst und einer charakteristischen Geräuschkulisse. Der Grundtenor ist insgesamt 'heller': Während in der Unterrichtseinheit mehrere Texte eine unheimliche Stimmung beschwören, steht hier das Angenehme, Lustige, Erfreuliche im Vordergrund.

Die Planung des Unterrichts- bzw. Testablaufs ist identisch mit der zur 8./9. Stunde der ersten Unterrichtseinheit (s.o.).

Zehnte Stunde

Thema: Textauswahl

Ziel: Bei der Auswahl von Schülerarbeiten für eine Sammlung von Laut-Gedichten sollen sich die Schüler noch einmal mit den Merkmalen einer gelungenen Re-Konstruktion von Situationen über die akustische Dimension auseinandersetzen:
  - implizit in ihrer Entscheidung für bestimmte Texte
  - explizit in der Begründung der Entscheidungen

Textauswahl: Der Lehrer wählt zu jeder der 6 Aufgaben 10 Texte aus, die die ersten vier Lernziele der 7./8. Stunde erfüllen. Die Materialfülle wird so reduziert und die Präsentation von Negativ-Beispielen vermieden. Zum 5. und 6. Lernziel werden mehr oder weniger gute Lösungen zusammengestellt, so daß der Entscheidungsspielraum der Schüler (wie bei der ersten Unterrichtseinheit auch) auf dem komplexesten Niveau, der Textstruktur, liegt. Das heißt, sie müssen über die Verteilung auf der Fläche und über die ausdruckskräftige, funktionale Verwendung der einzelnen Techniken urteilen und diskutieren. - Von jedem Schüler ist mindestens ein Beispiel in der Vorauswahl dabei.

Kommentar zur Vorgehensweise:
erübrigt sich, da analog zur 10. Stunde der ersten Unterrichtseinheit.

Hausaufgabe:
1. Buchtitel finden
2. Ein eigenes Gedicht (frühere Hausaufgaben) besonders schön und wirkungsvoll abschreiben (aber ohne zu malen).

Elfte / Zwölfte Stunde

Thema: Typographische Gestaltung

Ziel: Die typographische Gestaltung der ausgewählten Texte soll abschließend dazu anregen, die Eigenart der Re-Konstruktionen optisch kenntlich zu machen bzw. (wieder)zuerkennen:
- Kommunikation von Verfasser und Schreiber über den Text
- Verdeutlichung der verfremdenden Merkmale durch Visualisierung
- Buchschmuck

Textauswahl: Ergebnis der 10. Stunde

Unterrichtsschritte:
1. Besprechung der Hausaufgabe
2. Zusammenstellung von typographischen Möglichkeiten
3. Ausarbeitung

Kommentar zur Vorgehensweise und *Bericht:*

ad 1: Fünf Schülerarbeiten, die sich in der Wahl der optischen Mittel deutlich unterscheiden, werden mit dem Episkop projiziert. Die starke Vergrößerung und Distanzierung der Texte fasziniert die Schüler und erleichtert die genaue Beobachtung auch von Nuancen.

ad 2: An der Tafel hält der Lehrer folgende Möglichkeiten der Hervorhebung, wie sie im Klassengespräch entwickelt werden, fest:
   a) Textgestaltung

wie? Variationen	Einheiten: was?	Buchstaben	Wörter	Zeilen
Dicke				
Neigung				
Farbe				

Auffallend ist (für den anwesenden Kunsterzieher) die Abstraktheit der Benennungen, die die Schüler auch im weiteren Verlauf für Linienführung und Farbgebung finden. Offenbar übernehmen sie mühelos den reflektierten Umgang, den sie am Sprachmaterial gelernt haben, nun für diese Ausdrucksmittel.

b) Beispiele für den Einsatz der Farbe:
auf der Buchstabenebene zur Hervorhebung der Wortveränderungen oder des Klangcharakters. Beim "zornigen Hobbit" etwa knallrote "o" in einem schwarzen Kontext.

'Signalwörter' und 'Kennwörter' können durch farbliche Absetzung markiert werden (als Lesehilfe).

Eine Farbabstufung von Zeile zu Zeile kann einen Ablauf anzeigen, z.B. bei "Silvester" von dunkler Nacht über hell-grell-buntes Feuerwerk zum schwarzen Himmel, vielleicht mit ein paar Sternen. Oder der Rhythmus wird betont, indem Wiederholungen stets in der gleichen Farbe geschrieben werden usw.

Die Analogie zwischen hellen und dunklen Selbstlauten bzw. weichen und harten Mitlauten und den entsprechenden Farbqualitäten bilden die Schüler von selbst. Die Leichtigkeit und Differenziertheit der medialen Transformationen mag auch dadurch begünstigt worden sein, daß im Kunstunterricht gerade mit Farbmischungen experimentiert wird.

c) Plazierung des Textes auf dem Blatt muß als allererstes festgelegt werden. Die unterschiedliche Wirkung, der Positionseffekt sozusagen, kann durch Tafelskizzen angedeutet werden. Im gleichen Zusammenhang ist zu entscheiden, ob derselbe Text einmal oder mehrfach geschrieben werden soll, und gegebenenfalls in welcher Anordnung und mit welchen typografischen Varianten.

ad 3: Ohne daß die Schüler eigens darauf hingewiesen worden wären, suchen viele den Verfasser auf und fragen, auch über pure Leseschwierigkeiten hinaus, wie er dieses oder jenes gemeint habe. Die Werke werden doppelt gezeichnet: Text von ... und: Gestaltung von ... Jede Gruppe erhält zusätzlich den Auftrag, ein Vorsatzblatt mit ihrem Thema anzufertigen. Dabei darf nach Wunsch auch gemalt werden. Außerdem soll jeder Tisch einen Buchtitel vorschlagen und das Cover dazu entwerfen. Da die Kinder ein sehr unterschiedliches Arbeitstempo haben, sind immer einige frei für die Zusatzaufgaben. Das Sammeln, Ordnen, Heften übernimmt der Lehrer am Ende der Stunde. Titel "Geräusche aus der Wirklichkeit" und Untertitel "Geräusche und Themen, die 'jeder' hören und sehen kann." stammen von einer Schülerin.

Dokumentation zur inventiven Phase

Mit der gleichen Begründung, wie sie im Anschluß an die erste Unterrichtseinheit gegeben wurde, sollen auch hier keine 'Anmerkungen' mehr gemacht, sondern statt dessen die von den Schülern ausgewählten Texte präsentiert werden, und zwar in ihrer ursprünglichen, nicht in der nachträglich typographisch elaborierten Fassung. Sie sind ohne jede Korrektur abgetippt. Dabei gehen zwar in wenigen Fällen die handschriftlichen Nuancen der Veränderung der Schriftgröße bzw. des Abstandes der Buchstaben verloren, aber im Interesse der Lesbarkeit und der Vergleichbarkeit scheint das gerechtfertigt. Drei Beispiele, die nicht adäquat maschinenschriftlich wiedergegeben werden können, sind in Kopie übernommen und veranschaulichen, was einige Schüler spontan bereits im Test an Visualisierungen eingebracht haben.

"Klassenbuch" zur UE 2

<u>1. Aufgabe</u>: Du gehst durch ein Kaufhaus.

```
tip tap tip tap              trabble trabble
hir! Habs!                   dring dring
das neme ch!                 btte zhln!
schn!                        klick klick klick
tip tap tip tap              dnk shr!
tip tap!                     trapp-trapp
Bettschn                     pling platsch!
Kasse-freln                  kaputt oh oh j, oh oh j
t-t-t-t-t                    stehn blibn
vierzwanzg, neunzigdm        trapp-trapp-trapp-trapp
bittshr                      schll wg!
tiptap quitsch, peng!
tip tap


tap tap tap                          trapp
rrrrrrrrrr                      trapp         trapp
tick tack tick tack        trapp                   trapp
tap tap tap tap            mh, mhh, bähh
auto                       tipp  tipp  tipp  ponng
puppe                      daaaasvlcht
toll                       mhh, jjjjaaaaaaa
kaufen                     trapp tripp trapp tripp
haben                      tipp tipp pooongg
ken gld                    klimper klimper
trarig                     tring
tap tap tap tap tap        trapp
                                  trapp
                                       trapp


            schwatz  schwatz  schwatz
      riiiiiiiiing ng ng
      holterdiepolter
      dong
           huäääääää
      schwatz quik schwatz
           m   m
           aö aö
           riiing kling
           krachchch
           deung
           Hlfus
           Attung attung
           de Kesas delfisch
           tap tap tap
           rums
           zeng
           ssssseins ssssseins
      zwoo
      bla-bla-bla-bla-bla-bla
      ta tü ta tü ta tü ta tü tata
      iiiwiiiiiiiiiillk taptap
      r  r  r  r  r  r  r  r  r  m  m
      u  f  f  u  f  f  f  u  f  f  f
      rrrmm rrrmm
      wiedersn
```

"Klassenbuch" zur UE 2

2. Aufgabe: Auf dem Spielplatz

```
sch......pp  sch....pp                      tap tap    tap
bum                                          joi
       tap  tap                              taptaptaptap
tap tap     rtsch                            juhuuuuuu
               rtsch                         tap tap
                 rtsch                       quik quok quik quok
                   plums                     schnll schnll
            klettttr                         kmm kmm
klettttr            plums                    taptaptap
ä äch hleul                                  uhuuu
                        schlaukel            kmm
schlaukel schleukel              schleukel   jaaa
mm ok                                        oj
oh schlade                                   schnade
tap tap tap tap tap tap                      ─────────
                                             tüschss


qiiii qiiiischt qiiitsch      trapp trapp trapp
qiiii qiiii qu qu qu          allohalloh
q q q q q q q q  sss          ana
ssst bmmms                    krappel krabbel uch
uauau uuuu ääaaau             uh uh uh
Onhmat snelt snell            ketter ketter
snelllerr                     booinging
täütäü tatütätütäüü           wääääääää
quitsch bms                   trapp trapp trapp trapp
trr hebb legg schibb          tripp trapp tripp trapp
täütäüüütäü                   blasehwetang
nden nede                     netuschlngang


           trapp trapp
           bm   ,   bm
           quiiiiiiitscheeechh
           qiiiiiiiiitschh
                 wipp wppp
              quiitsch
           schfel, schfeel, schaufell
            b u u u u u - u u u r gg
           klett - ttterr, klett - tterr
            h o o o o ch , tolelelell
                          r
                      u r
                   t u      m
           trapp trapp
```

"Klassenbuch" zur UE 2

3. Aufgabe: Ein Gewitter

```
donner dnnnnr grll grll gr            Gwittr
plitsch platsch pltsch pltsch         trap trap trap
bltz  hll  schnll znks schll          fidl, fidl
grll zinks                            fi, fi, fi
platsch platsch                       zzzzz      bm
tip tip tap tap tip tap tip tap       zzzzz      bm
  groll                               angt
          grll                        trp trptrptrptrp
                   gll                taptaptaptap
             plsch  plsch  plsch      untrstlln
                        snnnschn      zettir
                                      trptrp trp  trp    trp
                                      trap trap trap
                                      fidl fidl fidel
                                      fi  fi  fi  fi


Glwlittel kommt                       bm bm
tip tiptip  tip   tip  tip            bch bch bch bch
tiptiptip prassel                     boing
prasselbum blitz krach                trrrrrrrpff
prassel bltz krch bm                  schschschschschsch
blitzl krch bm prassel                trapp trapp trapp trappotrapp
blitzel blitzel bum krach             trrrrrrrr bch bm pff
prassel                               schsch schsch
blitzel bum blitzel bum krach         bng
bum blitzel krach blitzel bum         hiiiiiiiiilfe hiiiiiiiiilfe
bum prassel oh hendelich              trrrrrrrrr bm
weeeeg                                tt


              chchch schschsch
              chchch schschsch
              chchch schschsch
              tsssst tsst tsssst
              rpuch rpuch puuuurr
              wonner detter
                        detter
                                detter
              bltz
              bltz
              ornnner
              onnnero
              bltz
              bltz
              bltz
              tsst tst
              don nenn nen ner
              chchch schsch
              chchch sch ch sch chch
```

299

"Klassenbuch" zur UE 2

4. Aufgabe: Du schaust ins Wasser.

```
ooh                           ssswwmm  spiegel  spgl spg
  plupp plopp                 sp  s
       blubber                glotz glotz  guck   schau
  frlle frlle                 wääh  huhu   schwimmm
        ohh                   blub - blub - blub
plitsch platsch               platsch ltsss pl p
  witsch watsch               blub blub
pntffltire                    krlln rst schw w w
och   toll                    hu hu iiiiii ihh
         plumps               hähähähähä
   ringe grße
alle wck- schde
```

```
           blubsch blibsch
           fischi faschi
           gefählich
           iiiiiiiih schlangi
           blibsch blabsch
           schwimmi fischi
           schnellllllll
           schwm  fsch
           plitsch
           ßan rhes ßan
```

oooh!
pletscher pletscher
schöön!
kom! km!
br br dakah!
— ooohh!
kom anar auc!
tipi tapi tipi tapi ...
... tipi tapi tipi tapi
oooh! schön!
kommen!
tipi di tapi tipi
  di tapi ...

wellenwellenwellen HOCH!
wellenwellenwellen. kann ich
wellenwellenwellen weg!

Wasser hoch.

quaaarr, klaach

Ruhiiiig
     leise
         stttille

"Klassenbuch" zur UE 2

5. Aufgabe: Zwei Zwerge freuen sich.

klinnngggring   graaabeeen schaufelenn
trapp trapp   daaah koooltth
zbrizezf, zbrizef   jiiepiiie juuuhuu
  ratsch ratsschhh   koooltth
blblabl ...   hahaha hihihihi
     zuraaa   tollleeesh - koolth
wirrz, west, west!   juub - beeel
   zwii zwii   tanz
         zwa zwa   haha hihihi huhuhu
      zuraa   tooooolllllllllll
    wir auw westt
   zuraa zwuraa

hihi
   ho ho
bier
   schnaps   didel didel dum
tipptapptipp   ajaja dulurus
tap tip tap   juhuuu hurikanus
juhu   trallali und hopsassa
    uijuijui   endlich bist du wieder da
hihi   didel die dum dum dum
        hoho   buhuhuhu aufwiedersehn
   limnde
trte

            gltchurf
            schwtz   trpf
            churf   krtz
            grp   scheffl
            sib   schschsch
            nichts   umsonst

            schuts   trpf
            churf   krtz
            churf   krtz
            grp   scheffl
            sib   schschsch
            grp
            schts

            faul
            deck
            mmpf
            lhr

            wiedr   arbeiten

301

"Klassenbuch" zur UE 2

<u>6. Aufgabe:</u>   Juan Miró: Gespräch der Insekten

```
bss
   bibibi
       lipit lipit
dnkl ... zirp zirp
     hllo
flatt  flatt
          kikuck
       pididi
   na
tiptrippeltripp
   hui
pidepidepit
                   tschüs
```

```
bsssch brumm brumm          wleißtl du schlon
sssssst schlk schlk         sssssssss
hmmmmm lekker               bsssumsielum
sum  oh  da  hi hi          Suten Sag Sum SimSam Sum
neiiiiin  buäääääää         bssbbsumsimsam
hiiiii - l feeeeeeehiii-lfe Sums Sumseldi
hilf mri rim mir            sumselbibabbeldubä
nelsch schnllll schnll      sumselbumfiedel
hallo kom sum brum          sum sum
hihich hichhich da          Suf Siedersehen
stech  buäää  hihihi        Süsch
          sum sum brum                    s
                                     s  s
                                  s s
                                 s   s
                              s s  s
                           s s
                         s
```

```
sssss - sss
         brmm, brmm
ohhhhhh         zirrpp zirpp
      fllatt flatt flttt
blasssssssblablobi
wooo, wooo
wieeeeeseee
   ohhh, ahhh
sss - ss - s  wrrm wrmm
qui  qui
←tropp trapp tipo    tock→
                ↓
```

4.3. Unterrichtseinheit: "Schatzsuche"

Die Schatzsuche wird als Modell für die Eingangsstufe des Strangs gewählt, in dessen Zentrum die Erfindung von Abenteuer- und Wunschwelten gegen die Erfahrung einer defizitären Umwelt steht. Die utopische Dimension, die damit angezielt werden soll, liegt in der Vorstellung von der Veränderbarkeit der Welt. Sie erfordert die Aktivierung des Möglichkeitssinns zur Überwindung von unbefriedigenden Zuständen in der Assimilation des Vorgefundenen an die eigenen Wünsche für ein besseres Leben. Die Transformationen, die auf dieser Altersstufe zu diesem Thema vorgesehen sind, laufen konkret über folgende Stationen: vom Entdecken von geeigneten Verstecken, das das Interesse auf Besonderheiten in der Umwelt lenkt, über das Erfinden von Schatzfunden, das die Aufmerksamkeit auf noch verborgene Überraschungen richtet, bis zur Bereicherung der Welt durch das Ausdenken phantastischer Veränderungen. Es handelt sich dabei gerade nicht zwangsläufig um evasiv-kompensatorische Akte, da analoge Denkschritte auch für schöpferische Forschungsprozesse konstitutiv sind und ebenso die Voraussetzung für eingreifendes Handeln im Alltag bilden. Die Beschränkung auf die gegenständliche Umwelt erklärt sich im Kontext der übrigen Sequenzen, denn utopiefähige Transformationen im sozialen Umfeld werden, wenn auch mit anderen Mitteln, im ersten und letzten Strang mit intendiert.

Die expressive Phase dient vor allem der Entfaltung des freien Fabulierens. Zunächst, indem Fragen zu einem surrealistischen Bild, das eine in unerwarteter Weise 'angereicherte' Landschaft zeigt, spontan und mündlich mit kleinen Geschichten beantwortet werden. Dann in Partnerarbeit, bei der sich die Schüler über geeignete Schatzverstecke in ihrer Umgebung besprechen. Und schließlich, wenn unfertige Erzählungen gegen Ende einer Stunde vorgelesen und in freier Rede abgeschlossen werden. Thematisch steht die Verortung der Ideen in der alltäglichen Umgebung im Vordergrund.

Die technische Phase führt konstruktiv über die Beobachtung hinaus zur Veränderung der Welt und umspannt die beiden Pole, ihrer Erforschung und ihrer Verzauberung. Im einen wie im andern Fall sind Entdecken und Erfinden aufeinander bezogen, wenn auch in wechselnder Reihenfolge. Der Schwerpunkt liegt allerdings auf der Fiktionalität: des Sagenhaften in Vergangenheit oder Zukunft bzw. des Traumhaft-Surrealen. (Daß der Wechsel der Raumperspektive nicht in Betracht gezogen wird, ergibt sich daraus, daß der Ort der Verwandlungen gleichbleibend die vertraute Umgebung sein soll.) Da es hier auf die überraschende eigene Erfindung ankommt, werden im Unterschied zu den früheren Sequenzen Textvorlagen nicht aufgrund ihrer literarischen Qualität ausgewählt, sondern als mehr oder weniger ironische 'Verhaltensregeln für Schatzsucher' und Motivsammlungen angeboten. Wo ein gemeinsamer Bezugspunkt die Vergleichbarkeit der Schülerarbeiten ermöglichen soll, werden Abbildungen vorgelegt. Gegenstand der literarischen Analyse jedoch sind die Schülertexte selbst.

In der inventiven Phase wird die 'Schatzsuche' aufgegeben. Statt dessen sollen die Kinder zu einem nur vage bezeichneten Ausgangspunkt eine überraschende Geschichte hinzuerfinden. Dabei ist alles erlaubt unter der einen Bedingung, daß das Ereignis in der realen Umwelt angesiedelt wird. Die Schwierigkeit besteht nun darin, sich auf dem Hintergrund der besprochenen Motive und sonstigen Erzählelemente individuelle Handlungsabläufe einfallen zu lassen, die die Realität verwandeln. Die abschließende Zusammenstellung eines 'Sammelbandes' bietet dann sowohl die Gelegenheit, bei der Auswahl der Texte die unterschiedlichen Überraschungseffekte kreativ nachzuvollziehen als auch durch die Bebilderung mit eigenen Photographien eine mögliche Verankerung in der Umwelt zu dokumentieren, so daß der Kontrast noch einmal vor Augen führt, was man alles aus dem Alltag machen könnte.

Tabelle G

Dritte Unterrichtseinheit "SCHATZSUCHE" - Planung -

Krea.-Phasen	Unterr.-Phasen/Stunden	Thema/Tätigkeiten	Texte/Abbildungen	Hausaufgaben
Problemwahr- nehmung	I Expressive Phase			
	1.Stunde	Bereicherung d.Umwelt als Ergebnis v.Entdeckung u. Erfindung	R.Magritte: Le domaine d'Arnheim (A1)	Beobachtungsaufgabe: Merkwürdiges in d. alltägl. Umgebung
	2.Stunde	Betrachtung d.eigenen Umwelt als Fundort f.verborgene Schätze	Mark Twain:Gespräch unter Schatzsuchern (aus Tom Sawyer;A2) HA 1	Sammlung v.Fundorten i.d. Umgebung u.freie Erfindung e.Schatzgeschichte
	3.Stunde	Schatzgeschichten 1 Besprechung v. Schülerarbeiten zu bestimmten,bekannten Orten	HA 2	---
Präparation und Inkubation	II Technische Phase			
	4.Stunde	Erforschung v.Fundorten über ihre Vorgeschichte	Kurt Lütgen:Ein Schatzgräber mit Methode (A3) Gegenüberstellung Forschen/Erfinden (A5.1)	Zu Hallenslebens Photo (Treppe am Turm) die Vorgeschichte e. Schatzes erfinden (A4)
	5.Stunde	Verzauberung d.Umwelt durch phantastische Erfindungen	E.M.Helm:Was man tun muß, um e.Schatz zu bekommen (A6) Übersicht zu phant. Geschichten(A 5,2)	Zur Wahl: In d.Halle e.Blasstahlwerkes.i.der Geisterstunde e.sagenhaften Schatz heben (Photo A7) oder: Schatzsage aus d. Jahr 3.000:Die Schule wird ausgegraben.
	6.Stunde	Schatzgeschichten 2 Besprechung v. Schülerarbeiten mit Sagen- bzw.Science-fiction-Motiven	HA 4, 5	Zu R.Eschers Bild e.Schatzgeschichte i.d. Gegenwart frei erfinden (A8)
	7.Stunde	Schatzgeschichten 3 Besprechung v. Schülerarbeiten mit surrealen Effekten	HA 5, 6	---
	III Inventive Phase			
Illumination1/ Elaboration1	8./9.Stunde	Transformationen TEST selbständige Anwendung auf alltägl. Gegenstände u.Plätze	Vordrucke	---
Kommunikation1/ Illumination2	10.Stunde	Textauswahl Zusammenstellung f. Klassenbuch Begründung	Kopien von Testlösungen	Sujets der 6Test-Themen suchen u. photographieren
Kommunikation2/ Elaboration2	11./12.Stunde	Photo-Dokumentation Gegenüberstellung v.Photos u.Transformationen	HA 10	---

"Anlage" ; HA: "Hausaufgabe"

4.3.1. *Expressive Phase*

Erste Stunde

Thema: Bereicherung der Umwelt als Ergebnis von und Anlaß für Entdeckung und Erfindung

Ziel: Einführung in den Zusammenhang, daß die Welt nur in dem Maße abenteuerlich ist, wie der Mensch phantasievoll in der
- Entdeckung von Besonderheiten und Entwicklung von Fragen
- Erfindung von Erklärungen und Zusammenfassung in einer Geschichte

Abbildung: "Le domaine d'Arnheim", 1943 von René Magritte (Anlage 1)
Das Bild zeigt eine Gebirgslandschaft in surrealistischer Verfremdung: Ein Berggipfel ist - eher unauffällig - zum Adlerkopf modelliert, so daß die rechts und links anschließenden Höhenzüge seine Schwingen anzudeuten scheinen. Im scharfen Kontrast zur blau-grau-verwischten Schneelandschaft des Hintergrundes schließt das Bild 'nach vorne' mit einem scharf konturierten braunen Mauersims ab, auf dem hell ausgeleuchtet ein Nest mit drei Eiern liegt. Die Anordnung von Nest, Adler-Berg und der darüber stehenden Mondsichel auf der Mittelachse des Bildes signalisiert, daß ein Zusammenhang zwischen diesen drei Elementen besteht bzw. hergestellt werden soll.
"Das Gebiet von Arnheim" ist zur Einführung aus folgenden Gründen geeignet: Es zeigt zwar die bereits überraschend bereicherte Landschaft, aber der Betrachter muß eine Bedeutung der Konstellation erst erfinden. Das heißt, die vorausliegenden Stationen des Beobachtens, Entdeckens und Veränderns lassen sich an diesem Beispiel zwar leicht erschließen. Die Aufgabe, die noch aussteht, ist jedoch die für Kinder zunächst spannendste: das Erzählen der Geschichte(n). Erleichtert wird die Verbindung von freiem Ideenfluß und Konzentration auf die Vorlage durch die klare und einfache Gliederung des Bildes und die wenigen relevanten Elemente. Vertrautheit und Fremdheit halten sich die Waage: Ähnliche Panoramen kennen Schüler aus den Ferien, aber doch nicht genau so; die Anlage erinnert an ein Suchbild, das aber nach der Auflösung erst recht rätselhaft bleibt; die Motive wecken Assoziationen zu Sagen, aber ohne daß ein bestimmtes Zitat zu ermitteln wäre. Auf diese Weise hat der Betrachter genügend Sicherheit, um eine Geschichte zu erzählen, und auch genügend Freiraum, seine Geschichte daraus zu machen.

Unterrichtsschritte:
0. Vorstellung und Erläuterung des Experimentes zum kreativen Deutschunterricht
1. Unterhaltung über private Interessen an Abenteuerfilmen und -literatur
2. Geschichten zu Magrittes Bild "Le domaine d'Arnheim" erzählen

Kommentar zur Vorgehensweise und *Bericht:*

ad 0: s.o. 1. Unterrichtseinheit

ad 1: Die Schüler zählen Abenteuerfilme auf, die sie in der letzten Zeit gesehen haben; ziehen die Parallele zu ähnlichen Geschichten in Büchern und Heftchen. Die meisten sind gut informiert.

- a) Wo spielen die Geschichten? Urwald, Mond, Wilder Westen, New York usw.
- b) Wer kennt spannende Filme oder Geschichten, die in Duisburg spielen? - "Tatort" mit Schimansky.
- c) Wie erklärt Ihr Euch, daß doch kaum einmal Duisburg als Schauplatz gewählt wird? - Die Frage beschäftigt die Schüler: "Weil man alles kennt, da kann man es sich nicht so gut vorstellen. Man weiß, wie es aussieht. - Hier gibt es keine Studios. - Man braucht viel freie Fläche; und hier: Stadt an Stadt. - Es ist so dreckig, das würde den Leuten nicht gefallen. - King Kong auf der Aldi-Reklame - wie sieht denn das aus ?! - Immer wieder: man kennt es ja schon, und: es ist nicht schön hier." Das Thema wird an dem Punkt nicht weiter verfolgt und soll in der nächsten Stunde wieder aufgegriffen werden. Statt dessen sehen die Schüler jetzt eine Landschaft, die zum Schauplatz einer Geschichte umfunktioniert ist.

ad 2: "Le domaine d'Arnheim" von Magritte liegt jedem als Farbphoto vor.

- a) Die Kinder sollen das Bild genau betrachten, und wenn sie etwas entdeckt haben, sich melden, aber ohne das Geheimnis zu verraten.
- b) Da alle sich melden, nennen wir die Besonderheiten nicht, sondern stellen Fragen dazu. Schüler: "Wie heißt der Berg? - Wer hat das Nest dahingelegt? - Wo ist das? - Warum ist das Nest unbewacht? - Ist das Nest unbewacht? usw."
- c) Die Fragen werden in Form von Geschichten beantwortet, die den "versteinerten Adler" in Zusammenhang mit den Eiern bringen. Die Frage des Lehrers, was denn alles "ausschlüpfen" könnte, löst eine zweite Welle von Erfindungen aus. - An die Adresse der wenigen Kinder, die sich nicht gemeldet haben, wird erklärt, daß man nichts 'falsch' machen kann; daß man nicht vorher genau wissen muß, was man sagt, sondern Zeit hat, beim Reden weiterzudenken; daß, wenn man steckenbleibt, andere weitererzählen.
- d) Rückgriff auf Schülerbemerkungen, daß das ein Photo sei, und Richtigstellung: Es ist ein Gemälde. Was genau wird der Maler gesehen haben?
  Schüler: "Ein Gebirge. - Eine Mauer von einer Burg. - Einen Berg, der wie ein Adler aussah. - Da hat er sich etwas ausgedacht: Wenn der Fels wie ein Adler aussieht, kann man ihn direkt als Adler malen. - Vielleicht hat er es dort nicht so gut gefunden, da hat er etwas ergänzt: die Eier. - Er hat sich bestimmt, als er gemalt hat, eine Geschichte überlegt, die wir nicht wissen."
- e) Während die Kinder sprechen, schreibt der Lehrer an die Tafel:

>   beobachten
>   entdecken
>   verändern
>   erfinden

Die Brücke zum ersten Teil der Stunde und den Äußerungen über ihre eigene Umgebung wird nicht explizit geschlagen, sondern implizit in der Hausaufgabe vorbereitet.

Hausaufgabe:

Gebt genau acht, ob Ihr in der Schule, auf dem Schulweg, zu Hause usw. etwas entdeckt, was Ihr verändern oder umdeuten könnt (weil es aussieht wie ...) als Ausgangspunkt für eine spannende Geschichte.

Erzählt jetzt nicht die Geschichte, sondern merkt Euch, was Euch aufgefallen ist.

UE 3 / Anlage 1

von René Magritte: Le domaine d'Arnheim 1943
(Das Gebiet von Arnheim)

Zweite Stunde

Thema: Betrachtung der eigenen Umwelt als Fundort für verborgene Schätze

Ziel: Ansatzpunkte für Schatzgeschichten entdecken:
- Topoi aus Abenteuerliteratur sammeln
- Verstecke als unauffällige Plätze mit einem (Erinnerungs-)Merkmal definieren
- Verstecke bzw. 'Fundorte' in der allen bekannten Umgebung benennen und charakterisieren

Textauswahl: Das Gespräch unter Schatzsuchern ist ein Auszug aus "Die Abenteuer des Tom Sawyer und Huckleberry Finn" von Mark Twain (Anlage 2; die Überschrift ist zugesetzt).

Die Schüler können im Text die aktuelle Unterrichtssituation wiedererkennen: Zwei Jungen wollen in ihrer Umgebung einen Schatz suchen und unterhalten sich darüber, wie sie am besten vorgehen. Dabei zitieren sie in einfacher und zum Teil lustiger Weise gängige Motive aus Schatzgeschichten. Als Fundorte: die Insel, das Spukhaus, einen alten Baumstamm. Als Handlungsmuster: Räuber verstecken einen Schatz und kommen aus irgendeinem Grund nicht mehr dazu, ihn abzuholen. Lange danach findet einer ein verschlüsseltes Dokument, das ihm den Weg weist. Ohne ein solches Papier jedoch und auf die Topoi allein angewiesen, führt die Suche ins Ungewisse.

Der Text kann als Anregung dienen, selbst Beispiele aus der Privatlektüre zu nennen. Gleichzeitig beugt er der Nachahmung von Klischees vor, indem er sie als solche durchschaubar macht. Die diskutierten Probleme der Ortsbestimmung bereiten die Fortführung in der 3. bzw. 4. Unterrichtsstunde vor: nämlich die fehlenden Hinweise dadurch zu gewinnen, daß man sich in die Situation dessen versetzt, der etwas verstecken will, oder indem man historische Dokumente erforscht.

Unterrichtsschritte:

1. Besprechung der Hausaufgabe: Beobachten und Entdecken in der eigenen Umgebung
2. Eingrenzung der Thematik auf Schatzgeschichten
3. Textbesprechung: "Gespräch unter Schatzsuchern" von Mark Twain
4. Auswahl eines geeigneten Ortes für eine Schatzgeschichte

Kommentar zur Vorgehensweise und *Bericht:*

ad 1: Anknüpfung an der Besprechung des Bildes von Magritte
    a) Wiederholung der Aufgabenstellung und Präzisierung an der Tafel:

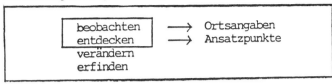

    b) Die Schüler berichten erstaunlich gute Beobachtungen und geben an, was sie daran zu einer Geschichte reizt.

ad 2: Eingrenzung der Thematik.
    a) Die Schatzsuche soll in den nächsten 5 Stunden das gemeinsame Motiv der Geschichten sein, einerseits, um gezielter nach Anregungen suchen, und andererseits, um die Ergebnisse besser vergleichen zu können.
    b) Texte, in denen Schätze eine Rolle spielen, werden aufgezählt und nach Textsorten zusammengefaßt (Märchen, Sage, Science-Fiction, Reise- und Abenteuerliteratur usw.). Über das Motiv hinaus bleibt die Wahl des Genres weitgehend frei.

ad 3: Textbesprechung
    a) Die Schüler lesen abwechselnd vor.
    b) Woher weiß Tom, wo wer was versteckt? Da einige Kinder das Buch kennen, werden auch andere Beispiele dafür gegeben, daß Tom sein Wissen aus den Geschichten bezieht, die er gelesen hat.
    c) Ob es sich dabei um gute Fundorte handelt? - Die Schüler bleiben im fiktionalen Rahmen und meinen: "Ja, weil sie unheimlich und gespenstisch sind."
Nachfragen: Sind es auch gute Verstecke? Was ist ein gutes Versteck? - Schüler: "Eines, das nicht jeder findet. - Das man aber selbst wiederfindet. - Es muß unauffällig sein. - Aber mit einem Zeichen."

ad 4: Ihr unterhaltet Euch jetzt wie Tom und Huck (leise) über mögliche Schatzverstecke.
    a) Stellt in Partnerarbeit eine Liste mit 6 Fundorten aus Eurer Umgebung zusammen. Ihr könnt dazu Beispiele aus der Hausaufgabe nehmen oder neue finden, jedenfalls originellere als Tom und Huck. Wir wollen nachher ein Suchrätsel daraus machen, indem Ihr die genaue Ortsangabe verschweigt, aber das besondere Merkmal nennt.
    b) Zu einem der sechs Fundorte erfindet Ihr dann eine überraschende Geschichte.
Wo die Partnerarbeit abgelehnt oder modifiziert wird (zur Dreier- oder Vierer-Gruppe), begründe ich zwar meine Empfehlung, übe aber weiter keinen Druck aus.

Hausaufgabe:

s.o. 4 b) zu Ende führen. Da die Aufgaben während des Silentiums in der Schule gemacht werden, kann die Partnerarbeit weitergeführt werden.

Gespräch unter Schatzsuchern

Im Leben eines jeden richtigen Jungen kommt einmal eine Zeit, in der er sich rasend danach sehnt, einen verborgenen Schatz zu heben. Dieses Verlangen hatte eines Tages auch Tom ergriffen. [...] Zufällig stieß er auf Huck Finn. [...] Er schleppte ihn an einen geheimen Ort und zog ihn dort ins Vertrauen. Huck war einverstanden, er war immer bereit, an einem Unternehmen teilzunehmen, das Vergnügen versprach und kein Kapital erforderte, denn er hatte einen Überfluß von der Art Zeit, die kein Geld ist. »Wo sollen wir graben?« fragte er. – »Na, überall.« – »Ja, gibt's denn überall 'n verborgenen Schatz?« – »Was du dir einbildest! Die sind immer nur an ganz ausgefallenen Plätzen, zum Beispiel mal auf 'ner Insel, dann in 'ner verfaulten Kiste, die unter 'nem Baumstamm verscharrt ist, grad' da, wo der Schatten um Mitternacht drauffällt, aber meistens stecken sie doch in Häusern, wo's spukt.« – »Wer versteckt sie denn dort?« – »Natürlich Räuber, wer denn sonst, oder meinst du vielleicht Sonntagsschullehrer?« – »Was weiß ich? Ich weiß nur, wenn der Schatz mir gehört, würd' ich ihn nicht verstecken, sondern das Geld ausgeben und mir damit feine Tage machen.« – »Ja, ich auch, aber die Räuber sind anders, sie verstecken und verlassen ihn immer.« – »Gucken sie denn nie mehr danach?« – »Nee! Sie wollen wohl, aber dann vergessen sie die Zeichen oder sterben gewöhnlich. Dadurch liegt er dann 'ne Ewigkeit und wird rostig, und schließlich findet mal einer so 'n altes, ganz vergilbtes Papier, an dem muß man über 'ne Woche dran rumbuchstabieren, um's zu entziffern, weil die Schrift drauf lauter schwere Zeichen und Hieroglyphen sind.« – »Hiero – was?« – »Hieroglyphen! Bilder und Krakelfüße und so Zeugs, die immer was bedeuten, weißt du!« – »Hast du denn solche Papiere gefunden, Tom?« – »Nee!« – »Ja, aber wie willst du denn die Zeichen rauskriegen?« – »Ach was – ich brauch' keine Zeichen! Sie vergraben den Schatz doch immer bloß unter 'nem Spukhaus oder auf 'ner Insel oder unter 'nem faulen Baum, der noch 'n abgestorbenen Ast ausstreckt. Na, wir haben ja schon 'n bißchen auf der Jacksoninsel rumgestöbert, dort können wir's noch mal probieren. Und dann haben wir noch das alte verfallene Spukhaus droben am Stillhausbach, und da gibt's 'ne Masse abgestorbene Bäume – in Haufen, sag' ich dir.« – »Liegt da unter jedem 'n Schatz vergraben?« – »Esel! Nein« – »Wie kannst du dann aber wissen, wo du graben sollst?« – »Na, wir graben mal bei allen.« – »Ja, aber Tom, da geht doch der ganze Sommer drauf!« – »Was schadet denn das! Denk, du fändest 'n Kupferkessel mit hundert alten Dollar drin oder 'ne faule Kiste mit lauter Diamanten, he?« Hucks Augen funkelten. »Das wär' so was für mich, Tom. Wenn du mir nur die hundert Dollar läßt, nach den Diamanten frag' ich nix.« – »Mir auch recht! Ich werf' dir die Diamanten gewiß nicht nach! Manche davon sind gut und gern ihre zwanzig Dollar das Stück wert, und 's ist sicher keiner dabei, der nicht beinah 'n Dollar oder noch viel mehr gilt.« – »Nee, wahrhaftig?« – »Das kann dir 'n Wickelkind sagen! Hast du denn noch nie 'n Diamanten gesehen?« – »Nicht, daß ich wüßte!« – »Oh, Könige haben ganze Haufen davon!« [...] Aber, sag mal, wo wollen wir zuerst graben?« – »Ja, ich weiß selber nicht recht! Wie wär's, wenn wir uns zuerst mal an den alten Baum ranmachten, drüben auf dem Hügel hinterm Stillhausbach?« – »Mir ist's recht!«

aus Mark Twain: Die Abenteuer des Tom Sawyer und Huckleberry Finn, München u. Zürich 1978, S.162-164 (26.Kapitel)

Dritte Stunde

Thema: Schatzgeschichten (1)

Ziel: Verankerung der Erzählung in der eigenen Umwelt
- Formen der Ideenfindung unterscheiden: Anlehnung an Alltagserfahrung, an Lektüreerfahrung oder freie Erfindung
- Möglichkeiten der Erzeugung von Spannung: überraschen, verrätseln, verzögern
- Durchziehen eines 'roten Fadens': Bindung der Erfindung an die Beobachtung der Realität und wiederholter Bezug auf die Besonderheit des Ortes

Textauswahl: Es werden ausschließlich Schülerarbeiten besprochen. Die Auswahl erfolgt (wie in den vorigen Unterrichtseinheiten auch) nach zwei Gesichtspunkten: es sollen möglichst nur gute Beiträge vorgestellt werden, und zwar von möglichst vielen Kindern. Da es in dieser Reihe vorrangig um den mündlichen Vortrag geht (vom Vorlesen zur Ergänzung eines fehlenden Schlusses aus dem Stegreif), gibt es keine kopierten Anlagen, die die Texte dokumentierten.

Unterrichtsschritte:
1. Suchrätsel zu Verstecken aus der Umgebung
2. Geschichten vorlesen
3. Unfertige Geschichten zu Ende erzählen

Kommentar zur Vorgehensweise und *Bericht:*

ad 1: Wiederholung der Aufgabe: Orte in der Umgebung suchen, die als Verstecke geeignet sind, d.h. sie dürfen nicht jedem auffallen, aber man muß sie sich an irgendetwas merken können.
   a) Schüler berichten zunächst, daß sie sich ausgiebig über die Verstecke miteinander unterhalten haben und daß darum manche mit der Geschichte nicht zu Ende gekommen sind.
   b) Vier gelungene Beispiele werden vorgelesen. Eines, das mit den Angaben sehr blaß bleibt, wird von der Klasse gut ergänzt.

ad 2: Vier abgeschlossene Geschichten werden auf Wunsch der Kinder vom Lehrer vorgelesen.
   a) Zunächst plädierten die Schüler für anonymes Vorlesen aus Angst vor Blamage, akzeptieren dann aber meinen Vorschlag: mit Namen und ohne negative Kritik. - "Wird wirklich niemand ausgelacht?"!
   b) Die Schüler halten sich an die Absprache. Der Lehrer enthält sich erzähltechnischer Belehrungen. Im Gespräch über das, was besonders gefallen hat oder aufgefallen ist, werden jedoch die wichtigsten Mittel gefunden: Erzeugung von Spannung durch Verzögerung oder durch steigernde Wiederholung. Die Überraschungseffekte werden genau erkannt und umschrieben. Anlehnungen lassen sich nur im Bereich der Science-Fiction erkennen.

Der Unterschied zwischen Erfahrungsbericht und Erfindung wird auf folgende Weise deutlich. Den Kindern ist aufgefallen, daß zu einem Text überhaupt nichts gesagt wurde. Nachfrage: wer möchte denn? Da sich niemand meldet, äußert sich der (hochintelligente) Verfasser selbst dazu: es sei ja nichts Überraschendes, aber es sei tatsächlich so passiert.

ad 3: Die Schüler schlagen vor, daß diejenigen, die in der Hausaufgabenstunde nicht fertig geworden sind, nun zu Ende erzählen dürfen. Die fünf Paare haben ihre Ideen noch gut im Kopf. Manche reden sogar abwechselnd. Nachdem das anfängliche 'Meta-Erzählen' (... "Da wollten wir zeigen, daß dort der Schatz liegt.") überwunden ist, spinnen die Schüler frei ihren Faden zu Ende. Das Engagement der Zuhörer ist enorm. Als zwei Kindern zu einer guten Geschichte nur ein magerer Schluß einfällt, schmücken die andern spontan weiter aus und arbeiten den angedeuteten Überraschungseffekt heraus. - Das Schellen wird als ausgesprochen störende Unterbrechung empfunden.

Anmerkungen zur expressiven Phase

Erstaunlich ist, daß die Schüler, die einen strengen, autoritären und nicht selten ironisch verletzenden Führungsstil gewohnt sind, die lockere und offenere Unterrichtsform nicht ausnutzen, um sich aggressiv auszutoben. Noch erstaunlicher, daß sie ein spontan kooperatives Verhalten an den Tag legen, indem sie sich nicht nur an den guten Ideen anderer Kinder freuen, sondern auch mit Vergnügen zur Ausschmückung fremder Texte beitragen oder bei der Abrundung noch nicht abgeschlossener Geschichten mithelfen. Der Grund scheint das außerordentlich hohe Interesse an Erzählungen, ihrer Produktion und Rezeption, zu sein. Möglicherweise zeigt sich hier ein Weg, den Teufelskreis, daß antiautoritärer Unterricht in einem autoritären Umfeld nahezu immer scheitert, weil der die Schüler zu Verhaltensweisen 'verleitet', die ihrerseits ein autoritäres Eingreifen erfordern, zu durchbrechen: indem nämlich ein freierer Interaktionsstil allmählich und gezielt über solche Sequenzen eingeführt wird, die so stark intrinsisch motivieren, daß das Bedürfnis, unterdrückte Energien auszuagieren, an die Aufgabe gebunden werden kann.

Die Art der Aufgabenstellung mag auch dafür verantwortlich sein, daß selbst die 'schlechten' Schüler (mit Ausnahme von zweien, die aber im Rahmen ihrer Möglichkeiten rege mitarbeiten) gute Beiträge leisten. Das Problem - z.B. "Schatzsuche im Alltag" - wird relativ klar definiert im Unterricht, so daß eine gewisse Sicherheit gegeben ist, seine Lösung jedoch läßt der Entfaltung individueller Interessen und Neigungen breiten Raum. Die teilstrukturierte Aufgabe, die die Vorteile von freien und gebundenen Themen verbindet, diskriminiert daher weniger, als daß sie die 'größtmögliche Zahl' zum Entdecken und Erfinden animiert.

4.3.2. Technische Phase

Vierte Stunde

Thema: Erforschung der Umwelt über ihre Vorgeschichte

Ziel: Zusammenspiel von konkretem Finden und phantasievollem Erfinden verstehen:
- Ansatzpunkte für professionelle Schatzgräber bieten vor allem Dokumente und Geschichten.
- Rekonstruktion und Lokalisierung der historischen Vorgänge erfordern die Verbindung von logischem Denken und Möglichkeitssinn.
- Die Erfindung von Schatzgeschichten ist eine Übung in der Entdeckung und Veränderung der realen Umwelt.

Textauswahl: "Ein Schatzgräber mit Methode" von Kurt Lütgen (Anlage 3)
Der Text berichtet über einen abgedankten Offizier, der sich erfolgreich als Schatzgräber betätigt hat. Dabei steht wie im Gespräch zwischen Tom und Huck nicht ein abenteuerlicher Fund, sondern die Suchstrategie im Mittelpunkt. Anders als die beiden Jungen, die auf Gerüchte und Geschichten vertrauen, spezialisiert sich der Forscher auf ein Gebiet, dessen Geographie und Geschichte er genau kennt, so daß die Entdeckung nicht nur dem Zufall überlassen bleibt, sondern methodisch vorbereitet wird durch das Studium von Dokumenten usw. Dennoch ist auch hier die Erfindung von entscheidender Bedeutung, da der Zusammenhang der bruchstückhaften Überlieferung ausgedacht und die historische Veränderung des Schauplatzes weggedacht werden muß.

Unterrichtsschritte:
1. Gespräch über Ausgrabungen
2. Textbesprechung: "Ein Schatzgräber mit Methode"
3. Ausdenken einer 'Schatzforscher'-Geschichte anhand von (fingierten) Dokumenten

Kommentar zur Vorgehensweise und *Bericht:*

ad 1: Die Schüler haben unerwartet gute Vorkenntnisse, zum Teil aufgrund der Informationen zur 1100 Jahrfeier der Stadt Duisburg, aber auch aus privatem Interesse (Xanten, Tut-enchamun, Pyramiden ...). Woher ein richtiger Schatzgräber weiß, wo er graben will? - Schüler: "Vielleicht sucht er in Archiven nach. - Er liest alte Zeitschriften. - Er findet eine Vase und denkt, da ist noch mehr. - Er liest in Büchern, Dokumenten." (Worterklärungen durch die Schüler selbst).

ad 2: Danach wäre die Textlektüre eventuell langweilig geworden, so daß der Lehrer wichtige Passagen lediglich paraphrasiert und die Kopien nach der Stunde als 'freibleibendes Angebot' auf dem Pult deponiert.

a) Vergleich zwischen der Tätigkeit des Schatz-Forschers und des Schatzgeschichten-Erzählers.

Der Lehrer hat inzwischen zur Erinnerung an die Tafel geschrieben: beobachten, entdecken, verändern, erfinden. Schüler differenzieren folgendermaßen: Der Forscher "liest", bevor er etwas entdeckt. Er verändert die Umwelt, indem er "umgräbt", um etwas zu finden. - Spontane Äußerungen: "Ich habe das mal verglichen, und da sieht man, wie es umgekehrt ist. - Der richtige Schatzgräber geht von den Büchern in die Realität."

b) Was für Eigenschaften muß denn ein Schatzforscher haben? Schüler: "Phantasie, Abenteuerlust, Kenntnisse." - Ergebnis: Die Reihenfolge der Tätigkeiten variiert, die Fähigkeiten sind die gleichen, die wir beim Erzählen von Geschichten üben.

ad 3: Aufgabe, anhand von 'Dokumenten' (Anlage 4) auszudenken, wie ein Schatzfund tatsächlich abgelaufen sein könnte.

Der Brief (Anlage 4.1) wird vorgelesen und die Aufgabe besprochen:
- Bei welcher Gelegenheit hat er das Papier gefunden?
- Was könnte das für ein Papier gewesen sein? Brief, Testament, Vertrag, Tagebuch-Notiz ...
- Wie gut ist das 'Dokument' erhalten?
- Überlegt Euch, wer warum etwas versteckt hat.
- Entdeckt / ergänzt auf dem Photo das Merkmal, das zur Auffindung des Schatzes führt.

Hausaufgabe:
s.o. 3. zu Ende führen.

Ein Schatzgräber mit Methode

1 Nach diesem Ausflug in das Tal von Tzingdal ließ sich Carlos Manuel Billings in Jamaica nieder und begann seine Laufbahn als Schatzgräber. Er scheint damit in den folgenden Jahren in aller Stille ungewöhnlichen Erfolg gehabt
5 zu haben, denn als er 1947 starb, hinterließ er seinen davon sehr überraschten Erben ein beträchtliches Vermögen. Sie hatten nie geglaubt, daß die Schatzgräberei ihres Onkels mehr als nur der skurrile Zeitvertreib eines pensionierten, ein wenig schrulligen Kolonialoffiziers sei. Erst sein sehr
10 sorgfältig geführtes Tagebuch gab ihnen Aufschluß über Umfang und Ort seiner Funde und über die wohldurchdachte Methode, mit der er vorging. Sie bezeugt, daß Billings ein Schatzgräber war, der mit der Gründlichkeit eines Wissenschaftlers arbeitete.
15 An einer Stelle seines Tagebuchs heißt es: »Man hat mich oft gefragt, ob die Aussichten, verschollene Schätze zu entdecken und zu heben, wirklich vielversprechend sind. Wahrscheinlich haben die meisten Frager geglaubt, ich wollte sie verulken oder mich aufspielen, wenn ich ihnen wahrheits-
20 gemäß antwortete: Die Aussichten sind hervorragend! Man braucht nur die geringe Zahl der wirklich ernst zu nehmenden Schatzsucher an der in die Tausende gehenden Zahl der verschollenen Schätze zu messen, die bekannt sind, dann erkennt man leicht, wie gut die Aussichten sind. Man darf
25 freilich die Mühe gründlicher Vorarbeit nicht scheuen, wenn man als Schatzgräber Erfolg haben will.«
Verlockende Geschichten von vergrabenen Schätzen laufen in allen Ländern der Erde um, meint Billings. Es hat jedoch keinen Sinn, ihnen wahllos nachzujagen und es auf gut
30 Glück heute in Australien, morgen in Kalifornien zu versuchen. Auch der Schatzgräber muß sich heutzutage spezialisieren, auf ein bestimmtes Gebiet beschränken. Nur dann kann er hoffen, mit Sicherheit herauszufinden, was an den Geschichten und Gerüchten von verschollenen Schätzen
35 Wahrheit, was Legende und was erfundene, ausschmückende Zutat zu einem wahren Kern ist.
Sich zu diesem Kern durchzuarbeiten, wächst sich freilich mitunter zu einer Arbeit aus, die unter Umständen langwieriger und anstrengender sein kann als die Arbeit am
40 Fundort selbst. Außer Spürsinn und historischen Kenntnissen gehört eine Eselsgeduld dazu, alle Spuren aufzudecken und auszuwerten. Man muß sich der Mühe unterziehen, sich durch Berge verstaubter alter Gerichtsakten oder durch modrige Dokumente in Archiven hindurchzuwühlen, sich durch
45 schwer leserliche alte Briefe und Tagebücher, vergilbte Zeitungsberichte und Bücher in Bibliotheken durchzustudieren.
Mündlicher Überlieferung allein ist nach Billings' Erfahrung so gut wie niemals zu trauen. »Wer weiß, wie gering die Zahl der Menschen ist, die imstande sind, einen ganz
50 einfachen Tatbestand von geringstem Umfang unverstellt und ohne eigene Zutaten wiederzugeben, der kann leicht ermessen, welche phantasiegespeisten Zusätze sich unvermeidlich einstellen, wenn es sich um etwas so Geheimnisvolles und Gewichtiges wie einen verschollenen Schatz han-
55 delt«, sagt er. Deshalb stellt er als Grundregel für Schatz-

gräber das Gebot auf: »Jage niemals blindlings einem Gerücht nach! Nur ein Schatz, der urkundlich belegbar ist, lohnt den Aufwand von Zeit, Kraft und Geld.«

Unter urkundlich belegt verstand Billings, daß die Geschichte des zu suchenden Schatzes archivalisch nachweisbar ist. Daran hat er sich ebenso gehalten wie an den Rat, sich bei der Schatzsuche zu spezialisieren. Jede schriftlich festgehaltene Überlieferung, jedes Dokument, das sich mit einem verschollenen Schatz in Verbindung setzen ließ, prüfte er zunächst auf Echtheit. Dann versuchte er sie durch vergleichende Geschichtsstudien zeitlich und örtlich so genau und eng wie möglich abzugrenzen und festzulegen.

Das hat in einigen Fällen nur Tage und Wochen, in den meisten aber Monate, ja sogar Jahre gekostet. »Aber« – so sagt Billings – »Arbeit und Geduld haben sich in jedem dieser Fälle bezahlt gemacht. Nur durch geduldige, gründliche und zielbewußte Vorarbeit kann man sich ein Bild von der vermutlichen Größe des Schatzes machen und vor allem die Bedingungen ermitteln, unter denen sich die eigentliche praktische Schatzgräberarbeit an Ort und Stelle zu vollziehen hat.«

Die wichtigste dieser Bedingungen ist nach meiner Meinung, daß man den Ort, wo gesucht werden soll, möglichst eng abgrenzt. Das Gebiet kann einen Quadratkilometer, ein paar Morgen, in seltenen Glücksfällen nur so groß wie ein normaler Hausgarten sein. Aber man darf es in diesem Punkt keinesfalls auf ein Ungefähr ankommen lassen, denn man muß sich darüber klar sein, daß man »innerhalb der vorher ermittelten Grenzen jeden, aber auch jeden Fußbreit Boden so genau durchforschen muß wie ein Archäologe.«

Aus dieser Vorarbeit ergibt sich die nächstwichtige Bedingung: Man muß sich so genau wie möglich über die Kosten Klarheit schaffen, auf die man gefaßt sein muß, wenn man sich entschließt, den Spaten irgendwo anzusetzen: »Es ist wie beim Pokerspiel«, sagt Billings. »Wagt man sich an den Spieltisch, dann muß man wissen, welchen Verlust man sich leisten kann oder will. Nur dann spielt man mit der Gelassenheit, die den Kopf klar hält und damit die Voraussetzung für einen Gewinn schafft.«

An Spezialisierung und gründlichen Vorstudien hat es Billings nie fehlen lassen. Nachdem er bei der Suche nach Dobayba das Geheimnis von Tzingdal entdeckt hatte, ging ihm auf, welche Fundgrube für die Geschichte des Konquistadorengoldes das Archiv der »Casa de las Indias« war. Um sich nicht ins Uferlose zu verlieren, entschied er sich, seine Schatzgräbertätigkeit auf die Landenge von Panama zu konzentrieren.

Diese Landenge war mehrere Jahrhunderte lang die wichtigste Durchgangs- und Verbindungsstraße für alle Spanier, die zwischen ihrem Heimatland, Westindien und der Westküste Südamerikas hin- und herreisten. Hier wurden das Gold und das Silber aus Peru umgeladen, gespeichert und über Land transportiert. Hier rasteten die Abenteurer, die in Peru, Kolumbien und Ecuador Beute gemacht hatten.

(Seite 3)

1 Hier mußten Kaufleute, die mit Edelsteinen und Perlen handelten, die Ware und oft erhebliche Geldmittel bei sich hatten, auf ihre Schiffsverbindungen warten. Und hier, in einem der schlimmsten Malariagebiete der Welt, waren viele
5 von ihnen gestorben. Und schließlich: Hier hatten jahrzehntelang Banditen die Landstraße belauert und die Seeräuber des karibischen Meeres ihr liebstes, lohnendstes Ziel gehabt. Aus all dem schloß Billings, hier müßten viele Schätze vergraben sein, die deren Eigentümer vor Überfällen in Sicher-
10 heit bringen oder für ihre Erben verwahren wollten. Briefe, Testamente und Berichte, die in den Archiven Sevillas lagen, wiesen ihm den Weg zu solchen Schätzen. Er machte es sich zur Gewohnheit, jedes Jahr drei Monate lang intensiv in den Archiven zu forschen, bevor er den Plan für seine näch-
15 ste Grabung aufstellte. Da er mit der nötigen Mischung von Kenntnissen, Phantasie, Vorstellungsgabe, Fleiß und Abenteuerlust an jede Arbeit ging, blieb der Lohn nicht aus — der klingende nicht, aber auch nicht jener andere, den Billings am Ende noch höher einschätzte: das Gefühl innerer
20 Befriedigung, das sich immer einstellt, wo man unabhängig und eigenen Entschlüssen folgend eine knifflige Aufgabe übernimmt und löst.

aus Kurt Lütgen: Hinter den Bergen das Gold, Würzburg 1971, S.162 - 166

Auszug aus dem Brief eines Schatzgräbers

...
Ich bin nun doch nicht zur Burg Drachenfels weitergefahren, sondern sitze immer noch hier in Rheinstein.
Irgendetwas hat mich zurückgehalten, obwohl ich nun schon seit Monaten umsonst die alten Dokumente in der Pfarrei und auf dem Rathaus durchgewühlt habe nach einem Hinweis auf den Schatz, von dem die Leute im Ort erzählen.
Und stell Dir vor: Gestern, als ich meine Koffer nun endlich gepackt habe und nur noch einmal weggehe, um mich von allerhand Bekannten zu verabschieden, da fällt mir dieses Papier in die Hände.
Ich lege es dem Brief bei nebst einem Photo. Prüfe beides genau. Und wenn Du auch zu der Überzeugung kommst, daß sich die Geschichte auf diesen Turm bezieht, dann nimm den nächsten Zug nach Rheinstein, damit wir sofort mit den Arbeiten beginnen können.
...

P.S.
Das Papier habe ich entdeckt, als _____
_____
_____
_____

UE 3 / Anlage 4

Anlage 4 (3.)

von Ruth Hallensleben: Treppe am Turm der Burg Rheinstein
aus: Schmiededeisen, Langewiesche-Bücherei, Königstein/
Taunus o.J., S. 47

Anlage 4 (2.)

Was steht auf dem gefundenen Papier?
Übrigens: Die Kopie ist leider schlecht. Auf dem Photo des
Turms kann man natürlich genau erkennen, worauf sich die
Geschichte bezieht. Am besten zeichnest Du die Stelle zur
Verdeutlichung ein.

Der Schatz von Rheinstein _____

Entdeckung von _____

Fünfte Stunde

Thema: Verzauberung der Umwelt

Ziel: Überraschungseffekte bei der Erfindung einer Schatzgeschichte:
- Überblick über verschiedene Möglichkeiten der Verfremdung des Handlungsablaufs gewinnen
- Erkennen und Ausprobieren von 'Zeitsprüngen' in eine sagenhafte Vergangenheit
- Erkennen und Ausprobieren von 'Zeitsprüngen' in eine Science-Fiction-Zukunft

Textauswahl: "Was man tun muß, um einen Schatz zu bekommen." von Eve Marie Helm (Anlage 6)

Auch bei diesem Text handelt es sich um eine Anleitung für Schatzgräber. Sie ist allerdings vielfältiger, bunter und anregender als die stereotypen Räubergeschichten, an denen sich Tom und Huck orientieren. Und sie ist mit ihren teils lustigen, teils gruseligen Details amüsanter als der nüchterne Bericht über die Recherchen eines Schatzforschers. Dabei bestätigt der Text zwar, daß diese der einzig realistische Weg zum Erfolg sind. Gleichzeitig aber liest er sich fast wie eine Parodie auf ein solch ernsthaftes Unterfangen, indem die Sagenmotive augenzwinkernd wie einfache Handlungsanleitungen dargestellt werden.

Bei Schülern dieses Alters trifft die Mischung von Phantastischem und ironischer Distanz auf Resonanz. Dazu kommt, daß im Text allerhand Identifikationsmöglichkeiten angeboten werden, wenn z.B. "Sonntags-, Glücks"- und "unschuldige Kinder" als besonders gute Schatzgräber bezeichnet werden.

Unterrichtsschritte:
1. Wiederholung und Zusammenfassung des bisher Besprochenen
2. Differenzierung unterschiedlicher Überraschungseffekte ausgehend von Schülerarbeiten
3. Besprechung des Textes von E.M. Helm

Kommentar zur Vorgehensweise und *Bericht:*

ad 1: Die Anlage 5 (1) wird verteilt. Die Schüler erklären die Gegenüberstellung.

Da wir keine 'Expedition' machen können, konzentrieren wir uns im folgenden auf die Erfindung von Überraschungen.

ad 2: Bezugspunkt sind die Schülerarbeiten zur 3. Stunde.

a) Beispiele, die besonders überrascht haben, werden aus der Erinnerung genannt. Was das Überraschende war? – Schüler geben in einem Fall an, daß die Geschichte "unmöglich" sei (Lehrer bietet "phantastisch" an) und in "ferner Vergangenheit" spiele (wie Sagen). – Im Unterschied dazu ein anderer Text, der dadurch überrascht, daß etwas Unerwartetes, obgleich durchaus Mögliches geschieht, und zwar ohne Zeitsprung. – Hinweis eines Schülers, daß es auch "unmögliche" Geschichten in der Zukunft gibt. Es werden ein paar

Merkmale von Science-Fiction genannt. - Lehrer erinnert an das Bild von Magritte. Der "versteinerte Adler" geht über das Wirkliche hinaus, ohne Zeitsprung, eher wie Traumbilder. Einführung des Wortes "Surrealismus".

b) An Beispielen wird deutlich, daß Sage, Science fiction, Surrealismus nicht 'nur' phantastisch sind, sondern einen Bezug zur Realität der Gegenwart haben. Vorwissenschaftliche Erklärungsfunktion: Wie etwas Auffälliges entstanden sein mag? Wie eine Entwicklung in der Zukunft weitergehen könnte? Wie die Realität mit Bedeutung anzureichern ist?

c) Während des Gesprächs 'entsteht' an der Tafel eine Übersicht, die den Kindern abschließend als Anlage 5 (2) ausgehändigt wird.

ad 3: Ankündigung, daß als nächstes phantastische Geschichten in einer andern Zeit erzählt werden sollen. Da der Informationsstand zur Science-Fiction bei den meisten recht gut ist, wird Zusatzmaterial nur zu Sagen (Anlage 6) angeboten.

Lehrer liest auszugsweise daraus vor zu den Stichwörtern: Schatzgräber, Fundorte, Bedingungen der Findung, Zeitpunkt der Hebung, Bedingungen der Hebung, der Schatz. Es bleibt den Schülern überlassen, ob sie den Text zu Hause ganz lesen.

Hausaufgabe zur Wahl:
1. Im Blasstahlwerk in Huckingen (Anlage 7) wird in der Geisterstunde am 24.2.1984 ein sagenhafter Schatz gehoben.
2. Schatzgeschichte aus dem Jahr 3.000: Das Clauberg-Gymnasium wird ausgegraben.

Hinweise zu 1: Nehmt Elemente der Sage in eine ganz moderne Umgebung (hier in der Nähe) hinein. Bevor Ihr anfangt, markiert auf dem Photo mit Rotstift, wo etwas versteckt sein könnte, wo ein Kobold o.ä. herauskommen könnte. Ihr dürft auch hineinmalen. Was ist der Schatz?

Hinweise zu 2: Nehmt die Gegenwart ganz konkret in die Science-Fiction hinein. Überlegt Euch, welche Gegenstände - gerade ganz alltägliche (wie eine Gabel, eine Bierflasche, ein Telephon) - von den Wesen im Jahr 3.000 als Schätze angesehen werden, weil sie keine Ahnung haben, wozu die Dinge einmal gut waren.

Im Silentium dürfen sich die Schüler in Partnerarbeit 10 Minuten unterhalten und eine gemeinsame Story entwerfen. Anschließend schmückt jeder für sich die Geschichte schriftlich aus.
Um die Wichtigkeit der Ideenentwicklung beim Reden zu verdeutlichen, werden die Texte wie folgt gezeichnet:

Name:_____ Besprechung mit:_____

1.

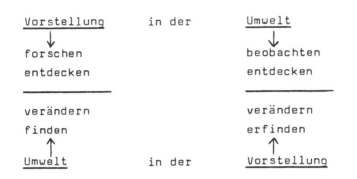

2.

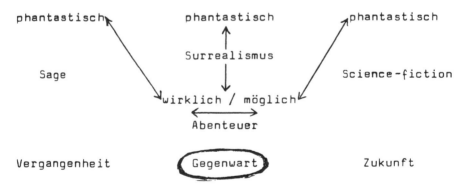

Was man tun muß, um einen Schatz zu bekommen

1   Dem Volksglauben nach können Schätze überall vergraben sein: wo das Gras üppiger wächst, aber auch wo es dahinkümmert oder Hexenringe stehen. Wo der Schnee sofort schmilzt und morgens kein Tau liegt. Wo eine
5   Sternschnuppe hinfällt oder der Regenbogen die Erde berührt.
    Erfolglose Schatzgräber haben ihre Mißerfolge durch abenteuerliche Ausschmückungen aufgewertet. Die Gefahren, denen ein Schatzsucher ausgesetzt ist, sind
10 nach den Erzählungen so ungeheuerlich und grauenhaft und die Anforderungen so unmenschlich, ja unerfüllbar, daß es fast unmöglich ist, einen Schatz zu gewinnen.
    Es fängt schon damit an, daß nicht jeder einfach kommen und einen Schatz heben kann. Der Schatzgräber muß
15 entweder ein Sonntagskind oder an einem bestimmten Tag unter einem bestimmten Stern geboren sein. Reine, sündenfreie Menschen, unschuldige Kinder [· · ·]
    |—————————————————————————| gelten als gute Schatzgräber. Manchmal genügt es allerdings auch, eine
20 solche Person zum Schatzgraben mitzubringen. Ebenfalls erfolgreich sollen Zauberer und Studenten sein, worunter man früher Leute verstand, die in geheimen Wissenschaften bewandert waren. Außerdem Kinder, die in der Christnacht geboren sind, und Leute, die mit einem Erd-
25 oder Bergspiegel unter die Erdoberfläche sehen können. Kundige Schatzgräber wurden früher von weither geholt und gut bezahlt, denn das Schatzgraben mit seinen komplizierten Vorbereitungen und Regeln war und ist eine Arbeit für Perfektionisten.
30 Um festzustellen, wo ein Schatz liegt, benutzen professionelle Schatzgräber eine Wünschelrute oder einen Erdspiegel. Doch auch jemand, der über diese zauberkräftigen Werkzeuge nicht verfügt, kann die Lage eines Schatzes herausfinden. Wer sich zum Beispiel in der Weihnachts-
35 nacht oder in der Matthiasnacht (24. 2.) zur Mitternachtsstunde auf einen Kreuzweg stellt und dort lautlos bis ein Uhr ausharrt, ganz gleich, was passiert, erhält vom Teufel entweder sofort Geld oder aber eine Stelle bezeichnet, an der ein Schatz liegt.
40 Auch eine einfachere Methode soll erfolgversprechend sein. Man siedet Garn in einer Mischung aus Weihrauch, Schwefel und frischem Wachs, macht daraus ein Licht und leuchtet damit an jeden schatzverdächtigen Ort. An der Stelle, an der das Licht plötzlich verlischt, ist Geld
45 vergraben oder ein reicher Erzgang durch Zauber verschlossen.
    Glückskinder können sich auch Farnsamen beschaffen, der nur einmal im Jahr, in der Johannisnacht, zu finden ist. Damit sehen sie alle Schätze der Welt als blaue Flämm-
50 chen glühen.

(Seite 1)

1   Modernes Holz, flimmerndes Sonnenlicht, Irrlichter, Glühwürmchen oder andere natürliche Lichterscheinungen täuschen oft einen Schatz vor, wo gar keiner ist.
    In den allermeisten Fällen erfährt man die Lage eines Schat-
5   zes durch die persönlichen Angaben eines verwünschten Burgfräuleins, das gerne erlöst werden möchte.
    Weiß man, wo der Schatz liegt, muß man das für seine Hebung richtige Datum herausfinden. Dazu wurden früher eigens zusammengestellte Kalender zu Rate gezogen.
10 Ihnen zufolge kann die Christnacht günstig sein, die Johannisnacht (24. 6.), Silvester, Bartholomäus (24. 8.) oder Laurentius (10. 8.)
    An diesen Tagen sind die Schätze unbewacht, das heißt, der schwarze Hund und die feuerspeiende Schlange haben
15 ihren Platz verlassen oder schlafen. Auch die Walpurgisnacht (30. 4.) und die Matthiasnacht (24. 2.), die Nacht von Ostersamstag auf Ostersonntag und Allerseelen sollen gute Termine für eine Schatzhebung sein. In der Johannisnacht tanzen Flämmchen über den Schätzen. Am Longi-
20 nustag (15. 3.) sonnen sich die Schätze und glänzen auf dem Feld. Am Palmsonntag und am Karfreitag, wenn in der Kirche die Passion gesungen wird, öffnen sich für kurze Zeit die Berge, so daß man ungehindert an die Schätze heran kann. Wer aber den Berg nicht rechtzeitig verläßt,
25 bleibt darin gefangen.
    Das Einhalten einer bestimmten Zeitspanne ist einer der kritischsten Punkte bei der Schatzhebung, weil es hier um eigenes Versagen geht. Meistens hat man nur eine Stunde zur Verfügung, und wer beim Goldraffen die Zeit vergißt,
30 kann den Ort nicht mehr verlassen und muß den Geistern Gesellschaft leisten.
    Sind der Lageplatz des Schatzes und der günstigste Zeitpunkt für seine Hebung ermittelt, fangen die eigentlichen Schwierigkeiten erst an. Denn kein Schatz ist ohne
35 Hüter. Meistens bewacht der Teufel ihn höchstpersönlich. Da ihm am Jüngsten Tag alle noch nicht gehobenen Schätze zufallen, versucht er mit den ihm zur Verfügung stehenden Mitteln die Schatzhebung zu vereiteln. Er erscheint in furchterregender menschlicher Gestalt oder
40 als wildes feuerspeiendes Tier. Er baut einen Galgen auf und tut so, als wolle er den Schatzgräber daran aufhängen. Er läßt Mühlsteine an seidenen Fäden über dem Schatzgräber schweben. Hilft das alles nichts, schreckt er selbst vor tätlichen Angriffen nicht zurück und verteilt Ohrfeigen
45 oder Schlimmeres. Immer fällt ihm etwas ein, womit er die Schatzgräber in Angst und Schrecken versetzen kann.
    Und fast niemand macht sich in diesen entsetzlichen, lebensbedrohenden Augenblicken klar, daß alles nur teuflisches Blendwerk ist. Der Teufel gewinnt immer. Er gibt
50 nicht eher nach, bis der Schatzgräber in panischer Angst aus dem schützenden magischen Kreis herausläuft oder mit einem Schreckensschrei das auferlegte Schweigen bricht. Dann versinkt der oft schon zum Greifen nahe Schatz wieder in unerreichbare Tiefen, und der Schatzgrä-
55 ber kann froh sein, wenn er mit dem Leben davonkommt. [· ·]

(Seite 2)

UE 3 / Anlagen 6 + 7

Anlage 7

LD - Blasstahlwerk in Huckingen
aus: Mannesmann AG Hüttenwerke
Informations-Broschüre

Anlage 6
(Seite 3)

1   Die Fähigkeit zu schweigen ist eine entscheidende Voraussetzung für das Schatzheben. Selbst Niesen oder Lachen vereitelt den Erfolg. Auch hier treibt der Teufel sein Spiel. Ihm ist alles recht, selbst der größte Klamauk,
5   wenn er damit den Schatzgräber zum Reden, Schreien oder Lachen bringen kann.
    Zu allen Zeiten haben Schatzgräber versucht, ihre Unternehmungen durch besondere Sicherheitsmaßnahmen weniger gefährlich zu machen. Magische Kreise und
10 Zeichen, Zauberformeln und Beschwörungen sollten vor dem Zugriff der bösen Mächte schützen. [...]
    Der Aufwand ist oft vergeblich. Denn es ist fast unmöglich, an all das zu denken, was bei der Schatzsuche zu beachten ist. Etwas vergißt man immer. Dafür sorgen
15 schon die Geister und Teufel. Selbst die berühmte Blume, die die Türen zu den Schatzkammern öffnet, hilft nur, das Gold aufzuspüren. Wenn man sie im Berg liegenläßt – und das haben scheinbar bisher alle Schatzgräber in ihrer Gier nach Gold getan –, ist der Schatz weg, sogar wenn man ihn
20 schon in Taschen und Säcke gepackt hat.
    Auch der Schatz selbst verhält sich oft außerordentlich tückisch. Mal liegt er tief im Boden, mal fast an der Oberfläche. Er zeigt sich als Pferdeäpfel, glühende Kohle, Laub, Knochen, Weizenkörner, Hafergrütze, Sand, Boh-
25 nen, Schneckenhäuser und ähnlich wertloses Zeug, in dem niemand Reichtum vermutet. Was für ein Ärger, wenn man den Unrat liegengelassen oder weggeworfen hat und ein hängengebliebenes Blättchen in der Tasche oder ein in den Schuh gefallenes Weizenkorn sich später in
30 Gold verwandelt! Auch was man von den Schatzhütern geschenkt bekommt, sollte man nie verschmähen, so unnütz es einem auch erscheinen mag. Es wird immer Gold daraus.
    [...]

35 Wer also die Volkssagen als Grundlage für Ausgrabungen benutzt, wird wenig Glück haben. Sorgfältige historische und geographische Untersuchungen sind für eine Schatzhebung die einzig erfolgversprechende Methode.

aus Eve Marie Helm: Der Schatz vor unserer Tür.
Schatzsagen aus Deutschland, München, Zürich 1982,
S. 13 - 19

326

Sechste Stunde

Thema: Schatzgeschichten (2)

Ziel: Spielerischer und bewußter Umgang mit Überraschungseffekten
- im Bereich des Möglichen
- durch den Übergang in eine phantastische Vergangenheit
- unter Beachtung von Ausschmückung und Komprimierung der Darstellung

Textauswahl: Es werden ausschließlich Schülertexte vorgelesen. Für die Auswahl entscheidend ist nicht nur die gelungene Überraschung, sondern daß viele verschiedene Ideen in einem möglichst kurzen Text verbunden sind. Und wie bisher auch sollen immer andere Kinder zu Wort kommen.

Unterrichtsschritte:
1. Besprechung der Hausaufgabe der 4. Stunde: "Burg Rheinstein"
2. Besprechung der Hausaufgabe der 5. Stunde: "Blasstahlwerk"
3. Einführung der Aufgabe: Traumbilder erfinden

Kommentar zur Vorgehensweise und *Bericht:*

ad 1: Wiederholung der Aufgabenstellung (s. Anlage 4).
   a) Gestaltungsmöglichkeiten des alten schwer lesbaren Papiers (gerollt, beschädigt, Geheimschrift usw.). Warnung: 1. den Leser nicht überfordern, 2. gute Ideen nicht zur Masche machen.
   b) Beispiele für Verstecke des Papiers werden aufgezählt.
   c) Drei Briefe werden vorgelesen. Verhältnis von Ausschmückung und Komprimiertheit wird besprochen.
   d) Einordnung in die Tabelle (Anlage 5.2): Pfeil in Richtung Vergangenheit unter der Frage, wie es möglich gewesen wäre, und "ein bißchen Sage".

ad 2: Wiederholung der Aufgabenstellung.
   Drei Arbeiten zum "Blasstahlwerk" werden vorgelesen. Die Überraschungseffekte werden aufgezählt und gewürdigt. Das war notwendig, da eine der Ideen, obwohl technisch gut ausgedacht, von den meisten Schülern nicht auf Anhieb verstanden wurde, und eine andere Geschichte in ihrem Witz nicht registriert wurde, weil sie von einem 'schlechten' Schüler stammte, dem man keine guten Einfälle zutraute.

ad 3: Ankündigung für den Nachmittag: "Ich habe mir überlegt, daß wir am Nachmittag etwas machen, wo man ein bißchen müde sein muß und verschlafen." - Schüler: "Träume."
   a) Bestimmung anhand der Übersicht (Anlage 5.2), welche Art von Geschichten noch nicht 'gemacht' worden sind: "phantastische Gegenwart". Zum Surrealismus ("Überwirklichkeitskunst"): Er deutet die Welt in Traumbildern.
   b) Wie verändert sich denn im Traum das, was man sieht? Schüler nennen an konkreten Beispielen die wichtigsten Möglichkeiten: es ist größer oder kleiner, näher oder ferner, Gegenstände vervielfachen sich oder werden zu Lebewesen usw.

c) Bild von Rolf Escher "Ende einer Sitzung" (Anlage 8)
Was könnte sich hier denn verwandeln? - Schüler: "Schnüre in Schlangen. - Was ist das auf dem mittleren Stuhl? - Schlangen? Schuhspanner wie Tiere. - Mäuse - Schnecken mit Schwanz. - Der Rahmen ist leer und steht von der Wand ab. - Ein Fenster? - Der Schatten des Stuhls in der Mitte ist wie ein Wildschweinkopf. Wie ein tiefer Gang. - Die Schuhspanner sind die Hauer. - Der Spiegel ..."
Restliche Ideen sollen fürs Schreiben aufgespart werden.

d) Aufgabenstellung: "Du siehst dieses Zimmer im Traum. Am Morgen erinnerst Du Dich an drei Szenen."
Hinweise: Das Schatzmotiv soll vorkommen, muß aber nicht im Mittelpunkt stehen.
Wer keinen Anfang weiß, beginnt mit: "Ich habe geträumt ..."

Hausaufgabe:
s.o. 3 d)
Bearbeitung im Silentium.

Kommentare der Schüler: "Träume machen noch mehr Spaß als Sagen, weil man da so schön übertreiben kann. - Phantastische Zukunfts-Geschichten sind vielleicht noch besser. - Nein, Sagen, weil man das auch lustig machen kann."
Die Arbeiten werden zu einem vorher festgesetzten Zeitpunkt eingesammelt. Kurze Begründung, warum keine fortlaufende Geschichte, sondern drei Szenen verlangt waren: 1. die Schüler sollen ihre Zeiteinteilung überprüfen (die wenigsten haben 3 Szenen fertig, die meisten aber wenigstens eine); 2. sie sollen auch beim 'Fabulieren' schon früh auf mögliche Schlußpunkte achten.

von Rolf Escher: Ende einer Sitzung (1975)
   aus: Katalog der Ausstellung Rolf Escher, 8.Mai bis 12.Juni
   1977 Spendhaus Reutlingen, Abbildung Nr.22

Siebte Stunde

Thema: Schatzgeschichten (3)

Ziel: Spielerischer und bewußter Umgang mit Überraschungseffekten
- durch Übergang in eine phantastische Zukunft
- durch Umschlag ins Surreale
- unter Beachtung eines gegliederten Aufbaus und der Zeiteinteilung.

Textauswahl: Die Schülerarbeiten sind so ausgewählt, daß möglichst originelle und überzeugende Überraschungen vorgetragen werden, daß die Traumbeispiele einige wichtige Mittel der Transformation einer alltäglichen Situation in eine surreale Geschichte vorführen, daß unterschiedliche Erzählstrategien erläutert werden können und schließlich daß (alle Vorlesestunden zusammengenommen) jeder Schüler mindestens einmal mit einem guten Beitrag vertreten ist.

Unterrichtsschritte:
1. Besprechung der Hausaufgabe der 5. Stunde: "Ausgrabung der Schule im Jahr 3.000"
2. Besprechung der Hausaufgabe der 6. Stunde: "Traumszenen zu Eschers Bild"

Kommentar zur Vorgehensweise und *Bericht:*

ad 1: Zwei Zukunftsgeschichten werden vorgelesen. Es fallen auf: Sprach-Verfremdungen, Neologismen, lustige Namen. Überraschungseffekte werden erzielt aus der Perspektive der Nachgeborenen: Gebrauchsgegenstände, deren Funktion sie nicht kennen, machen ihnen Angst (Skier), bzw. sie werden für sie zum Schatz, da auf ihrem Planeten nicht mehr zu haben (ein Stück Kreide).

ad 2: Traumszenen zu Escher (s. Anlage 8).
   a) Details, die ungewöhnlich und effektvoll sind, werden vom Lehrer zum 'Einstieg' aufgezählt. Zum Beispiel: der Fetzen auf dem rechten Sessel ist ein Nachthemd und wird zum Gespenst, das das Zimmer aufräumt (!). - Die Schnur rechts ist ein Bademantelgürtel. Er verwandelt sich zweimal: erst in eine Schlange, dann in einen Pfeil, der auf den Schatz zeigt usw.
   b) Anfänge, mit denen das Bild in eine Traumszene überführt wird: alles gerät in Bewegung (ein Stein in der Mauer schiebt sich vor ...); die Gegenstände verwandeln sich (ein Sessel wird zur Schatztruhe ...); Verzerrung zu extremen Kontrasten (teils vergrößern, teils verkleinern ...).
   c) Erzählform verbessern: Die Aufzählung von Transformationsideen ist noch keine Erzählung.
   Die Vorzüge der Ich-Form (z.B. Wirkungen, Gefühle unmittelbarer ausdrücken zu können) wird bei der Übertragung einer Geschichte aus der 3. Person Singular in die 1. deutlich.

d) Gliederung in Szenen: Fünf Texte werden vollständig vorgelesen und speziell hinsichtlich ihres Aufbaus besprochen. Zum Beispiel: (1) Es spukt; (2) die Aufmerksamkeit wird dadurch auf eine bestimmte Stelle gelenkt; (3) die Entdeckung.

(1) Es spukt; (2) gegen die Bedrohung wird ein Gegenzauber eingesetzt; (3) zweite Verwandlung zu einem offenen Schluß, der hoffen läßt.

In zwei Fällen: Kunstvoll (!) paralleler Aufbau der drei Szenen mit deutlicher Steigerung zum Ende zu.

Als letztes: Drei (nur) assoziativ verbundene Verwandlungsszenen. Die Mitschüler, die nach dem Wieso und Warum fragen, bescheidet die Verfasserin souverän mit der Antwort, in ihren Träumen seien einfach manchmal Sachen da, die vorher nicht da waren. Die Kinder entdecken, daß ihnen die nicht völlig auflösbaren Bilder die Freiheit für mehrere Deutungen lassen.

Anmerkungen zur technischen Phase

Von besonderem Interesse ist die Art, wie die Schüler ihre privaten Erfahrungen mit Literatur, Film und Fernsehen einbeziehen. Texte, die sich nah an Vorbilder halten und Klischees reproduzieren, kommen kaum vor, ohne daß davor ausdrücklich gewarnt worden wäre. Wohl sind 'Zitate' erkennbar, aber in meist selbständiger und origineller Verarbeitung. Die Aufforderung, sich Überraschendes auszudenken und in der 'sachkundigen' Klasse vorzutragen, scheint Anreiz genug gewesen zu sein für einen freien und konstruktiven, bisweilen ironisch-distanzierten Umgang auch mit Versatzstücken aus dem 'trivialen' und massenmedialen Bereich. Dieses Vorgehen bietet eventuell noch zu wenig genutzte Möglichkeiten, vor und neben dezidiert analytischen Verfahren die Kritikfähigkeit zu fördern.

Hinsichtlich der (traditionellen) Aufsatzerziehung legt die Erfahrung mit diesen Schülern die Frage nahe, ob die strenge Trennung u.a. in den Bericht einerseits und (sofern überhaupt akzeptiert) in die Phantasieerzählung andererseits nicht ein didaktisches Artefakt ist, das zumindest ergänzt werden sollte durch Themen- bzw. Problemstellungen, die sowohl die sachliche Beobachtung und Darstellung als auch die freie Erfindung erfordern. Damit wäre nämlich die Nähe zu Realsituationen hergestellt, in denen es gerade auf ein Hin- und Herschwingen zwischen unterschiedlichen Denktätigkeiten ankommt. Die Kinder jedenfalls scheinen die divergierenden Wahrnehmungs- und Ausdrucksformen im selben Kontext mindestens ebenso leicht, oder gar leichter, zu lernen als in künstlich präparierten Schul-Aufgaben. Mit Sicherheit aber lernen sie lieber so - wenn man ihren Äußerungen glauben darf.

4.3.3. *Inventive Phase*

Achte / neunte Stunde

Thema: Transformationen

Ziel: Die Erfahrungen im Erzählen von Schatzgeschichten sollen selbständig angewandt werden auf Gegebenheiten der alltäglichen Umwelt und ihre phantasiereiche Verwandlung:
- durch Hinwendung vom Tatsachenbericht zur Fiktion
- durch Verankerung der Geschichte in der Realität
- durch Ausspinnen eines roten Fadens vom Realen ins Surreale
- durch die Erfindung einer phantastischen Überraschung
- durch Ausschmückung der zentralen Idee.

Unterrichtsschritte:
1. Erläuterung der Aufgabenstellung
2. Lösung der Aufgaben

Kommentar zur Vorgehensweise und *Bericht:*

Die inventive Produktion, die in dieser Doppelstunde angezielt wird, dient zugleich als Test für die Tauglichkeit des nach den oben entwickelten Grundsätzen durchgeführten Unterrichts hinsichtlich seiner kreativitätsfördernden Wirkung. Im Zusammenhang der Entwicklung des Testmaterials und der Planung des Testverlaufs (im 5. Kapitel) wird also auch die Anlage dieser Doppelstunde begründet unter folgenden Stichwörtern: Transfer des Gelernten auf eine neue Situation (5.1.3.3.), Zielkriterien im Vorversuch und als modifizierte Fassung sowie Aufgabenstellung des Vorversuchs und endgültige Formulierung (5.1.3.3. und 5.2.3.3.), Durchführung von Vor- bzw. Haupttest (5.2.2.2. und 5.3.2.). Über die Auswertung der Ergebnisse hinsichtlich der Tauglichkeit des Tests wird unter 5.3.3. berichtet, zur Brauchbarkeit dieser Unterrichtsreihe: 5.3.4.1. Das den Schülern ausgehändigte Material und die Instruktionen für die Einschätzung der Testleistung sind abgedruckt im Anschluß an 5.2.3.3.

An dieser Stelle genügt eine Kurzcharakterisierung der Aufgaben: Es werden alltägliche Situationen bezeichnet, die mehr oder weniger deutlich einen Hinweis auf eine Entdeckung implizieren. Sie lassen sich daher auf folgende Kategorien verteilen:
1) Aufgaben *mit* explizit angegebenem Ansatzpunkt für die Erfindung
   - Erzählanfang mit phantastischen Details
     Aufgabe 6: "Du kannst nicht einschlafen und siehst Schatten auf der Zimmertüre. Aber wenn Du lange genug daraufstarrst, merkst Du, daß sich die dunkle Stelle öffnet..."
   - Gegenstand mit gewöhnlichem Merkmal
     Aufgabe 1: "Du kennst bestimmt eine bröckelige Mauer."
     Aufgabe 2: "Auf der Straße liegt eine rostige Dose."

2) Aufgaben *ohne* explizit gegebenen Ansatzpunkt für die Erfindung
   - Gegenstand mit unspezifischem Rätselcharakter
     Aufgabe 3: "Ein Gebäude in Deiner Umgebung, das Dir aufgefallen ist."
   - Auslöser für eine Idee
     Aufgabe 5: "Du gehst über einen Parkplatz, da kommt Dir eine Idee."
   - Fundort
     Aufgabe 4: "Drei Gegenstände im Sperrmüll."

Die Aufgaben unterscheiden sich von den im Unterricht besprochenen vor allem dadurch, daß die Bindung an das Schatzmotiv entfällt, kein narrativer Anfang (von der 6. Aufgabe abgesehen) gegeben wird, der Charakter des Abenteuerlichen und Unheimlichen fehlt und daß die Richtung, in der die phantastische Verwandlung gehen könnte, völlig unbestimmt bleibt. Die Erfindung ist also ab ovo den Schülern überlassen. Der vorgegebene Realitätsausschnitt dagegen wird wesentlich enger begrenzt als in den Hausaufgaben (Burg, Fabrik, Schule, Interieur), nicht nur um die Vergleichbarkeit der Lösungen zu erhöhen, sondern auch um die Konzentration auf eine kurze abgeschlossene Geschichte zu erleichtern.

Die Planung des Unterrichts- bzw. Testablaufs ist identisch mit der zur 8./9. Stunde der ersten Unterrichtseinheit (s.o.).

Zehnte Stunde

Thema: Textauswahl

Ziel: Bei der Auswahl von Schülerarbeiten für ein Klassenbuch mit Geschichten, die die alltägliche Umwelt bereichern, sollen sich die Schüler noch einmal mit Möglichkeiten des Entdeckens und Erfindens von Transformationen beschäftigen:
   - implizit in ihrer Entscheidung für bestimmte Texte
   - explizit in der Begründung der Entscheidungen

Textauswahl: Der Lehrer trifft eine Vorauswahl von 8 Texten zu jeder der 6 Aufgaben, und zwar so, daß die ersten drei Lernkriterien der 7./8. Stunde (möglichst) erfüllt sind. Damit kann sich die Diskussion in den Gruppen, die jeweils die 4 schönsten Texte für das Erzähl-Buch aussuchen sollen, auf die Überraschung konzentrieren, die entweder ins Surreale umschlägt oder im Realen befangen bleibt, und auf die Ausschmückung, die sowohl nach der Vielfalt der Ideen als auch der Komprimiertheit der Darstellung beurteilt wird. - In die Vorauswahl ist von jedem Schüler mindestens ein Beispiel aufgenommen worden.

Unterrichtsschritte:
1. Aufgabenstellung
2. Gruppenarbeit
3. Mitteilung der Ergebnisse vor der Klasse

Kommentar zur Vorgehensweise:
erübrigt sich, da analog zur 10. Stunde der ersten Unterrichtseinheit.

Hausaufgabe:
Sujets der 6 Test-Themen suchen und photographieren.

Die Hausaufgabe wird gemeinsam in einer Nachmittagsstunde durchgeführt. Mit zwei Lehrern stöbern die Kinder über das (weitläufige, alte) Schulgelände, suchen geeignete Plätze bzw. schaffen passende Arrangements. Einige Kinder haben Sofortbild-Kameras dabei. Die Photo-Tour macht großen Spaß. Da jedoch viele ohne Apparat sind (weil sie keinen besitzen oder ihn nicht mitbringen durften), verspricht der Gast-Lehrer, bis zur nächsten Stunde Photos in seiner Wohngegend zu machen und den Schülern als zusätzliches Material zur Verfügung zu stellen.

Elfte / zwölfte Stunde

Thema: Photo-Dokumentation

Ziel: Die Gegenüberstellung von Photographien und Texten soll abschließend den Prozeß der Transformation von der genauen Beobachtung bis zur phantasievollen Erfindung vor Augen führen:
- Kommunikation von Verfasser und Schreiber über den Text
- Nochmalige Auseinandersetzung mit den Themen über die Photos
- Buchschmuck

Textauswahl: Ergebnis der 10. Stunde

Unterrichtsschritte:
1. Verbesserte Reinschrift der Schülertexte
2. Gestaltung eines Vorsatzblattes zu jedem Thema unter Einbeziehung von Photographien
3. Entwurf eines Titelblattes für das Buch

Kommentar zur Vorgehensweise und *Bericht:*

ad 1: Die Schüler arbeiten in selbstgebildeten Gruppen. Sie unterstützen sich gegenseitig in der Verbesserung von Rechtschreibfehlern (auf die bis zu diesem Zeitpunkt bewußt gar nicht weiter geachtet worden war, um den Ideenfluß nicht zu beeinträchtigen).

ad 2: Über Möglichkeiten der photographischen Gestaltung konnte in diesem Rahmen natürlich nicht gesprochen werden, sondern nur über die Aufmachung des Vorsatzblattes mit den vorhandenen Mitteln.
   a) Ausgabe des Materials an die Gruppen: schwarzer Karton, ein Umschlag mit Photos zum jeweiligen Thema, Schere und Klebzeug.

b) Aufgabenstellung (mit Skizze an der Tafel): Nummer und Thema auf weißes Papier schreiben (dabei darf mit der Schrift experimentiert werden) und ausschneiden; Photos auswählen (eines oder mehrere, im ursprünglichen Format oder zerschnitten); nach einer Legeprobe aufkleben (links einen Rand lassen zum Heften).

c) Es werden von jeder Gruppe andere Auswahl- und Anordnungsgesichtspunkte gefunden. Zum Thema "Ein Gebäude in Deiner Umgebung, das Dir aufgefallen ist." legt die Gruppe eine surrealistische Collage vor und hat damit das Prinzip der Transformationen von sich aus auf das andere Medium übertragen.

ad 3: Jede Gruppe denkt sich einen Buchtitel aus und entscheidet sich für ein Titelbild. Bei dieser Gelegenheit kommt eine andere Gruppe auf die Idee, eine Collage (diesmal durch Einmontieren von Selbstgemaltem) in Abstimmung auf die Überschrift zu verfertigen. Ausgewählt wird schließlich die etwas kryptisch anmutende Formulierung: "Die Welt auf die Seite gestellt", die allerdings sofort verständlich wird, wenn man sie in Verbindung sieht mit dem ausgewählten Photo: eine Feuerleiter an einer Fabrikwand, in starker perspektivischer Verkürzung von unten nach oben 'in den Himmel' aufgenommen. Das verrätselte Bild kann aber auch als um 90° 'in die Ebene gekippte' Gleisführung angesehen werden. Hier fallen Entdeckung und Erfindung im Perspektivenwechsel zusammen. Daß die Buchstaben w-e-l-t ebenfalls senkrecht zum übrigen Text eingeklebt sind, bestätigt die Gestaltungsabsicht bei dieser hervorragenden Transformation.

Dokumentation zur inventiven Phase

Wie in den beiden voranstehenden Unterrichtsreihen werden hier an Stelle von 'Anmerkungen' die von den Schülern ausgewählten Texte wiedergegeben, und zwar in der nach Orthographie und Interpunktion verbesserten Fassung.

"Klassenbuch" zur UE 3

1. Aufgabe: Du kennst bestimmt eine bröckelige Mauer.

Ja. Sie zieht sich durch einen einsamen Fußgängerweg. In der Mauer sind zwei Löcher. Dort lebt meine kleine Freundin, die Seidenraupe Clarissa. Wir unternehmen viel miteinander; wir gehen Eis essen an heißen Tagen, schwimmen, reiten. Mit Clarissa kann man immer etwas erleben. Das Tollste ist an ihr, daß sie vor keinem Angst hat. Einmal wollte sie ein Elefant tottreten, da hat sie ihn angebrüllt. Da ist der Dickhäuter schnell weggelaufen.
Ach herrje. Schon Viertel vor zehn. Clarissa wartet auf mich. Sie hat mich zum Kaffee eingeladen.

Die Stadtmauer von Rothenburg
Als wir, Familie Wohlgemuth, wieder einmal in Rothenburg Urlaub machten, gingen wir natürlich über die Stadtmauer. Wir waren gerade um die Hälfte der Stadt herumgegangen, da entdeckte ich in der Mauer einen losen Stein. Als ich den Stein herausnahm, sah ich ein kleines grünes Männchen, das so platt wie eine Briefmarke war. Ich nahm es heraus und beulte es aus, bis es wieder normal aussah, soweit man das von einem grünen Männchen behaupten kann. Das Männchen sagte: "Ich wollte diesen, äh, Einstein besuchen." Ich sagte: "Aber der ist doch schon lange tot." Das Männchen sagte: "Ja, ich bin ja auch schon 50 Jahre eingemauert." Als ich damals hier ankam, landete mein Raumschiff auf der Grundsteinen dieser Mauer. Ich mußte mich erst an die Atmosphäre gewöhnen. Ich wurde mit eingemauert, weil sie das Raumschiff nicht bemerkten. Und du hast mich befreit, danke!" Ich sagte: "Ich muß jetzt aber gehen. Meine Eltern sind fast nicht mehr zu sehen. Tschüß." "Tschüß."

Eines Tages ging ich an einer alten Mauer entlang. Da sah ich einen Stein, der weiter herausschaute. Ich zog ihn raus und guckte hinein. Plötzlich kam mir eine schwarze Hand entgegen und wollte mich fassen. Vor Schreck ließ ich den Stein fallen. Ich war gelähmt und konnte mich nicht bewegen. "Aufstehen! Frühstück!" rief meine Mutter. Es war zum Glück nur ein Traum.

An der Otto-Schule ist eine bröckelige Mauer. An einem Tag ging ich an der Mauer vorbei. Es bröckelte etwas von der Mauer ab. Dann sah ich ein Loch, aber kein gewöhnliches. Es kamen kleine Freagels heraus und sangen ein Lied. Ich wunderte mich sehr, denn sie fraßen die Mauer auf. Ein Freagel ging mir nach. Ich nahm ihn auf den Arm. Am Abend brachte er mir das Lied bei, und am Morgen bastelte ich ihm ein Haus mit Wohnzimmer, Küche, kurz gesagt, mit allem Drm und Dran. Ich brachte ihm Essen. Ab diesem Tag hatte ich einen neuen Freund gefunden, der sogar bei mir wohnt. Manchmal streiten wir uns, aber wir vertragen uns immer.

2. Aufgabe: Auf der Straße liegt eine rostige Dose.

Als ich über die Holtener Straße ging, lag dort eine rostige Dose. Vorher waren Gurken darin gewesen. Nun war sie leer. Doch was war das? Aus der Dose kamen kleine Männchen herausgeziert. Sie bestanden aus Gurken. Die Gurken hatten Arme, Beine, Gesichter, und manche hatten auch noch einen Hut auf. Ich beobachtete sie. Sie gingen über die Straße. Der Bordstein war ein Problem. Aber die Männchen zogen aus ihren Augen Seile heraus. So konnten sie den Bordstein erklettern. Sie steuerten auf das Lebensmittelgeschäft zu und gingen, als jemand herauskam, hinein. Niemand bemerkte sie. Als die Gurken wieder herauskamen, waren sie beladen mit Süßigkeiten, die zur Dose geschleppt wurden. Ein paar Männchen holten aus der Dose eine Presse. Sie preßten die Bonbons aus, und der Saft kam in den Motor der Konserve. Dann liefen die Männchen in die Büchse und hoben mit der Büchse ab.

Raumschiff Andromidar landet. X+4-3 ist gelandet. Tarnkappe rostige Dose anlegen. Wir sind auf der (wie Erdbewohner sagen) Straße gelandet. Wir wollten gerade aus der Dose (oder Raumschiff) steigen, um uns zu vergrößern. Da raste ein Lastwagen die Dose (oder das Raumschiff) platt. Von Raumschiff Andromidar X+4-3 rostige Dose wurden keine Signale mehr empfangen.

Als ich eines Tages gerade auf dem Weg von der Schule nach Hause war, fand ich eine rostige Dose auf dem Straßenrand. Da ich eine leidenschaftliche Sammlerin von Dosen bin, nahm ich sie mit. Zu Hause, als ich sie zu den andren Dosen stellen wollte, merkte ich, daß sie immer schwerer wurde. Ich verglich sie mit den anderen, und sie war wirklich schwerer. Ich guckte hinein und fand ein kleines Papierchen drin, auf dem stand: "Diese Dose ist deine, was es bedeutet,und dachte mir, vielleicht soll ich sie putzen. Ich tat es und auf einmal wurde aus der Dose ein goldener Vogel. Er kreiste in meinem Zimmer herum und stellte sich auf eine von meinen gesammelten Dosen. Er sagte: "Ich danke dir, daß du mich gerettet hast, dafür sollst du was bekommen." Er zauberte 10 DM hervor und gab sie mir. Dann flog er durch das Fenster weg. Ich habe ihn dann niemehr wiedergeseh'n. Für die 10 DM aber kaufte ich mir eine volle Tüte Bonbons.

Die Dose liegt auf dem Bürgersteig vor dem Haus mit der Nummer 14 auf der Max-Planck-Straße.
Ich war auf dem Weg zum Zahnarzt, da entdeckte ich eine rostige Konservendose. Ich trat nach alter Gewohnheit auf sie drauf. Auf einmal ertönte ein lauter Schrei, und dann rief es mir etwas zu. Es klang ungefähr so: "Bitte hilf mir, ich bin ein Geist und wurde verzaubert. Wenn Du willst, kannst du mich erlösen, indem du dreimal mit dem Zeigefingerknöchel auf den Rand der Dose klopfst." Ich tat es, und es erschien ein Geist, der mir freundlich auf die Schulter klopfte und sprach:"Wenn du mich brauchst, rufe nur das Wort 'Schliumampi'. Dann werde ich sofort da sein und dir helfen." Und er verschwand. Oft habe ich ihn gerufen.

"Klassenbuch" zur UE 3

3. Aufgabe: Ein Gebäude in Deiner Umgebung, das Dir aufgefallen ist.

Der Kamin von Thyssen leuchtet abends rot. Der Qualm, der hinaussteigt, sieht wie ein Flaschengeist aus. Manchmals kommen auch Schafe heraus. Und der Geist packt sie. Auf einmal kam Herkules. Er packte den Geist und schnitt ihm den Kopf ab. Der Geist schrie und sagte noch: "Ich werde mich rächen."

Wir wohnten damals noch am Stadtrand von Hamburg. Es war ein kleines Dorf, wo jeder jeden und jeder alles kannte. Jeder kannte auch die alte Villa, worin es spuken sollte. Ein Fremder wollte dort mal eine Nacht übernachten. Um Mitternacht rannte er wie von der Tarantel gestochen davon. Ich wollte endlich wissen, was dort vorgeht. Um 20.00 ging ich zu dem alten Haus und legte mich in meinen Schlafsack. Plötzlich hörte ich Stimmen. Ich stand auf und schlich zum Nebenzimmer. Als ich durch das Schlüsselloch guckte, sah ich vier Männer, die Karten spielten. Der eine sagte: "Das klappt ja alles gut hier. Die Leute merken nie, daß wir hinter dem Spuk stecken und unsere Beute hier verstecken." Ich holte die Polizei. Es stellte sich heraus, daß ich vier lang gesuchte Gangster gefaßt hatte. Von der Belohnung sind wir in die Schweiz gefahren.

Ich kenne ein altes Haus, wo eine alte Frau drin wohnt. Wenn wir in die Nähe kommen, wirft sie mit Steinen. Sie hat einen Schatz im Keller. Man muß um Mitternacht den Keller aufsuchen. Dort muß man einen gelben Hebel nach oben schieben und die Wand geht zur Seite. Dort liegt eine Schatztruhe mit viel Geld der Erde. Sie ist mit Zeitungen gefüllt. Ganz unten auf dem Boden liegt ein Schlüssel. Nimm ihn und geh den linken Tunnel entlang. Am Ende des Ganges ist ein Holzdeckel im Boden. Der Schlüssel paßt in das Schloß. Achtung: Laß ihn nicht stecken. Dann dann geht die Falltür wieder zu. Dort im Raum stehen drei Truhen. Alle sind gut gefüllt.

Schon seit Tagen überlege ich, warum sie das Gebäude zertrümmert haben. Da fiel mir ein, der alte Waterman hat ja eine Million in seinem Haus versteckt. Ob es deswegen war? Ich zog mir alte Sachen (an) und ging hinüber. Ich suchte in den Trümmern nach Goldscheinen. Aber es waren keine, ich fand jedenfalls keinen einzigen. Er hatte doch eine Woche lang ein Garten gegraben, fiel mir auf einmal ein. Der Garten war noch nicht zertrümmert. Ich grub jede freie Minute, die ich hatte. Nach 13 Tagen bin ich auf etwas Hartes gestoßen. Ich grub es aus. Es war eine Holzkiste. Ich öffnete sie. Ich sah die Million des Mr. Waterman. Ich war reich.

4. Aufgabe: Drei Gegenstände im Sperrmüll.

Ich sollte gestern den Müll rausbringen. Als ich in den Müllcontainer den Mülleimer ausleerte, erschrak ich. Der Müll wurde lebendig! Der kaputte Teddy tanzte Rock'n Roll. Die Bananenschale machte Kopfstand und die angegessene Mettwurst machte Liegestütze. Ich machte schnell den Deckel zu, und als ich ihn wieder öffnete, war alles wieder normal.

Fete, Knete und Ohne saßen in ihrem Raumschiff. Dieses Raumschiff hieß Luppe. "Achtung!Achtung!Wir landen.", rief Fete. "Alle Mann anschnallen!" Schhhhhh. Als sie unten angekommen waren, sah Ohne plötzlich so was Ähnliches wie eine Sternschnuppe. Knete sagte, das sei ein Schrank, und Fete meinte, es sei ein Stuhl. Fete und Knete hatten recht. Auf dem Sperrmüll war ein Schrank, eine Standuhr und ein Stuhl. Knete, Fete und Ohne zankten sich um das alte Zeug. Plötzlich hatte Ohne eine Idee: "Wir (teilen) das Zeug untereinander auf." "Das ist eine gute Idee", sagten Fete und Knete. "Also Fete bekommt den Schrank, Knete den Stuhl und ich die Standuhr." Nun flogen Knete, Fete und Ohne wieder zurück zu ihrem Planet.

Im Grüne-Männchen-Revier schlich (sich) schon einmal eine Ameise herum. Sie wollte sich ein Grünes-Männchen-Baby klauen. Doch die Wache hat sie erwischt. Sofort brachten sie die Ameise zum König. Der König befahl, die Ameise in drei Teile zu schneiden. Und auf den Sperrmüll zu schmeißen.

Als ich mit meiner Cousine und meinem Cousin spazieren ging, kam uns eine Idee. Bei mir in der Nähe ist eine Sperrmüllablagerung. Dort arbeitet mein Onkel. Wir gingen also dorthin und durchstöberten alles, als mein Cousin drei ungewöhnliche Steine fand. Sie waren grün, gelb und blau. Ich hob die Steine auf, da - ratet mal - da verwandelten sie sich in drei kleine Fläschchen.
Als wir zu Hause waren, haben wir das alles zusammen (...).
Auf einmal fing die ganze Masse an zu brodeln und das Glas zerplatzte, und auf dem Tisch stand eine Truhe mit Gold.

Und wir hatten ein sorgen- freies Leben.

"Klassenbuch" zur UE 3

5. Aufgabe: Du gehst über einen Parkplatz, Lehrerparkplatz. Da kommt Dir eine Idee.

Salzmannstraße, Lehrerparkplatz
Ich hatte gerade meine alte Lehrerin besucht. Ich machte einen Umweg über den Parkplatz. Da kam mir eine Idee."Man müßte", dachte ich, "die Bleche der Autos abmontieren und bei andern Autos wieder dran." Gedacht, getan. Nach 5 Minuten war ich fertig mit der Arbeit. Schnell versteckte ich mich, denn es kamen die ersten Lehrer. Das gab ein Chaos. Ich aber lachte und rannte nach Hause.

Ich ging am Marktplatz im Armenviertel vorbei, da kam mir eine Idee.
Ich könnte dem Opa Max helfen, Geld zu sparen. Er wollte nämlich nach seinem reichen Bruder nach Rügel. Ich ging für Opa am Parkplatz arbeiten. Opa nannten ihn alle. Er war nämlich der älteste aus dem Dorf. Ich putzte das Auto von den Leuten, die es haben wollten und reich waren. Da war zum Beispiel der dicke Mann,der einen Jungen suchte, der jeden Tag sein Auto putzt. Da meldete ich mich an. Ich mußte, obwohl das Auto sauber war, es jeden Tag putzen. Da kriegte ich jeden Tag 10 DM. Ich freute mich, und nach drei Monaten hatte ich das Geld zusammen. Opa freute sich sehr,und wir fuhren mit einer Kutsche, die ich bestellt hatte, nach Rügel. Ich mußte ja wissen, ob Opa da bleiben (durfte) und dürfte. Ich fuhr zurück und stand noch oft auf dem Parkplatz und dachte an Opa Max. Ich habe nämlich keinen Opa,und manchmal weinte ich sogar.

Als ich bei Horten zum Parkplatz ging, hatte ich immer etwas vor Augen, das mich bedrückt. Auf einmal kommt mir eine Idee. Und zwar: Warum macht man keine hydraulischen Stützen. Dann fährt ein Auto auf eine Rampe und drückt auf einen Knopf und fährt hoch,und ein Auto kann noch mit drunter. Wenn jetzt der eine wegfahren will, drückt er auf einen Knopf, und der andere wird durch eine Luke nach unten gefahren, damit der (erste) wegfahren kann.

Man könnte doch aus dem Parkplatz einen Spielplatz machen. Gesagt, getan. Nach ein paar Wochen war der Spielplatz fertig. Für diese Leistung bekam ich die Ehrenmedaille für Allgemeinbefinden. Wenn mich heute jemand fragt, woher ich diese Medaille habe, erzähle ich ihm diese Geschichte.

6. Aufgabe: Du kannst nicht einschlafen und siehst Schatten auf der Zimmertüre. Aber wenn Du lange genug draufstarrst, merkst Du, daß sich die dunkle Stelle öffnet...

Ich gehe darauf zu und fasse hinein. Auf einmal spüre ich was Weiches in meiner Hand. Ich ziehe es heraus, und es ist - ein niedlicher kleiner Geist. Er deutet immer mit der Hand zum Loch hin und sieht mich dabei unverwandt an. Ich greife nochmals hinein und finde - mein Lieblingsspiel wieder, das ich so lange gesucht habe. ich schüttele ihm die Hand und bedanke mich. Dann lege ich mich wieder ins Bett und schlafe sofort ein. Am nächsten Morgen steht das Spiel an seinem Platz. Alles war nur ein Traum.

Ich ging ganz ängstlich hinein, und dahinter war ein langer Tunnel, der plötzlich aufhörte. Ich drückte auf einen Knopf. Da war ich in der Zukunft in einem Raumschiff, das gerade auf einem Planeten gelandet ist. Auf einmal kam ein riesiges Monster auf uns zu. Wir liefen weg, aber es verfolgte uns. Auf einmal hatte es uns eingeholt. Es hob mich mit seinen Pranken hoch bis an sein Maul. Ich war schon zwischen seinen Zähnen, da ... klingelte der Wecker,und meine Mutter rief: "Aufstehen!"

Es kamen kleine Männchen heraus. Sie umstellten mich, und dann fesselten sie mich. Ich traute mich nicht, etwas zu sagen. Als sie fertig waren, gingen sie. Ich wußte nicht, was das sollte. Sie kamen aber wieder. Sie schossen auf mich und trafen mich auch. Das kitzelte. Ich lachte ganz laut. Zum Glück waren meine Eltern bei meiner Tante. Als sie fertig waren, gingen sie wieder, aber ließen ein Paket da. Ich entfesselte mich und machte es auf. Es war eine Zaubermaschine. Von diesem Tag an war ich der "reichste Junge der Welt".

Als ich gestern abend ins Bett ging, sah ich plötzlich einen Schatten, der meine Puppe hoch hob. Ich erschrak sehr, denn aus unserer Mauer fiel ein mittelgroßer Stein. Langsam ging ich zu dieser Stelle. Ich packte in das Loch hinein und zog eine kleine Truhe hinaus. In dieser Truhe war ein Fernseher und ein Mann und eine Frau. Ich beobachtete sie eine ganze Weile. plötzlich entdeckte mich der Mann. Er sagte zu mir, ich solle die Truhe sofort wieder in das Loch hineinstellen. Das tat ich auch. Ich ging wieder zu Bett. Als es morgen wurde, kamen die zwei zu mir und baten mich, für sie einkaufen zu gehen. Ich tat das. Als ich zurückkkam, fragten sie mich, ob ich ihr Freund sein wolle. Ich sagte: "Ja." Die zwei kommen jeden Tag zu mir. Zum Dank (Glück?) habe ich den Schatten gesehen. Ich bin sehr dankbar für diese Tat.

4.4. Unterrichtseinheit: "Stark oder schwach?"

Der vierte und letzte Strang, der bei reduzierten Interaktionsformen ansetzt und klischeehafte Kommunikation, wie sie für einen massenmedialen 'Trivialbereich' symptomatisch ist, durchschaubarer machen soll, beginnt mit einer Sequenz über Superhelden. Anknüpfungspunkte sind einerseits die häufigen Erfahrungen von Kindern, daß sie sich entwicklungs- und sozialbedingt in der schwächeren Position befinden, und andererseits ihre Wunschträume und Allmachtsphantasien, ihr (nicht geschlechtsspezifisches) Bedürfnis nach Identifikation mit einem Helden. Der Zusammenhang zwischen beiden kann auf dieser Altersstufe mehr implizit als explizit am Beispiel von Abenteuercomics verdeutlicht werden. Das gleiche Medium zeigt aber in seinen parodistischen und humoristischen Varianten auch Möglichkeiten der Distanzierung und Differenzierung: Das Hineinschlüpfen in die Rolle Supermans bzw. Supergirls ist zwar für den Leser/Zuschauer entlastend, als Vorbild in Realsituationen taugen die beiden jedoch nicht, da sie den Nachahmer eher lächerlich machen, als bewundernswert. Umgekehrt sind die eigenen Chancen, aus der unterlegenen Position herauszukommen, gar nicht so schlecht, wenn man sich entschließt, Stärke nicht primär durch Körperkraft zu definieren, sondern letztlich als gewitztes 'Sich-zu-helfen-wissen'. In diesem doppelten Sinne - der Lektürefunktion wie der Alltagssituation gegenüber - ist Kritikfähigkeit als Voraussetzung für adaptive Entscheidungen erforderlich auf dem Weg zu einer verantwortungsbewußten Autonomie.

Um den Schülern in diesem privaten und eher abgeschirmten Problemkomplex Expressivität zu ermöglichen, werden indirekte Zugangsweisen angeboten über ein Traumbild, zu dem Geschichten erzählt werden, und über einen Comic-Auszug, dessen Handlungsablauf rekonstruiert wird, wobei es in jedem Fall den Kindern überlassen bleibt, was sie fiktiven Personen in den Mund legen und was sie an Informationen über sich selbst unmittelbar preisgeben wollen.

In der technischen Phase werden zwar nebenbei ein paar Grundkenntnisse über das Medium vermittelt. Das Hauptinteresse liegt jedoch bei der Unterscheidung medienübergreifender Merkmale von Handlungsabläufen in Action-, Parodie-, Humor-Genres, und darüber hinaus in der Entfaltung origineller Ideen bei Einhaltung der spezifischen Regeln. Demgemäß ist hier weniger die Elaboriertheit der Textproduktion als das Konzept von Interesse: also 'concept art' statt Ausschmückung.

Während bisher die (Lektüre-)Funktion der alternativen Verhaltensmuster einzeln ausprobiert wurde, stellt die inventive Phase die konstruktive Kritikfähigkeit der Schüler dadurch auf die Probe, daß sie jeweils zum gleichen Sujet drei typische und originelle Variationen erfinden sollen. Die nachfolgende Textauswahl bietet noch einmal die Möglichkeit zum kreativen Nachvollzug des Gedankengangs. Die Mediencollage, für die zu den drei Genres 'Helden-Bilder' aus Film,

Fernsehen, Werbung und anderen Bereichen des Show-Geschäfts mit Ausschnitten aus Comics zusammengeklebt und eigenhändig ergänzt werden dürfen, dient abschließend der Verallgemeinerung der medienübergreifenden Problematik.

Tabelle H

Vierte Unterrichtseinheit "STARK ODER SCHWACH ?" - Planung -

Krea.-Phasen	Unterr.-Phasen/Stunden	Thema/Tätigkeiten	Texte/Abbildungen	Hausaufgaben
Problemwahr- nehmung	**I Expressive Phase**			
	1.Stunde	Wunsch-u.Alpträume als Reaktionen auf Erfahrung d.eigenen Unterlegenheit	F.K.Waechter: Der Traum der ... (A1)	---
	2.Stunde	Funktion des Superhelden: Kompensation durch Identifikation	E.Jandl:Ausgang(A2) Superman - Die tollen Taten d. Käpt'n Strong (A3)	Stellt Euch vor, Ihr habt gerade Ärger... Entwerft eine Comic-Geschichte, die Ihr jetzt lesen möchtet.
	3.Stunde	Comic-Geschichten 1 Besprechung v.Schüler arbeiten im Genre d. Superman-Comics	HA 2	---
Präparation und Inkubation	**II Technische Phase**			
	4.Stunde	Kritik an Superhelden: durch die Mittel d. Parodie	W.Schlote:Superdaniel u.d.Krokodil (A4) HA 2	Stellt Euch e.Jungen od.e.Mädchen vor,die sich oft aufspielen... Entwerft eine Comic-Geschichte,um ihn od. sie davon abzubringen.
	5.Stunde	Alternativen zum Superhelden: Witz als Waffe d. Anti-Helden	E.O.Plauen:Vorgetäuschte Kraft(A5)	Stellt Euch e.Situation vor,in d.Ihr es mit e.Stärkeren zu tun habt... Entwerft e.Comic-Gesch. mit der Ihr Euch Mut macht.
	6.Stunde	Comic-Geschichten 2 Besprechung v.Schüler arbeiten im Genre v. Comic-Parodie bzw. Humor-Comic	HA 4, 5 Übersicht üb.Genres (A6)	Wählt e.erlebte od. erfundene bedrohliche Situation aus... Erfindet e.Comic-Gesch. dazu in e. d. drei Genres (A7)
	7.Stunde	Comic-Geschichten 3 Besprechung v.Schüler arbeiten zu e.selbstgewählten Comic-Genre	HA 6	---
	III Inventive Phase			
Ilumination1/ Elaboration1	8./9.Stunde	Variationen TEST selbständiges Verfassen v.Parallelgeschichten zum selben Thema	Vordrucke	---
Kommunikation1/ Ilumination2	10.Stunde	Textauswahl Zusammenstellung f. Klassenbuch Begründung	Kopien v. Testlösungen Gruppenarbeit(A8.1)	Typische Bilder v. starken,cleveren od. angeberischen Leuten aus Heftchen u. Illustrierten sammeln
Kommunikation2/ Elaboration2	11./12.Stunde	Mediencollage Passende Typen aus Comics,Illustrierte,Werbung den Text-Varianten zuordnen, als Buch heften	HA 10 Gruppenarbeit(A8.2)	

"Anlage" ; HA: "Hausaufgabe" (die Numerierung richtet sich nach der Stunde,in der die Aufgabe gegeben wird.)

4.4.1. *Expressive Phase*

Erste Stunde

Thema: Wunsch- und Alpträume

Ziel: Einführung in den Themenkreis am Beispiel einer Bild-Collage:
- Wunsch- und Alpträume als Reaktion auf Erfahrungen erkennen
- Gefühl der Unterlegenheit umschreiben
- Eigene Wunschträume als Reaktion auf konkrete Situationen erzählen

Abbildung: "Der Traum der ..." von F.K. Waechter (Anlage 1)
Die Bild-Collage zeigt eine riesige Maus, die eine kleine Katze jagt. Dabei läßt die Überschrift offen, ob es sich um den Wunschtraum der Maus oder den Alptraum der Katze handelt. Die Vorlage eignet sich als Auftakt der Reihe gut, weil sie die Grundkonstellation auf einfache Weise vor Augen führt, weil sich Kinder leicht und gefühlsstark mit Tieren identifizieren und weil sie, indem sie das Bild 'erklären', zwanglos eigene Erfahrungen einfließen lassen können.

Unterrichtsschritte:
0. Vorstellung und Erläuterung des Experimentes zum kreativen Deutschunterricht
1. Gespräch über 'Helden' und 'Heldinnen'
2. Interpretationen des Bildes "Der Traum der ..."
3. Erzählungen über eigene entsprechende Träume

Kommentar zur Vorgehensweise und *Bericht:*

ad 0: s.o. 1. Unterrichtseinheit

ad 1: Wir wollen in den nächsten Stunden Geschichten besprechen und erzählen, für die der Held ganz besonders wichtig ist.
    a) Was kennt Ihr denn für Helden? - Die Schüler zählen viele Namen auf aus Sagen, aus der Geschichte, nach und nach aus Comics und Film.
    b) Woher wißt Ihr eigentlich immer, wer der Held ist? - Schüler: "Er macht so tolle Übungen. - Er bringt die Gegner um. - Er siegt immer. - Fast immer! - Er ist stark und kann vieles. - Er erlebt vieles. - Abenteuer. - Er führt Kriege ..."
    c) Als Heldinnen werden genannt: Prinzessin Leila, Jane, Amazonen mit einer Brust, Supergirl.
    Auf die Frage, ob sie sich außer dadurch, daß sie Frauen sind, von den Helden unterscheiden: "Nein. - Sie sind auch stark und siegen usw. - Sonst sind die Frauen Opfer, die von den Helden gerettet werden. Hier ist es umgekehrt, sie retten auch Männer."
    d) Während der Verteilung der Kopien (Anlage 1) schreiben die Schüler ihre Lieblingshelden und -heldinnen auf Zettel und geben sie ab als Information für den 'Gastlehrer' über ihre Präferenzen.

ad 2: "Der Traum der ..."
Den Kindern gefällt das Bild. Sie beschreiben und erklären es spontan.
- a) Was auffällt: "Die Maus ist riesig. - Die Katze hat Angst. - Es steht ja da: 'Der Traum der Maus'. - ? - Nein, es kann auch der Alptraum der Katze sein."
- b) Zweimal wird der Alptraum der Katze erzählt, dreimal der Wunschtraum der Maus.
- c) Der Einwand einer Schülerin: "Über die 'zufriedene Maus' haben wir noch gar nicht gesprochen." wird aufgegriffen mit der Frage, wieso sich die Maus so riesig träumt. - Schüler: "Sie ist unzufrieden. - Will auch mal zuschlagen ..."

ad 3: Kennt Ihr auch Situationen, in denen Ihr gerne überlegen wärt? Die Schüler erzählen freimütig von ihrem Ärger mit Größeren: in der Grundschule, in anderen Klassen, mit dem Bruder ...
Wer will denn mal einen Wunschtraum von Euch erfinden? Im Traum darf man ja zum Glück alles. - Erst nach dieser Vorgabe werden zwei Geschichten über die Eltern erzählt. Der eine Schüler nimmt Rache an seiner Mutter, der andere erzählt seinen Tagesablauf 'umgekehrt': Er ist groß und verbietet seinen kleinen Eltern das Fernsehen, schickt sie ins Bett, kommandiert sie, sein Zimmer aufzuräumen usw. - Diese Träume werden absichtlich nicht kommentiert. Ankündigung: Morgen lassen wir Superman auftreten.

Der Traum der . . . .

aus Friedrich Karl Waechter: Opa Huckes Mitmach-Kabinett, Weinheim, Basel 2. Aufl. 1977, S. 111

Zweite Stunde

Thema: Funktion des Superhelden

Ziel: Kompensatorische Lektürefunktion am Beispiel eines (im Auszug vorgelegten) Superhelden-Comic erkennen:
- Handlungsschema rekonstruieren
- Darstellungsmittel beachten
- Vergleichbarkeit von Wunschträumen und Identifikation mit dem Helden durchschauen

Textauswahl:
1. "Ausgang" von Ernst Jandl (Anlage 2)
   Der Text bietet sich als Überleitung an, da er zwar nicht als Traum, aber ebenfalls in bildlicher Redeweise das gigantische Anwachsen des Selbstgefühls im Freien und sein Einschrumpfen auf dem Weg nach Hause darstellt und damit die Wünsche und Ängste auf die reale Situation (auch der Kinder) bezieht.
2. Superman-Geschichte "Die tollen Taten des Käpt'n Strong" (Anlage 3)
   Der Auszug zeigt einen (vermutlichen) Gegner, eine sich anbahnende (scheinbar unerklärliche) Katastrophe und den Retter in Aktion. Die 'Einzelteile' sind so typisch und zugleich nichtssagend, daß die Schüler zur Auffüllung der Lücken ihre Lektürekenntnisse aus Abenteuercomics weitestgehend aufzählen können. Einen besonderen Anreiz zur Rekonstruktion und Diskussion gibt die Darstellung des Gegners, der nicht eindeutig als solcher kenntlich gemacht ist, sondern auch positive Merkmale erkennen läßt (was im Fortgang der Handlung seinem 'gemischten' Charakter entspricht). Ferner führt die Rahmenhandlung ins Zentrum unserer Frage nach der Identifikation mit dem Helden und ihrer Funktion: Billy, ein Junge, der "'Batman' spielt" und dabei mit dem Gerüst eines Lagerhauses einstürzt, wird von Käpt'n Strong gerettet, der ihn mit einer Botschaft zu Superman schickt usw.

Unterrichtsschritte:
1. Besprechung des Gedichtes "Ausgang" von Ernst Jandl als Wiederholung und Überleitung
2. Besprechung eines Auszugs aus dem Superman-Heft "Die tollen Taten des Käpt'n Strong"

Kommentar zur Vorgehensweise und *Bericht:*

ad 1: Der Lehrer liest selbst vor.
    a) Die Schüler 'wiederholen' von sich aus, indem sie die Aussage des Gedichtes mit dem in der vorigen Stunde besprochenen vergleichen.
    b) Währenddessen faßt der Lehrer an der Tafel mit dieser Skizze zusammen:

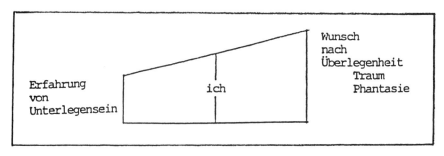

ad 2: Der Comic-Auszug wird verteilt.
   a) Seite 1 und 2: Diskussion über die Rolle des Käpt'n führt zur Sammlung von Merkmalen der Freunde bzw. Feinde Supermans aufgrund anderer Beispiele. Normalerweise jedenfalls ist der Gegner ungeheuer böse und ebenfalls (fast) super.
   b) Seite 3 bis 5: Die Charakterisierung des Helden wird ergänzt um diejenigen Eigenschaften und Fähigkeiten, die hier nicht zur Darstellung kommen. Zusätzlich werden die Besonderheiten sonstiger Superhelden genannt. Eins ist ihnen jedenfalls gemeinsam: Sie haben übermenschliche Kräfte.
   Als typische Gefahren gelten Naturkatastrophen, internationale Verbrecherbanden, Extraterrestrische. In diesem speziellen Fall tendieren die Schüler, nachdem sie phantastische Geschichten zu den nahezu nichtssagenden Seiten 4 und 5 ausgesponnen haben, zu Spionage. Grundsätzlich ist die Bedrohung jedenfalls sehr groß, wenn nicht global, und wird ebenso grundsätzlich abgewendet. Der Bereich der Protagonisten ist überdimensioniert wie im Traum. Nur die Opfer bleiben auf Normalniveau - und werden im Kontrast zu 'Ameisen'.

Hausaufgabe:

1. Stellt Euch vor, Ihr habt gerade ziemlichen Ärger gehabt ...
   Entwerft eine Comic-Geschichte, die Ihr in dieser Situation gern lesen möchtet.
   Hinweise:
   In der Geschichte kommen vor ein Superheld, Knorz Planktus und Heike (Junge oder Mädchen).
   Ihr dürft Euch an die Stelle einer dieser Personen setzen.
2. Wenn die Geschichte fertig ist, unterstreicht bitte:
   mit rot, was man malen kann
   mit grün, was gesprochen wird
   mit blau, was erzählt werden soll.
3. Wer noch Zeit und Lust hat, malt Bilder dazu
   (Vorschlag für die Aufteilung eines DIN A 4-Blattes: 3 x 2 Kästchen).

Die Aufgaben werden auch in dieser Schule (vgl. o. zur 3. Unterrichtsreihe) normalerweise während des Silentium gemacht. Zum Malen kommen die Kinder nicht mehr. Einige wollen am Wochenende weiterschreiben (das ist nicht zulässig). Sonderwünsche zur Aufgabenstellung selbst werden akzeptiert: es handelt sich um Ideen für anderes Personal und die Frage, ob man nicht lieber etwas Lustiges schreiben darf!

Ausgang

Ich rannte fort und wuchs
von Straßeneck zu Straßeneck,
bis ich als Riese dastand,
den Kirchturm in der Hand.

Ich drehte um, nahm ab
von Straßeneck zu Straßeneck,
war Zwerg beim Haus und sprang
zur Klinke hoch als Maus.

von Ernst Jandl
aus: Das Einhorn sagt zum Zweihorn, hrsg.v. Gertraud
   Middelhauve und Gert Loschütz, München 1977, S.51

Das ist der Anfang einer

 - Geschichte.

(Seite 1)

UE 4 / Anlage 3

(Seite 2)

UE 4 / Anlage 3

(Seite 3)

(Seite 4)

aus: Superman/Batman H.10, 12.5.1973, S. 19-21

Dritte Stunde

Thema: Comic-Geschichten (1)

Ziel: Besprechung von Schülerarbeiten als Beispiele für Superhelden-Geschichten:
- Schema der Superman-Comics (wieder)erkennen
- Ausschmückungsmöglichkeiten innerhalb des schematischen Handlungsablaufs finden
- Einteilung einer Geschichte in Szenen ausprobieren

Textauswahl: Es werden ausschließlich Schülertexte besprochen. Sie sind so ausgewählt, daß möglichst viele Kinder vorlesen dürfen und daß keines sich blamiert fühlt, auch wenn Verbesserungsmöglichkeiten angebracht sind. Da es sich in dieser Reihe um Entwürfe, um 'Texte in der Diskussion' handelt, die aufgrund ihres Schemacharakters eindeutigere Ansatzpunkte als in den früheren Sequenzen für Korrekturen bieten, fehlen auch hier Kopien des schriftlich Fixierten.

Unterrichtsschritte:
1. Wiederholung
2. Besprechung der Schülerarbeiten

Kommentar zur Vorgehensweise und *Bericht:*

ad 1: Der erstmals anwesenden Fachlehrerin erklären die Schüler die Ähnlichkeit zwischen dem Traum von der Riesenmaus und der Lektüre vom Superhelden.

ad 2: Der Lehrer soll vorlesen!
    a) Wiederholung der Aufgabenstellung.
       Begründung der Auswahl: Es werden Texte bevorzugt, die dem Traum der Maus am besten entsprechen, also solche, die auch die Merkmale einer Superhelden-Geschichte aufweisen. Einführung des Begriffs "Schema".
       Maßstab: dem Schema folgen *und* überraschen.
    b) Zwei Texte werden gelesen, die das nackte Schema zeigen. Zwei andere führen es mit unerwarteten Ideen aus. Sprachregelung: Das sind Geschichten "mit Sternchen".
    c) Zwei Geschichten "mit Sternchen", aber unpassendem Schluß werden vorgetragen. Die Schüler bemerken das nicht. Erst bei der Frage: "Was für einen Schluß würde sich jemand wünschen, der in der Stimmung unsrer Maus ist?", korrigieren sie die Vorlage.
    d) Zum Abschluß und als Vorgeschmack auf die folgende Stunde wird eine Arbeit vorgetragen, die bereits eine Parodie ist. Der Ausdruck wird nicht erwähnt. Die Kinder freuen sich an der lustigen Geschichte und zählen lediglich auf, was alles nicht 'paßt'. Ergebnis: das Schema steht auf dem Kopf.

Anmerkungen zur expressiven Phase

Die Schüler zeigen auffallend wenig Vorbehalte gegen die Besprechung der sehr persönlichen Fragen nach Träumen und Lektüreneigungen im Zusammenhang ihrer Lebenserfahrung. Ein Grund dafür wird sein, daß von Anfang an der Eindruck vermieden wurde, als sollten ihnen ihre Wünsche aberzogen werden. Ein anderer, daß das indirekte Reden der ersten Stunde beiläufig und ungeplant zu einem Sprachspiel führte, in dem die 'Maus' die Rolle des Stellvertreters hatte, so daß heikle Themen auch weiterhin in der dritten Person angesprochen werden konnten: "Was würde die Maus von diesem Schluß halten?" Möglicherweise erleichtern solche privatsprachlichen Elemente allgemein die Einbeziehung 'geschützter Zonen' in den Unterricht. Da es sich bei der Bildung solcher Chiffren jedoch nicht um einen didaktischen Trick, sondern um eine Gruppenleistung handelt, die durch ein gewisses Maß an Einverständnis und Vertrauen gestützt sein muß, lassen sich über diesen Hinweis hinaus keine weiteren konkreten Vorschläge zur 'Stellvertreter-Rede' machen.

Interessant ist ferner, daß die Lektürepräferenzen und entsprechend die aufgezählten Lieblingshelden und -heldinnen in Übereinstimmung mit Ergebnissen der Leserforschung für dieses Alter vorwiegend auf den Bereich der Abenteuerliteratur verweisen, daß aber im Unterschied hierzu die Texte, die die Schüler selbst verfassen, häufig humoristische Züge aufweisen, und zwar nicht nur 'zufällig', sondern auch ausdrücklich, weil es mehr Spaß macht, eine lustige Geschichte auszudenken. Eine Erklärung für diese Diskrepanz läßt sich nicht ohne weiteres geben. Möglicherweise sprechen Rezeption und Produktion verschiedene Bedürfnisse der Kinder an. Oder aber sie haben ein Gespür dafür, daß ihnen für die Erfindung guter 'realistischer' Abenteuer (noch) Faktenwissen fehlt (was durch die Rezeption solcher Literatur gerade erworben werden kann), während sie über witzige Ideen reichlich verfügen. Und es ist nicht auszuschließen, daß die Art der Aufgabenstellung selbst die Hinwendung zur Komik begünstigt. Dieser letzte Aspekt wird im Anschluß an die technische Phase noch einmal aufgegriffen.

4.4.2. Technische Phase

Vierte Stunde

Thema: Kritik an Superhelden

Ziel: Parodie als Mittel der Kritik erkennen:
- Schema der Supercomic-Parodie herausfinden
- Vermischung von Wunschdenken und Realität als Merkmal des 'Möchtegern-Helden' durchschauen
- Funktion der Parodie im Identifikationsbruch erkennen

Textauswahl: "Superdaniel und das Krokodil" von W. Schlote (Anlage 4)
Der Parodiecharakter der kurzen Episode ist leicht zu erkennen. Name und T-Shirt des Jungen samt seiner Fähigkeit zu fliegen verweisen direkt auf Superman. Auch das Krokodil wäre ein würdiger Gegner. Aber: Es verhält sich ganz friedlich und wird von Superdaniel angegriffen. Der wiederum ist gar kein Held und muß von Minispatz gerettet werden (wie der "Batman" spielende Billy der vorigen Stunde). Das tut der Spatz mit einem Trick und erweist sich damit als dem Untier und dem Angeber überlegen. Gleichzeitig bereitet die Nebenfigur auf die 'Antihelden' der Humor-Comics vor.

Unterrichtsschritte:
1. Textbesprechung "Superdaniel und das Krokodil"
2. Herausfinden des Parodie-Schemas
3. Überlegungen zur Intention des Verfassers
4. Besprechung des 2. Teils der Hausaufgabe (der 2. Stunde): Szenenaufteilung

Kommentar zur Vorgehensweise und *Bericht:*

ad 1: Den Schülern liegt der Text in Kopie vor. Sie lesen laut.
- a) spontane Äußerungen: "Lustig. - Langweilig. - Nicht spannend. Nichts drauf auf den Bildern. - Krokodil liegt bloß rum usw."
- b) Was ist Superdaniel für ein Typ? Die Schüler beschreiben, wie er aussieht, was er anhat. Auf die Frage, wie er sich verhält: "Er ist gar nicht super. Er ist ein Angeber. - Er tut so, als wäre er super. - Ein winziger Spatz muß ihn retten. - Er rettet nicht, er wird gerettet. Was Superdaniel am Schluß zum Krokodil sagt, ist bloß ein Vorwand. Er gibt nicht zu, daß er schwächer ist."

ad 2: Parodie-Charakter
- a) Frage, was im 'Schema' hinter Held, Gegner, Gefahr, Ausgang jeweils einzutragen ist.
Held: "lustig, nicht super, angeberisch" Gegner: "Es gibt keinen. - Das Krokodil ist kein Gegner. Superdaniel greift es an."
Gefahr: "Das Krokodil könnte ihn fressen. - Wo kein Feind ist, ist auch keine Gefahr."
Ausgang: "Er muß von dem Spatz gerettet werden."

b) Bezug zu Superman explizit herstellen.

Lehrer: Ihr sagt, es ist langweilig; Superdaniel ist nicht super; das Krokodil ist kein Feind usw. Ihr vergleicht doch dauernd, aber womit? - Die Frage ist zu abstrakt. Lehrer: Erzählt einmal, wie die Geschichte als Superman-Comic verlaufen würde. - ? - Ihr könnt beim Krokodil anfangen. Schüler: "Es würde angreifen, mit dem Schwanz schlagen usw. ... - Es wäre alles umgedreht."

Lehrer: Das nennt man eine Parodie. Da wird in der gleichen Form, die man kennt, eine 'verkehrte' Geschichte erzählt.

ad 3: Kritikfunktion

a) Warum hat der Verfasser die Geschichte wohl umgedreht? - Meint Ihr, er kennt überhaupt andere Comics? Schüler beantworten die zweite Frage durch Hinweis auf die Superman-Zitate. - Zur ersten: "Vielleicht hat er die Geschichte so langweilig geschrieben, damit wir sie spannend umerzählen, wie wir's vorhin schon gemacht haben. - Vielleicht will er auch zeigen, daß man nicht so viele Superman-Comics lesen soll. - An dem kleinen Spatz sieht man, daß Geschicklichkeit besser ist als Kraft ..."

b) Nachfrage: Ihr habt gesagt, da ist was umgedreht. Was verwechselt denn dieser Junge? Während dessen skizziert der Lehrer an die Tafel:

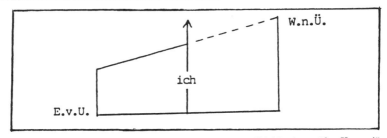

Erinnerung an die Maus. Wenn sie herumläuft und sagt: "Ich bin der größte Katzenjäger aller Zeiten." - Schüler: "Die wird bald gefressen."

Lehrer erklärt die Skizze: Superdaniel bzw. die Maus verwechselt, was man lesen oder wünschen und was man wirklich nachmachen kann.

c) Ihr kennt selbst aus Euern Heften Parodien. - Die Schüler nennen zuerst Humor-Comics, dann Supergoofy. Sie erklären korrekt, woran man erkennt, daß es eine Parodie ist.

ad 4: Wiederholung des 2. Teils der Hausaufgabe der 2. Stunde:

In der selbstverfaßten Geschichte soll unterstrichen werden: in rot, was ins Bild kommt, grün die direkte Rede und blau, was erklärt werden muß, um Lücken zwischen den Bildern (in einem Kästchen) zu überbrücken.

Gute Arbeiten (es sind wenige) werden gelobt. Eine besonders geeignete Geschichte wird im Zusammenhang vorgelesen. Dann Satz für Satz, und die Kinder geben an, was mit welcher Farbe unterstrichen werden soll.

Hausaufgabe:
1. Stellt Euch einen Jungen oder ein Mädchen vor, die sich oft aufspielen ...
   Entwerft eine Comic-Geschichte, um ihn oder es davon abzubringen.
   Hinweise:
   Falls Euch kein passender 'Gegner' einfällt, überlegt Euch mal, worauf ein(e) Angeber(in) jetzt im Karneval hereinfallen könnte.
2. Unterstreicht bitte in Eurer Geschichte:
   mit rot, was man malen kann
   mit grün, was gesprochen wird
   mit blau, was erzählt werden soll.
3. Wer will, malt ein Bild vom Helden/der Heldin, der/die keine(r) ist.

UE 4 / Anlage 4

(Seite 2)

Superdaniel und das Krokodil

(Seite 1)

UE 4 / Anlage 4

(Seite 4)

(Seite 3)

Fünfte Stunde

Thema: Alternativen zum Superhelden

Ziel: Witz als Waffe des Anti-Helden am Beispiel eines Humor-Comic entdecken:
- Merkmale eines Humor-Comic erkennen
- Unterschiede zu Superhelden-Comics und Comic-Parodie herausfinden
- Realitätsbezug herstellen

Textauswahl: "Vorgetäuschte Kraft" von E.O. Plauen (Anlage 5).
Der kurze, leicht verständliche Humor-Comic zeigt, wie ein wenig heldenhafter Erwachsener einen bärenstarken Aggressor durch einen Trick in die Flucht schlägt. Die Bildgeschichte erinnert lebhaft an bekannte Alltagskonflikte und ist daher vor dem Erfahrungshintergrund der Schüler diskutierbar. Wichtig ist dabei, daß hier als Gegengewicht zu den familiären Alpträumen der ersten Stunde ein positives Vaterbild vermittelt wird.

Unterrichtsschritte:
1. Besprechung der dargestellten Situation
2. Gespräch über den einfallsreichen 'Helden'
3. 'Übersetzung' der Handlung in eine Superhelden-Geschichte bzw. eine Parodie
4. Ausdenken eines Helden mit Namen, Steckbrief und Porträt

Kommentar zur Vorgehensweise und *Bericht:*

ad 1: Die Schüler haben eine Kopie vorliegen.
    a) Sie kennen und lieben "Vater und Sohn"-Geschichten. Es werden einige Episoden erzählt.
       Auf Nachfrage: Erklärung, daß Comics nicht unbedingt Blasentexte haben müssen.
    b) Bild für Bild wird die Geschichte erzählt. Unaufgefordert erfindet eine Schülerin als Vorgeschichte einen Streit mit dem Nachbarn.

ad 2: Der Vater als ein einfallsreicher 'Held'
    a) Charakterisierung: "Er ist toll. - Er schützt seinen Sohn. - Er fällt auf. Er ist dick und klein und mit Glatze und Schnautzbart. - Er ist listig." Eine Schülerin erinnert an die Bemerkung einer anderen vom Vortag: "Es ist wichtiger, klug zu sein als stark." Jemand erwähnt Odysseus, der auch durch List und nicht durch Stärke siegt.
    b) Ob der Vater ein Held ist? - "Ja." - "Nein." - Die Schüler wollen abstimmen. Der Lehrer empfiehlt, Gründe für beide Antworten zu suchen. - Schüler: "Er ist kein Superheld. - Er ist ein Held durch List." - Eine Bezeichnung soll gesucht werden. Schüler: "Held mit Köpfchen."

ad 3: Vergleich mit Superman bzw. Superdaniel
  a) Nach dem Schema:
     "Der Gegner ist kein Ungeheuer, sondern ein Nachbar usw." Der Baum wäre bei Superman: "Angewachsen. - Groß und dick. - Alt usw." - "Bei Superdaniel wäre eine Seilwinde am Fenster, und der kleine Junge hilft ihm hoch. Dabei verbiegen sich die Äste usw."
  b) Träumen und Handeln unterscheiden am Beispiel 'unserer Maus': Eine Maus hat Angst vor der Katze. Jetzt kann sie träumen, sie wäre die Supermaus, die die Katze jagt. Oder: Sie kann sich tatsächlich so aufführen, als wäre sie der größte Katzenjäger aller Zeiten und nimmt ein böses Ende. Oder: Sie ist eine 'Maus mit Köpfchen'. Dann erfindet sie eine Katzenfalle; ein Antikatzenkörperspray für Mäuse; die Gemeinschaftsschule für Katzen und Mäuse, damit sie sich von klein auf aneinander gewöhnen; sie führt für jede gefressene Maus eine hohe Genußsteuer ein usw. Während dessen skizziert der Lehrer an die Tafel:

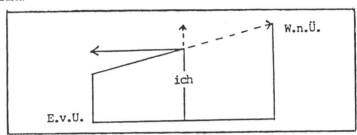

ad 4: Einen Helden nach Wunsch
  a) ausdenken, mit Namen; Zuordnung zum 1., 2. oder 3. Schema; Steckbrief schreiben: wie er aussieht, wie er gekleidet ist, was er kann, wie er sich verhält; dabei möglichst viele unerwartete Ideen entwickeln.
  b) malen.
     Obwohl die Aufgabe viel Spaß macht, möchten einige Kinder lieber Phantasiehelden malen, - was sie ja auch zu den vorgegebenen Typen (mit etwas Nachdenken) können.

Hausaufgabe:

1. Stellt Euch eine schwierige Situation vor, in der Ihr es mit einem 'Stärkeren' zu tun habt ...
   Entwerft eine Comic-Geschichte, mit der Ihr Euch Mut macht.
2. Teilt ein DIN A 4-Blatt in 4, 5 oder 6 Felder auf und malt Bilder zu Eurer Geschichte hinein. Falls Euch ein Bild zu schwierig ist, genügt es, wenn Ihr in den Rahmen schreibt: "Man sieht, wie ..."

Vorgetäuschte Kraft

aus E.O. Plauen: Vater und Sohn, Reinbek bei Hamburg, 1979, unpag.

Sechste Stunde

Thema: Comic-Geschichten (2)

Ziel: Besprechung von Entwürfen der Schüler zu Comic-Parodien und Humor-Comics:
- Übung im Auseinanderhalten der Genres über ihren Prototypen
- Würdigung guter Einfälle innerhalb eines Schemas
- Zusammenfassende Unterscheidung der Lektürefunktionen

Textauswahl: Möglichst viele Schüler sollen mit guten Beiträgen vertreten sein.

Unterrichtsschritte:
0. Anmerkung zur Aufgabenstellung allgemein
1. Vorlesen und Besprechen von Hausaufgaben zur Comic-Parodie
2. Vorlesen und Besprechen von Hausaufgaben zum Humor-Comic
3. Lesen und Ausfüllen der Schema-Übersicht (Anlage 6)
4. Ratespiel zu den Helden-Bildern

Kommentar zur Vorgehensweise und *Bericht:*

ad 0: Wiederholungen der Aufgabenstellungen.
Hinweis auf die Vorurteile vieler Erwachsener, daß in den Comics doch immer dasselbe stehe und daß die Comic-Lektüre die Phantasie töte. Beide Vorurteile können wir selbst widerlegen: Wenn wir die schematischen Handlungsabläufe auseinanderhalten, entstehen ganz unterschiedliche Geschichten. Wenn wir den Rahmen mit vielen überraschenden Ideen füllen, wird uns niemand die Phantasie absprechen können.

ad 1: Hausaufgabe zur Comic-Parodie
    a) Obgleich die Episode mit Superdaniel nicht so gut gefallen hat wie der Auszug aus "Superman", erfinden die Schüler im Genre der Parodie wesentlich bessere Geschichten.
    b) Lob für die, die durch Unterstreichung eine sinnvolle Aufteilung ihres Textes auf Bild, Blasen und Bericht vorgenommen haben.
    c) Vier Geschichten werden vorgelesen.

ad 2: Hausaufgabe zu Humor-Comics:
    a) Nur eine einzige Arbeit verfehlt das Genre. Wenige halten es nicht konsequent durch.
    b) Zwei gute und passende Geschichten werden vorgelesen. Zwei gute Geschichten, bei denen einmal der Gegner und einmal das Ende nicht stimmt, werden besprochen.

ad 3: Übersichtsblatt "unterlegen/überlegen" (Anlage 6) wird verteilt.
    a) Die Schüler erkennen die "Pfeilbilder" wieder.
    Sie lesen jeweils den darunter stehenden Text vor.
    b) Ausfüllen der Schemata in Partnerarbeit: Es soll immer nur das wichtigste Eigenschaftswort eingetragen werden.

ad 4: Helden-Bilder
Fünf Porträts werden nacheinander gezeigt. Die Schüler raten die Schema-Nummer.

Hausaufgabe: Angaben s. Anlage 7.

UE 4 / Anlage 6

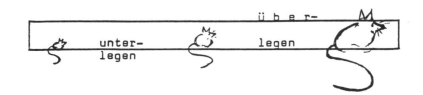

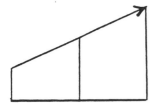

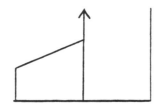

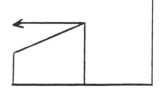

Ich stelle mir vor, ich wäre ein Held.

Ich tu so, als wär ich ein Held.

Ich bin ich und laß mir was einfallen.

Geschichten zum Träumen und Phantasieren

Geschichten zum Auslachen und Bessermachen

Geschichten zum Nachdenken und Handeln

1. Schema
   Super-Comics
   Held: _____
   Gegner: _____
   Gefahr: _____
   Ende: _____
   _____

2. Schema
   Parodie-Comics
   Held: _____
   Gegner: _____
   Gefahr: _____
   Ende: _____
   _____

3. Schema
   Humor-Comics
   Held: _____
   Gegner: _____
   Gefahr: _____
   Ende: _____
   _____

(Seite 1) Eine Comic-Geschichte nach Wahl

- Schau Dir die Skizze genau an und überleg Dir, was für eine Situation dargestellt sein könnte.
- Du darfst wählen, ob Du einen Superman-, einen Parodie- oder einen Humor-Comic erfinden willst.
- Beschreib zuerst in Stichworten die beteiligten Personen.
- Dann erzählst Du Deine Geschichte, in der die skizzierte Situation vorkommt.
- Jetzt unterstreichst Du in Deinem Text mit
    rot, was gemalt werden kann,
    grün, was gesprochen wird,
    blau, was erklärt werden muß.
- Danach nimm das dritte Blatt und mal Deine Bilder in die Kästchen.
- Du brauchst nicht alle Kästchen auszumalen. Schreib aber auf jeden Fall immer hin, was man sieht oder sehen würde (auch wenn Du ein Bild nicht gemalt hast).

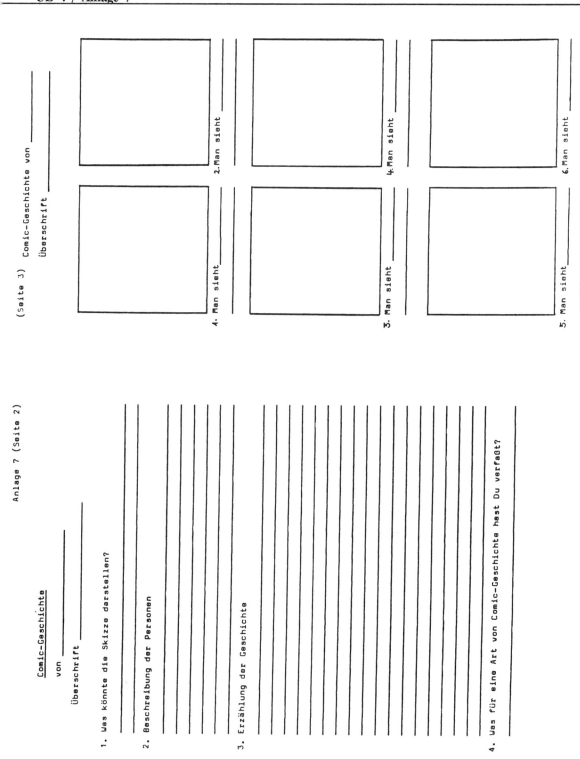

Siebte Stunde

Thema: Comic-Geschichten (3)

Ziel: Besprechung von Schülerarbeiten zur gleichen Vorlage, aber in einem selbstgewählten Genre:
- Anwendung von Darstellungsmitteln eines Comic
- Identifizierung des intendierten Genres
- Hervorhebung der Überraschungseffekte

Textauswahl: Es werden, wie bisher auch, möglichst gute Arbeiten von vielen Schülern besprochen.

Unterrichtsschritte:
1. Besprechung der Eintragungen in der Schema-Übersicht (Anlage 6)
2. Interpretationen der Skizze (Anlage 7.1)
3. Besprechung von Comic-Geschichten der Schüler (Anlage 7.2)

Kommentar zur Vorgehensweise und *Bericht:*

ad 1: Die Schüler geben zuerst Namen an, die sie eingetragen haben. Nach und nach nennen sie auch Eigenschaften. Als Unterschied erkennen sie, daß die Namen nur auf eine Geschichte oder Serie passen, die Adjektive dagegen auf alle, die zum Schema gehören. Sie einigen sich im folgenden auf allgemeine Merkmale.

ad 2: Der Lehrer gibt einen Überblick über die Erzählkerne, die sich die Schüler zu der Drei-Personen-Konstellation (Anlage 7.1) ausgedacht haben.

ad 3: Sieben Geschichten werden vorgelesen und besprochen. Nur zwei Kinder haben den Comic auch ausgemalt.

Anmerkungen zur technischen Phase

Der Umgang mit den drei Genres fällt den Schülern unterschiedlich schwer, je nachdem, ob er in Rezeptions-, Produktions- oder Reflexionsprozesse eingebettet ist. Daß die Abstraktion gemeinsamer bzw. unterscheidender Merkmale der Handlungsmuster manche (noch) überfordern würde, war zu erwarten. Ebenso, daß die Gruppenzugehörigkeit vorliegender (fremder und eigener) Texte von den meisten leicht zu identifizieren wäre. Auffallend dagegen war die durchgängige Bevorzugung komischer Effekte bei den selbstverfaßten Texten, die mit dem Genre der Superhelden kollidierte. Möglicherweise ist der Grund in der Aufgabenstellung zu suchen, die jeweils Originalität bei Einhaltung des Schemas verlangt. Während die trickreichen Lösungen im typischen Humor-Comic strukturell verankert sind, ist Überraschendes im Abenteuercomic nicht leicht einzuführen, da die Rettung selbst nur wenige Varianten zuläßt. Am leichtesten jedoch gelingt es, wenn das Muster selbst untypisch eingesetzt, also in eine Parodie überführt wird. Und das ist es, was die meisten Schüler spontan probiert haben.

Die Aufgabenstellung der Unterrichtsreihe könnte darum folgendermaßen modifiziert werden, daß die selbstverfaßten Superhelden-Geschichten so typisch wie möglich sein sollen und Überraschungseffekte vorrangig bei Parodie und Humor-Comic einbezogen werden. Das erscheint auch insofern gerechtfertigt, als die Konzeption der Reihe dadurch nicht beeinträchtigt wird, die die klare Unterscheidung der Genres und ihrer Funktion intendiert (und nicht notwendig die Verbesserung der Textsorten impliziert). - Es spricht jedoch nichts dagegen, die in diesem Unterricht vorgeschlagene Aufgabenstellung beizubehalten, wenn die unterschiedlichen Schwierigkeiten mit den Schülern besprochen und als Indiz für die Eigenart der Genres gewertet werden.

4.4.3. *Inventive Phase*

Achte / neunte Stunde

Thema: Variationen

Ziel: Die Erfahrungen mit unterschiedlichen Genres sollen nun in der Erfindung von Parallel-Geschichten zum selben Sujet bzw. Aspekt angewandt werden, so daß
- möglichst unterschiedliche und voneinander unabhängige Alternativen gefunden werden
- die funktionale Passung im Hinblick auf die Protagonisten beachtet wird
- sich die einzelnen Geschichten durch Originalität und Komplexität auszeichnen.

Unterrichtsschritte:
1. Erläuterung der Aufgabenstellung
2. Lösung der Aufgaben

Kommentar zur Vorgehensweise und *Bericht:*

Die inventive Produktion, die in dieser Doppelstunde angezielt wird, dient zugleich als Test für die Tauglichkeit des nach den oben entwickelten Grundsätzen durchgeführten Unterrichts hinsichtlich seiner kreativitätsfördernden Wirkung. Im Zusammenhang der Entwicklung des Testmaterials und der Planung des Testverlaufs (im 5. Kapitel) wird also auch die Anlage dieser Doppelstunde begründet unter folgenden Stichwörtern: **Transfer des Gelernten auf eine neue Situation** (5.1.3.4.), Zielkriterien im Vorversuch und als modifizierte Fassung sowie Aufgabenstellung des Vorversuchs und endgültige Formulierung (5.1.3.4. und 5.2.3.4.), Durchführung von Vor- bzw. Haupttest (5.2.2.2. und 5.3.2.). Über die Auswertung der Ergebnisse hinsichtlich der Tauglichkeit des Tests wird unter 5.3.3. berichtet, zur Brauchbarkeit dieser Unterrichtsreihe: 5.3.4.1.. Das den Schülern ausgehändigte Material und die Instruktionen für die Einschätzung der Testleistung sind abgedruckt im Anschluß an 5.2.3.4.

Hier genügt vorerst eine Kurzcharakterisierung der Aufgaben:

Eine Vorgabe, die sich entweder auf das Sujet oder einen Aspekt der Handlung bezieht, soll aufgegriffen und in drei Varianten ausdifferenziert werden. Entsprechend lassen sie sich auf folgende Kategorien verteilen:

1) Aufgaben mit Angabe des thematischen *Rahmens*:
    - Traumbilder
      Aufgabe: 3
    - Sensationsthemen
      Aufgabe: 1 und 2

2) Aufgaben mit Angabe von *Elementen* des Handlungsablaufs:
   - Erzählanfänge
     Aufgabe: 4
   - Gegenspieler
     Aufgabe: 5
   - Problemlösungen
     Aufgabe: 6

Die Unterschiede: Während im vorhergehenden Unterricht Geschichten zu den einzelnen Genres nacheinander aufgegeben werden, sind sie im Text quasi nebeneinander zur gleichen Aufgabenstellung zu erfinden. Während im Unterricht nur die Funktion bzw. die Lektüresituation festgelegt ist, werden im Test (zur besseren Vergleichbarkeit der 'Lösungen') auch inhaltliche Vorgaben gemacht. Die Planung des Unterrichts- bzw. Testablaufs ist identisch mit der zur 8./9. Stunde der ersten Unterrichtseinheit (s.o.).

Zehnte Stunde

Thema: Textauswahl

Ziel: Bei der Auswahl von Schülerarbeiten für ein Klassenbuch mit Parallelgeschichten, in denen je ein anderer Heldentyp die Handlung bestimmt, sollen sich die Schüler noch einmal mit der Darstellung (nicht nur) genrespezifisch unterschiedlicher Problemlösungsstrategien beschäftigen:
   - implizit in ihrer Entscheidung für bestimmte Texte
   - explizit in der Begründung der Entscheidungen.

Textauswahl: In Gruppen wählen die Schüler jeweils aus 6 bzw. 7 Schülerarbeiten die 4 gelungensten für ihr 'Helden-Buch' aus. Allerdings fehlen Beispiele zur 6. Aufgabe, da sie als letzte (aufgrund des Umfangs der Dreifach-Geschichten) keinmal vollständig bearbeitet wurde. Über die (stark vorstrukturierten) Lösungen zur 4. und 5. Aufgabe kann schnell entschieden werden. Deshalb erhalten diese beiden Gruppen Zusatzaufträge zur Ergänzung des Textmaterials. In die Vorauswahl wurden nur Arbeiten aufgenommen, die alle drei Variationen ausgeführt haben. Die Kinder werden in dieser Phase jedoch nicht mehr verpflichtet, vor allem auf die 'Passung' zu achten, sondern dürfen die Beispiele wählen, die sie am schönsten finden. Damit konzentriert sich die Diskussion auf das Kriterium der Originalität.

Unterrichtsschritte:
1. Aufgabenstellung
2. Gruppenarbeit
3. Mitteilung der Ergebnisse vor der Klasse

Kommentar zur Vorgehensweise:
erübrigt sich, da analog zur 10. Stunde der ersten Unterrichtseinheit (s. Anlage 8.1).

Hausaufgabe:
Sammelt typische Bilder von starken, cleveren oder angeberischen Leuten aus Comic-Heften und Illustrierten (einschließlich Werbung).
Bringt (nur) die Ausschnitte zur nächsten Stunde mit.

Elfte / zwölfte Stunde

Thema: Mediencollage

Ziel: Die Zusammenstellung der Textvariationen mit passenden Ausschnitten aus dem täglichen Medienangebot zeigt die drei 'Typen' auch in nicht-fiktionalen Varianten und verweist damit auf einen weiteren Realitätsbezug:
- Wiederholung durch Herstellung passender Collagen zur Illustration der drei Genres
- (Wieder-)Erkennen der drei 'Helden' als Identifikationsfiguren der Werbung und Unterhaltungsindustrie
- Buchschmuck

Textauswahl: Ergebnis der 10. Stunde

Unterrichtsschritte:
1. Verbesserte Reinschrift der Schülertexte
2. Mediencollagen zu den drei Genres und Beispiel-Comic zur Aufgabe
3. Gestaltung des Vorsatzblattes zur Aufgabe und des Titelblattes fürs Buch

Kommentar zur Vorgehensweise und *Bericht:*
ad 1: Die Gruppen organisieren sich weitgehend selbst. Die Schüler helfen sich gegenseitig bei der Fehlerkorrektur.
ad 2: Aufgabenstellung siehe Anlage 8.2
   a) Materialausgabe: farbige Blätter, weiße Blätter mit Comic-Kästchen, Karton, Schere, Klebzeug und Umschlag mit Ausschnitten ('Stiftung des Lehrers').
   Auch die Kinder haben Bilder aus Illustrierten, Katalogen usw. gesammelt.
   b) Die Mediencollage macht viel Spaß. Es wird eine sinnvolle Auswahl zu den einzelnen Typen getroffen, die zum Teil durch schriftliche Kommentare oder Sprechblasen verdeutlicht wird. Auch die Beispielcomics werden zu jeder Aufgabe nach den Regeln der Kunst hergestellt (Auswahl der Bildszene, Formulierung des Blasentextes, Begleittext).

ad 3: Vorsatz- und Titelblätter werden nicht mit Collagen versehen, sondern mit Zierschrift geschmückt.

Selbstverständlich bedankt sich die 'Gast-Lehrerin' bei den Schülern (wie zuvor in den anderen Klassen). Daß sie das auch mit ein paar Süßigkeiten tut, erscheint den Kindern so wenig selbstverständlich wie der Unterricht insgesamt. Sie sind traurig (und sagen es), daß nun der normale Unterricht weitergeht. Die Fachlehrerin warnt halb im Spaß die 'Untreuen'. Und die Abschiedsgespräche finden ihr Ende in dem halb spöttischen, halb resignativen Satz eines Schülers: "Na, dann lernen wir eben wieder was."

Anlage 8.1

Gruppenarbeit: Aufgabe 1

Sucht Euch aus den beiliegenden Kopien 4 Texte aus, die Ihr in ein 'Klassenbuch' mit Euren Geschichten aufnehmen wollt.

Begründet Eure Entscheidung in Stichworten.

Welchen Text möchtet Ihr, wenn wir noch Zeit haben, vorlesen?

1. Text von _____
   weil _____

2. Text von _____
   weil _____

3. Text von _____
   weil _____

4. Text von _____
   weil _____

Wir möchten vorlesen _____

Anlage 8.2

Gruppenarbeit: Aufgabe 2

1. Schreibt die Texte, die Ihr ausgewählt habt, schön ab auf weißes Papier.
   Verbessert dabei die Fehler, die Euch auffallen.
   Laßt auf der linken Seite einen Rand von mindestens 4 cm.
   Schreibt die Anfangsbuchstaben des Verfassers/der Verfasserin unter den Text.
   Helft Euch gegenseitig, damit Ihr schneller fertig werdet und genügend Zeit habt für die Illustration.

2. Danach verteilt Ihr die bunten Blätter so, daß jeder ein Blatt vor sich hat.
   Die vorhandenen Ausschnitte nehmt erst heraus, wenn Ihr gelesen habt, was damit zu tun ist.
   rot: Wer dieses Blatt hat, klebt darauf, was zu einer Geschichte mit einem starken Helden besonders gut paßt (natürlich kann der Held auch eine Frau oder ein Kind sein).
   gelb: Aus diesem Blatt machst Du eine Collage zum Angeber.
   grün: Hier stellst Du Bilder zu einer Geschichte, in der die Hauptperson mit Köpfchen handelt, zusammen.

   Ihr könnt viele Ausschnitte verwenden oder nur wenige, Ihr dürft sie noch weiter zerschneiden, und Ihr könnt Wörter oder Sätze dazwischen schreiben, wenn Ihr wollt.

   weiß mit Kästchen: Du darfst einen Comic zur gleichen Aufgabe malen, zu der die Texte geschrieben sind.

   Jeder versteckt seinen Namen irgendwo auf dem Bild.

   Achtung!! In jedem Umschlag ist mindestens ein Ausschnitt, der besonders gut auf das Vorderblatt Eures Kapitels paßt. Sucht ihn (oder sie) heraus,bevor Ihr anfangt.

3. Titelblätter
   grau: Dieses Blatt wird vor Eure Texte und Bilder geheftet.
   Schreibt darauf Nummer und Thema der Aufgabe so, daß sie auffallen und man Lust hat weiterzulesen.
   Dann klebt dazu, was Ihr dafür ausgesucht habt.
   Wenn Ihr wollt, dürft Ihr auch noch malen.

   Buchtitel: Wenn Ihr soweit fertig seid, überlegt Euch, wie wir das Buch nennen könnten und wie das Titelblatt aussehen könnte. Dann bekommt Ihr den Umschlagkarton.

Dokumentation zur inventiven Phase

Anstelle von 'Anmerkungen' werden die von den Schülern ausgewählten Texte wiedergegeben, und zwar mit verbesserter Rechtschreibung und Zeichensetzung.

"Klassenbuch" zur UE 4

1. Aufgabe: Ein Puma ist im Zoo ausgebrochen.

a) Als Herr Sauergurke in den Käfig von Bridge, dem Puma, ging, sah er, daß die kleine Bridge weg war. Er rannte sofort zum Zooleiter Weidmannsheil. Das verschlug dem Zooleiter die Sprache, aber dann gingen sie zusammen zum Käfig vom Puma. Da kam große Hilfe: Super-Jenny war im Anmarsch. Mit ihrem Düsentrieb überquerte sie die Stadt. Jetzt machte sie einen Sturzflug und landete genau auf dem Puma. Dann ritt sie zurück (auf dem Puma) zum Zoo. Und Herr Weidmannsheil war glücklich, daß Bridge wieder da war.

b) Am Sonntag nachmittag war in dem Zoo eine große Unruhe. Alle Tierwärter liefen kreuz und quer durch den Zoo. Nur einer nicht. Der saß gemütlich im Büro und stellte einen Plan zum Einfangen der Pumas fertig. Am Abend führte er ihn durch. Er grub einen Gang vom Pumakäfig aus nach draußen. Ein saftiges Stück Fleisch legte er in den Gang. Wirklich, es wirkte Morgens lag der Puma seelenruhig im Käfig, als wäre nichts gewesen.

c) "Los, Leute! Schmeißt euch ins Zeug!", kommandierte Karl. "Wir müssen den Puma einfangen. Das schaffen wir doch mit links! Oder, Leute?" Da fingen alle an zu lachen. "Hört auf zu lachen", sagte er hochnäsig... Verfasser: Die Stunde ist zu Ende, und ich mußte aufhören. Aber gekriegt haben sie den Puma nicht.

a) Der Winter ist herangekommen, und Tapsi, der arme Puma, ist ausgebrochen. Keiner weiß, wo Tapsi stecken kann. Superman überlegt, er könnte noch in unserer Stadt sein. Deshalb fliegt er über die Stadt (Grappeldubi) und hält Ausschau nach dem Puma. Er überlegt sich, wie lange mit Tapsi leben ohne Wasser es aushalten könnte. Denn er ist es gewöhnt, morgens, mittags und abends seine Mahlzeit zu bekommen, plötzlich sieht SM den kleinen Puma und fängt ihn ein. Der kleine Puma hatte schon Hunger und Durst. So brachte SM den Puma hungrig nach Hause in den Zoo.

b) Puma Tapsi ist im Zoo ausgebrochen und läuft alleine im Zoo herum. Keiner traut sich, den zahmen Puma einzufangen. Nur Christian, ein achtjähriger Junge, möchte es mit einer List versuchen. Dieser Junge hat den kleinen Puma sehr gerne. Deshalb überlegt er Nacht und Tag, wie er den Puma einfangen kann. Der Puma ist zwar zahm, aber man weiß ja nie. Doch da fällt ihm etwas ein. Er will mit Futter ausprobieren. Christian geht in den Zoo, legt Futter unter einen Baum, und er selbst setzt sich auf den Baum mit einem Netz. Als der Puma kommt und anfängt zu fressen, wirft Christian das Netz hinunter und ruft den Zoodirektor. Dieser bedroht den Puma in seinem Käfig, und Christian bekommt eine Belohnung.

c) Puma Tapsi ist ausgebrochen. Der Puma rannte zum Meer. Das wußte Daniel, der große. Daniel sprang in die Fluten. Dabei konnte er nicht schwimmen. Aber er wollte ja den Puma retten. Zufällig flog SM über die Fluten und sah den Puma und Daniel. Er stürzte sich auch hinein in die Fluten und rettete den Puma und Superdaniel. (Der) sagte später im Zoo:"Ich kann sehr gut schwimmen. SM, der den Puma gerettet hatte, bekam eine riesige Belohnung vom Zoodirektor.

a) Ein Puma ist im Zoo ausgebrochen. Ein sehr gut und stark aussehender Mann hörte davon und fuhr mit einem Lieferwagen zum Wald. Er suchte und suchte. Er hat bestimmt drei Stunden gesucht. Da war plötzlich ein Geräusch... Da war er. Der Puma stand leibhaftig vor ihm. Er schoß auf besiegte ihn. Und der starke Mann trug ihn zum Lieferwagen und fuhr mit ihm zum Zoo.

b) Ein kleines Kind hat gehört, daß im Zoo ein Puma ausgebrochen ist. Das machte ihm Angst. Es dachte an erschießen, an eine Falle bauen — es war ja (aber) ein Tier und wollte auch leben. Da beschloß es, das Tier mit einer List zu fangen. Es warf ein großes Stück Fleisch in einen Lieferwagen und legte von Meter zu Meter ein Stück Fleisch zum Lieferwagen und setzte sich mit seinem Vater hinein. Nach gar nicht langer Zeit kam der Puma. Er setzte sich neben das Stück Fleisch und begann zu essen. Wir fuhren mit dem Puma zum Zoo.

c) Ein Puma im Zoo ist ausgebrochen. Ein lustig aussehender Mann hat davon gehört. Er fuhr mit einem Lieferwagen zum Wald und wollte ihn verhauen. Da war ein Geräusch: der Puma stand leibhaftig vor ihm. Der Mann aber: "Los komm, du Feigling!", und wollte ihm eine Ohrfeige geben. Der Puma aber lachte Tränen, womit, wenn es Alkohol wäre, zehn Alkoholiker (betrunken würden). Unser Mann aber trug ihn auf dem Rücken zum Lieferwagen und fuhr mit ihm zum Zoo.

a) Rudi, der braune große Puma ist aus dem Zoo ausgebrochen und wollte in den Dschungel zurück. Dort war er aufgewachsen und gefangen worden. Er war erst fünf Jahre alt, und jetzt ist er schon sieben. Plötzlich kam eine Truppe von Soldaten. Sie wußten genau, wie gefährlich er war. Sie wußten aber nicht, daß er alles war, was er will. Sie schossen mit Betäubungspatronen auf ihn. Die aber prallten ab. Die Truppe fiel in Ohnmacht. Der Puma landete sehr bald im Urwald und lief, so schnell er konnte, zu seiner Familie.

b) Rudi, der schöne schwarze Puma ist aus dem Zoo ausgebrochen. Er wollte einen Zirkus aufsuchen und dort ein Kunststückchen vorführen. Sehr bald hatte Rudi einen Zirkus gefunden. Er fragte einen gut aussehenden Mann, der ihn sofort aufnahm. Weil er so klug war, konnte er beim Zirkus bleiben. Der Zirkus bezahlte den Puma dem Zoo, und die konnten sich einen neuen Puma kaufen.

c) Rudi, der Puma ist aus dem Zoo ausgebrochen. Er hatte sich fest vorgenommen, nie wieder in den Zoo zurückzugehen. Das erzählte er einem Tier. Er sagte: "Ich gehe nie wieder zum Zoo zurück." Ein kluger Vogel antwortete:"Aber man wird dich mit Netzen wieder zurück." Rudi darauf: "Werd ja nicht frech. Sonst freß ich dich." Bald darauf landete Rudi doch wieder im Zoo. Sie hatten ihn mit Netzen gefangen. Genau wie es der kleine Vogel gesagt hatte.

375

"Klassenbuch" zur UE 4

3. Aufgabe: Ich habe geträumt ...

a) ... Ich ging die Schloßallee runter und wunderte mich, daß überhaupt nichts los war. Doch plötzlich hörte ich das leute Bellen eines vermutlich großen Hundes und ein paar Hilferufe. Ich stürzte in die Richtung, aus der die Rufe kamen. Dort sah ich ein kleines Mädchen, das vor Angst vor dem Hund 100 m weit weg sprang. Ich nahm den Hund und schleuderte ihn 100 m weit weg. Dann sprang ich in den See und rettete das Mädchen. Dann wachte ich auf.

b) ... daß ich gegen eine Schlange kämpfen mußte. Ich ging durch den Wald, als dieses häßliche Wesen von Schlange wieder ein armes Vögelchen auffraß. Die Eier im Nest verschlang sie mit einmal. Da packte mich die Wut. Doch ich konnte ja nicht so einfach mit der Schlange kämpfen, da diese Überlegen war. Als die Schlange mich sah, kam sie auf mich zu. Ich sprang hinter einen Baum, und sie schlängelte sich am Ast herunter. Ich sprang dahin und dorthin, und jedesmal, wenn sie wegsprang, verknotete sie sich. So hatte ich gewonnen.

c) ... daß ich reingelegt worden bin. Eines Tages ging ich schwimmen. Im Schwimmbad sprang gerade jemand vom 3m-Brett. Er ging unter und kam nicht mehr hoch. Da flüsterte mir Walter ins Ohr: "Du, der geht unter, der ertrinkt." Ich sang sofort ins Wasser und holte ihn hoch. Doch als wir oben waren, sagte er: "Kann man denn nicht mehr in Ruhe tauchen?" Ich ließ ihn los und ging wütend nach Hause.

a) ... daß ich Superman wäre und eine Monsterspinne wollte mit mir kämpfen. Ich nahm mein Supermetallklingenschwert und stach es in die Brust des Monsters. Das fiel um, und ich wurde von meiner Mutter geweckt.

b) ... daß ich auf einer Insel gelebt habe und mit den Affen gespielt habe. Dann kam ein Löwe und fraß ein Äffchen. Alle Affen schrien, und ich erfand einen Gummiaffen und legte ihn dem Löwen zum Fraß vor. Er biß die Zähne aus, und ich und die Affen spielten glücklich weiter.

c) ... daß Toni, der Angeber, einen Vogel schlachten wollte und damit seine Mutigkeit beweisen wollte. Er stellte sich vor unsere Bande und wollte anfangen. Keiner konnte ihn davon abhalten. Er wollte anfangen, doch er weinte vor Angst, und wir lachten.

a) ... daß ich der Stärkste bin.
Ich war in der Schule und zeigte, was ich für Muskeln habe. Die Mädchen bewunderten mich und wollten immer weitere Heldentaten von mir hören. "Ach, war das schön!" Ich erzählte die schauerlichsten Geschichten. Doch mitten im Satz weckte mich mein Wecker. Ich mußte ungern in die Wirklichkeit zurück. Warum? Ganz einfach. Ich bin ein kleiner schlapper Junge. Und dabei wäre ich so gerne stark.

b) ... daß eine Verschwörung gegen mich im Gange war. Ich bin 10 Jahre alt und nicht sehr stark. Deswegen können mich viele Jungen nicht leiden. Doch jetzt verklopften sie mich. Das war zuviel, ich mußte mir was einfallen(lassen). Da! Da war ein lockerer Baum. "Du... Die Idee! Ich hob ihn hoch. Und plötzlich hatte ich Freunde. "Aufwachen! Peter, du mußt zur Schule!" Meine Mutter hatte mich geweckt. Jetzt ging das Theater in der Schule los!

c) ... daß ich von Kannibalen überfallen worden bin. Ich ging gerade durch den Dschungel, als eine Horde Wilder mich fängt. Sie fesselten mich und steckten mich in eine Hütte. Nach einer halben Stunde kamen zwei Wilde und schleppten mich zu einem riesengroßen Topf. Ich dachte schon, jetzt ist alles aus, als ich einen lauten Schrei hörte. Der hörte sich ungefähr so an: "Huhahuha!" Da wurde mir klar: Das war Tarzan. Doch gerade, als er mich retten wollte, weckte mich meine Mutter. Leider!

a) ... daß eine rote riesige Spinne mich auffressen wollte. Als ich eines Abends durch die Straßen ging, stand plötzlich eine rote riesige Spinne vor mir. Sie wollte mich, glaub ich, fressen. Ich schrie, so laut ich konnte, um Hilfe. Das hörte Superman, der gerade durch die Straßen flog. Er hatte schon eine Laser-Strahlen-Pistole auf die Spinne entdeckt. Er schoß mit seiner Laser-Strahlen-Pistole auf die Spinne, wäre sofort tot umfiel. Als die Spinne auf dem Boden aufprallte, im letzten Moment weg. So bin ich doch nicht gefressen worden, sondern beinahe erdrückt worden.

b) ... daß ich einen Hasen bekommen habe.
Diesmal habe ich zu meinem Geburtstag einen Hasen bekommen. Aber der ist direkt am nächsten Tag weggelaufen. Ich wußte nicht, wie ich ihn wieder einfangen konnte. Aber plötzlich hatte ich einen Einfall. Ich legte eine Möhre und ein Kohlblatt in unseren Garten. Der Hase, der sich nur hinter dem Gebüsch versteckt hatte, sah das. Er kam sofort angehoppelt. Ich ging langsam auf ihn zu und fing ihn ein.

c) ... daß meine Katze weggelaufen ist. Ich wußte nicht mehr weiter, deshalb fragte ich meinen Freund Bruno um Rat. Bruno war ein sehr großer Angeber. Er sagte: "Deine Katze hole ich dir schon wieder." Daran glaubte ich nicht so richtig. Bruno machte sich auf die Suche nach der Katze. Aber er fand sie nicht. Er kaufte sich eine neue Katze und gab(sie) mir und behauptete: "Deine Katze habe ich im Teich vor dem Ertrinken gerettet." Ich war ihm sehr dankbar. Ich wußte zwar, daß es nicht meine war.

"Klassenbuch" zur UE 4

3. Aufgabe: Ich habe geträumt ...

a) ... Ich ging die Schloßallee runter und wunderte mich, daß überhaupt nichts los war. Doch plötzlich hörte ich das laute Bellen eines vermutlich großen Hundes und ein paar Hilferufe. Ich stürzte in die Richtung, aus der die Rufe kamen. Dort sah ich ein kleines Mädchen, das aus Angst vor dem Hund in einen See sprang. Ich nahm den Hund und schleuderte ihn 100 m weit weg. Dann sprang ich in den See und rettete das Mädchen. Dann wachte ich auf.

b) ... daß ich gegen eine Schlange kämpfen mußte. Ich ging durch den Wald, als dieses häßliche Wesen wieder ein armes Vögelchen auffraß. Die Eier im Nest verschlang sie mit einem Mal. Da packte mich die Wut. Doch ich konnte ja nicht so einfach mit der Schlange kämpfen, da diese überlegen war. Als die Schlange mich sah, kam sie auf mich zu. Ich sprang hinter einen Baum, und sie schlängelte sich am Ast herunter. Ich sprang dahin und dorthin, und jedesmal, wenn sie wegsprang, verknotete sie sich. So hatte ich gewonnen.

c) ... daß ich reingelegt worden bin. Eines Tages ging ich schwimmen. Im Schwimbad sprang gerade jemand vom 3m-Brett. Er ging unter und kam nicht mehr hoch. Da flüsterte mir Walter ins Ohr: "Du, der geht unter, der ertrinkt." Ich soang sofort ein. "Wasser und holte ihn hoch. Doch als wir oben waren, sagte er: "Kann man denn nicht mehr in Ruhe tauchen?" Ich ließ ihn los und ging wütend nach Hause.

a) ... daß ich Supermann wäre und eine Monsterspinne wollte mit mir kämpfen. Ich nahm mein Supermetallklingenschwert und stach es in die Brust des Monsters. Das fiel um, und ich wurde von meiner Mutter geweckt.

b) ... daß ich auf einer Insel gelebt habe und mit den Affen gespielt habe. Dann kam ein Löwe und fraß ein Äffchen. Alle Affen schrien, und ich erfand einen Gummiaffen und legte ihn dem Löwen zum Fraß vor. Er biß sich die Zähne aus,und ich und die Affen spielten glücklich weiter.

c) ... daß Toni, der Angeber, einen Vogel schlachten wollte und damit seine Mutigkeit beweisen wollte. Er stellte sich vor unsere Bande und wollte anfangen. Keiner konnte ihn davon abhalten. Er wollte anfangen, doch er weinte vor Angst,und wir lachten.

a) ... daß ich der Stärkste bin. Ich war in der Schule und zeigte, was ich für Muskeln habe. Die Mädchen bewunderten mich und wollten immer weitere Heldentaten von mir hören. "Ach, war das schön! Ich erzählte die schauerlichsten Geschichten. Doch mitten in die Wirklichkeit weckte mich mein Wecker. Ich mußte ungern in die Wirklichkeit zurück. Warum? Ganz einfach. Ich bin ein kleiner schlapper Junge. Und dabei wäre ich so gerne stark.

b) ... daß eine Verschwörung gegen mich im Gange war. Ich bin 10 Jahre alt und nicht sehr stark. Deswegen können mich viele Jungen nicht leiden. Doch jetzt verkloppten sie mich. Das war zuviel, ich mußte mir was einfallen(lassen). Da! Da war ein lockerer Baum. Die Idee! Ich hob ihn hoch. Und plötzlich hatte ich Freunde. "Du.... Aufwachen! Peter, du mußt zur Schule!" Meine Mutter hatte mich geweckt. Jetzt ging das Theater in der Schule wieder los!

c) ... daß ich von Kannibalen überfallen worden bin. Ich ging gerade durch den Dschungel, als eine Horde Wilder mich fängt. Sie fesselten mich und steckten mich in eine Hütte. Nach einer halben Stunde kamen zwei Wilde und schleppten mich zu einem riesengroßen Topf. Ich dachte schon, jetzt ist alles aus, als ich einen lauten Schrei hörte. Der hörte sich ungefähr so an: "Huhuhuha!! Da wurde mir klar: Das war Tarzan. Doch gerade, als er mich retten wollte, weckte mich meine Mutter. Leider!

a) ... daß eine rote riesige Spinne mich auffressen wollte. Als ich eines Abends durch die Straßen ging, stand plötzlich eine rote riesige Spinne vor mir. Sie wollte mich,glaub ich, fressen, der gerade durch die Straßen flog. Er hatte die Spinne entdeckt. Er schoß mit seiner Laser-Strahlen-Pistole auf die Spinne, die sofort tot umfiel. Als die Spinne auf dem Boden aufprallte, wäre ich um ein Haar getroffen worden. Aber Supermann zog mich im letzten Moment weg. So bin ich doch nicht gefressen worden, sondern beinahe erdrückt worden.

b) ... daß ich einen Hasen bekommen habe. Diesmal habe ich zu meinem Geburtstag einen Hasen bekommen. Der ist direkt am nächsten Tag weggelaufen. Ich wußte nicht, wie ich ihn wieder einfangen konnte. Aber plötzlich hatte ich einen Einfall. Ich legte eine Möhre und ein Kohlblatt in unseren Garten. Der Hase, der sich nur hinter dem Gebüsch versteckt hatte, sah das. Er kam sofort angehoppelt. Ich ging langsam auf ihn zu und fing ihn ein.

c) ... daß meine Katze weggelaufen ist.Ich wußte nicht mehr weiter, deshalb fragte ich meinen Freund Bruno um Rat. Bruno war ein sehr großer Angeber. Er sagte: "Deine Katze hole ich dir schon wieder." Daran glaubte ich nicht so richtig. Bruno machte sich auf die Suche nach der Katze. Aber er fand sie nicht. Er kaufte sich eine neue Katze und gab(sie) mir und behauptete: "Deine Katze habe ich im Teich vor dem Ertrinken gerettet. Ich war ihm sehr dankbar. Ich wußte zwar, es ist nicht meine war.

377

"Klassenbuch" zur UE 4

4. Aufgabe: Wer kommt als Held?

Als Irene im Hof Ball spielt, läuft ein schwarzer Pudel auf sie zu und springt zur Begrüßung an ihr hoch. Die beiden balgen und toben miteinander. Da kommt ...

Doch Irene knallt ihm eine Ohrfeige rein. Er schlägt Irene eine Faust ins Gesicht. Aber der Hund springt Erich an und beißt ihn. Er rast so schnell wie möglich weg und wagt nicht, sie anzugucken.

... Erich, der Angeber. Er will sich an Irene ranmachen.

... Mike, der Angeber, und versucht, den schwarzen Pudel sich zu lenken. Doch das gelang ihm nicht. Der schwarze Pudel wollte Irene beschützen und biß Mike in den Arm. Der ging mit seiner Mutter zum Arzt. Er mußte seinen Arm vier Wochen in Gips legen und hatte lange Angst vor Hunden.

... Marta und sagt: "Laß den Pudel in Ruhe oder du bekommst Ärger, schließlich gehört er nicht dir. Du mußt ihm Essen suchen." – "Laß sie doch mit meiner kleinen Schwester Susi spielen, sie hat es so gerne", sagt eine alte Frau, die auf einer Bank sitzt. Marta geht schäumend davon.

... Berni, der große Angeber, und schlug auf den Hund ein. "Halt, er wollte doch nur mit mir spielen.", schrie Irene und haute Berni eine runter. Nun hatte er sein Fett weg.

a) Der Angeber und das Unwesen
Er hat einen roten Umhang und eine blaue Hose. Er hat einen blauen Pullover und schwarze Schuhe. Er kann fliegen.
Das Unwesen stellt Supermann eine Falle, und er merkt es.

b) Das Kind mit Köpfchen und der Junge mit den großen Ohren
Er hat eine rote Hose und einen blauen Pullover. Er hat einen grünen Hut und gelbe Schuhe.
Der Junge mit den großen Ohren hat das Kind angelogen und das Kind mit Köpfchen testet es.

c) Der Angeber und der verkleidete Kobold
Er hat eine gelbe Hose und einen blauen Umhang und gibt an.
Er hat grüne Schuhe.
Der Angeber erzählt dem Kobold, daß er Kung-Fu-Meister ist, und der Kobold glaubt es nicht.

a) Der starke Mann und der Junge mit den großen Ohren
Er hat große Ohren und dicke Flunschlippen. Er spielt gerne Fußball und Eishockey. Er hat keine Freunde.
Der starke Mann zieht dem Jungen die Ohren lang.

b) Das Kind mit Köpfchen und der Kobold
Grüne Haare, große Ohren, große blaue Nase. Er ärgert gerne Leute und macht gerne alles kaputt. Er hat eine rote Mütze auf.
Der Kobold wirft eine kostbare Vase entzwei. Und der (Junge) macht es mit einer List unbemerkbar.

c) Der Angeber und das Unwesen
Er hat Narben, einen angefressenen Kopf. Er bringt gerne Menschen um.
Der Angeber wird vom Unwesen gefressen.

a) Der starke Mann und der Geist
Er schläft in einem Sarg und man sieht ihn nur bei Vollmond.
Der starke Mann versucht den Geist zu fangen.

b) Das Kind mit Köpfchen und Mister X
Mister X ist schlau und trägt eine Melone.
Das Kind wird von Mister X entführt.

c) Der Angeber und der Polizist
Der Angeber ist das Gegenteil vom Polizist.
Der Angeber macht sich den Polizist zum Gegner.

5. Aufgabe: Wessen Gegenspieler könnte das sein,

- wenn es ein Junge mit großen Ohren wäre
- oder ein Kobold (aber nur ein verkleideter)
- oder ein Unwesen ?

Ordne den Hauptfiguren ihren Gegenspieler zu. Beschreibe den Gegenspieler jeweils so genau, daß man ihn sich gut vorstellen kann.

Gib an, wovon die Geschichte handeln könnte, in der diese Personen mitspielen.

a) Der starke Mann und der Pirat aus Galaktia
Er hat große Ohren, grün, stark, hinterlistig und böse.
Der Pirat will Supermann unschädlich machen und ihn zur Königin Rosa bringen. Supermann gewinnt und macht den bösen Planeten unschädlich.

b) Das Kind mit Köpfchen und der Junge mit Segelohren
Er ist dick, klein, große Ohren, blaß und schwach.
Der Junge mit den Segelohren wird gehänselt. Kind mit Köpfchen denkt sich eine Geschichte aus, wo die Kinder mit Segelohren mächtig sind. Die Kinder glauben es, und der Junge wird nicht mehr gehänselt.

378

4.5. Nachbemerkung

Auf eine abschließende Selbsteinschätzung der Unterrichtsabläufe wird verzichtet. Denn der Leser kann sich anhand der häufig übernommenen Protokollnotizen und der kommentierenden Zwischenbemerkungen jeweils zu den ersten beiden Phasen eine konkrete Vorstellung davon bilden, wie die Grundsätze zur Gestaltung einer kreativitätsfördernden Lernumwelt in einer aktuellen Situation auf der emotional-motivationalen, der kognitiven und der Verhaltens-Ebene realisiert wurden. Über die Ergebnisse der inventiven Phase informiert das fünfte Kapitel, und zwar sowohl durch die statistische Auswertung der Tests als auch mit ergänzenden Berichten von der teilnehmenden Beobachtung. Ferner sind zur Veranschaulichung der Schülerleistungen die von jeder Klasse für 'ihr Buch' ausgewählten Texte am Ende der jeweiligen Unterrichtsreihe dokumentiert.

Was jedoch an dieser Stelle (komprimiert) mitgeteilt werden soll, sind die Reaktionen der Lehrer, die in diese Untersuchung mit involviert waren. Vor- und Paralleltests, die für die empirische Überprüfung notwendig waren (s. 5. Kapitel), eingerechnet, haben sich sechzehn Kollegen auf dieses Experiment eingelassen. Ihnen wie den Leitern der fünf Gymnasien und einer Hauptschule, die die Durchführung des Projektes ermöglichten, gilt mein Dank. Es wäre anmaßend, wenngleich nicht ohne Reiz, Porträts einzelner Lehrerpersönlichkeiten nachzuzeichnen und ihre Einstellung zur Kreativitätsförderung in diesem größeren (auch biographischen) Kontext zu verstehen. Das allerdings erforderte eine eigene Untersuchung. Hier werden lediglich Meinungsäußerungen unter bestimmten Gesichtspunkten, aber ohne individuelle Zuordnung referiert. Dabei sind die zahlreichen und zum Teil eingehenden Vor- und Nachgespräche mit den Fachlehrern der Unterrichtsklassen von besonderem Interesse. Aus dem Vergleich ihrer ursprünglichen und abschließenden Stellungnahmen wie ihrer Einschätzung der Schüler vor und während des Versuchs läßt sich sehr wohl ein Resumée der Erprobung unter den Aspekten der praktischen Durchführbarkeit und augenscheinlichen Wirkung ziehen.

Die ersten Reaktionen auf die Skizzierung des Gesamtplans und die Erläuterung der Anlage einer Unterrichtsreihe haben sich folgendermaßen unterschieden:
- Übereinstimmung im Prinzip und Vorbehalte hinsichtlich der Realisierbarkeit
- Übereinstimmung mit für die eigene Praxis maßgeblichen didaktischen Grundsätzen
- Ablehnung bzw. Vorbehalte gegenüber der Konzeption aus didaktischer Überzeugung.

Dabei sind die pädagogischen Credos offensichtlich eng verbunden mit der Selbsteinschätzung. Jedenfalls halten sich diejenigen, die Kreativitätsförderung als ein ihnen wichtiges Ziel angeben, selbst für kreativ; die andern, die dieses von sich weisen, geben ohne danach gefragt worden zu sein, als einen zusätzlichen Grund für ihre Ablehnung an, sie selbst seien nicht kreativ.

Diese Beobachtung entspricht Untersuchungsergebnissen (z.B. von Torrance), über die im zweiten Kapitel referiert wurde. Die Gespräche konzentrierten sich jedoch primär auf die Kommentierung des Unterrichtsvorhabens und später des -verlaufs durch die Lehrer. Da sowohl die pragmatischen Bedenken als auch die Korrekturvorschläge der (letztlich doch nur begrenzt) Zustimmenden von der grundsätzlichen Kritik der dritten Gruppe mit abgedeckt werden, genügt es, deren Einwände aufzuzählen.

An erster Stelle stehen die Vorbehalte gegen die Freisetzung der Phantasie. Durchreglementierte Aufsatzerziehung bzw. Analogiebildung - ja. Aber: "Wie soll man *das* beurteilen?!" Oder mit andern Worten: "Da bleiben viele Fragen offen." Wahrhaftig! Leider wird darin keine Chance gesehen, sondern ein Argument, um an der Reduktion auf Lehr-, Lern-, Prüfbares festzuhalten.

Aber auch wenn im Fortgang der Reihe deutlich wird, daß die Kontrolle über die ablaufenden Prozesse nicht ganz "aus der Hand gegeben" und eine Beurteilung der Fortschritte sehr wohl möglich ist, trifft die Ablehnung der Notengebung in diesem Experiment auf starken Widerstand. Einen solchen "Zeitverlust" kann man sich normalerweise nicht erlauben. Wieso man sich die Benotung erlauben darf, wer denkt darüber schon gern nach.

Das Lernangebot selbst, die Textauswahl, wurde nicht angegriffen, von einigen gängigen alten Vorurteilen gegenüber Massenmedien einmal abgesehen. Scharf kritisiert dagegen wurde der Überschuß an Texten zum freiwilligen Gebrauch (ausgegebenes Material muß bearbeitet werden, sonst werden am Ende auch die Hausaufgaben nicht mehr als "Pflicht" angesehen). Ebenso fällt die souveräne Setzung von Prioritäten unangenehm auf (die Integration der Lernbereiche ist nicht so wichtig, dafür aber die unbedingte Beachtung der Rechtschreibung, auch wenn dadurch andere eventuell wichtigere Lernprozesse behindert werden).

Am häufigsten und en suite wird "mehr Disziplin" gefordert. Der Geräuschpegel sei zu hoch, Bewegungsphasen etwa bei der Gruppenarbeit seien zu unterbinden, Drannehmen auch ohne Meldung wird empfohlen (Ruhe und Ordnung werden weniger nach ihrem relativen funktionalen Wert beurteilt, denn ihrerseits als Lehrziel eingeklagt). Entsprechend wird die Atmosphäre kritisiert: Man solle nicht soviel auf einzelne Schüler eingehen. Sie werden sonst "verwöhnt". Als puristisches Extrem: Ein Lehrer findet das Austeilen von Süßigkeiten zum Dank an die Kinder degoutant.

Einwände aufgrund von Überlastung bei vollem Stundendeputat sind gewiß nicht von der Hand zu weisen. Auch nicht das Argument einer kleinmaschigen Organisation des Schulalltags, dem Anzahl und Art der Klassenarbeiten sowie deren Benotung vorgeschrieben sind einschließlich der Abstimmung des Lernangebotes unter den Parallelklassen usw. Die eben vorgetragene Kritik dagegen richtet sich bewußt und aus ideologiekritischer Überzeugung gegen Essentials des Konzeptes: Kreativität zu fördern bringe nichts, denn die "Kinder kommen doch schon mit einer durch ihre Sozialisation gehemmten Phantasie in die Schule", so daß, wenn man sie zur Selbsttätigkeit animiert, nur die ungleichen Voraussetzungen reproduziert und kein Fortschritt in Richtung auf Kritikfähigkeit und veränderndes Handeln erzielt wird. Aufklärung durch ein informatives Textangebot und problemorientierte Besprechung tun not.

Die Ablehnung einer (emotionalen) Sicherheit und (auch Bewegungs-)Freiheit gewährenden Atmosphäre läßt sich dagegen so erklären, daß man glaubt, nachdem die Zeit der gesellschaftlichen Reformen (vorerst) vorüber zu sein scheint, soziales Engagement am besten dadurch realisieren zu können, indem man Kindern aus unterprivilegierten Schichten in dieser Gesellschaft den 'Weg nach oben' ebnet. Und das erfordert zunächst ein Höchstmaß an Anpassung. Ob jedoch die reservatio mentalis in einer ideologiekritischen Textanalyse gegen den gleichzeitig ausgeübten Konformitätsdruck auf das Verhalten der Schüler aufkommt, ob die 'gehemmte Phantasie' durch ein geschärftes Problembewußtsein freigesetzt wird (und das gleich in der richtigen Richtung), wenn man ihr nicht vorher die Zügel schießen und sie ihre Macht und Faszination erfahren läßt, ist zu bezweifeln. Daß der verinnerlichte Nonkonformismus auf die Dauer zur Korruption im Kopf führt (dazu mehr im 2. Kapitel), zeigt sich jedenfalls auch daran, daß die Ideologiekritiker gut und gern mit Ulshöfers Lesebuch arbeiten.

Eine gewisse Ungerechtigkeit dieser Argumentation liegt darin, daß gerade diejenigen, mit denen am meisten diskutiert wurde, nun am stärksten kritisiert werden, obgleich sie trotz aller Vorbehalte das Experiment unterstützt haben. Das erscheint jedoch insofern gerechtfertigt, als ein solcher Erfahrungsbericht wichtige Informationen bietet für die realistische Einschätzung der Schwierigkeiten, mit denen ein Kreativitätsförderungsprogramm zu rechnen hat. Darüberhinaus wird auf diese Weise das erste Kapitel ergänzt und fortgeführt, indem die differenzierten didaktischen Positionen nun verglichen werden können mit ihren pädagogisch praktischen Pendants.

Dabei springt zunächst einmal in die Augen, daß trotz der Vielfalt individueller Varianten und unabhängig von den für das Selbstverständnis relevanten Theorierahmen das konkrete Verhalten der Lehrer (nur) zwei konträre Profile aufweist, nämlich Wissensorientierung oder Personorientierung. In der Wissensorientierung finden sich Nachfolger der Ideologiekritik und des Literarischen Unterrichts (vgl. 1.4. und 1.1./1.2.) mit folgender Prioritätenliste: kognitive Beherrschung des 'Stoffes', Betonung von Regelwissen auch im Umgang mit Texten, starke Gewichtung von Rechtschreibung und Zeichensetzung, Reduzierung des Angebots auf das unmittelbar Brauchbare und Prüfbare, Erziehung zur Disziplin und ruhigem, gehorsamem, fleißigem Arbeitsverhalten.

In der Personorientierung (vgl. 1.3.) kommen Anhänger der Reformpädagogik und der Ästhetischen Erziehung zusammen. Ihr individuelles (konkret soziales) Engagement nimmt Maß an den Schülern und ihren Entwicklungsmöglichkeiten, der 'Stoff' ist lediglich Mittel zum Zweck. Als besonders geeignetes 'Mittel' hat die Kunst Vorrang vor der reinen Einübung in Sprachnormen. Integration der Lernbereiche und Wechsel der Sozialformen werden angestrebt. Der Offenheit der Unterrichtsorganisation entspricht eine höhere Toleranz gegenüber Unruhe und Unordnung während der Arbeit, gegenüber Abweichung und Überraschung im Ergebnis. Spaß beim Lernen und emotionale Nähe zum Lehrer genießen einen hohen Stellenwert.

Trotz der deutlichen Übereinstimmung mit Grundsätzen des Kreativitätsprogramms gab es auch mit diesen Lehrern Meinungsverschiedenheiten. Als eine spezifische Schwierigkeit (nicht nur für den Gast, sondern auch für andere Kollegen) erwies sich die starke und beabsichtigte Bindung der Kinder an die eigene Person und das Unvermögen, von der Mittelpunktsrolle zurückzutreten. Im Extremfall eines reinrassigen Laissez-faire-Stils hatte die Befriedigung der Schülerbedürfnisse so sehr den Vorrang, daß das kreativitätfördernde (und -fordernde) Lernangebot des hier entwickelten Programms sich eher negativ vom Gewohnten als streng und einschränkend abhob.

Mit diesen beiden Gruppen, den Wissensorientierten und den Personorientierten, hat sich die praktische Projektarbeit (von der Schulverwaltung einmal abgesehen) auseinanderzusetzen, wobei die Distanz zu den letzteren allerdings geringer zu sein scheint. Immerhin spricht die Erfahrung der relativen Fehleinschätzung durch beide Seiten, die entweder die Freiheit der Wissensvermittlung und des vermittelten Wissens als phantastisch bis chaotisch empfinden, oder aber die Sicherheit, da sie über die emotionale Entlastung auch zu Anstrengung und Leistung motivieren soll, als letztlich doch schulmeisterlich, dafür, daß in der Realisierung des Programms die polare Integration didaktischer Extrempositionen präsent geblieben ist.

Abschließend werden die wichtigsten Rückmeldungen zusammengestellt, die zeigen, daß die Fachlehrer ihre ursprünglichen Stellungnahmen in einzelnen Punkten überdacht haben. Ausschlaggebend waren dafür nicht missionarische Reden der Verfasserin, sondern der Augenschein eines unerwarteten bzw. veränderten Schülerverhaltens.

Es wurde vor allem konstatiert,

- daß der Geräuschpegel zwar häufig höher liegt als gemeinhin toleriert, die Schüler aber erstaunlich schnell unterscheiden lernen zwischen lauteren und leisen Phasen, wenn ihnen das Prinzip des Wechsels plausibel gemacht wird. Sie akzeptieren die 'funktionale Stille', nicht aber die zum Selbstzweck erhobene.
- daß die Motorik zwar relativ wenig eingeschränkt wurde, die Aufmerksamkeit aber keineswegs darunter gelitten hat. Die Schüler dürfen malen, während sie eine Geschichte anhören, sofern sie dabei aufpassen, sie dürfen sich vom Platz bewegen während der Stillarbeit, sofern sie niemanden stören usw. Es ist nicht einzusehen, wieso die Konzentration von Kindern durch mehr Restriktionen gefördert werden soll als die von Erwachsenen.

- daß Gruppenarbeit vor allem dann nicht ins Chaos führt, wenn nach der Erklärung des Vorteils der Organisationsform der Lehrer nur vage Aufteilungsvorschläge macht, ohne aber die Schüler per Oktroi und Zufallsprinzip zusammenzuzwingen. Sie finden sich am besten selbst zu homogenen Gruppen, die (wie im 3. Kapitel dargelegt) am harmonischsten arbeiten. Wenn heterogene Zusammensetzungen wünschenswert erscheinen, sollte das vorher erklärt werden. Notorische Einzelarbeiter werden über die Aufforderung, sich anzuschließen, hinaus nicht unter Druck gesetzt. Auch die Gruppe, schon gar nicht die wahllose, hat einen 'Wert an sich'.
- daß generell weniger disziplinarische Maßnahmen nicht zu Disziplinlosigkeit führen, wenn man den Schülern nicht alle Entscheidungen abnimmt, so daß sie ein Gespür für die Grenze zum unsozialen Verhalten überhaupt entwickeln können. Diese Erfahrung läßt sich bereits innerhalb weniger Wochen machen.

Als Veränderungen im Schülerverhalten fiel vor allem auf,
- daß die Beteiligung andauernd höher war als im Unterricht sonst. Und zwar meldeten sich mehr Schüler, und sie meldeten sich öfter. Die Lehrer spezifizierten ihre Beobachtung namentlich: Es waren die stillen, schüchternen, die angeblich schwachen und die streßanfälligen Kinder, die aus sich herausgingen, während die 'guten', lebhaften, selbstsicheren ihr Verhalten beibehielten.
- daß die Leistungen, sowohl in den mündlichen wie auch in den schriftlichen Beiträgen nicht den anfangs abgegebenen (schlechten) Prognosen entsprachen. Die im 'unteren Viertel' oder 'Drittel' genannten Schüler konnten fast alle mit der einen oder andern guten Idee oder einem schönen Text glänzen, manche(r) rückte sogar zur Spitze auf. Diese blieb weitgehend erhalten, auch wenn das eine oder andere Kind zeitweilig etwas zurückhaltender agierte, zum Beispiel weil ihm die Aufgabenstellung nicht eindeutig genug war. Aber das blieb die Ausnahme und ging vorüber. Dramatische Abstürze von 'Nur-Intelligenten' (vgl. 2. Kapitel) wurden nicht registriert.

Der Gesamteindruck in drei Unterrichtsreihen war der einer deutlichen Veränderung zum Besseren hin, am extremsten empfunden von der gestrengsten Lehrperson: Die Klasse ist "völlig verwandelt." Nur der Laissez-faire-Lehrer meinte: "Sie haben sich gar nicht verändert." - Und Keuner erbleichte ...

Ob und wieweit sich die bestätigenden Rückmeldungen zur Kreativitätsförderung (oder die lediglich Kontinuität konstatierende Einschätzung) objektivieren lassen, kann die Auswertung der Tests im folgenden Kapitel zeigen.

Fünftes Kapitel: **EMPIRISCHE ÜBERPRÜFUNG DES LERNERFOLGS**

> *das Sagbare sagen*
> *das Erfahrbare erfahren*
> *das Entscheidbare entscheiden*
> *das Erreichbare erreichen*
> *das Wiederholbare wiederholen*
> *das Beendbare beenden*
>
> *das nicht Sagbare*
> *das nicht Erfahrbare*
> *das nicht Entscheidbare*
> *das nicht Erreichbare*
> *das nicht Wiederholbare*
> *das nicht Beendbare*
> *das nicht Beendbare nicht beenden*
>
>   *Helmut Heißenbüttel*

Die empirische Überprüfung des Lernerfolgs bzw. der kreativitätsfördernden Wirkung des im vierten Kapitel dargestellten Unterrichts erfordert drei Arbeitsgänge: die Entwicklung des Testaufbaus, die Erprobung im Vortest und die Durchführung des Haupttests. Diese Prozesse werden relativ ausführlich dokumentiert, um über die Prüfung dieses Projektes hinaus Lehrern und Studierenden auf verschiedenen Ebenen Anregungen zu geben:
- Die Entwicklung des Testaufbaus (5.1.) ist nicht ausschließlich für die Überprüfung dieser Unterrichtseinheiten von Interesse, sie zeigt dem Praktiker auch Möglichkeiten, selbst nach kreativitätsspezifischen Kategorien Aufgabenstellungen für seinen Unterricht zu finden und zugleich Kriterien für die Beurteilung der Schülerarbeiten festzulegen.
- Die Erprobung im Vortest (5.2.) führt einerseits zur korrigierten Endfassung des Materials für den Haupttest. Andererseits kann die detaillierte Darstellung der statistischen Ermittlung der Tauglichkeit dieser Tests Lehrern und Studenten als Muster dafür dienen, was sie alles zu beachten haben bei der Entwicklung eines 'Instruments' zur Lernerfolgskontrolle in ihren Klassen, auch wenn eine exakte Auswertung, wie sie hier erforderlich ist, im Schulalltag nur in Ausnahmefällen vorgenommen werden kann.

- Die Durchführung des Haupttests (5.3.) dient zur Beurteilung der Brauchbarkeit der Unterrichtseinheiten und damit zum Teil auch des entworfenen Kreativitätskonzepts. Ferner kann aber das relativ einfache Design für andere vergleichbare literaturdidaktische Untersuchungen etwa von Studierenden oder Referendaren als organisatorisches Beispiel fungieren. Zusätzlich werden in diesem Teil der Auswertung konkrete Hinweise auf mögliche Anschlußhypothesen bzw. auf weiterführende Themenstellungen und Forschungsfragen gegeben.

5.1. Entwicklung des Testaufbaus

Die Tests werden nicht als etwas Aufgesetztes, sondern als Teil des Unterrichtes angesehen. Darum muß einerseits ihre Funktion im Hinblick auf die Lernziele, von denen nur bestimmte durch den Test erfaßt werden sollen, eingegrenzt werden, andererseits ist darzulegen, wie die Grundsätze, die für einen kreativitätsfördernden Unterricht gelten, auch im Testablauf berücksichtigt werden können, bevor die Konzeption des Testmaterials erfolgt (vgl. Tab. K: Faltbl. nach S. 394).

5.1.1. *Funktion und Grenzen der Tests*

Gerade im Rahmen einer Untersuchung, die in gewissem Maße auf empirische Überprüfbarkeit hin angelegt ist, muß besonders betont werden, daß das nicht oder noch nicht Überprüfbare deswegen nicht belanglos ist. Wichtig ist allerdings, daß beides klar voneinander abgegrenzt und funktional aufeinander bezogen wird, *ohne* einer der beiden gegenläufigen *Harmonisierungstendenzen* zu erliegen: weder der Überschätzung der Tragweite der Testergebnisse und ihrer Verallgemeinerung auch auf die nicht direkt geprüften Ziele der Kreativitätsförderung noch der Unterschätzung der Wirkungsmöglichkeit von Unterricht und seiner Verkürzung auf die voll operationalisierbaren Ziele.

Einer solchen *Reduzierung* ist dadurch vorgebeugt, daß das Kreativitätskonzept, aus dem die Unterrichtskonzeption abgeleitet wurde, zunächst ohne Rücksicht auf die Testbarkeit im einzelnen entwickelt worden ist. Sozusagen keilförmig wurde aus der Fülle des Wünschbaren zunächst das vermutlich im Glücksfall hier und heute schulisch zu Verwirklichende zusammengestellt, aus dem dann erst die Schwerpunkte bestimmt werden, zu denen einzelne zentrale Annahmen formuliert und überprüft werden sollen.

Ein solches Vorgehen ist natürlich insgesamt in mancher Hinsicht ungeschützter und anfechtbarer als das häufig genug zu beobachtende Rückschlußverfahren gerade empirisch orientierter Arbeiten vom methodisch Machbaren bzw. Vertrauten auf das tolerierte konzeptionelle Entwurfsvolumen. Gegenüber einem solchen konvergenteren und eher eindimensionalen, stringenten aber restringierteren Gedankenaufbau, der je nach Thematik oder Untersuchungsfeld auch seine Berechtigung haben kann, scheint die Kreativität als Gegenstandsbereich Methodenvielfalt, inhaltliche Komplexität durch interdisziplinäre Kombinatorik und konzeptionelle Offenheit für Fragen ohne Antworten, für Annahmen, deren Überprüfung aussteht, wie ebenso für neue, andere Antworten als ein wissenschaftlich adäquates Vorgehen geradezu herauszufordern.

Entsprechend wird auch im folgenden bei der Darstellung und Auswertung der Testdurchführung immer wieder kommentierend, interpretierend, nachfragend auf die teilnehmende Beobachtung Bezug genommen. Auch daran zeigt sich, daß in den Tests selbst nur ein Teil der kreativitätsspezifischen Prozesse, die die Testdurchführung begleiten, abgebildet wird. Ähnlich dient der Abdruck ausgewählter Schülertexte (im Anschluß an die einzelnen Unterrichtseinheiten im 4. Kapitel) der Veranschaulichung dessen, was die Tests tatsächlich in bunter Fülle hervorlocken, und wovon die rechnerische Auswertung (sinnvollerweise) nur einzelne Produktmerkmale erfaßt. Obwohl in der im folgenden zu entwickelnden Testkonzeption weder mit den Protokollnotizen und Mutmaßungen der teilnehmenden Beobachtung noch mit den konkreten Kreationen der Kinder etwas 'bewiesen' werden kann, scheint es sinnvoll, durch diese Beigaben immer wieder die Abstraktionen der Empirie zu veranschaulichen und rückzubeziehen auf den unmittelbaren Eindruck des schulischen Vorgangs, der da unter bestimmten Aspekten aufgedröselt, strukturiert und numerisch aussagekräftig gemacht wird.

Während so die Reduktion des Phänomens und der Zielsetzungen vermieden werden sollen, ist andererseits der Gegenstands- und Geltungsbereich der Ergebnisse, die eine solche Überprüfung erbringen kann, von vornherein so präzise wie möglich abzustecken, um einer generalisierenden *Überinterpretation* vorzubeugen. Als erstes werden darum - zugleich als wichtiger Schritt zur Herleitung der zu überprüfenden Hypothesen - die *Testziele* aus dem komplexen System der Unterrichtsziele ausgegrenzt.

Die Unterscheidung der Unterrichtsziele in Person- und Produktziele (s. 3.1.) erfolgte mit einer klaren Priorität bei den Lebenszielen einer sich selbständig und selbstbestimmt im Alltag entfaltenden kreativen Persönlichkeit. Unter schulischen Bedingungen kann sie (nicht nur, aber vorwiegend) gefördert werden und ihren Ausdruck finden in der Auseinandersetzung mit und Gestaltung von kreagenen Produkten, deren Merkmale konkret definiert werden gemäß den Möglichkeiten der für ein Fach zentralen Medien bzw. Zeichensysteme.

In Schriftstellerkursen, Kunst-, Musik- und anderen Fachschulen läge das Testziel fraglos im Bereich dieser produktbezogenen Ziele. Für die hier angestrebte Kreativitätsförderung wäre es dagegen am schönsten und befriedigendsten, wenn die Wirkung des Unterrichts direkt an der Veränderung von Fähigkeiten, Einstellungen, Verhaltensweisen abgelesen werden könnte, und zwar außerhalb der schulischen Enklave. Es wäre zum Beispiel daran zu denken, psychologische Tests, die zu den Personmerkmalen der emotional-motivationalen wie der

Wahrnehmungs-/Kognitions-Dimension existieren, vor und nach einer mehrwöchigen Unterrichtseinheit durchzuführen. Dagegen spricht jedoch, daß die Feststellung von Eigenschaften und Fähigkeiten sowieso nur nach größeren Zeiträumen sinnvoll ist, also nicht nach einer dreiwöchigen Unterrichtseinheit, sondern eventuell nach einem Schuljahr, für das im Programm jeweils vier solche kreativitätsspezifische Reihen vorgesehen sind.

Schwerer wiegt jedoch ein mehr konzeptionelles Gegenargument: Zwar wurden Schwerpunkte für die vier themen- und textsortenspezifischen 'Stränge' des curricularen Programms gesetzt und zur Steigerung der Transparenz für den Lehrenden auch nach den Teilaspekten psychischer Prozesse ausdifferenziert. Personenbezogene Ziele sollten jedoch, sofern es um Unterricht und nicht um psychologische oder pädagogische Forschungsprojekte geht, auf der komplexesten Ebene des Verhaltens geprüft werden, die z.B. bei der konstruktiven Destruktion von Umweltwahrnehmung sowohl Neugier und Frustrations- wie Ambiguitätstoleranz voraussetzt. Der ganzheitliche Anspruch bezieht sich jedoch nicht nur auf das Ensemble der psychischen Prozesse, sondern auch auf die situative, funktionale, ethische Einbindung der dynamischen Kreativitätsfaktoren. Der einzige deutschsprachige kompakte Kreativitätstest, der VKT von Schoppe, fällt darum ebenso aus, da er einseitig und neutral an Schnelligkeit, Flüssigkeit, Überraschung interessiert ist, wie die englischsprachige Testbatterie von Parnes zum Problemlösen, die vor allem auf den technischen Aspekt von Lösungsstrategien abhebt. Diese freigesetzte und von den Konsequenzen des eigenen Verhaltens freigesprochene Kreativität, die da - sei es hinsichtlich einzelner Aspekte, sei es hinsichtlich kompletter Profile - erfaßt werden soll, bleibt unter- bzw. außerhalb personengerechter Unterrichtsziele.

Die mangelnde Ernsthaftigkeit solcher (schulischen wie außerschulischen) experimentellen Situationen aus der Sicht der Versuchspersonen (nicht der Versuchsleiter), die gerade konträr ist zur kreativitätsspezifisch autonomen Motivation, ob sie sich nun aus dem reinen Vergnügen an einer Tätigkeit, aus sachlichem Erkenntnisinteresse, aus moralischem Engagement speist, mag der Grund für das häufiger beobachtete Phänomen sein, daß durch ihre berufliche und sonstige Tätigkeit erwiesenermaßen Hochkreative mit solchen Tests gar nicht sicher erfaßt werden, weil sie unter Umständen einfach keine Lust haben, sich in einer Laborsituation etwas einfallen zu lassen. Umgekehrt sagen positive Ergebnisse schulischer Kreativitätstests noch keineswegs zuverlässig eine kreative Persönlichkeit voraus: Es ist zweierlei, Fähigkeiten anonym in einem Test zu präsentieren und in konkreten Lebenssituationen Gelächter, Unverständnis, Ablehnung zu riskieren. Für letzteres muß man gute Gründe und allerhand (selten mitgetestete) andere Charaktereigenschaften haben. Um also etwas darüber aussagen zu können, ob toleranter Nonkonformismus, konstruktive Destruktion, utopiefähige Assimilation, verantwortungsbewußte Autonomie bestimmend für das Verhalten der so Unterrichteten werden, wären in letzter Konsequenz biographische Einzelfallstudien durchzuführen. Das jedoch könnte allenfalls Sache einer langfristig zelfallstudien durchzuführen. Das jedoch könnte allenfalls Sache einer langfristig angelegten pädagogisch-psychologischen Forschung sein, nicht aber einer Untersuchung, die wie die vorliegende nahe am Schulalltag bleiben und zur Verbesserung der Unterrichtspraxis auch hinsichtlich der Lernerfolgskontrolle beitragen will. Daraus folgt, daß unbeschadet der Tatsache, daß das entscheidende Movens eines kreativitätsfördernden Unterrichts die personenbezogenen Ziele bleiben, sich die *Überprüfung* auf den Gegenstandsbereich der *Produktmerkmale* zu konzentrieren hat, und zwar auf die komplexeste Ebene des Verfassens von Gegeninszenierungen, Re-Konstruktionen, Transformationen und Variationen (s. u. Tabelle J, S.391).

Die Tests, die auf diesem Komplexitätsniveau literarischen Handelns angesetzt werden, lassen einerseits als Text-Manifestationen bei entsprechend entwickelten Beurteilungskriterien ein relativ hohes Maß an objektiver im Sinne von intersubjektiv nachprüfbarer Einschätzung zu, und ermöglichen (zugleich) andererseits durch die Art der Aufgabenstellung, nämlich literarische Verfahren in situativen Kontexten in einer bis dahin nicht geübten Weise anzuwenden, Rückschlüsse auf andere Zieldimensionen. Konkrete Angaben zur Art der Kriterien und Aufgabentypen werden später bei der Darstellung und Diskussion der Testmittel gemacht. Hier folgen lediglich einige Anmerkungen zur *Aussagekraft* und *Reichweite* der an diesem Gegenstandsbereich erhobenen Daten.

Obgleich direkt und explizit nur die Kreativität der literarischen Textproduktion getestet wird, gehen Produktmerkmale einer kreativen Wahrnehmung bzw. Kognition automatisch in die Beurteilung mit ein. So *impliziert* zum Beispiel die Transformation von vertrauter Umwelt in eine phantastische, wie sie der 3. Test intendiert, notwendigerweise Fiktionalität als spezifisches Zeichen der entsprechenden kreativen Vorstellung. Aber: Nur soviel an Erfindungsgeist wird miterfaßt, wie für den übergeordneten situativen Kontext erforderlich ist, und nur in für ihn als charakteristisch definierten Merkmalskombinationen. - Im Unterschied zu diesen kreativen Produktmerkmalen, die partiell in die Kriterienbildung miteingehen, ist die emotional-motivationale Kreativität nicht direkt an den literarischen Texten zu identifizieren, sondern quasi *indirekt* aus ihren Folgen zu erschließen: Expressives Verhalten, spielerischer Umgang, freies Fabulieren, Ausprobieren von Alternativen sind - ob ausagiert oder internalisiert Voraussetzungen im Entstehungsprozeß der angezielten Produkte. Über entsprechende Manifestationen während der Durchführung der Tests wird die teilnehmende Beobachtung genauere Auskunft geben können.

Natürlich sind auch Versuchsanordnungen denkbar, die die emotive bzw. die kognitive Ebene speziell anzielen. So wäre die Verfremdung als kreative Denkfähigkeit zu testen, indem einerseits (anders als in der vorliegenden Untersuchung) zu einem gleichbleibenden situativen Kontext die unterschiedlichsten Formen der Verfremdung abgerufen werden: zum Thema "Restaurant" nicht nur die verzerrte Geräuschkulisse, sondern z.B. eine MacDonald-Abfertigung als Apotheke zur schnellen Verpflegung oder etwa ein Lokal aus der Zwergenperspektive, so daß wie für die Kinder alles zu

Aufgabenstellung stärker formalisiert werden, was bei Schülern mit geringerer Verbalisierungsfähigkeit von Vorteil wäre, sei es durch vorgegebene Antwortmöglichkeiten, sei es durch Lückentexte. Als weitere Vereinfachung könnte der Lehrer die festgelegten Partien vorlesen oder erzählen, so daß je nach Aufgabentyp nur einfache Wörter zu markieren oder aufzuschreiben wären.

Ein Test der kreativen Produktmerkmale auf der emotional-motivationalen Ebene ist sogar ohne schriftsprachlichen Ausdruck denkbar. Die hier abgerufene Spontaneität ist gerade von jüngeren Kindern eher in gesprochene Sprache, Mimik und Gestik, Malen und Zeichnen umzusetzen und erfordert mehr noch als die andern Prozesse den kommunikativen Austausch in der Gruppe. Während die Verhaltensmerkmale z.B. an kreativen Gegeninszenierungen getestet werden, indem bestimmte Verfahren auf wechselnde Situationen anzuwenden sind, der kognitive Aspekt, etwa mit Mehrdeutigkeiten umzugehen, erfaßt werden kann, indem zu einem gleichbleibenden Themenbereich ("Ärger im Hausflur") die verschiedensten Möglichkeiten, mit Bedeutungsverschiebungen umzugehen, ausgedacht werden, so könnte die Kreativität im expressiven Verhalten z.B. dadurch angesprochen werden, daß nur das Ziel einer Aktion festgelegt wird ("Einen unfreundlichen Erwachsenen auf lustige Weise bekehren"); die Wahl der Mittel bleibt völlig frei, und nur ein Rahmen ist als Anhaltspunkt gegeben ("An der Straßenbahnhaltestelle"): Es käme dabei darauf an, möglichst viele unterschiedliche Aktivitäten zu entwickeln.

Die Beispiele zeigen, daß auch bei Tests zu kognitiven und emotiven Kreativitätsaspekten kein mechanisches Abrufen von isolierten 'Tricks' sinnvoll ist, sondern auch hier stets die Einbindung in einen situativen Kontext mitzuplanen wäre. Die notwendig höhere Komplexität der Testfassung auf der Verhaltensebene resultiert lediglich daraus, daß mit einer bestimmten Intention verschiedene literarische Verfahren auf unterschiedliche Themen und Gegenstandsbereiche anzuwenden sind, damit stets die Auseinandersetzung mit mehr oder weniger konfliktträchtigen Situationen bzw. von der Erfahrung abweichenden Vorstellungen provoziert wird.

Daß aus der Kreativität des literarischen Handelns nicht schon auf kreative Merkmale im Verhalten einer Person geschlossen werden darf, wurde bereits erwähnt. Daß jedoch die Unterrichtsziele auf der Produktebene auch aus den Personzielen entwickelt worden sind, soll darüber nicht vergessen werden. Um diesem gemeinsamen Kern so nahe wie möglich zu kommen, werden die im folgenden dargestellten Aufgaben so konzipiert, daß der Schüler die (ästhetische) Verfremdung von Alltagssituationen *imaginieren* muß und zugleich ein Verhalten *simulieren,* das genau die kreativen Personmerkmale zeigt, die angezielt werden. Wie wenig es sich dabei - geeignete Testmittel vorausgesetzt - für die Kinder um intellektuelle Spielerei handelt, wie wenig abgebrüht sie in ihrer Phantasie sind, wie nah ihnen noch der Verdacht ist, ihre Erfindungen könnten doch realere Konsequenzen haben, - das alles mögen ihre Reaktionen bei der Durchführung der Tests zeigen. Man kann jedenfalls daraus, soviel sei vorweggenommen, schließen, daß auf dieser Altersstufe (bei älteren Schülern wird man eventuell andere zusätzliche Testideen entwickeln müssen) das kreative Ausdenken riskanter Veränderungen in ihrem alltäglichen Umfeld und deren Ausarbeitung zu kompletten Situations- bzw. Handlungszusammenhängen ähnliche Anforderungen stellt an ihren persönlichen Mut, ihre Bereitschaft, sich zu exponieren, ihre

Ich-Stärke, sich ohne externe Absicherung auf die eigene Wertung zu verlassen, wie der Ernstfall. Getestet wird also mit den Produktmerkmalen zugleich die Kühnheit der kreativen Entwürfe, und zwar keineswegs nur im Sinne des von der Idee her Ungewöhnlichen, Ausgefallenen, sondern auch mit der Bedeutung des volitiven Aktes, diese Vorstellungen zuzulassen, auszugestalten und mitzuteilen. Die Kühnheit der kreativen Entwürfe, auch der 'nur' literarischen, ist in diesem Doppelsinn Voraussetzung jedes kreativen Verhaltens. Entscheidend dafür, ob eine solche persönliche Involviertheit zustande kommt, sind die Art der Aufgabenstellung und die Grundsätze der Durchführung.

Tabelle J

Überprüfung eines kreativitätsfördernden Unterrichts (1. Teil)

Teilaspekte psychischer Prozesse \ Dimensionen der Kreativität	Ziele		Mittel	
	A Person	B Produkt	C Prozeß	D Umwelt
a) Emotion/ Motivation	I. Humor II. Neugier und Geduld III. Aktivität und Gelassenheit IV. Engagement und Abstand	Expressives Verhalten Spielerischer Umgang Freies Fabulieren Ausprobieren von Alternativen		
b) Wahrnehmung/ Kognition	I. Rollendistanz II. Ambiguitätstoleranz III. Möglichkeitssinn IV. Kritikfähigkeit	Mehrdeutigkeit Verfremdung Fiktionalität Funktionalität		
c) Verhalten/ Handeln	I. toleranter Nonkonformismus II. konstruktive Destruktion III. utopiefähige Assimilation IV. verantwortungsbewußte Autonomie	Gegensatzklärungen De-Konventionalisieren Prognostizierungen Verantworten		

Gegenstandsbereich

▨ direkt zu überprüfen

/// indirekt zu überprüfen

5.1.2. Integration der Tests in einen kreativitätsfördernden Unterricht

Eine Funktion der Unterrichtseinheiten in diesem Projekt ist die Überprüfung des Kreativitätskonzeptes. Im Unterschied zu gängigen Vorstellungen von Tests als etwas nachträglich und nicht notwendig zum eigentlichen Lernprozeß Hinzukommendem, sind hier jedoch die Testeinheiten in den Unterrichtsablauf eingebettet und zwar bedingt durch die Eigenart der Kreativität, die sich nur an Neuem, aber nicht an schon Geübtem offenbart, mit Rücksicht auf die Schüler, deren Förderung die Verarbeitung der Tests erfordert, und im Hinblick auf möglichst realitätsgetreue Ergebnisse, die tatsächlich Rückschlüsse auf den Schulalltag zulassen. Die drei wichtigsten Aspekte der Integration sollen im folgenden kurz angesprochen werden.

- Der Test selbst übernimmt eine entscheidende Funktion im kreativitätsfördernden Unterricht.

Da Kreativität nicht getestet werden kann, indem Geübtes, Eingelerntes abgefragt bzw. reproduziert wird, fällt die Überprüfung des Unterrichts mit dem Beginn der inventiven Phase zusammen (in der 8./9. Stunde jeder Reihe), so daß die Schüler erstmals bei der Lösung der Testaufgaben Texte auf dem angezielten Komplexitätsniveau produzieren und also selbständig den (inhaltlichen und technischen: s.u.) Transfer leisten müssen. Die Prüfung des Konzepts zur Kreativitätsförderung findet auf diese Weise unter den strengsten Anforderungen statt. Dabei soll nicht verschwiegen werden, daß es auch für den Lehrer einige Anstrengung bedeutet, in der im 4. Kapitel beschriebenen Weise auf den Test zuzuarbeiten, ohne der speziellen Form der Aufgabenstellung vorzugreifen.

- Die Testergebnisse werden zum Gegenstand eines kreativitätsfördernden Unterrichts.

Die Versuchung, die Reihe mit dem Test zu beenden, ist groß: Für den Lehrer löst sich die Spannung, und an den Ergebnissen, 'seinen' Ergebnissen, kann er nichts mehr ändern. Die Versuchsanordnung, daß die Testaufgaben nicht in dieser Weise vorher geübt worden sind, erfordert aber, daß nachher eine intensive Besprechung und Analyse der Arbeiten folgt, um den Schülern, die von sich aus nicht oder nicht optimal zurechtgekommen sind, nun im Klassengespräch die Möglichkeit zu geben, auf Einsichtsniveau die inventive Phase kreativ mit- bzw. nachzuvollziehen. Aber auch unabhängig von diesem Lerneffekt verlangt die Hochspannung, in der die Kinder diese schwierigen und umfangreichen Aufgaben durchgeführt haben, nach Entspannung, nach Mitteilung und Würdigung der guten Ideen, nach Austausch und Vergleich der Lösungen.

- Die Testdurchführung folgt so weit wie möglich den Grundsätzen eines kreativitätsfördernden Unterrichts.

Bei der Testdurchführung ist die Anfechtung für den Lehrer besonders groß, sich dem eingeführten Ritus von Klassenarbeiten anzuschließen und eben wegen der Wichtigkeit der Ergebnisse im üblichen Maße und also über Gebühr auf Ruhe und Disziplin zu drängen, wenigstens ein bißchen zur Leistung anzuspornen, dezent anzudeuten, daß auch ohne Noten die erfolgreiche und fleißige Arbeit 'zu Buche schlagen' würde, und eventuell den Wettkampfgedanken anklingen zu lassen ("Die andere Klasse..."). Dennoch liegt es eindeutig gerade im Interesse der eigenen Untersuchung der Kreativität auch bei der Überprüfung die ihr gemäße Lernumwelt zu verschaffen.

Da auf die Tests, sofern sie Mittel und Gegenstand des Unterrichts sind, im 4. Kapitel genauer eingegangen worden ist, wird hier nur der letzte der drei Punkte aufgegriffen. Vorab muß jedoch erwähnt werden, daß die Integration in der dargestellten Weise primär auf die Klassen zutrifft, in denen die Untersuchung stattfindet. Bei den Klassen, die zur Kontrolle (im Vortest oder als Parallelklasse im Hauptversuch) ohne vorherigen Unterricht die Aufgaben lösen, stellt die größtmögliche Transparenz von Anlage und Intention der Untersuchung den Zusammenhang mit ihrer eigenen Schulerfahrung her. Der anschließende Deutschunterricht sollte Raum zur Besprechung der Eindrücke geben, die Ergebnisse der Auswertung, nach der alle Schüler fragen, sollten ihnen pauschal mitgeteilt und am besten in Form besonders gelungener Texte dokumentiert werden. Auf diese Weise kann eine Integration wenigstens auf der Reflexionsebene gelingen, da bereits Fünftkläßler ein kritisches Verhältnis zum Unterricht aufbauen und an utopischen Konzepten rege interessiert sind.

Die im folgenden anstehenden Fragen der Durchführung und der Konzeption des Testmaterials sind jedoch für die unterrichteten wie für die nicht unterrichteten Klassen von gleicher Bedeutung.

Für Kreativitätstests gilt ebenso wie für jeden kreativitätsfördernden Unterricht bzw. ganz allgemein jeden kreativen Akt die Interdependenz der Person-, Produkt-, Prozeß- und Umweltaspekte, allerdings mit einigen Modifikationen. Nachdem zunächst für die Testziele ein eng begrenzter Bereich innerhalb der Unterrichtsziele abgesteckt worden ist im Interesse einer praktikablen und sinnvollen Testkonzeption, sollen nun die Grundsätze für die Durchführung und zwar in weitestgehender Übereinstimmung mit den Unterrichts*mitteln* aufgestellt werden, um gute Rahmenbedingungen zur Entfaltung von Kreativität auch in dieser Ausnahmesituation zu gewährleisten (s.u. Tabelle K: Faltblatt nach S.394).

Die *Phasen* des kreativen Prozesses werden in der Planung folgendermaßen berücksichtigt: Die Testinstruktionen für die Schüler sind gemäß den Anforderungen der expressiven, der technischen, der inventiven Phase aufgebaut und liefern damit eine entsprechende Vorstrukturierung des Testablaufs. Das Material ist unter 5.2.3. komplett abgedruckt.

1. Das Beispiel, das zur Einführung jeweils vorangestellt wird, ist kein Muster, das die Schüler bei der Lösung ihrer Aufgaben übernehmen oder nachahmen könnten. Es soll Spannung erzeugen, Probleme aufwerfen und die Kinder zu spontanen Äußerungen anregen, die mit der Klasse weniger besprochen, als einfach so vielfältig wie möglich gesammelt werden, allerdings unter Hervorhebung der für den jeweiligen Test typischen Merkmale.

2. Der technische Anteil der Instruktionen faßt zunächst das, was die Besprechung des Beispiels bringt bzw. bringen sollte, zusammen, so daß den Schülern deutlich wird, worauf es bei den Texten ankommt und welche literarischen Verfahren sie anwenden können. Es wird Wert darauf gelegt, daß die Anweisungen so transparent sind, daß sie die Kriterien, nach denen die Auswertung erfolgt, erkennen lassen, ohne jedoch kleinschrittige Handlungsanweisungen zu erteilen. Es folgen die praktischen Angaben zum Umgang mit dem Testmaterial und allgemeine Empfehlungen für einen kreativen Denkprozeß. Diese ca. 2 Seiten werden laut und langsam vorgelesen.
3. Der eigentliche Test entspricht der inventiven Phase, in der die Schüler mit neuen Problemstellungen konfrontiert werden.

Abweichend vom normalen Unterricht nimmt dieser Akt, der sonst häufig zur Hausaufgabe erklärt wird, die meiste Zeit ein. Gravierender jedoch ist, daß die *Reflexion* als Abschluß der inventiven Phase, soweit sie nach Kommunikation und zur Mitteilung, Besprechung, Beurteilung der Werke drängt, aus der Testzeit ausgeschlossen und auf die nächste Stunde verschoben werden muß. Das ist im Hinblick auf die Auswertung zwar eine notwendige, für die Atmosphäre aber nicht unproblematische Einschränkung und muß darum den Schülern ausdrücklich erklärt werden.

Da außer bei der anfänglichen Besprechung des Beispiels Interaktionen zwischen den Schülern nicht zugelassen sind, hat der Lehrer nicht nur und nicht einmal in erster Linie die Aufgabe, den Ablauf zu beaufsichtigen, er muß vor allem als Ansprechpartner für die einzelnen Kinder da sein. Von seinem Verhalten wird es stark abhängen, ob im emotional-motivationalen Bereich die Gestaltung einer kreativen *Lernumwelt* unter den nach der Erfahrung der Kinder eher konträren Bedingungen einer Testsituation gelingt: Sie sollen unbefangen sein in einer Prüfungssituation, sich aus eigenem Antrieb anstrengen, ohne daß es Noten gibt, entspannt sein bei der Lösung komplizierter Aufgaben, Mut zum Ungewöhnlichen zeigen, wo sie doch gewöhnt sind, auf Nummer sicher zu gehen und erst einmal herauszufinden, was 'richtig' ist. Da das unterstützende Lehrerverhalten hierfür zwar sehr wichtig, jedoch kaum exakt vorauszuplanen ist, soll darauf genauer erst bei der Vorbereitung der Durchführung und Kommentierung der Erfahrungen im Vortest eingegangen werden.

Anders als im Unterricht sonst werden die übrigen Lehrerfunktionen, nämlich Impulse zu geben, durch Anweisungen zu führen und Aufgaben zu stellen, dem *Testmaterial* übertragen. Zu dessen Gestaltung sind die kognitiven Merkmale für Lernangebote einer kreativen Umwelt maßgeblich, die entsprechend Berlynes collativen Variablen der Neuartigkeit und Ungewißheit, des Konfliktes und der Komplexität eine starke persönliche Herausforderung intendieren.

- Die Rahmenthemen der Tests geben Alltagssituationen aus dem unmittelbaren Erfahrungsbereich der Kinder vor zur Gestaltung von Gegeninszenierungen, Re-Konstruktionen, Transformationen, Variationen. Da der vorausgehende Unterricht sich spielerischer und unbeschwerter im fiktionalen

Tabelle K

Überprüfung eines kreativitätsfördernden Unterrichts

Unterrichtsstränge:
- I. Freiräume des Subjekts entwerfen
- II. Alltägliche Umwelt entdecken
- III. Abenteuer- und Wunschwelten erfinden
- IV. Klischeehafte Kommunikation durchschauen

Unterrichtsphasen:
1. Expressive Phase
2. Technische Phase
3.1. Inventive Produktion
3.2. Inventive Reflexion

Dimensionen der Kreativität / Teilaspekte psychischer Prozesse	Ziele (Kap. 3.1.)		Mittel (Kap. 3.3.)	
	A Person (Bezug: Kap. 2.1.)	**B** Produkt (Bezug: Kap. 2.4.)	**C** Prozeß (Bezug: Kap. 2.2.)	**D** Umwelt (Bezug: Kap. 2.3.)
a) Emotion/ Motivation	I. Humor II. Neugier und Geduld III. Aktivität und Gelassenheit IV. Engagement und Abstand	Expressives Verhalten Spielerischer Umgang Freies Fabulieren Ausprobieren von Alternativen	1. Erlebnis von Spannung 2. Reiz des Experimentierens 3.1. (Zweifel und) Freude am eigenen Produkt 3.2. Interesse an Kommunikation	Keine negative Kritik: Unbefangenheit Motivation durch Selbsttätigkeit, Anstrengung Wenig Streß, Entspanntheit Toleranz, Mut zum Unüblichen
b) Wahrnehmung/ Kognition	I. Rollendistanz II. Ambiguitätstoleranz III. Möglichkeitssinn IV. Kritikfähigkeit	Mehrdeutigkeit Verfremdung Fiktionalität Funktionalität	1. Problematisierung 2. Analyse von Strategien 3.1. Problemlösung als Herstellung einer neuen Ordnung 3.2. Beurteilung	Interessante Themenstellung Komplexität des Textangebots Präzise und offene Aufgabenstellung Keine Fixierung auf ein bestimmtes Ergebnis
c) Verhalten/ Handeln	I. toleranter Nonkonformismus II. konstruktive Destruktion III. utopiefähige Assimilation IV. verantwortungsbewußte Autonomie	Gegeninszenierungen Re-Konstruktionen Transformationen Variationen	1. Spontane Äußerung von Vorwissen 2. Textrezeption und technische Übungen 3.1. Selbständige Textproduktion 3.2. Besprechung der Arbeiten	L: Impulse Sch: Klassengespräch L: Führung Sch: Partner-, Klassen-, Gruppen-, Einzelarbeit L: Aufgabenstellung Sch: Einzelarbeit L: Unterstützung Sch: Gruppenarbeit Klassengespräch
	Gegenstandsbereich			Durchführung

Legende:
- 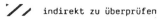 direkt zu überprüfen / unbedingt zu beachten
-  indirekt zu überprüfen / bedingt zu beachten

Umfeld von Schatzgeschichte, Clownerie und Comics bzw. lyrischer Formen bewegt hat, wird nun von den Schülern ein inhaltlicher Transfer verlangt, der durch die Anwendung von literarischen Verfahren auf ihren Alltag bei den Umweltthemen eine Erschwerung der Wahrnehmung bedeutet, bei den Interaktionsthemen eine direkte Auseinandersetzung mit konfliktträchtigen Situationen verlangt.

- Die Komplexität des Aufgabenangebotes soll einerseits die Neugier der Schüler anregen und das persönliche Interesse am Rahmenthema für die Bearbeitungszeit von ca. einer Stunde durch immer andere unerwartete Aspekte wachhalten. Andererseits wird Komplexität angestrebt, um bei der Testkonstruktion die Thematik so vielseitig und vielfältig wie möglich abzudecken.

Für den Vortest gilt zusätzlich, daß jeder Aufgabentyp mehrfach vertreten ist, damit aufgrund der Auswertung die geeignetsten Aufgaben für die Testendform ausgewählt werden können. Der Aufgabenpulk, der später zu den einzelnen Vortests angegeben wird, ist allerdings bereits das Ergebnis eines Ausleseprozesses: Drei Rater haben als Experten für Literaturdidaktik und aufgrund von praktischen Schulerfahrungen ein erstes, noch umfangreicheres Angebot an Aufgaben hinsichtlich ihrer Schwierigkeit und Eignung für Zehnjährige unabhängig voneinander auf einer Skala von 1 bis 10 eingeschätzt. Ausgewählt für den Vortest wurden Aufgaben, die auf der Skala zwischen 3 und 7 rangieren, also weder ganz schwere, noch ganz leichte.

Für die Schüler bedeutet jedoch dieses - soweit vorauszusehen - im mittleren Schwierigkeitsbereich liegende Angebot aufgrund seiner Komplexität nicht nur Anreiz, sondern auch Anstrengung, da für jede Aufgabe ein neuer Lösungsansatz zu finden ist, so daß, auch wenn im Optimalfall während der Arbeit die Risikobereitschaft wächst, sich keine Routine der Erfindung einschleichen kann.

- Dafür sorgt auch die teilstrukturierte Form der Aufgabenstellung, die systematisch präzise Anweisungen mit freibleibenden Gestaltungsmöglichkeiten verbindet. Die Aufgabenkategorien bewegen sich zwischen den beiden Polen:
    1. Die Situation, der Handlungsablauf sind gegeben bzw. bekannt. Elemente sind zu diesem Rahmen auszudenken oder zu erfinden.
    2. Einzelne Elemente einer Situation, eines Handlungsablaufs sind gegeben bzw. bekannt. Der Textzusammenhang ist jedoch hierzu erst auszudenken oder zu erfinden.

Die Unterscheidung in festgelegtere oder offenere Aufgaben bezieht sich im folgenden darauf, ob der situative Kontext in der Aufgabenstellung mehr oder weniger definiert ist. Die Annahme geht dahin, daß die Anforderungen um so höher sind, je offener der Zusammenhang ist, daß umgekehrt den meisten Kindern das Ausdenken der Füllung eines thematischen Rahmens leichter fällt. Diese Teilstrukturierung erfordert zusätzlich zum inhaltlichen Transfer des Gelernten auf Alltagserfahrungen den technischen Transfer auf eine kompliziertere Aufgabenstellung.

Unabhängig davon und nicht zu verwechseln mit dieser für alle vier Tests geltenden Differenzierung der Aufgabenkategorien, sind die Lösungsblätter zum 1. und 4. Test teilweise stärker formalisiert als bei den andern. Ursache hierfür sind die unterschiedlichen Genres im Verbund mit den jeweiligen Themen. Die Dialoge der "Komischen Szenen" wie die Alternativen der "Parallelgeschichten" erfordern stärker strukturierte Formulare als die Gestaltung von Laut-Gedichten bzw. von Geschichten. Ob sie dadurch für die Schüler schwerer oder leichter werden, oder ob sich kein Unterschied zwischen den Testformen ergibt, muß sich zeigen.

- Daß keine Fixierung auf ein bestimmtes Ergebnis intendiert ist, hat bereits die Charakterisierung der Schülerinstruktionen gezeigt, die zwar ein Beispiel, aber kein Muster, Erläuterungen, aber keine Rezepte geben. Entsprechend versucht die Auswertung den überraschenden Ergebnissen des divergenten Denkens durch ein Kriteriensystem gerecht zu werden, das jeweils nur bestimmte, für den einzelnen Test entscheidende Merkmale festlegt und das für die Beurteilung, ob eine Aufgabe dem Testziel entsprechend gelöst wurde oder nicht, eine Toleranzspanne zuläßt.

Bei einer Höchstpunktzahl von 6 gilt das Lernkriterium ab 4,5 Punkten als erreicht, wobei die differenzierte Gewichtung der einzelnen Merkmale gewährleisten soll, daß dieser Wert nur mit einer Kombination erreicht werden kann, in der auch das für einen Test zentralste Kreativitätsmerkmal vertreten ist. Obgleich das Beurteilungssystem im Prinzip an der internen Komplexität orientiert ist (viele verschiedene Merkmale - viele Punkte), so ist doch durch die relativ große Toleranzspanne auch insofern einer Fixierung auf ein bestimmtes Ergebnis vorgebeugt, als der ästhetische Gegenpol, nämlich mit wenigen Mitteln zu arbeiten und dabei die Abwesenheit der andern als Effekt einzukalkulieren, mit erfaßt werden kann. Diese Möglichkeit wird auf dieser Altersstufe noch nicht stark ins Gewicht fallen, man sollte jedoch nicht vor einer Untersuchung den Ergebnisspielraum zu eng antizipieren.

Diese konzeptionell bedingte Offenheit für unterschiedliche Realisierungsmöglichkeiten macht nicht nur für die Beurteilung recht aufwendige Merkmalsdefinitionen erforderlich, sondern bedeutet für die Kinder eine beträchtliche Unsicherheit, um ohne zu wissen, 'wie es richtig geht', nach eigenem Ermessen anzufangen. Die genannten vier Aspekte der Testkonzeption sollen jedoch so aufeinander abgestimmt sein, daß das Interesse der Kinder und ihr Spaß am Testthema und den Aufgabenkernen die Verunsicherung durch die halboffene Aufgabenstellung und das Fehlen eines Musters überwiegt. Wie konkret diese spannungsvolle Motivationsstruktur aufzubauen ist, kann die folgende Darstellung des Testmaterials im einzelnen zeigen.

5.1.3. Konzeption des Testmaterials

Die Darstellung der Entwicklung von Test 1 bis 4 erfolgt jeweils in vier Schritten:
- Abgrenzung des Tests vom vorausgehenden Unterricht zur Bestimmung der innovativen Transferleistung und Aufzählung der daraus resultierenden erschwerten Bedingungen
- Operationalisierung der Lernziele in überprüfbaren Produktmerkmalen und Formulierung eines gewichteten Kriterienkatalogs
- Systematische Ausdifferenzierung von teilstrukturierten Aufgabenstellungen unter Berücksichtigung auch der generellen Instruktionen für die Schüler und Bildung der Aufgaben-Kategorien
- Inhaltliche Konkretisierung der Aufgabenkerne in bestimmten Sujets und Festlegung der Reihenfolge unter Einbeziehung von Expertenurteilen über die Schwierigkeitsgrade.

Das vollständige Material der Endfassung ist einschließlich der Angabe der Änderungen gegenüber dem Vortest unter 5.2.3. abgedruckt.

5.1.3.1. Test "Komische Szenen"
zur Unterrichtseinheit "Ich möcht' ein Clown sein!"

Während sich die Unterrichtseinheit (von der 1. bis 7. Stunde) an der Figur des Clowns orientiert und damit im fiktionalen Bereich bleibt, ist der Test direkt auf alltägliche Konflikte von Kindern mit autoritären Erwachsenen zugeschnitten. Ziel ist es, mit den Mitteln der Sprachkomik humorvolle 'Gegeninszenierungen' zu entwerfen. Dabei werden von den Schülern unterschiedliche *Transfer*-Leistungen verlangt:
- Das Handlungsmuster erfordert in zweierlei Hinsicht ein **Umdenken**: Zum einen setzt der freundlich-versöhnliche Abschluß voraus, daß die Kinder auf die witzige Bloßstellung des Gegenübers nach Art der Clownsszenen verzichten, zum andern, daß sie im Gegensatz zu vielen eigenen Erfahrungen einen Erwachsenen erfinden, der positiv auf ihren humorvollen Widerstand reagiert.
- Die typische Rollenverteilung zwischen **Dummem August** und **Weißclown** muß in der Personenkonstellation von pfiffigem Kind und autoritärem Erwachsenen *wiedererkannt* werden, obwohl in den Aufgaben beide in ganz alltägliche Ernstfälle verstrickt sind. Eine Assoziationsbrücke baut der Name von Herrn oder Frau Hoppdidopp.
- Die Erfahrung mit sprachkomischen Effekten, wie sie an einfach lustigen Homonymen-Mißverständnissen durchgespielt wurden, ist auf den 'angewandten', zielgerichteten Spaß mit umgangssprachlichen bildlichen Wendungen zu *übertragen*, die Erwachsene nicht selten aggressiv gegen Kinder einsetzen.

- Die Ausdrucksmittel dieser Testszenen sind ausschließlich verbale, so daß Gestik, Mimik, Intonation als Interpretationshilfen entfallen und *übersetzt* werden müssen zumindest in die explizite Angabe, wie Hoppdidopp jeweils redet, um seine Stimmung für den Leser identifizierbar zu machen.

Das Testziel, komische Szenen als kreative Gegeninszenierungen zu alltäglichen Konfliktsituationen zwischen Kindern und autoritären Erwachsenen zu erfinden, führt durch Operationalisierung zur Ableitung folgender *Kriterien,* nach denen die Schülertexte eingeschätzt werden sollen, um den Lernerfolg bzw. den Effekt des Unterrichts festzustellen.

- Emotional-motivationale Voraussetzung dieser positiven Gegeninszenierungen ist, daß die Kinder überhaupt *Widerstand leisten* wollen, und zwar indem sie *humorvoll* ihrem Protest Ausdruck verleihen. Es ist jedoch auch mit folgenden Möglichkeiten zu rechnen: daß sie sich nicht wehren, daß sie aggressiv werden, daß sie zu argumentieren versuchen. Diese letztgenannte Reaktion soll wahrhaftig als reales Verhalten nicht abgewertet werden, sie ist jedoch in diesem Kontext im Interesse anderer 'Strategien' zurückzustellen.
- Denn Mittel der Gegenwehr ist hier das unerwartete Ausspielen der Mehrdeutigkeit bildlicher Wendungen, da das Abweichen vom üblichen Sprachgebrauch unweigerlich komisch wirkt, sofern ein treffender bzw. *passender 'Kippeffekt'* gelingt. Die Abweichung allein ist zwar ein Schritt in die richtige Richtung und mag schon von einer gewissen Rollendistanz zeugen, ohne die kognitive Beherrschung der verbalen Technik ist sie jedoch noch nicht kreativ.
- Kernstück der Gegeninszenierungen ist das *'Umdrehen' der Ausgangssituation* im Sinne eines toleranten Nonkonformismus. Das heißt, das ungewöhnliche Verhalten des Kindes richtet sich nicht gegen den Erwachsenen, sondern zieht ihn mit zu einem freundlich-versöhnlichen Ende. Berechtigt ist das Umdrehen also nicht, wenn man damit jemanden verletzt oder selbst im Unrecht ist. Glaubhaft ist es nur, wenn der Stimmungswandel sich in mehreren Schritten vollzieht.
- Damit die Stimmung des Gegenübers möglichst eindeutig erfaßt werden kann, muß zu der (geschriebenen) wörtlichen Rede jeweils der *Ton der Reaktion* angegeben werden. Da das explizite Benennen von sich verändernden Gefühlen, zudem anderer Personen, für Zehnjährige nicht einfach ist, wird diese Leistung mit einem eigenen Kriterium erfaßt. Als Vorstufe gilt die implizite Charakterisierung durch Beschreibung von (pantomimischen) Begleithandlungen, die den Kindern näher liegen.
- Die genannten Kriterien allein bilden jedoch noch keine Gegeninszenierungen ab. Dazu ist die Integration der Einzelaspekte in einem *abgeschlossenen Handlungsablauf* notwendig. Selbstverständlich gilt dieses Merkmal auch dann als erfüllt, wenn ohne Humor usw. die Ausgangssituation zu einer Szene ausgestaltet wird.

Bei der Gewichtung der Merkmale wird die zentrale Bedeutung des Umdrehens der Ausgangssituation für die Gegeninszenierungen dadurch berücksichtigt, daß bei deren kreativer Durchführung 2 der 6 Punkte erreicht werden können. Die beiden Humor-Kriterien (Widerstand und Kippeffekte) sowie die Elaborations-Kriterien (Angabe des Tons und Abgeschlossenheit) erhalten je 1 Punkt. Positive Leistungen, die jedoch nicht optimal den Kreativitäts-Anforderungen entsprechen, werden mit 0,5 Punkten berücksichtigt.
Eine Aufgabe gilt als gelöst, wenn 4,5 Punkte erreicht werden.

```
Kriterien für 1. Test (Komische Szenen)

1.  WIDERSTAND
    fehlt       aggressiv    argumentativ    humorvoll
    (0,0)       (0,0)        (0,5)           (1,0)

2.  KIPPEFFEKTE AUF DER WORTEBENE
    nein        ja:unpassend    ja:passend
    (0,0)       (0,5)           (1,0)

3.  UMDREHEN DER SITUATION
3.1. Beurteilung des Umdrehens
    ja:                          nein:
    berechtigt  unberechtigt     berechtigt  unberechtigt
      ↓         (0,0)            (1,0)       (0,0)

3.2. Entwicklung des Umdrehens
    im letzten Moment (0,5)    kontinuierlich (1,0)

3.3. Richtung des Umdrehens
    von negativ nach positiv     (1,0)
    von positiv nach negativ     (0,0)

4.  ANGABE DES TONS DER REAKTION
    nein        ja: implizit    ja: explizit
    (0,0)       (0,5)           (1,0)

5.  ABGESCHLOSSENER HANDLUNGSABLAUF
    nein        ja
    (0,0)       (1,0)

Vp-Nr.:     ..........
```

Daß ein solches differenziertes Kriteriensystem gerade keine Fixierung auf ein bestimmtes Ergebnis impliziert, wird sofort deutlich, wenn man einmal ausprobiert, mit wieviel unterschiedlichen Merkmalskombinationen das Lernkriterium von 4,5 Punkten erreicht werden kann. Allerdings zeigt die Gegenprobe der Produktprofile, die das Limit nicht erreichen, deutlich den Rahmen des kreativen Konzepts in diesem Test: So ist zum Beispiel keine Kombination erfolgreich, bei der nicht wenigstens ein Aspekt des zentralen 3. Kriteriums kreativ gelöst worden ist.

Entsprechend sind die Tests für die Schüler konzipiert. Zwar wird ein Beispiel vorangestellt, das den Kriterien in allen Punkten entspricht, zwar werden im Anschluß daran die entscheidenden Merkmale einer Gegeninszenierung auch in ihrer Funktion einsichtig gemacht, die Art der Aufgabenstellung ist jedoch so, daß eine direkte Nachahmung bzw. Übernahme kaum möglich ist. Ursache hierfür ist die Teilstrukturierung der Vorgaben. Sie variiert einerseits hinsichtlich des Handlungszusammenhangs: die Ausgangssituation ist entweder gegeben (teils eindeutig zum Umdrehen, teils muß der Schüler erst darüber eine Entscheidung fällen) und das Ende auszudenken, oder sie ist ganz frei zu erfinden. Andererseits sind die Redeanteile des Gesprächspartners in unterschiedlichem Maße festgelegt: Hoppdidopps direkte Rede wird komplett angegeben, so daß der Dialog nur zu ergänzen ist; die Redewendungen, die Hoppdidopp gebraucht, werden lediglich genannt, so daß sie zunächst in eine sinnvolle Reihenfolge gebracht werden müssen, bevor das Gespräch für beide Teilnehmer ausformuliert werden kann; es wird nur der erste provozierende Satz von Hoppdidopp gegeben, die nächsten bildlichen Redewendungen und die Entwicklung des Wortwechsels müssen gefunden werden; es werden überhaupt keine Angaben gemacht, das gesamte Gespräch ist zu erfinden.

Daraus ergeben sich für die Aufgabenstellung folgende vier *Kategorien*. Die Nummern beziehen sich auf die zugehörigen Aufgabenkerne.

Gegeben sind:

```
- Situation         + Dialogpart von H.        01, 02, 03, 04

- Situation         + Redewendung von H.       14, 15, 16, 17

- Situation         + Anfangssatz von H.       06, 07, 08, 09,
  (geeignet/nicht)                             10, 11
  (05: zur Sensibilisierung für die Aufgaben 06 - 11)

- weder Situation   noch Redeanteile          12, 13
```

Die *Aufgabenkerne* selbst sollen möglichst vielseitig alltägliche Konfliktsituationen von Kindern mit autoritären Erwachsenen erfassen.
- Als Gegenüber werden keine Autoritätspersonen im strengen Sinne (wie Eltern, Lehrer, Hausmeister; Ausnahme: Zahnarzt, s.u.) ausgewählt, da der humorvolle Widerstand ihnen gegenüber möglicherweise eine Überforderung wäre.

- Es handelt sich um nicht spektakuläre, normale Vorkommnisse, wie sie alle Kinder jederzeit erleben, erlebt haben, erleben könnten: im Hausflur, in der Nachbarschaft, zu Besuch bei einem Freund, beim Einkaufen usw., so daß sie den üblichen Ablauf als Folie ihrer Gegeninszenierung vor Augen haben.
- Die Kinder sind in unterschiedlichem Maße mitverantwortlich für die gereizte Atmosphäre, sei es durch kleine Schlampereien (indem sie ein Kaugummipapier im Hausflur 'fallen' lassen), sei es durch unglückliche Zwischenfälle (indem sie helfen wollen, stolpern, Geschirr 'hinwerfen'), oder daß sie den Erwachsenen einfach lästig werden (weil sie neugierig sind; besser Bescheid wissen; eine ehrliche Antwort geben). In keinem dieser Fälle provozieren sie vorsätzlich oder richten einen wirklichen Schaden an, so daß die Überreaktion der Erwachsenen tatsächlich das komische Umdrehen der Szene rechtfertigt.
- Die Redewendungen, die vorgegeben bzw. als Zusatzmaterial angeboten werden, sind ebenfalls unter dem Aspekt des umgangssprachlich nahezu Selbstverständlichen ausgesucht. Beim Sammeln bildlicher Ausdrucksweisen, wie sie Erwachsene Kindern gegenüber nicht selten verwenden, bestätigt sich im Nachhinein noch einmal die Notwendigkeit dieser Unterrichtsreihe: es handelt sich nahezu ausschließlich um negative, abschätzige, zurückweisende Äußerungen.

Im folgenden werden die Aufgaben, die aufgrund der Expertenurteile (5.1.2.) für den Vortest ausgewählt wurden, angegeben. Die Wiederholungen, die sich bei dieser stärker formalisierten Anlage des Tests ergeben, sind ausgelassen. Die Anordnung erfolgt in vier Gruppen entsprechend den Kategorien der Aufgabenstellung (von denen die Schüler mindestens je 1 auswählen sollen), und zwar so, daß die beiden vermutlich leichteren die beiden voraussichtlich schwereren einrahmen.

Aufgabenkerne / Test 1

Anweisungen zur 1. bis 4. Aufgabe

Ergänze das folgende Gespräch.
- Schreibe auf die gepunkteten Linien, in welchem Ton sich Herr/Frau Hoppdidopp äußert.
- Hinter 'Antwort' schreibe, was Du erwiderst.
- Hinter 'Ende' schreibe, wie die Szene ausgeht: in welcher Stimmung Herr/Frau Hopppdidopp ist, was Hopppdidopp am Schluß sagt oder tut.

1. Aufgabe

Dein Freund hat eben geschellt, und Du springst nicht gerade leise die Treppe hinunter. Da reißt Herr H. die Korridortüre auf und ruft . . . . :
"Jetzt habe ich aber die Nase voll! Was fällt dir eigentlich ein?!"
Antwort: _____

Herr H. . . . . :
"Dein Vater sollte dir mal den Hintern versohlen, daß dir Hören und Sehen vergeht!"
Antwort: _____

Herr H. . . . . :
"Jetzt halt aber die Luft an."
Antwort: _____

Ende: Herr . . . .
_____
_____

2. Aufgabe

Du läufst hinter Deinem Ball her und trittst dabei versehentlich auf das frisch bepflanzte Beet. Frau H. kommt auf Dich zu und sagt . . . . :
"Mußt du denn immer hier spielen?! Das geht mir langsam über die Hutschnur!"
Antwort: _____

Frau H. . . . . :
"Da schlägt's doch 13!"
Antwort: _____

Frau H. . . . . :
"Nun bleib mal auf dem Teppich!"
Antwort: _____

Ende: Frau H. . . . .
_____
_____

3. Aufgabe

Du bist bei Deinem Freund zu Besuch und willst beim Abräumen helfen. Da stolperst Du über eine Schultasche, die im Flur liegt, und fällst mit dem Geschirr hin.
Frau H. sagt:
"Mußt du denn immer über Tische und Bänke gehen!"
Antwort: _____

Frau H. . . . . :
"Nun werd nicht noch frech! Du benimmst dich wie ein Elefant im Porzellanladen."
Antwort: _____

Frau H. . . . . :
"Jetzt mach dich aber dünn!"
Antwort: _____

Ende: Frau H. . . . .
_____
_____

4. Aufgabe

Herr H. nimmt Dich im Auto mit. Weil Du weißt, daß auf der Strecke gleich eine neue Baustelle kommt, sagst Du Herrn H., er müsse jetzt abbiegen.
Herr H. sagt:
"Du hast ja nicht alle Tassen im Schrank!"
Antwort: _____

Herr H. . . . . :
"Willst du mich an der Nase herumführen?"
Antwort: _____

Herr H. . . . . :
"Ich denk', ich bin im Wald!"
Antwort: _____

Ende: Herr H. . . . .
_____
_____

Aufgabenkerne / Test 1

Lies Dir die folgenden sechs Situationen durch.
Trage auf der gepunkteten Linie ein, in welchem Ton Herr/
Frau Hoppdidopp spricht.
Man kann alle sechs Situationen umdrehen. Überleg Dir, ob
das auch bei allen richtig wäre.
Eine Situation sollte man umdrehen
 - um sich gegen eine unangemessene, ungerechte Reaktion
   zu wehren oder
 - zum Spaß für beide Gesprächspartner.
Aber man sollte dem andern nicht die Wörter im Mund herum-
drehen,
 - wenn man selbst im Unrecht ist oder
 - wenn man damit jemanden, der einem freundlich begegnet,
   ärgert, verletzt oder ihm schadet.

a) Du bist bei der Zahnärztin. Frau Dr. H. sagt zu
   Dir . . . . :"Nimm dich mal zusammen. Du tötest mir den letzten Nerv!"
b) Der alte Herr H. schleppt schwere Einkaufstüten.
   Als Du ihn fragst, ob Du ihm helfen kannst, sagt er
   . . . . :"Danke schön, junger Mann/Fräulein-
   chen. Aber das wäre gar nicht nötig."
c) Deine Mutter gibt Dir ein Paket, das Du bei der Post
   aufgeben sollst. Du mußt Dich anstellen, weil mehrere
   Leute vor Dir sind. Nach einer Weile fängst Du an
   herumzuzappeln. Vor Dir steht Herr H. und sagt . . . .
   . . . . :"Stell dich nicht so an! Du machst mich ganz
   nervös!"
d) Deine Tante H. bereitet eine Überraschung für Dich vor
   und hat Dich gebeten, sie nicht dabei zu stören. Aber
   Du hast es vergessen und stürmst in das Zimmer. Sie
   sagt . . . . :"Jetzt war alles für die Katz!"
e) Du hast Eure Nachbarin, Frau H., angeschwindelt. Aber
   sie ist Dir auf die Schliche gekommen und sagt . . . .
   . . . . :"Lügen haben kurze Beine!"
f) Herr H. streicht Euren Hausflur an. Du stellst Dich
   neben die Leiter und guckst zu. Da sagt Herr H. . . .
   . . . . :"Du gehst mir auf den Wecker!"

Kreuze in der folgenden Tabelle an, welche der Situationen
Du umdrehen und welche Du nicht umdrehen würdest (auch wenn
Du eine ganz tolle Idee dazu hättest!), und versuche Deine
Entscheidung zu begründen.

Situation	umdrehen ja	nein	Begründung ?
a			
b			
c			
d			
e			
f			

Anweisungen zur 6. bis 11. Aufgabe

Von den Situationen, die Du nach der 1. Aufgabe umdrehen
würdest, such Dir eine aus und setze das Gespräch fort.
Die Situationen sind auf den folgenden Seiten noch einmal einzeln abgetippt.

- Übertrag zunächst, was Du in der 1. Aufgabe schon auf die
  gepunktete Linie geschrieben hast.
- Laß Dir eine passende Antwort auf die Bemerkung von Hopp-
  didopp einfallen.
- Dann überleg Dir, wie das Gespräch weitergehen könnte.
- Suche für Hoppdidopp andere Wendungen, die man mißver-
  stehen könnte.
- Du darfst auch Wendungen aus dem Zusatzmaterial (letztes
  Blatt) nehmen. Dann setze ein x) vor die Zeile.
- Was antwortest Du?
- Wie reagiert Herr/Frau Hoppdidopp? Schreibe das auf die
  gepunkteten Linien, so oft Du Hoppdidopp sprechen läßt.
- Wie endet die Szene?

6. Aufgabe

Du bist bei der Zahnärztin. Frau Dr. H. ist . . . . . .
. . . . und sagt:
"Nimm dich mal zusammen, du tötest mir den letzten Nerv!"
Antwort: _____

Frau H. . . . . :
_____
usw.

7. Aufgabe

Der alte Herr H. schleppt schwere Einkaufstüten.
Als Du ihn fragst, ob Du ihm helfen kannst, sagt er
. . . . :
"Danke schön, junger Mann/Fräuleinchen. Aber das wäre
gar nicht nötig."
Antwort: _____

Herr H. . . . . :
_____
usw.

8. Aufgabe

Deine Mutter gibt Dir ein Paket, das Du bei der Post
aufgeben sollst. Du mußt Dich anstellen, weil mehrere
Leute vor Dir sind. Nach einer Weile fängst Du an herum-
zuhampeln. Vor Dir steht Herr H. und sagt . . . . :
"Stell dich nicht so an! Du machst mich ganz nervös!"
Antwort: _____

Herr H. . . . . :
_____
usw.

9. Aufgabe

Deine Tante H. bereitet eine Überraschung für Dich vor
und hat Dich gebeten, sie nicht dabei zu stören. Aber
Du hast es vergessen und stürmst in das Zimmer. Sie
sagt . . . . :
"Jetzt ist alles für die Katz!"
Antwort: _____

Frau H. . . . . :
_____
usw.

10. Aufgabe

Du hast Frau H., Eure Nachbarin, angeschwindelt. Aber
sie ist Dir auf die Schliche gekommen und sagt . . . .
. . . . :
"Lügen haben kurze Beine!"
Antwort: _____

Frau H. . . . . :
_____
usw.

11. Aufgabe

Herr H. streicht Euren Hausflur an. Du stellst Dich neben
die Leiter und guckst zu.
Da sagt Herr H. . . . . :
"Du fällst mir auf den Wecker!"
Antwort: _____

Herr H. . . . . :
_____
usw.

Aufgabenkerne / Test 1

Anweisungen zur 12. und 13. Aufgabe

Du hast bestimmt selbst schon solche Situationen erlebt, wie sie in den Aufgaben der Gruppe A und B dargestellt sind.
Erinnere Dich an eine erlebte Situation oder erfinde eine ähnliche.
Dann schreib ein Gespräch auf, in dem Du die Situation umdrehst.
- Ordne Deinen Text selbst an, wie in den Aufgaben der Gruppe A.
- Wenn Dir nicht genügend passende Wendungen einfallen, dann sieh im Zusatzmaterial nach (auf der letzten Seite), ob Du dort etwas findest.
- Wenn Du zu dem Gespräch selbst keine Ideen hast, dann schreib in jedem Fall die Situation auf, die Du meinst, und warum Du sie umdrehen möchtest.

12. Aufgabe

_____
_____
_____
                                            usw.

13. Aufgabe

_____
_____
_____
                                            usw.

Anweisungen zur 14. bis 17. Aufgabe

Erfinde zu der Ausgangssituation ein Gespräch.
Verwende für Hoppdidopp die unten angegebenen Redewendungen.
- Überleg Dir, in welcher Reihenfolge Hoppdidopp sie gebraucht.
- Was kannst Du antworten?
- Schreib auf die gepunktete Linie, in welchem Ton Hoppdidopp spricht.
- Wie endet die Szene?

14. Aufgabe

Verwende für Hoppdidopp folgende <u>Redewendungen</u>:
eine Fliege machen; ein Auge zudrücken; nicht in die Tüte kommen; für dumm verkaufen

Herr H. sieht, wie Dir im Hausflur gerade Dein Kaugummipapier auf den Boden fällt und sagt . . . . :

Antwort:_____
                                            usw.

15. Aufgabe

Verwende für Hoppdidopp folgende <u>Redewendungen</u>:
mach mal halblang; immer der Nase nach; die Augen aufsperren; jetzt ist's aber genug

Du hast einen langen Besorgungszettel und findest viele Sachen nicht. Als Du zum drittenmal Frau H. fragst, sagt sie . . . . :

Antwort:_____
                                            usw.

16. Aufgabe

Verwende für Hoppdidopp folgende <u>Redewendungen</u>:
den Mund voll nehmen; es ist noch kein Meister vom Himmel gefallen; einen Punkt machen; verduften

Du springst vom Einmeter-Brett und hast gut aufgepaßt. Aber Herr H., der gerade vorbeischwimmt, ändert die Richtung, so daß Du ihm in die Quere kommst. Er sagt . . . .
. . . . :

Antwort:_____
                                            usw.

17. Aufgabe

Verwende für Hoppdidopp folgende <u>Redewendungen</u>:
schlagfertig sein; jemanden nicht geschenkt haben wollen; ein Haar in der Suppe finden; bei dir piept's

Du bist bei Frau H. zum Mittagessen eingeladen und läßt den Salat liegen, weil er Dir zu sauer ist. Sie sagt . . . . :

Antwort:_____
                                            usw.

5.1.3.2. Test "Laut-Gedichte"
zur Unterrichtseinheit "Siehst du was? Hörst du was?"

Während für den 1. Test der inhaltliche Transfer aus dem fiktionalen Bereich auf den der Alltagserfahrung entscheidend ist, die Gestaltungsmittel dagegen eingeschränkt werden auf eine Form von Sprachkomik in einer bestimmten Personenkonstellation, steht im 2. Test der technische *Transfer* im Vordergrund. In der vorausgehenden Unterrichtseinheit sind vielerlei Verfahren zur konkreten, nicht beschreibenden Charakterisierung einer Situation über ihre Geräuschkulisse entwickelt und ausprobiert worden, jeweils im Anschluß an die Analyse eines Laut-Gedichtes. Der Test dagegen zielt auf die verfremdende Re-Konstruktion von Umweltwahrnehmung durch selbständigen Umgang mit der akustischen Dimension von Sprache. Da kein Sujet wie das andere ist, sind auch die literarischen Techniken jedesmal anders zu verwenden. Das erfordert von den Schülern folgende Transferleistungen:

- Die alltägliche Wahrnehmung einer Situation muß jeweils *revidiert* werden, indem diffuse Eindrücke ins Bewußtsein gehoben, typische Töne herauskristallisiert und in der Vorstellung zu einer charakteristischen Kette verbunden werden.
- Die Verbalisierung der einzelnen akustischen Phänomene gelingt unter Rückgriff auf die verschiedenen vertrauten Techniken, wenn sie dem speziellen Wahrnehmungsbereich *akkomodiert* werden. So sind zum Beispiel die Ausdrucksmöglichkeiten durch Wortveränderung für jedes Sujet neu zu entdecken.
- Die Komposition zu einem Text erfordert mehr, als einzelne Effekte einfach aneinanderzureihen. Sie müssen in einen Funktionszusammenhang *integriert* werden, in dem z.B. Lautmalerei und Wortveränderung sich gegenseitig in ihrer Wirkung verstärken, daß Wiederholung und Variation den Klangcharakter unterstützen. Die Schüler haben also Akzente zu setzen, indem sie einmal die Auswahl der Elemente, aus denen sie ihr Gedicht aufbauen wollen, abstimmen und indem sie mehrere Techniken an diesen wenigen Elementen durchspielen. Das Textmuster, das sie auf diese Weise finden, ist ihre Erfindung.
- Der Wegfall der Intonation erfordert in noch höherem Maße als im Unterricht die *Umsetzung* der intendierten Höreindrücke (Lautstärke, Tonlänge, Pause usw.) in die Schreibweise, so daß Möglichkeiten der Visualisierung, die bis dahin nicht im Mittelpunkt des Interesses gestanden hatte, unter den Testbedingungen überhaupt erst ausgedacht werden.

Das Testziel, Laut-Gedichte als kreative Re-Konstruktionen der gewohnten Umwelt aufgrund ihrer akustischen Dimension zu gestalten, führt durch Operationalisierung zu folgenden Beurteilungs*kriterien*.

- Der spielerische Umgang der Kinder mit dem Sprachmaterial drückt sich auf der phonetischen Ebene in *Lautmalerei* aus, die auf umgangssprachliche Geräuschwörter zurückgreifen oder zu neuen Klangimitationen führen kann.
- Der Spaß am spontanen Experimentieren mit der Sprache führt im Bereich der Textstrukturierung zu expressiven Formen der Rhythmusbildung, die durch die Kriterien *Wiederholung* und *Variation* erfaßt werden.
- Mehr kognitive Durchdringung erfordern die eigentlichen Techniken der Verfremdung. Der *Klangcharakter* ist das Ergebnis einer teils assoziativen, teils gezielten Auswahl des Sprachmaterials. Das Ausprobieren unterschiedlicher Kombinationen wird gewiß nicht zuletzt durch die Neugier auf ungewohnte Effekte motiviert.
- Mit der *Wortveränderung* kann ein Bedeutungszuwachs erreicht oder ein Bedeutungsspielraum eröffnet werden. Dieses Merkmal ist zentral für die konstruktive Destruktion von Sprache. Der Schwierigkeit einer solchen Operation wird dadurch Rechnung getragen, daß auch die nicht ausdrucksvolle, also nur abweichende Veränderung in der Beurteilung erfaßt wird.
- Um die akustischen Eindrücke lesbar zu machen, muß für jeden Text eine eigene Schreibweise erfunden werden, die unter *Einbeziehung der Fläche* sowohl den Sprachduktus durch Zeilenlänge, Abstände usw. anzeigt als auch durch typographische Veränderungen die phonetische Qualität andeutungsweise notieren kann. Hier wird ebenfalls die Abweichung vom vertrauten Schriftbild (Prosa oder Lyrik) als so schwierig und verunsichernd angesehen, daß sie, auch wenn damit keine kreativ-konstruktive Form erreicht wird, in die Bewertung eingeht.
- Das Kriterium des *Gesamteindrucks* dient der Beurteilung, ob die Re-Konstruktion der Wahrnehmung gelungen ist oder nicht, ob die verschiedenen Formen der Verfremdung zusammenhanglos und beliebig eingesetzt oder zu einem ausdrucksstarken Bild integriert sind.

Die *Gewichtung* trägt der zentralen Bedeutung des Gesamteindrucks dadurch Rechnung, daß die kreative Erfüllung dieses Kriteriums mit 2 der 6 Punkte belohnt wird. Demgegenüber erhalten die drei phonetischen (Klangcharakter, Lautmalerei, Wortveränderung) wie die drei Struktur-Kriterien (Wiederholung, Variation, Fläche) zusammen je 2 Punkte. In beiden Gruppen werden zwei Merkmale als leichter angesehen und mit 0,5 Punkten angesetzt, je ein Merkmal, nämlich Wortveränderung bzw. Einbeziehung der Fläche, wird als schwierigere Form der Verfremdung mit 1 Punkt bewertet.

Eine Aufgabe gilt als gelöst, wenn 4,5 Punkte erreicht werden.

```
Kriterien für 2. Test (Lautgedichte)

1. KLANGCHARAKTER
     nein (0,0)           ja (0,5)

2. LAUTMALEREI
     nein (0,0)           ja (0,5)

3. WORTVERÄNDERUNG
     nein        ja:nicht ausdrucksvoll    ja:ausdrucksvoll
     (0,0)              (0,5)                  (1,0)

4. WIEDERHOLUNG
     nein (0,0)           ja (0,5)

5. Variation
     nein (0,0)           ja (0,5)

6. EINBEZIEHUNG DER FLÄCHE
     nein        ja: ohne Prinzip         ja:mit Prinzip
     (0,0)            (0,5)                   (1,0)

7. GESAMTEINDRUCK
     beliebig             ausdruckskräftig
     (0,0)                     (2,0)


Vp-Nr.:  .....
```

Auch hier, wie beim Kriterienkatalog des 1. Tests, zeigt sich, wie unterschiedlich die Schülertexte sein können, die bei dieser differenzierten Merkmalsbestimmung das Lernkriterium erreichen. Allerdings: ohne das 7. Kriterium kommt kein Laut-Gedicht aus.

In den Anweisungen für die Schüler ist hier stärker als beim 1. Test darauf zu achten, daß kein suggestives, zur Nachahmung verleitendes Beispiel gegeben wird. Denn während durch die formalisierte Aufgabenstellung dort der Ausgangspunkt soweit spezifiziert wird, daß die anfangs besprochenen Lösungen kaum wieder zu verwenden sind, wäre bei der weiten Themenstellung hier die Anlehnung an ein Muster durchaus denkbar. Das Gedicht von Jandl wurde gerade deshalb ausgewählt, weil es nicht zum eigentlichen Kern seiner phonetischen Poesie gehört und doch die für die Laut-Gedichte der Kinder maßgeblichen Kriterien erfüllt. Und zwar in einer rudimentären Weise, die auch Schülern, die bisher keine experimentelle Lyrik kennengelernt haben, zugänglich ist, und zu einem ihnen allen vertrauten Sujet. Von diesem Beispiel ausgehend können sie dann Alternativen zu den Verfremdungseffekten entwickeln, ohne daß ihnen dabei über die Verfahren hinaus eine Textstruktur angeboten würde, die sie festlegen könnte.

Auch die Aufgabenstellung gibt nur einen thematischen Rahmen an, ohne daß damit die Textgestaltung präformiert würde. Die Differenzierung in festgelegtere und offenere Aufgabentypen richtet sich nach dem Grad der Bekanntheit einer Geräuschkulisse bzw. danach, in welchem Maße sie erst zu erfinden ist. Die Abstufung reicht von eindrucksvollen, bekannten und prägnanten akustischen Effekten über ein alltägliches, eher diffuses Vielerlei bis zur Nennung lediglich von Anlässen wie Freude bzw. Gespräch, die jedoch in konkrete Kontexte eingebettet werden müssen, zu denen entweder gar keine oder stark verfremdete Angaben gemacht werden, und schließlich folgen Situationen, zu denen kaum spezifische Geräusche assoziiert, aber akustische Akzente ausgedacht werden können. Variiert werden auf der Ebene der Elemente in der akustischen Dimension: die schwerpunktmäßige Artikulation von Geräuschen, von Geräuschen und Stimmen gleichermaßen, vorwiegend von Stimmen mit Nebengeräuschen sowie eine erst auszudenkende Kombination. Die Aufgabenstellung schließt in zwei Fällen Bildvorlagen ein, zweimal werden Laut-Gedichte gegeben. Da die Anforderungen an die Schüler keine wesentlich anderen sind, ob sie von einem Thema aus ihr Gedicht entwerfen oder assoziativ von einem Bild ausgehen, werden diese Aufgaben als eine Sonderform den thematischen zugeordnet. Die Textrezeption dagegen setzt sozusagen den umgekehrten Denkprozeß voraus: Aus den verfremdeten Laut-Gedichten die gemeinte Situation herauszuhören. Obgleich keineswegs unterstellt wird, daß Kinder, die kreative Texte verfassen, auch kreative Rezipienten sein müssen, werden im Vortest versuchsweise zwei Aufgaben dieses Typs aufgenommen.

Daraus ergeben sich für die Aufgabenstellung folgende sechs *Kategorien*. Die Nummern beziehen sich auf die unten aufgeführten Aufgabenkerne (nach der Voreinschätzung von 1 bis 4 im Schwierigkeitsgrad ansteigend; die 5. Gruppe wird zwischen der 2. und 3. eingeschätzt).

Geräuschkulisse ist:		Man hört vorwiegend:	
- eindrucksvoll	+	Geräusche	09, 10; 03, 04
- alltäglich	+	Geräusche/Stimmen	01, 02; 05, 06
- surreal/abstrakt	+	Stimmen/Geräusche	17, 18; 07, 08
- unspezifisch	+	?	13, 14; 11, 12
Rezeptionsaufgaben:			
- bekannt	+	Stimmen	16
- fremd	+	Stimmen/Geräusche	15

Die *Aufgabenkerne* sollen möglichst verschiedene Situationen aus der alltäglichen Umwelt der Kinder zur Re-Konstruktion vertrauter oder erst auszudenkender Geräuschkulissen anbieten.
- Es handelt sich nicht um besonders effektvolle Ausnahmesituationen (wie: Autounfall; Es steht 2:2 zwischen MSV Duisburg und...; Der Einbrecher; Ratten auf dem Speicher). Die akustische Dimension muß allen Schülern in

ihren Elementen bekannt sein (umgangssprachliche Lautmalereien, stereotype Gesprächsfetzen, dominierende Geräusche), von denen sie dann mit ihren eigenen Ideen abspringen können. Das trifft auch zu auf die Bildvorlagen, die nach ihren 'hörbaren' Einzelteilen (Vögel + Maschine; Gespräch + Insekten) nichts Ungewöhnliches darstellen, lediglich in ihrer Kombination zur Verfremdung der Alltagserfahrung auffordern. Umgekehrt, jedoch mit dem gleichen Effekt, verläuft der Prozeß bei der Gruppe der durchaus normalen Situationen (etwas im Gras suchen; in die Wolken schauen), die als Geräuschkulisse unspezifisch, aber natürlich (zu entdeckende) akustische Dimensionen haben. Auch sie sind den Kindern gleichermaßen zugänglich.

- Die Themen sind so gestellt, daß sie lediglich eine bestimmte Umgebung, ein Ereignis, eine Stimmung nennen, aus denen dann jeder Schüler sein Sujet selbst ausgrenzen muß. Im Treppenhaus z.B. der Tratsch von Tür zu Tür oder ein von oben an weghüpfender Ball; im Wasser das Spiegelbild, die Bewegungen der Fische; beim Zahnarzt, wenn nicht die Bohrgeräusche im Sprechzimmer, dann im Wartezimmer ängstliche Fragen, Zeitungsblättern, "Der Nächste, bitte!" Es hängt viel davon ab, daß die Kinder diese Offenheit wahrnehmen, in Ruhe abwarten und assoziierend verschiedene Möglichkeiten anspielen, bis sich genügend Klangbilder um einen situativen Kern kristallisiert haben.

- Bei der Themenstellung wird auch darauf geachtet, daß implizit, aber nicht zu versteckt, Ansatzpunkte für die Textstrukturierung mitgegeben werden: z.B. bestimmte sich wiederholende Sequenzen (Blitz, Donner, Regen; dumpfer Anprall der Kugel und Einsturz von Mauerteilen); vorgezeichnete Wege bzw. Reihenfolgen (Fahrstuhl, Rolltreppe, Treppenstufen und -absätze, Rundgang von einem Spielgerät zum nächsten); die Geräuschentwicklung (crescendo und decrescendo beim Gewitter; crescendo beim Abriß des Hauses; decrescendo bei der Gute-Nacht-Geschichte); ein Netz sich wiederholender und überlagernder Geräusche (im Kaufhaus oder auf dem Spielplatz); Bewegungsfolgen (Wellen im Wasser; auf und ab mit der Wippe, hin und her auf der Schaukel; Stolpern in einem dunklen Raum) usw.

Im folgenden werden die aufgrund der Expertenratings für den Vortest ausgewählten Aufgaben zusammengestellt. Die Anordnung erfolgt in 9 Zweiergruppen, d.h. die Themen der ersten 4 Kategorien werden paarweise zur Auswahl gegeben. Die Reihenfolge sollte möglichst abwechslungsreich sein und dabei doch im Ganzen von den festgelegteren zu den offeneren Themen vorgehen. Die Rezeptions- und Bildaufgaben werden mit eigenen Anweisungen an den Schluß gesetzt.

I. – VII. Gruppe

- Wenn Du Dir ein Thema ausgesucht hast, sammelst Du die Wörter, die Dir einfallen und schreibst sie auf.
- Stell Dir alles ganz genau vor.
- Dann überleg Dir, was für ein Eindruck durch Deinen Text entstehen soll.
- Was geschieht oder verändert sich?
- Was für Wörter (Du hast schon einige aufgeschrieben) passen dazu besonders gut?
- Kannst Du den Eindruck verbessern, wenn Du sie veränderst? Wie?
- Ist es sinnvoll, neue Wörter zu erfinden? Welche?
- Durch was für eine Textanordnung kannst Du deutlich machen oder andeuten, was geschieht oder sich verändert?
- Kann der Leser erkennen, was Du meinst?

I. Gruppe
  1. Du gehst durch ein Kaufhaus.
  2. Auf dem Spielplatz

II. Gruppe
  3. Beim Zahnarzt
  4. Ein Haus wird abgerissen.

III. Gruppe
  5. Im Treppenhaus
  6. Du hörst eine Gute-Nacht-Geschichte und schläfst dabei langsam ein.

IV. Gruppe
  7. Traurig sein. Wie klingt das?
  8. Sich über etwas freuen. Wie klingt das?

V. Gruppe
  9. Ein Feuerwerk
  10. Ein Gewitter

VI. Gruppe
  11. Du schaust in die Wolken.
  12. Du schaust ins Wasser.

VII. Gruppe
  13. Das Licht ist ausgefallen. Du suchst im Dunkeln eine Kerze.
  14. Du hast etwas im Gras verloren. Du kannst es nicht sehen und tastest danach.

VIII. Gruppe

- Wenn Du Dir ein Gedicht ausgesucht hast, lies noch einmal ganz genau durch.
- Stell Dir Wort für Wort, Laut für Laut, Zeile für Zeile vor, wie das klingt und schreib auf, was Dir dazu einfällt.
- Wird ein Vorgang oder eine Bewegung dargestellt?
- Zu Nr. 15: Verstehst Du, warum das Gedicht diese Überschrift hat?
- Jetzt beschreibe im Zusammenhang, was das Gedicht Deiner Meinung nach darstellt und woran Du das im einzelnen erkannt hast.

15. Hugo Ball: Karawane

jolifanto bambla o falli bambla
großgiga m'pfa habla horem
egiga goramen
higo bloiko russula huju
hollaka hollala
anlogo bung
blago bung blago bung
bosso fataka
ü üü ü
schampa wulla wussa olobo
hej tatta gorem
eschige zunbada
wulubu ssubudu uluwu ssubudu
tumba ba-umf
kusa gauma
ba – umf

16. Ernst Jandl

hauuuuuuuuuuuuuuuuuuuuuuuuuu
se
jja
woooooooooooooooooooooooooo
l
s————————c————————h
önn
wärsss
hauuuuuuuuuuuuuuuuuuuuuuuuuu
se
jja
abbb
grrrrrrrrrrrrrrrrrrrrrrrrrrrrrrrrrrrrrr
daddda
daddda
dadddaddadda
jja
loiiiiiiiiiiiiiiiiiiiiiiiiiiiiiiiiiiiiiiiiiiiiiiiiil
se
immm
pulloooooooooooooooooooooooo
wwa
jja
woll

Aufgabenkerne / Test 2

IX. Gruppe
- Wenn Du Dir ein Bild ausgesucht hast, schau es Dir noch einmal genau an.
- Suche Wörter für das, was Du siehst, und schreib sie auf (Farben, Formen, Namen für die Wesen...)
- Beschreib die Töne und Geräusche, die man sich dazu vorstellen kann. Wie klingen sie?
- Versuche, die Geräusche, die Du Dir vorstellst, zu schreiben.
- Welche Wörter, die Dir zu dem Bild eingefallen sind, passen gut dazu?
- Überleg Dir, ob der Eindruck noch besser wird, wenn Du sie veränderst?
- Ist es sinnvoll, neue Wörter zu erfinden? Welche?
- Wie kannst Du Deinen Text anordnen, daß er einen Anfang und ein Ende hat?
- Kann der Leser erkennen, was Du meinst?

17. Paul Klee: Die Zwitscher-Maschine ⟶

18. Juan Miró: Gespräch der Insekten ↓

5.1.3.3. Test "Entdecken und Erfinden"
zur dritten Unterrichtseinheit "Schatzsuche"

Die Unterrichtseinheit konzentriert sich auf Motive aus Schatzgeschichten, die auf die verschiedenste Weise in der eigenen Umwelt angesiedelt werden. Im Test dagegen geht es um Entdeckungen und Erfindungen unabhängig von diesem fiktionalen Genre. Ziel ist es, durch phantastische Ideen zu konkreten Beobachtungen die alltägliche Umgebung in völlig unerwarteter Weise zu verwandeln. Das verlangt den Schülern verschiedene *Transfer*-Leistungen ab.

- Der Wegfall der genretypologischen Bindung gibt den Schülern nahezu unbegrenzte Freiheit für ihre Erfindungen, während sie im Unterricht doch in der Richtung festgelegter waren. Das Prinzip, die Realität anzureichern, zu verrätseln durch unwirkliche Funde, müssen bzw. dürfen die Kinder nun *ausweiten* auf alle möglichen Kombinationen des Alltäglichen mit heterogenen Elementen. Das verlangt wesentlich mehr assoziative Lockerheit und Mut zu den eigenen Ideen.
- Andererseits erfordern die thematischen Vorgaben im Test ein gezieltes Suchen nach Ansatzpunkten für den überraschenden Umschwung, sei es durch Abfragen der Aufgabenstellung selbst, sei es durch Abtasten des genannten Gegenstandsbereichs. Während die Bilder, die den Kindern im Unterricht als Kulisse ihrer Schatzgeschichten vorgelegt wurden, eine begrenzte Anzahl solcher Ansatzpunkte mehr oder weniger verdeckt zeigten, ist es jetzt notwendig, detaillierte Beobachtungen in der Vorstellung quasi als Suchbilder zu *imaginieren*.
- Schließlich stellt hier die *schriftliche* Abfassung der Geschichten besonders hohe Anforderungen. Aus dem freien mündlichen Erzählen, das im Unterricht stark gefördert wird, sollen die Kinder die Lust am Fabulieren bewahren und den überschießenden Ideenreichtum nutzen, obwohl sie soviel langsamer schreiben als reden können und sich entsprechend kürzer fassen müssen.

Das Testziel, Entdecken und Erfinden als Stationen kreativer Transformationen der alltäglichen Umgebung in einer überraschenden, phantastischen Weise zu verbinden, führt durch Operationalisierung zur Ableitung folgender *Kriterien* für die Beurteilung der Schülertexte.
Zentral für die Transformation als Prozeß sind drei Kriterien: der Ansatzpunkt in der Umwelt, die Überführung der Beobachtung in eine Erfindung und die überraschende Ausgestaltung selbst, also die Transformation als Ergebnis.
- Da es nicht um 'reine' Gedankenspiele geht, sondern darum, daß die Schüler ihre Welt mit andern Augen sehen lernen, daß sie aufmerksam werden für Fragwürdiges, dafür daß manches auch hätte ganz anders kommen können, daß die Bedeutung der Gegenstände eine Sache der Interpretation ist, darum ist es erforderlich, daß die Geschichten in der realen eigenen *Umwelt*

der Kinder *verankert* sind durch genaue Angabe des Ortes, der Zeit, der Gelegenheit, von denen sie ausgehen.
- Da es sich bei der Transformation nicht einfach um den Entwurf einer Gegenwelt handeln soll, die in hartem Kontrast mit der Alltagserfahrung konfrontiert wird, sondern um eine Verwandlung der Normalität, um die Vorstellung ihrer Veränderbarkeit, soll auch die phantastischste Erfindung ihren Faden von einem konkreten Detail aus weiterspinnen, indem sie die *Ansatzpunkte* in der Aufgabe *nutzt* bzw. bei offeneren Aufgaben sich selbst *sucht*.
- Die Transformation selbst gilt als am besten gelungen, wenn die *überraschende Ausgestaltung* in den Bereich des Phantastischen hineinreicht. Es ist jedoch auch damit zu rechnen, daß Kinder in Alltäglichkeiten stecken bleiben oder daß sie Unerwartetes rein im real Möglichen suchen. Gerade diese letzte Variante soll keineswegs abgewertet werden, da ja auch diese Kreativitätsförderung letztlich auf die Wirklichkeit zielt, allerdings auf dem Umweg über die phantastischste Veränderung.
- Da das freie Fabulieren auch im Test nicht verlorengehen darf, sondern in der *Entfaltung und Ausschmückung* des zentralen Einfalls seinen Ausdruck findet, wird es mit einem eigenen Kriterium erfaßt.
- Damit das Erzählen jedoch nicht zu frei verläuft und den Rahmen eines Tests sprengt, werden *Anfang und Ende* als Merkmale einer Texteinheit eigens aufgeführt. Das scheint jedenfalls auf dieser Altersstufe noch gerechtfertigt.
- Obwohl das Ziel die relativ freie *Erfindung* ist, kann die Schwierigkeit solcher Transformationen gerade daran erfaßt werden, wie viele Kinder dennoch an *Erfahrungsberichten* oder sogenannten Umweltgeschichten kleben bleiben. Und obwohl Schatzgeschichten nicht mehr als Orientierungspunkt dienen, so ist es doch nicht ausgeschlossen, daß Ideen in Anlehnung an die verschiedensten *literarischen Vorbilder* entwickelt werden. Auch diese Leistung wird akzeptiert, allerdings nicht als vollkreativ, wenn deutlich bekannte Muster übernommen werden.

Die *Gewichtung* dieses Kriterienkatalogs unterscheidet sich von der des 1. und 2. Tests dadurch, daß hier keines der Merkmale besonders herausgehoben wird. Sowohl die Transformations-Kriterien (Verankerung, Ansatzpunkte, Überraschung), als auch die Elaborationskriterien erhalten 3 mal je 1 Punkt. Dieser relativ hohe Anteil der nicht eigentlich für die Verwandlung der Umwelt spezifischen Erzählqualitäten soll dem Zusammenhang von Fiktionalität und fabulierendem Ausspinnen gerecht werden. Leistungen, die noch nicht ausreichend den kreativen Anforderungen entsprechen, werden mit 0,5 Punkten berücksichtigt. Eine Aufgabe gilt als gelöst, wenn 4,5 Punkte erreicht werden.

```
Kriterien für 3. Test (Entdecken und Erfinden)

1.  ANFANG UND ENDE
    nein (0,0)           ja (1,0)

2.  ERFAHRUNGSBERICHT vs. ERFINDUNG
    Erfahrungsbericht                            (0,0)
    Erfindung nah an literarischen Vorbildern    (0,5)
    Erfindung relativ frei                       (1,0)

3.  VERANKERUNG der Geschichte in der REALEN/EIGENEN UMWELT
    nein (0,0)           ja (1,0)

4.  Nutzung bzw. Ergänzung der ANSATZPUNKTE in der Aufgabe
    zur FIKTIONALEN ERFINDUNG
    fehlt        angedeutet      ausgeführt
    (0,0)        (0,5)           (1,0)

5.  ENTFALTUNG und AUSSCHMÜCKUNG des ZENTRALEN EINFALLS
    (Komplexität und Integration)
    nein (0,0)           ja (1,0)

6.  ÜBERRASCHENDE AUSGESTALTUNG
    Alltäglichkeit              (0,0)
    Überraschung im Realen      (0,5)
    Phantastik                  (1,0)


    Vp-Nr.: .....
```

Dieses Kriteriensystem ist noch weniger geeignet zur Eingrenzung auf ein bestimmtes Endprodukt, als es bei den ersten beiden Tests der Fall war. Der Verzicht auf ein dominantes Kreativitäts-Merkmal birgt allerdings (vor allem in Verbindung mit dem vergleichsweise hohen Anteil an Elaborationskriterien) die Gefahr in sich, daß der Rahmen zu weit gesteckt ist und zu viele nicht ausreichend kreativitäts-spezifische Kombinationen mit umfaßt.

Die Schwierigkeit, den Schülern in den Anweisungen so transparent wie möglich zu machen, worauf es ankommt, ohne sie jedoch auf ein bestimmtes Muster zu fixieren, wird in diesem Test wieder auf eine andere Weise gelöst. Während das Beispiel zum 1. Test genau demonstriert, was zu tun ist, aber wegen der formalisierteren Aufgabenstellung nicht direkt nachgeahmt werden kann, während zur Einführung in den 2. Test ein Text ausgewählt wird, der nur ansatzweise die Verfremdungstechniken zeigt, die dann von den Kindern selbst weiterentwickelt werden, dient hier lediglich eine Skizze als Ausgangspunkt. Erst nachdem gemeinsam auffallende Beobachtungen und Fragen dazu gesammelt, zu den Fragen Antworten gefunden und mehrere Antworten zu einer Geschichte verbunden worden sind, erst danach werden die Anfänge von zwei verschiedenen Geschichten gelesen, die diesen inhaltlichen Teil der Instruktionen abschließen: Der erste Text setzt bei naheliegenden Schülerideen zu einer Räubergeschichte an, der zweite hebt surrealistisch ab, um die Spannweite des anything goes anzudeuten.

Auch die Aufgabenstellung ist so konzipiert, daß die Übernahme von Mustern erschwert und dennoch eine Teilstrukturierung möglich ist. Variiert werden einerseits die Elemente, die zur Verankerung in der realen Umwelt dienen können, und andererseits die Hinweise, die in mehr oder weniger verschlüsselter Form Ansatzpunkte für die Erfindung bieten. Die Unterscheidung in offenere und festgelegtere Aufgabentypen richtet sich danach, ob und wie konkret Angaben, von denen die Verwandlung ausgehen kann, gemacht werden: ob es phantastische Details sind, die bereits in die Fiktion hinüberleiten; ob es ein gewöhnliches, normalerweise unauffälliges Merkmal ist; ob der Rätselcharakter unspezifisch und indirekt lediglich über die Neugier des Betrachters angedeutet wird; oder ob weder konkrete noch formale Anregungen gegeben werden. Die Elemente aus der Umwelt sind entweder in einen Erzählanfang verpackt, werden als Gegenstände einfach benannt, in ihrer Funktion als Auslöser für eine Idee erwähnt oder verschwiegen unter Verweis auf den Fundort. Die Gruppe der Bildvorlagen ist nach den nämlichen Überlegungen zusammengestellt.

Daraus ergeben sich für die Aufgabenstellung folgende acht *Kategorien*. Die Nummern bezeichnen die zugehörigen Aufgaben.

Angaben zu den Entdeckungen:		Ansatzpunkte für die Erfindung:	
- Erzählanfang	+	phantastische Details	13, 14, 15
- Gegenstand	+	gewöhnliches Merkmal	04, 05, 06
- Gegenstand	+	unspezif. Rätselcharakter	01, 02, 03
- Auslöser für Idee	+	?	07, 08, 09
- Fundort	+	?	10, 11, 12
- Bildvorlage	+	phantastisches Detail	17
- Bildvorlage	+	gewöhnliches Merkmal	16
- Bildvorlage	+	unspezif. Rätselcharakter	18

Die *Aufgabenkerne* selbst sind so zusammengestellt, daß sie möglichst verschiedene Ansatzpunkte zur Verwandlung der gewohnten Umwelt in eine ungewöhnliche bieten.

- Die Gegenstände bzw. Örtlichkeiten sind überall zu finden. Wer eine Geschichte von Edelsteinen oder den Blauen Bergen erzählen will, muß seinen Weg dorthin selbst erfinden, indem er sich einiges Unerwartete zu dem alltäglich Vorfindlichen einfallen läßt. Außer bei den Erzählanfängen wird darum kein Überraschungseffekt in der Aufgabenstellung vorweggenommen.

- Die Auswahl der Themen berücksichtigt die speziellen Umweltinteressen von Kindern. Dabei spielt altes, kaputtes, ausrangiertes Zeug für ihre Resteverwertung in spielerischen Collagen und Montagen eine besondere Bedeutung. Ebenso wecken unbekannte Innenräume und belebte Plätze Neugier und Hoffnung auf Abenteuer.
- In jedem Fall ist der Ausgangspunkt so gewählt, daß er Fragen aufwirft: nach der Vorgeschichte, nach der Funktion, dem Besitzer, nach dem 'wirklichen Wesen' oder einfach nach dem Plot der Handlung, die an diesem Ort spielt bzw. für deren Ablauf dieser Gegenstand etwas bedeutet.

Im folgenden werden die Aufgaben, die aufgrund der Ratings für den Vortest ausgewählt wurden, angegeben. Dabei soll nicht verschwiegen werden, daß sich nach dem Urteil der Experten Schwierigkeit bzw. Eignung anders, als aufgrund der aufgestellten Systematik zu vermuten, auf die Kategorien verteilen: als leichter werden die offeneren Kategorien 3 und 5 angesehen, als schwerer die festgelegteren 1 und 2. Als schwerster gilt der 4. Aufgabentyp, während die Bilder zwischen die beiden Gruppen eingeordnet sind. Die abweichende Beurteilung mehr bzw. weniger offener Aufgaben, verglichen mit den beiden ersten Tests, mag darauf zurückzuführen sein, daß man annimmt, daß sich freies Fabulieren um so ungehinderter entfaltet, je weniger Vorgaben zu beachten sind. Der Test wird zeigen, ob hier nicht am Ende doch ähnlich wie bei Sprachkomik und Laut-Gedichten mit dem Assoziationsanreiz gerade konkreterer Hinweise zu rechnen ist.

Die Reihenfolge für den Test folgt daher weder der Systematik noch dem Rating, sondern eher inhaltlichen Überlegungen: An den Anfang werden die beiden Kategorien gestellt, die 'ihre' Gegenstände nennen; es folgen die beiden Aufgabentypen, die erst am Fundort bzw. an ihrer Funktion dingfest zu machen sind; abschließend die umfangreicheren und detaillierteren Vorgaben der Erzählanfänge und Bilder. Sie stehen am Ende, um einen assoziativen Einfluß auf die sparsam gehaltenen ersten Aufgaben möglichst auszuschließen.

Aufgabenkerne / Test 3

Aufgaben 1 - 12

1	orange	1. Ein Gebäude in Deiner Umgebung, das Dir aufgefallen ist.
2	"	2. Eine Tür oder ein Tor, von denen Du nicht weißt, was dahinter ist.
3	"	3. Ein Kasten, der Dich neugierig macht.
4	gelb	1. Du kennst bestimmt eine bröckelige Mauer.
5	"	2. Beim Spielen findest Du eine abgebrochene Schraube.
6	"	3. Auf der Straße liegt eine rostige Dose.
7	grün	1. Du siehst eine Blume, zu der Dir etwas einfällt.
8	"	2. Du entdeckst in Deiner Schultasche einen ganz gewöhnlichen Gegenstand. Dabei fällt Dir etwas ein.
9	"	3. Du gehst über einen Parkplatz. Da kommt Dir eine Idee.
10	rosa	1. Drei Gegenstände im Sperrmüll.
11	"	2. Im Papierkorb findest Du dreierlei.
12	"	3. Du hast im Keller etwas entdeckt.

Wenn Du Dir ein Thema ausgesucht hast:
- Überleg Dir zuerst genau, wo Du in Deiner Umgebung etwas Entsprechendes gesehen hast. Vielleicht fällt Dir sogar jetzt erst einiges auf.
- Gib im ersten Satz möglichst genau an, worauf Du Dich beziehst und beschreib, was Du vor Dir siehst.
- Du kannst Dir hilfsweise selbst in einem Rahmen skizzieren oder notieren, was Dir wichtig ist (wie in unserm Beispiel).
- Dann stell Dir einige Fragen, so als ob Du nichts weiter von den Gegenständen wüßtest.
- Du kannst die auf Seite 2 aufgezählten Fragen nehmen, aber natürlich auch neue.
- Sammle die Antworten, die Dir dazu einfallen. Es ist alles möglich.
- Wähle die Antworten, die zusammen passen könnten, aus.
- Jetzt bau Deine Geschichte zusammen, indem Du Deiner Phantasie freien Lauf läßt.
  Dabei kannst Du Dich an das, was möglich wäre, halten (wie in dem 'Räuber-Beispiel'), aber Du darfst auch zaubern (wie in dem Beispiel mit den Winzlingen).

Du darfst alles schreiben, was Du willst. Aber Du mußt
1. etwas der Aufgabe Entsprechendes in Deiner Umgebung <u>finden</u> und
2. eine Geschichte dazu <u>erfinden</u>.

Aufgaben 13 - 15

13	blau	1. Du bist bei Bekannten und sollst etwas vom Speicher holen. Dabei findest Du kaputtes Spielzeug, eine alte Photosammlung und eine Schachtel mit verschiedenen Nägeln und Schrauben. Da fällt Dir plötzlich auf, daß der Speicher eigentlich ein Landeplatz ist ...
14	"	2. Du sitzt herum und weißt nichts Rechtes anzufangen. Immerhin hast Du einen hellen Kieselstein mit schwarzen Punkt gefunden, ein rotes gezacktes Ahornblatt und eine bläuliche Taubenfeder. Da hörst Du, wie ...
15	"	3. Du kannst nicht einschlafen und siehst Schatten auf der Zimmertüre. Aber wenn Du lange genug draufstarrst, siehst Du, daß die dunkle Stelle sich öffnet ...

Lies Dir die Texte genau durch. Es handelt sich jeweils um den Anfang einer Geschichte. Du sollst sie weitererzählen.
Wenn Du Dich für einen Text entschieden hast:
- Achte darauf, welche Hinweise in diesem Text versteckt sind.
- Übernimm auch die Hinweise, die Dir seltsam erscheinen, in Deine Geschichte.
- Versuche, einen Zusammenhang zwischen diesen merkwürdigen Dingen und Andeutungen herzustellen.

Aufgabenkerne / Test 3

Aufgaben 16 - 18

16 weiß 1. Rolf Escher (Zeichnung)
17   "   2. René Magritte (Gemälde)
18   "   3. Ruth Hallensleben (Photo)

Sieh Dir die Abbildungen genau an. Wenn Du Dich für eine entschieden hast:
- Laß Dir eine Geschichte dazu einfallen.
- Achte darauf, welche Hinweise für Deine Erzählung in dem Bild versteckt sind.
- Übernimm möglichst viel von dem, was Du siehst, auch wenn es Dir seltsam erscheint, in Deine Geschichte.
- Versuche, einen Zusammenhang zwischen den einzelnen Beobachtungen herzustellen.
- Du kannst Dir auch hier wieder Fragen stellen, wie sie auf der 2. Seite abgetippt sind. Aber auch andere.
- Finde eine Überschrift, die zu Deiner Geschichte und zu dem Bild paßt.

Rolf Escher
(Aufgabe: weiß Nr.1)

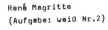

René Magritte
(Aufgabe: weiß Nr.2)

Ruth Hallensleben
(Aufgabe: weiß Nr.3)

5.1.3.4. Test "Parallel-Geschichten"
zur Unterrichtseinheit "Stark oder schwach?"

Im Unterricht werden verschiedene Arten von Comic-Geschichten besprochen, nach ihrer Lektürefunktion befragt und von den Schülern in eigenen Entwürfen einzeln ausprobiert. Der Test dagegen verlangt jeweils drei Varianten zum selben Thema, und zwar als medienunabhängiges Handlungsmuster. Dieser *Transfer* stellt zusätzliche Anforderungen:
- Das Ausarbeiten dreier Variationen setzt ein *stärker reflektiertes* Vorgehen voraus als die Erfindung einer einzelnen Geschichte in einem Genre. Dabei wird sich die Denkrichtung insofern ändern, als die Kinder bei der Konzeption weniger von den relativ einfachen Handlungsrahmen, als von einzelnen unterschiedlichen Elementen ausgehen sollen, die sie bereits bei der Planung vergleichend und abgrenzend aufeinander beziehen müssen.
- Ein besonderes (auf Einsicht gegründetes) Engagement ist in dieser Konstellation bei der Ausgestaltung der Variante "Kind mit Köpfchen" aufzubringen, die außerhalb einer solchen Konkurrenz duchaus Spaß machen kann. Aber abgesehen davon, daß es schwer ist, intelligente Lösungen zu finden, ist ihre Darstellung im allgemeinen auch weniger attraktiv als die von 'richtigen' Heldentaten oder als das Parodieren von starken Männern. Es ist also eine besondere Anstrengung erforderlich, Interesse und Sorgfalt *gleichmäßig* auf alle drei Varianten zu *verteilen*.
- Auch die scheinbar einfachste Variante der 'starken' Lösung durch physische oder technische Überlegenheit stellt in dieser Kombination verstärkte Anforderungen an die Kinder. Ihnen ist dieses Handlungsmuster das vertrauteste (und wohl auch häufig das liebste). Das kann sie zur Unterschätzung der Aufgabenstellung verleiten, die ja nicht auf die Reproduktion von vielfältiger Lektüreerfahrung ausgerichtet ist, sondern ungewöhnliche Ideen bei der Erfüllung eines bekannten Schemas verlangt. Diese Schwierigkeit, gerade *dem Vertrauten* eine *neue Idee* abzugewinnen, ist beträchtlich.
- Hinzu kommt, daß der genrespezifische Charakter der Varianten klar herausgearbeitet werden soll. Nachdem im Unterricht gerade die unterschiedliche Lektüre-Funktion besprochen worden ist, wird für manche (engagierte) Kinder die Gefahr bestehen, die Kritik an den Superhelden gleich in eine parodistische Darstellung umzusetzen, den starken Mann oder die starke Frau gar nicht mehr ungebrochen darstellen zu wollen. Das klare *Herausarbeiten der Alternativen* und ihrer Konsequenzen ist jedoch Voraussetzung verantwortungsbewußter, autonomer Entscheidungen.

Das Testziel, Parallel-Geschichten als kreative Variationen von unterschiedlichem Problemlösungsverhalten zu entwerfen, wird operationalisiert und in folgende *Kriterien* zur Beurteilung der Schülerarbeiten 'aufgelöst'.
- Für den Vergleich der drei Geschichten miteinander ist die *Unterschiedlichkeit der Alternativen* maßgeblich. Nicht eine einzelne gute Idee soll mehrfach

ausgewalzt werden, sondern ein möglichst unabhängiges Ideenspektrum soll jeweils demonstrieren, wozu ein Held, ein Kind oder eine komische Figur in einer bestimmten Situation fähig sind. In diesem spielerischen Ausprobieren drückt sich vor allem die emotionale Beteiligung aus.

- Wenn die einzelnen Geschichten an ihrem jeweiligen Genre gemessen werden, kommt es vor allem auf die *Passung* an. Die Übereinstimmung der Erzählelemente mit dem Handlungsmuster, des Helden mit seinem Prototypen erfordert vorrangig kognitive Anstrengung, klares Unterscheidungsvermögen und Kritikfähigkeit.
- Bei der Beurteilung jeder Variante als selbständiger Geschichte kommt es entscheidend auf ihre *Originalität* und *konsequente* Ausgestaltung an. Daß die Variationen zu ihrem Genre passen, daß sie sich deutlich voneinander unterscheiden, sind für sich genommen noch keine ausreichend kreativen Leistungen; die eine erfordert primär konvergentes Denken, die andere hebt sozusagen nur formal auf divergentes Denken ab. Erst indem die Abweichung auch als überraschend und sinnvoll, die Elaboration als gelungen qualifiziert wird, wird das Testziel hinreichend erfaßt.

Daß die Merkmale hinsichtlich der Variationen unterschiedliche Schwierigkeitsgrade aufweisen können, sei nur kurz erwähnt. Heldengeschichte und Parodie von der Story her deutlich zu unterscheiden, ist aufgrund der genrespezifischen Abhängigkeit nicht leicht; leichter läßt sich das kluge Kind von beiden abgrenzen. Dieses hat allerdings mehr Probleme mit der Passung, da zu seinem Typ weniger eindeutige Lektüremuster existieren, es sei denn man rechnet einige clevere Kleintiere der Comic-Szene dazu. Originelle Ideen schließlich gedeihen leichter im Bereich der Komik, also bei der Helden-Parodie, als bei den andern Varianten: originelle intelligente Lösungen zu finden stellt hohe inhaltliche Anforderungen; sich von den dominanten Klischees der starken Männer zu lösen, ist psychisch anspruchsvoll.

Obwohl der 4. wie der 3. Test Formen des Erzählens zugrundelegt und damit formal diesem näher steht als den ersten beiden, unterscheiden sich die "Parallelgeschichten" doch stark vom "Entdecken und Erfinden": Das freie Fabulieren im einen Fall spricht kreative Denkprozesse auf andere Weise an als die strenge Bindung an Genres, deren Rahmen auf unerwartete Weise zu füllen ist. Es spricht einiges dafür, daß diese Leistung Kindern schwerer fällt als die freie Entfaltung. Aufgewogen wird dies möglicherweise durch die Souveränität, mit der die Kinder über die Versatzstücke ihrer Privatlektüre verfügen.

Die *Gewichtung* erfolgt wie beim 3. Test so, daß alle Kriterien die gleichen Höchstwerte erhalten, d.h. hier: 2 Punkte. Für den Fall, daß nicht alle Varianten das Merkmal erfüllen, ist eine mittlere Einstufung mit 1 Punkt vorgesehen. Eine Aufgabe gilt als gelöst, wenn sie 5,0 Punkte erreicht. Die Abweichung vom Lernkriterium der übrigen Tests (4,5), ergibt sich aus der anderen Punkteverteilung. Bei der Alternative, die Grenze mit 4,0 oder mit 5,0 anzusetzen, wird der höhere Schwierigkeitsgrad gewählt, um nicht das eigene Konzept zu begünstigen

```
Kriterien für 4. Test (Parallelgeschichten)

1.  DISTANZ/UNTERSCHIEDLICHKEIT DER ALTERNATIVEN
       einheitlich gering      uneinheitlich         einheitlich groß
          (0,0)                    (1,0)                 (2,0)

2.  FUNKTIONALE PASSUNG DER TYPEN
       einheitlich gering      uneinheitlich         einheitlich groß
          (0,0)                    (1,0)                 (2,0)

3.  UNGEWÖHNLICHER EINFALL UND KONSEQUENZ DER EINZELNEN
    GESCHICHTEN IN IHREM JEWEILIGEN STIL
       gering                   mittel                groß
          (0,0)                    (1,0)                 (2,0)

Vp.-Nr.: .......
```

Durch die Gleichgewichtung der Kriterien entsteht dieselbe Gefahr wie beim 3. Test, daß nämlich die bedingten Kreativitäts-Merkmale (also K2 und K1) dominieren können. Allerdings fällt bei diesem Punktesystem die (zentrale) Originalität nie ganz heraus. Da nur drei Kriterien einzuschätzen sind, müssen bei jeder Kombination zwei Merkmale voll und eines zumindest teilweise erfüllt sein, um 5,0 Punkte zu erreichen. Diese vergleichsweise strenge Beurteilung bedeutet dennoch keine größere Fixierung auf ein bestimmtes Ergebnis, da nicht inhaltlich-konkrete Eigenschaften bzw. Tätigkeiten wie in den andern drei Tests benannt, sondern quasi Relationen zwischen den Varianten auf abstrakterem Niveau und daher offener formuliert werden. Die Einschätzung der Arbeiten ist sowohl aus diesem Grund schwieriger als auch wegen des zeitaufwendigen Vergleichs von stets drei Alternativen.

Die Schüleranweisungen geben zwar zu einem Thema drei Varianten als Beispiele, die in etwa den Kriterien entsprechen, zwar schließen sich explizite stichwortartige Charakterisierungen an, aber eine Festlegung der Schüler auf diese 'Muster' ist dennoch unwahrscheinlich, da wie im 1. Test die stärker formalisierten Vorgaben Nachahmung oder Übernahme nahezu ausschließen. Die Aufgabenstellungen variieren einerseits Angaben zur Situation: entweder es werden 'Traum'-Geschichten (ohne thematische Bindung) erzählt oder Geschichten zu mehr oder weniger sensationellen 'Vorkommnissen', oder aber der Handlungsrahmen ist (passend zu einzelnen gegebenen Ausgangspunkten) erst zu konzipieren. Auf der andern Seite werden diese Elemente nach dem Grad ihrer Konkretheit abgestuft: vom Anfang einer Erzählung über den skizzierten Typus des

Gegenspielers zur Angabe der entscheidenden Sätze (und Mittel) der Problemlösung. Zu diesen letzten Aufgaben sollen zusätzlich die signifikanten Posen der Helden gemalt/gezeichnet und beschrieben werden.
Daraus ergeben sich für die Aufgabenstellung folgende sechs *Kategorien*. Die Nummern beziehen sich auf die zugehörigen Aufgabenkerne.

```
                      Gegeben sind
Situation:               oder         Elemente:
                                        ?
 - Traumbilder                   <     ?            13
                                        ?
                                        ?
 - Sensationsthemen              <     ?            04,05,06,07
                                        ?
                                      ---
                                      ---  } Erzählanfänge   01,02,03
 -   ? ---                            ---
       ? ---                          ---
 -     ? ---                          ---  } Gegenspieler    08,09
       ? ---                          ---
       ? ---                          ---
 -     ? ---                          ---  } Problem-
       ? ---                          ---  } lösungen       10,11,12

 - Visualisierungsaufgaben:
   malen/zeichnen
   und beschreiben                        Problemlösungen   14,15,16
```

Die *Aufgabenkerne* sollen möglichst breitgestreut Anlässe für heldenhaftes Eingreifen im Bereich der kindlichen Verarbeitung von Alltagserfahrungen erfassen.
- Es werden keine Science-Fiction- oder andere exotischen Handlungsräume angesprochen (mit Ausnahme eines der drei Erzählanfänge), da es hinter den fiktionalen Ausgestaltungen letztlich um reale Verhaltensmöglichkeiten geht. Daß phantastische Phänomene auch in alltäglichen Angelegenheiten die Handlungen des 'starken Mannes' begleiten, ist durch das Genre bedingt und um so auffälliger, je 'irdischer' die Situation ist.
- Die gegebenen Rahmenthemen wie auch die elementaren Ausgangspunkte sollen Spaß machen und zur Identifikation (möglichst abwechselnd mit den verschiedenen Typen) einladen. Das ungehemmte Durchspielen auch der gewalttätigen Alternativen, das erforderlich ist, um die Kritik der Parodie und die praktische Bedeutung der Klugheit ernst zu nehmen, wird durch den

betont fiktionalen Charakter der drei Genres erleichtert. Ebenso ist es in diesem Zusammenhang wichtig, den Schüler wählen zu lassen, ob überhaupt und was er in der ich-Form schreiben möchte, so daß es ihm überlassen bleibt, sich mehr oder weniger von seinen Helden zu distanzieren.
- Ferner müssen die Aufgabenkerne nicht allzu kompliziert zu entdeckende Ansatzpunkte für alle drei Variationen bieten.

Die Ratings folgen hier mit einer Ausnahme der systematischen Kategorienbildung: Es wird eine kontinuierliche Steigerung des Schwierigkeitsgrades angenommen, wobei allerdings das Erzählelement "Gegenspieler" als schwerster Aufgabensatz eingeschätzt wird (was natürlich auch mit der Qualität der Strichzeichnung zusammenhängen mag).

Die Anordnung der Reihenfolge im Test geht auch hier von dem vermuteten Normalfall aus, daß die Aufgabengruppen trotz der Erlaubnis zu springen hintereinanderweg bearbeitet werden. Die schwierigsten Themen (Gegner; Problemlösung) werden in die Mitte genommen. Voran stehen die leichteren Sensationsgeschichten. Den Anfang machen die Erzählanfänge, da bei diesem Aufgabentyp als einzigem nur eine Version (nach Wahl) auszuführen ist. Als Anreiz gegen Ende folgen die Traumgeschichten, die voraussichtlich am leichtesten fallen (verssehentllich zunächst als drei verschiedene Aufgaben ausgewiesen). Die Visualisierungen sind als Sonderfall an den Schluß gesetzt (wie in andern Tests Bild-Vorlagen, Rezeptionsaufgaben und freie Themen).

Es werden an dieser Stelle nur die Aufgabenkerne angegeben. Die Lösungsblätter sind mit dem kompletten Testmaterial unter 5.2.3. abgedruckt.

Anweisungen zur 1. bis 3. Aufgabe

- Lies Dir die folgenden drei Texte durch. Es handelt sich jeweils um den Anfang einer Geschichte.
- Probiere in Gedanken aus, welcher Typ am besten dazu passen würde.
  Bei welchem Anfang erwartest Du, daß einer auftritt,
  der alles kann,
  der sich etwas einfallen läßt,
  der so tut, als könnte er alles.
- Ordne die Anfänge den Typen zu, indem Du bei jedem Text das passende Zeichen ausmalst.
  Nimm kein Zeichen zweimal.
- Dann wähle eine der Geschichten aus und erzähle sie zu Ende.
  Die Aufgabenblätter zu den einzelnen Geschichten findest Du auf den nächsten Seiten.

1. Aufgabe

Irene spielt mit einer Freundin Federball. Da kommt ein schwarzer Pudel und springt zur Begrüßung an ihr hoch...

2. Aufgabe

○ ○ ⊕
rot grün rot grün

Max fährt mit seinem Mofa hin und her und stört Willi, Jörg und Rudolf, die auf der Straße Fußball spielen...

3. Aufgabe

○ ○ ⊕
rot grün rot grün

Die Grünkerne vom Planeten Erbs sind durch eine Explosion im solaren System außer Kontrolle geraten und steuern mit Lichtgeschwindigkeit auf die Erde zu ...

Anweisungen zur 4. bis 6. Aufgabe

- Lies Dir die folgenden vier Situationen genau durch.
- Zu jeder der Situationen kannst Du drei verschiedene Geschichten erzählen, je nachdem
  ○ ob Du Dir vorstellst, daß Du alles kannst, was Du willst.
  ⊕ ob Du so tust, als könntest Du alles.
  ○ ob Du gute Ideen hast.
- Du kannst Deine Geschichten in ich- und in er-Form erzählen.
- Entscheide Dich für eine der Situationen und schreibe drei verschiedene Geschichten dazu.
- Vor jeder Geschichte gibst Du eines der Zeichen an.
- Schreibe Deine Geschichte auf eines der folgenden Aufgabenblätter.

4. Aufgabe

Ein Puma ist im Zoo ausgebrochen.

5. Aufgabe

Ein Wasserrohrbruch in der Nachbarschaft.

6. Aufgabe

Ein Blindgänger wird im Stadtwald entdeckt.

7. Aufgabe

Ein Banküberfall.

Aufgabenkerne / Test 4

Anweisungen zur 10. bis 12. Aufgabe

- Lies Dir die folgenden Aufgaben genau durch.
- In den Aufgaben ist immer der Anfang des 2. Satzes einer Geschichte angegeben. Du sollst den Satz fortsetzen und den 1. und 3. Satz dazu erfinden.
- Stell Dir vor, daß es sich bei jeder Aufgabe um die gleiche (gefährliche) Situation handelt, in der die drei Typen sich unterschiedlich verhalten.
- Ordne bei jeder Aufgabe die drei Wendungen den drei Typen zu, indem Du das entsprechende Zeichen ausmalst. (auf diesem Blatt)
- Dann wähle eine Aufgabe aus. Die Aufgaben sind auf den folgenden Seiten noch einmal abgetippt.
- Überleg Dir die Ausgangssituation, die für alle drei Geschichten gemeinsam ist. Schreibe sie als 1. Satz auf. Der 2. Satz beginnt, so wie abgedruckt. Im 3. Satz findest Du ein Ende zu der Geschichte.

10. Aufgabe

○○ ○○ ...Da packt er die beiden und ...
○○ ○○ ...Da fällt ihm ein, daß sie gerne Schokolade essen, und ...
○○ ○○ ...Da zeigt er den beiden sein neues Trikot ...

11. Aufgabe

○○ ○○ ...Da hält er ein Streichholz an die Kiste und ...
○○ ○○ ...Da sieht er die Aufschrift auf der Kiste und ...
○○ ○○ ...Da hebt er die Kiste hoch und ...

12. Aufgabe

○○ ○○ ...Da zieht er das Ungeheuer am Schwanz und ...
○○ ○○ ...Da jagt er das Ungeheuer zurück in die ...
○○ ○○ ...Da fragt er das Ungeheuer, ob es sprechen kann und ...

Anweisungen zur 8. und 9. Aufgabe

- Sieh Dir die beiden Strichzeichnungen an.

1.   2.

- Was könnten sie darstellen?
- Jedes der Wesen spielt in einer roten, einer grünen und einer rot-grünen Geschichte mit.
- Ordne die folgenden Bezeichnungen je einem Geschichtstyp zu durch die Markierung am Rand:

  Das 1. Wesen ist
  ein Unwesen oder
  ein Kobold, der aber nur ein verkleideter Kobold ist, oder
  ein Junge mit großen Ohren.

  Das 2. Wesen ist
  eine Amöbe oder
  eine Schlange, die aber nur eine Luftschlange ist, oder
  eine alte Frau.

- Such Dir ein Bild aus.
- Dann beschreibe und charakterisiere das Wesen getrennt für eine rote, eine grüne und eine rot-grüne Geschichte.
- Welche Rolle spielt es, was erlebt es in den verschiedenen Geschichten.
- Ihr dürft die Bildchen auch weiter ausmalen.

○○○ ○○○
○○○ ○○○ rot / grün
○○○ ○○○

Anweisungen zur 13. Aufgabe

Ihr kennt selbst genügend Situationen, in denen Ihr gerne überlegen wärt.
- Überlegt Euch eine solche Situation, die Ihr erlebt habt, oder erfindet eine ähnliche.
- Verfaßt Traumtexte dazu.
  Ihr könnt im Wunschtraum
  1. die Situation als starker Mann bewältigen oder
  2. das Problem mit Köpfchen lösen
  oder im Alptraum
  3. in der Situation einen Angeber auftreten lassen.
- Schreibt zuerst den Traum auf, den Ihr am liebsten erzählen wollt.
- Dann laßt Euch auch zu den beiden anderen etwas einfallen.

Anweisungen zur 14. bis 16. Aufgabe

Zu der 10, 11 oder 12. Aufgabe ⊢――――⊣ beschreibt bitte die Bilder, die Ihr in dem angegebenen Moment vor Euch seht.
- Was wird groß, was wird klein dargestellt?
- Was ist im Vordergrund oder im Hintergrund?
- In welcher Haltung oder Pose ist die Hauptperson zu sehen?
- In das Kästchen könnt Ihr das Bild zusätzlich hineinmalen.
- Gebt am Rand wieder zu jedem Bild das entsprechende Zeichen an.

5.2. Erprobung des Materials im Vortest

Ziel des Vortests (VT) ist es, die Brauchbarkeit des 'Instrumentes' zu prüfen (d.h. seine Objektivität, Reliabilität und Validität). Vor der Durchführung sind allerdings noch einige schulpraktische Überlegungen anzustellen, die sich teils auf generelle organisatorische Fragen beziehen, teils dem Umstand Rechnung tragen, daß diese Klassen nicht durch vorausgegangene Unterrichtseinheiten auf die andere Arbeitsatmosphäre vorbereitet sind. Dem explorativen Charakter dieser Projektphase entsprechend werden einige Entscheidungen offen gelassen, um alternative Möglichkeiten auszuprobieren. Zur Durchführung der Tests liegen zwar jeweils detaillierte Protokolle vor. Hier jedoch soll lediglich berichtet werden, welche Konsequenzen für die Festlegung des Ablaufs im Haupttest (HT) aus den Erfahrungen zu ziehen sind. Aufgrund der teilnehmenden Beobachtung wird die Frage behandelt, ob die ausgewählten Themen und Problembereiche die Kinder in der intendierten Weise emotional und motivational ansprechen. Die anschließende statistische Auswertung führt zur Festlegung der Testendform, die danach vollständig abgedruckt ist.

Zur Orientierung des Lesers sei angemerkt, daß dieser Teil der Untersuchung natürlich zeitlich vor den im 4. Kapitel dargestellten Unterrichtseinheiten stattgefunden hat, und zwar in anderen Schulen, und nur aus Gründen der Übersichtlichkeit erst hier in diesem 'Test-Kapitel' eingerückt wird.

5.2.1. *Schulpraktische Vorüberlegungen*

5.2.1.1.
Die *Schwierigkeiten*, die die Planung einzukalkulieren hat, resultieren in erster Linie daraus, daß kreative Prozesse durch eine kreative Lernumwelt begünstigt werden, der Schulalltag jedoch üblicherweise wenig kreativitätsfördernd, nicht selten sogar hemmend ist.

Der Vortest als singuläre Veranstaltung wird daher eventuell (ebenso wie die Paralleltests, s.u. 5.3) mit mehr Widerständen zu rechnen haben als der Haupttest, der in eine mehrstündige Unterrichtsreihe eingebettet ist.

Die erste Klippe stellt die *Motivation* der Schüler dar, die es nicht mehr gewohnt sind, sich ohne Leistungsdruck und ohne Notengebung rein aus Interesse oder Vergnügen an einer Sache zu engagieren. Entsprechend wird der Versuch, eine entspannte lockere Atmosphäre herzustellen, so daß auch einmal geredet oder der Platz verlassen werden darf, bei der kein Zeitdruck besteht und den Schülern die Anzahl und Auswahl der Aufgaben, die sie lösen wollen, überlassen bleibt, für Kinder, die an disziplinarische Maßnahmen (besonders bei 'Klassenarbeiten') gewöhnt sind, unter Umständen den Eindruck mangelnder Ernsthaftigkeit erwecken und sie dazu verleiten, den repressionsfreien Unterricht zum Toben und Spielen zu nutzen.

Ein weiteres Problem bringt die Verunsicherung durch die Art der *Aufgabenstellung*. Es ist damit zu rechnen, daß Schüler, die darauf eingestellt sind, detaillierte Anweisungen zu befolgen, eingeübte Regeln richtig anzuwenden, Analogiebildungen zu vorbesprochenen Mustern herzustellen, zum großen Teil irritiert, vielleicht sogar blockiert sind, wenn die Instruktionen, die sie erhalten, lediglich einen relativ weitgesteckten Rahmen angeben (z. B. Konfliktsituationen mit Autoritätspersonen versöhnlich lösen) und dazu eine Palette von Mitteln, die ausgesprochen ungewöhnlich und sowohl mit der alltäglichen Erfahrung und Wahrnehmung als auch mit schulinternen Wertungen schwer vereinbar sind (z.B. den Erwachsenen 'gewinnen' durch humorvollen Sprachgebrauch), so daß sie in ungewohnt starkem Maße auf sich selbst gestellt sind, auf ihre Ideen und ihr eigenes Urteil.

Schließlich bringt die Testsituation selbst eine gewisse Härte mit sich, die zu Komplikationen führen kann. Die unter Kreativitäts-Gesichtspunkten erfolgte Lockerung der Disziplin und die dem kreativen Prozeß inhärente Tendenz zur *Mitteilung* der eigenen Produkte müssen soweit zurückgenommen werden, daß die Kinder einzeln arbeiten und sich gegenseitig nicht beeinflussen.

5.2.1.2.

Die Schwierigkeiten, die für die Schüler aus dem Kontrast zwischen kreativer Testsituation und Schulalltag entstehen, sollen durch folgende *Verhaltensweisen des 'Testlehrers'* aufgefangen werden.

Erstens *informiert* er vorab und explizit über Sinn und Zweck des Tests.

Er weiht die Kinder ein in den Plan, ein Buch mit konkreten Vorschlägen zur Verbesserung des Deutschunterrichts zu schreiben, deutet die Richtung der Kritikpunkte an und erklärt ihnen die Bedeutung ihrer Mitarbeit. Es dürfen Fragen, auch zur Person, gestellt werden. Auf diese Weise soll nicht nur von vornherein die Testsituation als Ausnahmesituation erklärt und begründet, sondern zugleich statt Leistungsdruck und Leistungsmotivation eine sachorientierte Motivation aufgebaut werden.

Kooperationsbereitschaft wird jedoch nicht einseitig von den Schülern erbeten: Der Testlehrer übernimmt seinerseits stark die Rolle des *Kommunikationspartners*. Damit soll der zweiten Schwierigkeit begegnet werden, daß das Mitteilungsbedürfnis der Schüler deutlich eingeschränkt werden muß mit Rücksicht auf die Auswertbarkeit der Ergebnisse.

D.h., der Lehrer eilt ständig auf Abruf von einem zum andern, um sich Entdeckungen vorzeigen oder ins Ohr flüstern zu lassen. Außerdem erhalten die Schüler gegen Ende der Stunde ein *Bewertungsblatt*, auf dem sie zu jeder Aufgabe (nach Nummern) ankreuzen können, ob sie ihnen schwer oder leicht vorgekommen ist, und, wenn sie wollen, dazu eine Begründung schreiben.

Neben der Transparenz des Test-Ablaufs und -Zieles und neben dem Angebot von Kommunikationsmöglichkeiten muß der Testlehrer drittens *emotionale Sicherheit* geben als Gegengewicht zur Verunsicherung durch die Aufgabenstellung.

Nachdem die Testinstruktionen besprochen sind, wird keine Diskussion im Klassenverband mehr zugelassen. In Einzelbetreuung werden die Kinder ermuntert, anzufangen, es einfach auszuprobieren, sie werden beruhigt, daß man wenig falsch machen kann, weil es immer mehrere Lösungen gibt, sie werden ermutigt, ganz eigene, auch ausgefallene Ideen zu entwickeln; bei Unklarheiten werden sie zum Nachlesen der Instruktionen angehalten. Der Testlehrer freut sich mit, lacht, bewundert, lobt, ohne in irgendeiner Weise inhaltlich einzugreifen oder zu helfen.

Damit nicht doch für einzelne Schüler die Situation zu einer negativen Erfahrung durch Überforderung wird, ist für jeden Fall eine *Zusatzaufgabe* vorbereitet, die eine Bearbeitung der Themen mit vertrauten Mitteln zuläßt, (z.B. zu Test 1 "Wenn Du bei keiner Aufgabe eine Idee hast, wie man die Situation durch komischen Sprachgebrauch umdrehen könnte, dann schreib auf, wie Du denkst, daß das Gespräch normalerweise vielleicht ablaufen würde."). Die Zusatzaufgabe wird allerdings erst ausgegeben (frühestens 20 Minuten nach Beginn der Bearbeitungszeit), wenn man relativ sicher sein kann, daß ein Schüler entweder 'blockiert' ist und trotz gutem Zureden anfängt, zu verzweifeln, oder wenn er die Bearbeitung trotz Erklärung von Sinn und Zweck verweigert.

Die schwerpunktmäßig dargestellten Verhaltensrichtlinien für den Testlehrer machen deutlich, welches Gewicht der emotional-motivationalen Dimension zugemessen wird. Und zwar nicht nur als Mittel einer möglichst optimalen Durchführung der Tests, sondern auch als Ziel. Während die geplanten Tests nur auf der Ebene des Verhaltens und Handelns an den als kreativ definierten Merkmalen der Schülerprodukte erfassen können, ob die kognitive Herausforderung der Aufgabenstellung in kreativen Prozessen verarbeitet worden ist, bleibt der emotionale Bereich der Kreativität weitgehend jenseits der Reichweite dieser Tests. Das heißt jedoch nicht, daß er nicht intendiert wäre. In einem integrativen Konzept kann kein Teilaspekt des psychischen Prozesses übersprungen oder ausgeklammert werden, auch wenn nur eine bestimmte Manifestation 'gemessen' werden soll. Die Durchführung der Tests muß darum auch Zeit und Gelegenheit bieten zur emotional-kreativen Artikulation z.B. im expressiv-spielerischen Verhalten, im freien Fabulieren und Ausprobieren von Alternativen und damit zur Entbindung von Neugier und Humor, Aktivität und Engagement wenigstens für die Dauer der Auseinandersetzung mit dem angebotenen Material. Eine *Einschätzung der Wirkung* kann für diese Dimension (bei der geplanten Versuchsanordnung) nur als intuitive und pauschale Charakterisierung der Reaktion der verschiedenen Klassen auf die einzelnen Tests erfolgen. Auch das eine für die Erfahrung mit dem Instrumentarium wichtige Aufgabe des Lehrers. Sie wird im Bericht über die Durchführung mitberücksichtigt.

5.2.1.3.

Aus diesen Überlegungen ergeben sich folgende Konsequenzen für die *Organisation* der schulischen Rahmenbedingungen. Es soll eine möglichst großzügig bemessene Zeitspanne angesetzt werden, die jedoch im Vortest nicht allzu rigide einzuhalten ist, damit die Bedürfnisse der Schüler nach Information und Expression erst einmal ermittelt werden können. Richtwerte sind im Rahmen einer *Doppelstunde* ca. 30 Minuten für die Einführung und ca. 60 Minuten für die Bearbeitung. Die Einhaltung der *Pause* ist nicht unproblematisch. Zwar können sich Kinder dieses Alters nur eine begrenzte Zeit auf eine Arbeit konzentrieren, sie brauchen Bewegung, sind darauf eingestellt, nach dem Schellen etwas zu essen und zu trinken, und werden ärgerlich, wenn man sie daran hindert. Andererseits sind kreative Prozesse in ihrem zeitlichen Ablauf nicht leicht vorhersagbar und außerdem störanfällig. Zudem dürften starke individuelle Unterschiede im Arbeitsprozeß bestehen, so daß die übliche Pause zu einem festen Zeitpunkt möglicherweise manche Kinder zu sehr herausreißt.

Auch für die *Beendigung* des Tests sind mehrere Möglichkeiten gegeneinander abzuwägen. Entweder dürfen diejenigen, die fertig sind, gehen. Dabei riskiert man, daß sie sich übereilen, und außerdem gerät man in Konflikt mit der Schulordnung (Aufsichtspflicht). Oder alle bleiben bis zum Ende der Stunde zusammen, was zu Unruhe führen kann und zur Störung derer, die noch arbeiten. In beiden Fällen - Pause und Abschluß wird deshalb die Planung im Vortest offen gelassen, um jeweils die Auswirkungen beider Möglichkeiten zu eruieren.

Schließlich ist zu fragen, ob der *Fachlehrer* anwesend sein soll oder nicht. Dagegen könnte sprechen, daß eventuell die Unbefangenheit, die Risikobereitschaft, die Experimentierfreude beeinträchtigt werden allein schon durch die Präsenz vorwiegend eines Vertreters des 'normalen', nach anderen Regeln ablaufenden Unterrichts. Dafür spricht aber, daß die Schüler möglicherweise überfordert sind, wenn sie von einer auf die nächste Schulstunde mit einem anderen freieren Unterrichtsstil konfrontiert werden, so daß die Teilnahme des Fachlehrers sinnvoll sein kann, um zu gewährleisten, daß die Zwanglosigkeit nicht in Chaos umkippt, der Freiraum nicht als Freistunde mißverstanden wird. Auch in diesem Punkt sollen beide Alternativen ausprobiert werden.

Ein letztes technisches Problem ergibt sich aus der Funktion des Vortests, die Aufgabenauswahl für die Testendform vorzubereiten. Das stellt einige Anforderungen an die *Präsentation* des Materials. Denn den Schülern müssen erheblich mehr Aufgaben vorgelegt werden, als sie tatsächlich bearbeiten können, mit der Bitte, selbst auszuwählen. Das fällt Zehnjährigen sehr schwer und sollte ihnen möglichst angenehm gemacht werden.

Um eine breitgestreute Verteilung der Bearbeitungen zu gewährleisten, werden die Aufgaben entsprechend den Kategorien (5.1.3.) in Gruppen angeordnet, aus denen jeweils mindestens ein Thema zu wählen ist. Die Präsentation kann auf weißem oder auf Papier in unterschiedlichen Farben erfolgen, die Zusammenfassung zu Gruppen durch Großbuchstaben oder römische Zahlen oder ausschließlich durch die Farbe. Um die verwirrende und entmutigende Wirkung des umfänglichen Materials möglichst klein zu halten, können entweder alle Aufgaben hintereinander aufgelistet und für alle ein einheitliches Lösungsblatt entworfen werden, wobei die Schüler selbst Nummer und Thema eintragen. Will man die damit verbundenen Fehlerquellen vermeiden, kann man als Zwischenlösung pro Gruppe ein einheitliches (farbiges) Formblatt vorlegen. Man behält dadurch auch eine gewisse Kontrolle darüber, daß erst von jeder Sorte eine Aufgabe bearbeitet worden ist, bevor auf Wunsch weitere Blätter ausgegeben werden. Oder aber die Schüler erhalten zu jeder Aufgabe ein speziell vorbereitetes Blatt, also ein Paket von insgesamt ca. 20 Seiten, was zwar Unklarheiten und Fehler bei der Numerierung sowie Unruhe bei der Anforderung weiterer Blätter vermeidet, aber für die Kinder unhandlich und schwer übersichtlich ist. Diese Möglichkeiten sollen in den verschiedenen Testklassen während des Vortests ebenfalls variiert werden.

Da die Testaufgaben möglichst in allen fünften Klassen brauchbar sein sollen, wird der Vortest sowohl in einer Hauptschule als auch in einem Gymnasium durchgeführt.

5.2.2. *Konsequenzen aus dem Verlauf*

Der vierteilige Vortest wurde zwischen dem 16.6. und 1.9.1983 in Duisburg an einer Gemeinschaftshauptschule bei einer 5. Klasse und einem Gymnasium (aus technischen Gründen auf zwei Parallelklassen verteilt) durchgeführt. Der Verlauf der Doppelstunden wurde jeweils unmittelbar anschließend aus dem Gedächtnis protokolliert. Reihenfolge in der Hauptschule: Test 2, 1, 3, 4; im Gymnasium: Test 1, 3, 4, 2.

5.2.2.1.

Aufgrund der dabei gemachten Erfahrungen haben sich folgende *organisatorische Entscheidungen* für den Hauptversuch herauskristallisiert:

Bei den Tests soll durchgehend ein *Fachlehrer* anwesend sein. Die Gegenwart des Lehrers scheint die Bereitschaft der Schüler zur Artikulation ihrer Ideen nicht sonderlich zu beeinflussen. Wichtiger war offenbar für manche Kinder die Zusage, daß außer mir niemand, der sie kennt, liest, was sie geschrieben haben. Allerdings wirkte sich in einigen Fällen die Abwesenheit der Autoritätsperson deutlich negativ auf die Arbeitsatmosphäre aus. Die Teilnahme des Lehrers ist jedoch nicht nur wünschenswert, um solche Störungen zu vermeiden, sondern auch zur Unterstützung bei der Betreuung der einzelnen Schüler.

Um Mißverständnisse und Fehlreaktionen zu vermeiden, muß in einer Vorbesprechung klargestellt werden, daß weder die einzelnen Kinder, noch die Unterrichtsqualität des Lehrers, sondern ausschließlich (im Vorversuch: VT) die Tauglichkeit der Tests bzw. (im Hauptversuch: HT) die Brauchbarkeit der kreativitätsorientierten Unterrichtseinheiten geprüft wird. Die Schüler sollen zwar darauf vorbereitet werden, daß eine Stunde 'außerhalb der Reihe' geplant ist, die ein 'Gast' durchführt, jedoch keine Information über den 'Testcharakter' erhalten.

Die *Einführung* nimmt im Schnitt 30 der 90 Minuten in Anspruch. Sie ist deutlich in unterschiedliche Aktionsphasen aufzugliedern, da es den Kindern dieses Alters kaum möglich ist, sich ununterbrochen eine halbe Stunde lang primär rezeptiv zu konzentrieren. Die Instruktionen können also weder auf Band gesprochen noch einfach vorgelesen werden. Die Schwankungen zwischen 25 und 40 Minuten im tatsächlichen Verlauf erklären sich aus unterschiedlichen Informations- und Mitteilungsbedürfnissen. Während jedoch das Sammeln von Beispielen abgeschlossen werden soll, sobald die Schüler die Aufgabe verstanden haben, scheint es sinnvoll zu sein, die Vorstellung und Begründung des Projekts an den stärksten Wünschen nach Transparenz zu orientieren.

Die Doppelstunde wird nicht für die Schulpause unterbrochen. Die Kinder sollen in der ohnehin nicht einfach herzustellenden wenigstens annähernd kreativitätsfreundlichen Atmosphäre bleiben. Dafür wird die *'individuelle Pause'* eingeführt. D.h., sie dürfen die Arbeit unterbrechen, um zu essen, zu trinken, sich vom Platz zu bewegen; sie dürfen leise miteinander reden oder Heftchen lesen, alles sofern sie sich nicht gegenseitig stören und die Rückkehr zu den Aufgaben nicht zu lange hinausgezögert wird. Als Richtwert gelten 15 Minuten individuelle Pause. Auf die 60 Minuten Testzeit angerechnet, ergibt das 45 Minuten reine Arbeitszeit, was für Zehnjährige bereits eine starke Anforderung bedeutet. Der Test wird *gemeinsam abgeschlossen*. Da es sich gezeigt hat, daß das kreative Einrasten nicht selten erst in der zweiten Hälfte der Zeit erfolgt und in jedem Fall mit sehr unterschiedlich langen Anlaufphasen zu rechnen ist, wäre das Prinzip 'wer fertig ist, kann gehen' eher irreführend. Außerdem käme auf diesem Umweg eine speed-Komponente hinein, die im Test gerade nicht intendiert ist. Da andererseits die Bearbeitungszeit bei den einzelnen Schülern sehr unterschiedlich ist und die Anzahl der Aufgaben in der Testendform auf ein für alle erreichbares Maß reduziert werden soll, empfiehlt es sich, zu jedem Test eine zweite Zusatzaufgabe bereitzuhalten für die Schüler, die vorzeitig fertig sind. Die erste Zusatzaufgabe wird zur Beschäftigung derer, die mit den Testaufgaben nicht zurechtkommen, beibehalten.

5.2.2.2.

Der *emotional-motivationale Aspekt der Themenbereiche* bewirkt tatsächlich eine engagierte Auseinandersetzung mit der Alltagserfahrung, wenn auch - dem Kreativitätskonzept durchaus gemäß - in unterschiedlicher und zum Teil überraschender Weise. Die Vorbesprechung der "Komischen Szenen" (Test 1) verläuft in beiden Klassen unter heftiger Beteiligung und Mitteilung von eigenen Erlebnissen mit aggressiven Erwachsenen.

Dabei interessieren sich die Hauptschüler in erster Linie für die "Kippeffekte" auf der Wortebene, sie haben Spaß an und gute Ideen zu mehr oder weniger frechen bzw. humorvollen Wortspielen. Die Gymnasiasten äußern sich darüber hinaus vor allem zum intendierten "Umdrehen" der Situation und zwar kritisch. Sie machen sinngemäß darauf aufmerksam, daß das Literatur sei. "Aber auf der Straße..." Niemals würden sie sich Lehrern oder Halbstarken gegenüber so verhalten, denn die könnten sich rächen. Die Hauptschwierigkeit besteht also darin, gegen den massiven Druck an schlechter Erfahrung, den humorfähigen Erwachsenen für diese "Gegeninszenierungen" erst zu erfinden. Statt dessen haben die Kinder aber zunächst bei allem Protest das Recht der Stärkeren auf Aggressivität bereits soweit internalisiert, daß sie sich auch in der Fiktion häufig gegen ein Umdrehen entscheiden und klassische Entschuldigungsgründe (nervös, müde) zugunsten der Großen vorbringen. Die Spannung, in der sich die Schüler bei der Bearbeitung befinden, drückt sich einerseits in ziemlich wildem Betragen aus (der Testlehrer gehört nicht eindeutig zur Gruppe der mächtigen Erwachsenen) und andererseits in der befangenen Nachfrage, ob das die Eltern lesen werden. Dennoch kommen kreative Prozesse auf der emotional-motivationalen Ebene in Gang. Kinder, die zwar sagen, daß sie Ideen haben, aber trotzdem die Aufgabe nicht lösen können ("Ich darf keine Widerworte geben."), greifen den Vorschlag erleichtert auf, ausdrücklich an den Rand zu schreiben, daß es sich um eine erfundene Geschichte handelt. Andere testen ihrerseits die Wirkung des humorvollen Sprachgebrauchs am Lehrer. Beiden Klassen gefallen das Beispiel und die Aufgaben sehr. So etwas möchten sie öfter machen.

Wesentlich verhaltener geht es bei der Besprechung des 4. Tests zu. Und zwar (wahrscheinlich) aus zwei Gründen. Während die "Komischen Szenen" auf Interaktionsprobleme mit Erwachsenen zielen, sprechen die "Parallelgeschichten" Schwierigkeiten der Kinder untereinander an.

Der Angeber und die Angeberin, der starke Mann und die starke Frau, das Kind mit Köpfchen sitzen in jeder Klasse. Die Schüler zeigen durch Blicke und dem fremden Lehrer schwer verständliche Bemerkungen, wen sie mit welchen Typen identifizieren, äußern sich aber verständlicherweise nicht konkret darüber und werden auch nicht dazu gedrängt.

Der zweite Grund für die Zurückhaltung mag darin liegen, daß die Handlungsabläufe der drei Varianten deutlich bezogen sind auf typische Formen der Privatlektüre der Schüler (etwa aus dem Bereich der Abenteuer- und Humor-Comics wie der Comic-Parodie).

Gleichzeitig wird die für Leser dieses Alters hervorragende Bedeutung des Superhelden relativiert durch die Kontrastierung mit den andern, dem cleveren und dem Möchtegern-Helden. Beide, der Lebens- und der Lektüre-Aspekt, verleihen der Thematik einen stark persönlichen und privaten Charakter, so daß eine explizitere Besprechung den Kindern peinlich ist (ein z.B. für Trivialliteratur im Unterricht häufig beobachtetes Phänomen). Daß sie den Transfer im Stillen vollziehen, zeigen die Namensgebungen in ihren Geschichten, die sich sowohl an Schauspielern, Film-, Comic-, Sagenhelden orientieren, als auch auf Mitschüler von "Super-Gabi" bis "Erich, den Angeber" beziehen, sofern die Verfasser nicht selbst die Rolle der Hauptperson übernehmen. In beiden Klassen werden die am stärksten formalisierten Aufgaben (vgl. Nr. 5 und 6 HT) weniger gemocht als diejenigen, die ein freieres Ausspinnen ermöglichen. Für Test 1 und Test 4 gilt gleichermaßen, daß die Thematik die Schüler zu so vielen persönlichen Informationen provoziert, daß sie in irgendeiner Form aufgefangen und im nachfolgenden Unterricht verarbeitet werden sollten.

Deutlicher als bei den Interaktionsthemen gehen die Reaktionen der Hauptschüler und Gymnasiasten bei den Aufgaben zur kreativen Umweltwahrnehmung auseinander. Die Tendenzen bleiben allerdings die gleichen. Symptomatisch hierfür sind die Äußerungen zu der Skizze, die zum "Entdecken und Erfinden" (Test 3) anregen soll.

Die Hautpschüler lassen sich begeistert auf den Rätselcharakter ein und finden viele Ansatzpunkte für Geschichten: Ob es ein gewöhnlicher Stein ist? Ob dort ein Schatz begraben liegt? Was unter dem Stein ist, vielleicht ist es nur die Spitze eines Felsens? Der geknickte Ast zeigt auf den Stein? usw. Die an den Fragenkatalog anschließende Fülle von 'Erklärungen' führt spielend leicht ins Phantastische. Dagegen die Gymnasiasten: Sie gehen von der gleichen Feststellung aus: "Man sieht ja nichts.", empfinden das allerdings nicht als anregend, sondern reagieren zunächst desorientiert, dann zunehmend gereizt. Ein angeblich phantasiebegabter Junge weist ausdrücklich auf den Widerspruch dieser Aufgaben zu den üblichen erzieherischen Maßnahmen hin: "Sonst heißt es immer, ich soll nicht spinnen. Und wieso jetzt?!" Aber auch die Nachfragen der andern zeigen, wie sie sich krampfhaft an etwas Beobachtbares, Nachprüfbares, Richtiges klammern und die Realität keinesfalls transformieren wollen; sie riskieren es einfach nicht, als hätten sie alle miteinander Rahns (1952) Warnung vor der "wurzelkranken Sumpfpflanze des Phantasieaufsatzes" verinnerlicht und sich bereits der leistungsorientierten Erwartungshaltung ihrer Umwelt hinsichtlich erfolgversprechender Sachlichkeit und Nüchternheit angepaßt.

Dafür, daß sie auf dem 'besten' Wege dahin sind, spricht ferner, daß sie nicht nur mit der Skizze wenig anzufangen wissen, sondern auch kaum von einer Entdeckung, einer überraschenden Beobachtung, die sie selbst gemacht haben, erzählen (wollen). Die Hauptschüler dagegen sehen auch in ihrer Umwelt mehr, jedenfalls erzählen sie spontan und unbefangen von einem Punkt auf einem Blatt, der sich beim Näherkommen als Maikäfer entpuppt hat; von einem Nachbarn, der ein Leichenauto als Privatwagen fährt; von einem Krebs in einem Duisburger (!) Straßengraben usw. Sie sind sachmotiviert und freuen sich über eine Aufgabe, die ihnen Spaß macht, und man hat ihnen die Lust am Fabulieren noch nicht verdorben. Sie sind stolz auf ihre Texte, sie möchten - anders als die höheren Schüler - daß die Namen der Verfasser "in Ihrem Buch" angegeben werden.

Das Problem für diese Kinder besteht darin, daß sie die im emotionalen und kognitiven Bereich locker ablaufenden kreativen Prozesse zwar mündlich, aber kaum schriftlich formulieren können, so daß schließlich die Bearbeitung der Aufgaben mit einer großen Enttäuschung endet. Umgekehrt verläuft die Spannungskurve bei den Gymnasiasten. Ausdrucksprobleme haben auch sie, allerdings weniger beim elaborierten Schreiben als dabei, ihre anfänglichen anerzogenen Hemmungen zu überwinden. Denn wie sich dann zeigt, entdecken und erfinden auch sie, mehr als sie zunächst zuzugeben bereit sind.

Die "Laut-Gedichte" (Test 2) provozieren ganz ähnliche Reaktionsmuster.

Die Gymnasiasten wehren unter Berufung auf Normen der Spracherziehung ab: Das sei "dämlich", "sinnlos", man lerne sonst in der Schule ordentlich schreiben "und dann sowas! Keine Sätze..." Die Kinder (!) sorgten sich außerdem, weil in dieser Stunde ursprünglich die nächste Grammatikarbeit vorbereitet werden sollte. Sie waren erst beruhigt, als die Fachlehrerin versicherte, daß die Übung nachgeholt wird.

An diesem Punkt wurde ganz besonders deutlich, daß Kreativitätsförderung im Unterricht, sogar Kreativitätstests, ein gewisses Maß an Information über divergentes Denken, über das Ziel solcher Aufgaben, über den Nutzen für die Schüler selbst erfordern. Daß beim Schreiben dann sehr wohl kreative Prozesse gerade im spielerischen Umgang mit der Sprache abliefen, war einerseits zu hören an den akustischen Effektproben und andererseits zu sehen an den unaufgefordert entwickelten visuell verfremdeten Transkriptionen.

Die Hauptschüler waren auch gegenüber der konkreten Poesie unvoreingenommener und offener, obgleich ihnen der Zugang über die Besprechung des Textes von Jandl schwerer fiel als das Assoziieren zur Skizze. Die Ausarbeitung hat ihnen viel Spaß gemacht, sie haben nach dem Test weitergedichtet und Blätter 'für zu Hause' erbeten. Dennoch schlagen auch hier Sprachprobleme durch; viele Schüler haben die Komplexität der Aufgabenstellung nicht erkannt, so daß zwar ihnen der Frust des 3. Testes erspart blieb, nicht aber dem Testlehrer.

5.2.2.3.

Zur *Präsentation des Testmaterials* hat die teilnehmende Beobachtung folgende, die statistische Auswertung ergänzende Informationen erbracht:

Das Ziel einer selbständigen *Aufgabenauswahl* durch die Schüler wurde nur bedingt erreicht. Die Darbietung des Materials in Gruppen auf verschiedenfarbigem Papier und die Reduzierung auf wenige und gering vorstrukturierte Formblätter für die Lösung hat sich zwar am besten bewährt, dennoch war es für viele Kinder eine Überforderung, die Aufgaben einer Gruppe zu lesen, abzuwägen und sich dann zu entscheiden.

Die Tendenz, die jeweils erste Nummer zu bearbeiten, schlägt gelegentlich deutlich durch, so daß, da bei der Auswertung der Positionseffekt nicht berücksichtigt wurde, ein etwas verzerrtes Bild entsteht. Aus dem Prozentsatz der richtigen Lösungen von den Bearbeitungen einer Aufgabe kann zwar auf deren Schwierigkeitsgrad geschlossen werden, aber nicht ohne weiteres aus dem Fehlen jeglicher Inangriffnahme; denn das kann durchaus die Folge von Zeitproblemen sein. Die Massierung bei den Anfangsaufgaben einer Gruppe begründet auch insofern eine gewisse Unschärfe, als sich die Auswertung anderer Aufgaben bisweilen nur auf sehr wenige Schülerarbeiten stützen kann. Es wäre daher besser gewesen, wenn man im Wiederholungsfalle am Umfang des Materials für den Vortest festhalten will, die Aufgaben der einzelnen Kategoriengruppen aufzuteilen auf jeweils zwei Teiltests, die der einen bzw. anderen Hälfte jeder Klasse vorgelegt werden. Ein anderer Modus hätte sein können, den beiden Hälften jeder Klasse den gleichen Test in umgekehrter Reihenfolge zu geben. Von dieser letzten Möglichkeit wurde bei Test 4 insofern Gebrauch gemacht, als die Hauptschulkinder verpflichtet wurden, bei der zweitletzten Aufgabengruppe zu beginnen, die im Gymnasium total ausgefallen war.

Die *Verständlichkeit* der Tests scheint weitgehend den Möglichkeiten von Fünftkläßlern angepaßt. Die Einführungs-Beispiele entsprechen ihrem Vorstellungs- und Erfahrungsbereich. Die Instruktionen, die auch die literarischen Techniken erläutern, sind zwar umfangreich, so daß nicht alles beim ersten Lesen behalten wird. Zusätzliche Erklärungen sind jedoch nicht erforderlich; auf Nachfragen genügt der Hinweis, die eine oder andere Passage nochmals zu lesen (was nur wenige Schüler von sich aus machen). Allerdings bestehen einige Unklarheiten bei einzelnen Aufgabenstellungen der stärker formalisierten Tests.

Bei Test 1 handelt es sich um Kleinigkeiten: Eine der bildlichen Wendungen ("Ich krieche bald auf dem Zahnfleisch.") ist unbekannt. Den Hauptschülern machen die Pünktchen und das Eintragen der Reaktion von Hoppdidopp Schwierigkeiten. Ferner sind die vorgegebenen Redewendungen, die eingesetzt werden sollen (vgl. 3. Aufg. Haupttest), besser ins Blickfeld zu rücken.

Die Aufgabenstellungen von Test 4 sind dagegen in mehrfacher Hinsicht nicht eindeutig bzw. einfach genug formuliert. "Wunschtraum vom starken Mann" (vgl. 3. Aufgabe HT) läßt offen, ob ein genetivus subjectivus oder objectivus gemeint ist. Und die "starke Frau?" - Die 4. Aufgabe (HT) ist so zu präzisieren, daß der Held nicht mit einer der genannten Personen identisch, sondern neu einzuführen ist. In der 5. Aufgabe (HT) muß explizit angegeben werden, daß es sich um den Gegenspieler handelt, der dem einen oder andern Geschichtstyp zugeordnet werden soll. Die ursprüngliche Anlage der 6. Aufgabe (HT), bei der aus einem gemeinsamen ersten Satz drei verschiedene Varianten entwickelt werden sollen, wobei für jede der Beginn des zweiten Satzes festgelegt ist, scheint für die meisten Schüler verwirrend zu sein. Auch die 1. und 2. Aufgabenstellung (HT) kann noch verbessert werden, indem das dreimalige Einrücken der Überschrift möglichst verhindert, daß nur eine einzige Geschichte durchgehend über die vorgegebenen Zeilen hinweg geschrieben wird.

5.2.2.4.

Die *Einschätzung der Aufgaben-Schwierigkeit* durch die *Schüler* selbst führt in beiden Klassen zur gleichen Reihenfolge der Tests. Auf den Bewertungsblättern sollte zum Abschluß der Bearbeitung für jede Aufgabe angekreuzt werden, ob sie schwer, mittel oder leicht sei. Zur Vereinfachung wurden die 'mittleren' Kreuzchen je zur Hälfte den schweren bzw. den leichten zugeschlagen. Aus der Summe der Prozentanteile der Schüler, die eine Aufgabe leicht finden, wurde der Mittelwert für den ganzen Test abgeleitet.

Leicht finden den Test	Hauptschüler %	Gymnasiasten %
2	75,9	58,0
1	57,4	50,2
4	51,4	45,8
3	----	37,5

Die Bewertung des 3. Tests wurde nach dem für die Hauptschüler so enttäuschenden Verlauf (leider) nicht mehr durchgeführt. Die Tendenz wird aber durch das Votum der Gymnasialklasse bestätigt. Die Tabelle zeigt außerdem deutlich die Unterschätzung der Laut-Gedichte in der einen Gruppe. Da die Aufgabenbewertung durch die Schüler zwar für die Entwicklung des Testmaterials von Bedeutung ist, aber im Haupttest nicht im Rahmen zusätzlicher Hypothesen in die Auswertung einbezogen werden soll, erübrigt sich dort die Ausgabe von Bewertungsblättern. Die Schüler schreiben ihre Urteile und Kommentare direkt auf die Lösungsblätter als spontane Hinweise, die in der Nachbesprechung aufgegriffen werden können.

Die Häufigkeit der Vergabe von *Zusatzaufgaben* an Kinder, die nicht zurechtkommen, entspricht diesem Bild. Test 1 und Test 2: keinmal; Test 4: einmal in der Hauptschule; Test 3: dreimal in der Hauptschule; einmal im Gymnasium. D.h., die Schüler halten die Tests zwar für unterschiedlich schwer, aber weitgehend für machbar.

Auch das Urteil der *Lehrer* stimmt hiermit überein. Sie finden für die eine wie für die andere Klasse die Aufgaben im Schwierigkeitsgrad angemessen. Test 3 wird übereinstimmend in der Hauptschule wie im Gymnasium als schwer bezeichnet, da Aufsatzerziehung und Literaturunterricht gegenüber Grammatik- und Rechtschreibübungen viel zu kurz kämen. Aufgefallen ist allerdings, daß sonst schwache oder schweigsame Kinder aus sich herausgehen und zum Teil mit guten Beiträgen überraschen.

Auch die Ausländer kommen mit, manche besser als sonst: Bei den komischen Wortspielen schadet es gar nichts, wenn sie eine ihnen unbekannte Wendung mit einem andern Clou versehen; zum Klangcharakter und zur Lautmalerei haben sie einen intuitiven, leichteren Zugang als etwa zur Grammatik und Rechtschreibung; ihre Geschichten schöpfen anscheinend aus einer lebendigen Märchentradition, und in der Trivialliteratur sind sie nicht weniger bewandert als deutsche Kinder.

Als *Ergebnis* der teilnehmenden Beobachtung und der Einschätzung von Lehrern und Schülern läßt sich zunächst einmal festhalten, daß diese Kombination von *Themen und Aufgabenstellungen* im Rahmen des Schulalltags zwar fremd und ungewohnt ist, jedoch im Schwierigkeitsgrad angemessen (wenn auch nicht gleichermaßen für mündliche wie schriftliche Bearbeitungen geeignet), und daß kreative Prozesse in Gang gesetzt werden, auch bei sonst 'schwachen' Schülern. Es sind also in jedem Fall gute 'Aufsatzthemen'. In welchem Maße sie zu kreativen Ergebnissen im definierten Sinne führen, wird die statistische Auswertung zeigen.

Hinsichtlich der *Auswahl der Testklassen* zeichnet sich bereits jetzt schon eine Entscheidung zugunsten des Gymnasiums ab. Der Vergleich der verschiedenen Schülergruppen bei der Testdurchführung hat gezeigt, daß Hauptschüler wie Gymnasiasten sich auf der Ebene der Wahrnehmung und Kognition produktiv mit den Herausforderungen der Aufgaben auseinandersetzen. Im emotional-motivationalen Bereich sind die Bedingungen für kreative Prozesse bei den Hauptschülern wesentlich besser, da ihre Spontaneität, Unbefangenheit, Offenheit noch wenig durch die Umwelt reglementiert ist, während im Gymnasium mit erheblichen Starthemmungen zu rechnen ist, weil die Kinder bereits deutlich in Richtung auf konvergentes Denken und konformes Verhalten geprägt sind.

Ohne die Beobachtungen an nur drei Klassen überinterpretieren und eine falsche Dichotomisierung betreiben zu wollen, kann man mit Rücksicht auf die unterschiedlichen Schultraditionen doch behaupten, daß zwar beide keine Kreativitätsförderung vorsehen, die kreativitätshemmenden Faktoren jedoch im Bildungssystem des Gymnasiums stärker sind. Daraus soll nicht geschlossen werden (jedenfalls nicht für die Eingangsklasse), daß die Kinder dort weniger Phantasie 'hätten' als die andern. Es liegt nur der Verdacht nahe, daß bereits die Zuweisung von der Grundschule aus unter anderem mit Rücksicht auf den Grad der Angepaßtheit an die Standards der (mittelständischen) 'Höheren' Schule, zum Beispiel der Disziplinierung der Phantasie, jedenfalls soweit sie geäußert wird, erfolgt.

Ein anderes, nur bedingt kreativitätsrelevantes Auslesekriterium jedoch, die Elaboriertheit im schriftsprachlichen Ausdruck, schafft das entscheidende Ungleichgewicht zwischen den beiden Schülerpopulationen: Denn die mit der Anlage dieser Tests intendierten kreativen Produkte erfordern die Umsetzung der im emotionalen und kognitiven Bereich ablaufenden kreativen Prozesse in literarische Tests. D.h., die im Vortest beobachtete Diskrepanz zwischen der Flexibilität, Flüssigkeit, Originalität der mündlichen Beiträge und den Schreibschwierigkeiten der Hauptschüler spricht nicht gegen ihre Kreativität, sondern bedeutet lediglich, daß diese Tests nicht die geeigneten Instrumente sind zu deren Abbildung. Auch hier wird die Auswertung der Ergebnisse zeigen, ob sich der Eindruck bestätigt.

5.2.3. *Auswertung der Ergebnisse und Festlegung der Testendform*

5.2.3.0. Auswertungsmodus für Test 1 bis Test 4

Den folgenden Vorspann zum Auswertungsmodus kann der erfahrene Empiriker überschlagen. Gedacht ist die Einführung für den Leser, der wie die Verfasserin auch mehr oder weniger ungeübt ist in der Anwendung sozialwissenschaftlicher Methoden, um ihm die nachfolgenden Berechnungen und Ergebnisse in ihrem Zusammenhang weitgehend transparent zu machen und damit deren Anwendung in eigenen vergleichbaren Untersuchungen zu ermöglichen (vgl. Lienert 1969).

Um festzustellen, ob die Testanordnung funktioniert, wo Korrekturen erforderlich sind und welche Aufgaben am besten für den Haupttest infrage kommen, sollen die charakteristischen Werte geprüft werden,
- wie gut die Urteile verschiedener Personen (Rater) *übereinstimmen,* wenn sie unabhängig voneinander die einzelnen Schülerarbeiten nach den in den Rater-Instruktionen definierten Kriterien einschätzen
- wie *schwierig* die Bearbeitung der einzelnen Aufgaben (Items) für die Schüler ist, genauer: welcher Anteil der in Angriff genommenen auch gelöst wird

- wie *scharf* die einzelne Aufgabe 'gute' von 'schlechten' Versuchspersonen *trennt*, indem möglichst nur diejenigen Schüler sie lösen, die auch viele andere Aufgaben lösen
- wie *zuverlässig* der Test insgesamt stets dasselbe Merkmal erfaßt (und nicht etwa einmal Kreativität und einmal literarische Vorkenntnisse), also wie reliabel der Test ist.
- Ob die Testergebnisse für die zu überprüfenden Hypothesen *gültig* (valide) sind, d.h., ob der Test genau das mißt, was er messen soll, wird durch die oben (5.1.3.) begründete Inhaltsvalidität soweit wie möglich sichergestellt, indem die Testthemen und -aufgaben, die Bewertungskriterien und Aufgabenkategorien aus dem theoretischen Konzept hergeleitet werden.

Das *Rating*, die unabhängige Einschätzung der Bearbeitungen durch Experten, ist in dieser Untersuchung erforderlich und hat besonderes Gewicht, da Kreativität per definitionem nur in Aufgaben getestet werden kann, die gerade überraschende, also nicht vorhersehbare Bearbeitungen provozieren, so daß die Objektivität der Auswertung nicht über vorformulierte Antwortmöglichkeiten erreicht werden kann, sondern nur annähernd durch das Maß der Übereinstimmung im Urteil mehrerer Experten. Diese Aufgaben haben die Duisburger Germanistik-Studenten und späteren Lehrerinnen und Lehrer Susanne van Ackeren-Rehmer, Jürgen Leder, Dr. Eva Maria Merkes-Houben übernommen. Als vierte hat die Verfasserin mitgeratet.

Wegen der Bedeutung dieses Teils für die nachfolgende Auswertung wird zunächst ein *Probelauf* durchgeführt. Nachdem die Instruktion (s. 5.2.3.1.-4.) zur Veranschaulichung der Merkmalsdefinitionen durch (unkorrigierte) Beispiele aus Schülerarbeiten des Vortests, die danach allerdings nicht in das gemeinsame Rating aufgenommen werden (zur Auswahl s.u.), ergänzt worden sind, schätzt der vierte Rater zu jedem Test die Arbeiten von 5 Schülern ein. Dadurch sollen Unklarheiten, Mißverständlichkeiten und Lücken in der Formulierung der Instruktionen aufgedeckt werden. Das Ergebnis war jedoch zufriedenstellend, so daß nahezu keine Änderungen vorgenommen werden mußten.

Nach diesem Probelauf wird die Codierung von Rater (R) 1, 2 und 3 durchgeführt, wobei R 1 sämtliche Aufgaben, zu denen die Übereinstimmung errechnet werden soll, einschätzt, R 2 und 3 jeweils nur die Hälfte. Um möglichst substanzielle Informationen zu erhalten, werden zunächst einige der Schülerarbeiten nach folgenden Gesichtspunkten *aussortiert*: wenn die Zuordnung zur Aufgabe nicht eindeutig ist (s.o. Schwierigkeiten der Präsentation), wenn der Text unleserlich, abgebrochen oder unvollständig ist. Als abgebrochen gilt eine Arbeit, die auch im Bewußtsein des Schülers nicht fertig ist, (z.B.: der letzte Satz ist nicht zu Ende geführt), als unvollständig, wenn der Schüler die Arbeit abgeschlossen, aber nicht alle angegebenen Teile der Aufgabenstellung ausgeführt hat.

Folgendermaßen werden die Bearbeitungen, für die drei Ratings erhoben werden, *ausgewählt*: von Test 1: die geraden Versuchspersonen-Nummern des Gymnasiums (11); von Test 2: die Hälfte der geraden Nummern des Gymnasiums wie der Hauptschule (6 + 6); von Test 3: die ungeraden Nummern des Gymnasiums (13); von Test 4 die Hälfte der ungeraden Nummern des Gymnasiums wie der Hauptschule (6 + 7). Auf diese Weise wird kein Schüler mehrfach erfaßt (Test 1 und 4 laufen in der einen, Test 2 und 3 in der andern Klasse des Gymnasiums).

Die Rater erhalten das Material abgetippt bzw. kopiert, jedenfalls in einer Form, die Lesefehler möglichst ausschließt. Die Texte sind so chiffriert und vermischt, daß eine Identifizierung der Versuchspersonen bzw. der Klassenzugehörigkeit praktisch unmöglich ist.

Die Entscheidungen der Rater werden anschließend mit den festgesetzten Punktwerten (s. 5.1.3.1. - 4) in die *Rohdatenliste 1* eingetragen. Die Anlage dieser Liste kann das folgende Beispiel (zu Test 4) veranschaulichen.

TEST 4	Vp-Nr.		01			02			...
Aufgaben-Nr.		Rater	SA	JL	JW	SA	JL	JW	...
A 1	Kriterium	D							
		F							
		K							
A 2		D							
		F							
		K							
...									

Die *Übereinstimmung* für dieses Dreierrating wird nach Weymanns Z-Formel (Lisch/Kriz 1978,90) errechnet:

$$Z = \frac{2\ddot{U}}{K_1 + K_2}$$

($\ddot{U}$ = Anzahl der übereinstimmenden Kodierungen der Kodierer; K_1 = Anzahl der Kodierungen des Kodierers 1; K_2 = Anzahl der Kodierungen des Kodierers 2 ...)

Die Nachteile dieser Formel sind einmal, daß sie nicht um den Zufallswert korrigiert ist (der bei etwa einem Drittel der Übereinstimmungen liegt), zum andern, daß Informationen verschenkt werden, da die Distanz der Abweichungen nicht berücksichtigt wird (die Differenz zwischen 0,0 und 0,5 wird genauso verbucht wie zwischen 0,0 und 2,0). Da die Ungenauigkeiten einmal zu Gunsten und einmal zu Lasten der Untersuchung gehen, werden sie im folgenden vernachlässigt.

Errechnet wird die Übereinstimmung

- für alle drei Raterpaare über alle Kriterien und Aufgaben
- für jede Aufgabe über alle Kriterien
- für jedes Kriterium über alle Aufgaben
- für jedes Kriterium pro Aufgabe.

Nun kann aber die Übereinstimmung groß und der Test dennoch schlecht sein, wenn die Aufgaben zu leicht, zu schwer bzw. zu wenig trennscharf sind oder der Test nicht zuverlässig dasselbe mißt. Für diesen Teil der Auswertung wird eine 2. *Rohdatenliste* angelegt, in die nun je Kriterium pro Aufgabe der übereinstimmend(st)e Punktwert eingetragen wird (bei folgenden Übereinstimmungen jeweils die unterstrichene Position: $\underline{3}$:0; $\underline{2}$:1; 1:$\underline{1}$:1, d.h. bei Alternativentscheidungen diejenige, die am häufigsten getroffen wird, bei drei Wahlmöglichkeiten, sofern sich keine Mehrheit ergibt, jeweils der mittlere Punktwert: z.B. 0,0:$\underline{0,5}$:1,0).

Der *Schwierigkeits-Index* mißt den Prozentsatz der richtigen von den bearbeiteten Aufgaben nach der Formel (Lienert 1969,90):

$$P = 100 \frac{N_R}{N_B}$$

(NR = Anzahl der Probanden, die die Aufgabe richtig beantwortet haben; NB = Anzahl der Probanden, die die Aufgabe bearbeitet haben).

Die Schwierigkeit wird errechnet
- für jede Aufgabe
- für jedes Kriterium über alle Aufgaben
- für den gesamten Test.

Der *Trennschärfe-Index* ist definiert als die Korrelation (der Zusammenhang) der Lösungen einer Aufgabe mit dem Gesamtergebnis und wird berechnet nach der Formel (Lienert 1969,97):

$$\text{pbis}^r\text{it} = \left(\frac{\Sigma X_R}{N_R} - \frac{\Sigma X_B}{N_B}\right) \sqrt{\frac{N_R}{N_B - N_R}} \cdot \sqrt{\frac{N_B}{N_B \Sigma X_B^2 - (\Sigma X_B)^2}}$$

(Testrohwert = Summe der von einem Probanden (Pb) richtig gelösten Aufgaben; = Summe der Testrohwerte von denjenigen Pbn, die die Aufgabe richtig beantwortet haben; NR = Anzahl derjenigen Pbn, die die Aufgabe richtig gelöst haben; = Summe der Rohwerte der Probanden, die die Aufgabe bearbeitet haben; NB = Anzahl der Probanden, die die Aufgabe bearbeitet haben.)

Die *Reliabilität* gibt an, wie zuverlässig der (Einzel-)Test immer dasselbe mißt. Sie kann auf dreierlei Weise bestimmt werden. Die Retest-Reliabilität (durch Wiederholung des Tests nach einiger Zeit in derselben Klasse) und die Paralleltest-Reliabilität (durch Vergleich der Ergebnisse von Tests, die aus Item-Paaren zufällig zusammengestellt und in verschiedenen Gruppen durchzuführen sind), werden verworfen, da die eine den zwischenzeitlichen Lernzuwachs an Kreativität nur durch zusätzliche Tests erfassen könnte, die andere in der Bestimmung der Parallelität der Aufgaben recht kompliziert ist. Statt dessen wird die Split-half-Methode angewandt, bei der die Items des Tests zufällig (in gerade / ungerade) aufgeteilt werden, so daß zwei halblange 'Parallel-Tests' entstehen. Sie wird berechnet nach der Formel (Lienert 1969,216):

$$r_{12} = \frac{N \Sigma X_1 X_2 - \Sigma X_1 \Sigma X_2}{\sqrt{\left[N \Sigma X_1^2 - (\Sigma X_1)^2\right] \left[N \Sigma X_2^2 - (\Sigma X_2)^2\right]}}$$

(N = Anzahl der Probanden; X_1 = der Wert für alle ungeraden Aufgaben eines Schülers; X_2 = der Wert für alle geraden; es müssen pro Schüler immer gleich viele X_1 und X_2 sein; falls eine überzählige Aufgabe da ist, wird sie gestrichen).

Als 'Wert' können eingesetzt werden: die Anzahl der gelösten Aufgaben oder die Summe der Punktwerte (PW = Punkte für die Einschätzung nach den Kriterien) pro Aufgabe oder die Summe der Punktwerte für ein einzelnes Kriterium. Die Entscheidung fällt zugunsten der zweiten Variante, da die Feinabstufung der Punktwerte, die ein Mehr oder Weniger an Lösung miterfassen, ein besseres Bild der Reliabilität vermitteln als die undifferenzierte ja/nein-Entscheidung: gelöst oder nicht bzw. die unter Umständen einseitige Erfassung eines Teilaspektes.

Da diese Formel auf die Paralleltest-Methode abgestimmt ist, erfordert die Anwendung beim Splithalf-Verfahren eine nachträgliche Korrektur (die die Halbierung des Tests quasi wieder 'aufhebt') nach dieser Formel (Lienert 1969,221):

$$r_{tt} = \frac{2 \cdot r_{12}}{1 + r_{12}}$$

Einige dieser Berechnungen werden mehrfach durchgeführt:
1. um die Ergebnisse für Gymnasium, Hauptschule und die Gesamtheit beider zu vergleichen
2. um die Veränderung der Übereinstimmung von der Testlangform zur Aufgabenauswahl der potentiellen Testendform zu überprüfen.

Damit die folgende Darstellung der Einzeltest-Ergebnisse etwas entfrachtet wird, sollen einige *Grundsatzentscheidungen,* die sich während der Auswertung ergeben haben, vorab mitgeteilt werden:
- Der Eindruck, der bei der teilnehmenden Beobachtung während der Durchführung entstanden war, hat sich bestätigt. Der Test ist aufgrund der vorausgesetzten Fähigkeit zum relativ elaborierten schriftlichen Ausdruck in der *Höheren Schule* besser geeignet zur Erfassung der Kreativität als in der Hauptschule. Es werden deshalb im Text vorwiegend die Ergebnisse der Gymnasiasten dargestellt und diskutiert, die der Hauptschüler gelegentlich zum Vergleich herangezogen bzw. im Anhang dokumentiert.
- Die *Anzahl der Aufgaben* wird für alle vier Teile des Haupttests auf 6 festgesetzt aufgrund folgender Überlegungen. Der Median der ausgewerteten Aufgaben von Test 1 bis 4 liegt bei 3,08 Aufgaben, der der abgegebenen (einschließlich der aussortierten) bei 3,66. Dieser letzte Wert ist als maßgebender Richtwert für die Leistungsfähigkeit der Schüler anzusehen, und

zwar mit einer Aufrundung auf 4, da die Durchführung des Vortests nicht nur durch extreme Hitze und Ferienstimmung unter erschwerten Bedingungen stattgefunden hat, sondern auch durch die noch offene Experimentiersituation zum Teil suboptimal verlaufen ist und zudem die Instruktionen wie die Präsentation der Tests verbessert werden sollen. Unter dem Gesichtspunkt, daß sich die Aufgabenauswahl an einem (maximal) mittleren Schwierigkeitsgrad orientieren wird, und in der Hoffnung, daß der geplante Unterricht nicht nur die Qualität, sondern auch die Quantität ('Flüssigkeit') steigert, wird die Anzahl der Aufgaben für den Haupttest um 50 % auf 6 erhöht, so daß auch die Leistungsfähigsten ausreichend Entfaltungsmöglichkeit haben.

- Die Zusammenstellung soll je drei offenere und drei festgelegtere Aufgaben umfassen. Da sich die nach der Auswertung für die Endauswahl infragekommenden Aufgaben recht ungleichmäßig über die oben (5.1.3.) aufgestellten Kategorien verteilen, kann dadurch die *Struktur des Aufgabenangebots* gewahrt werden, daß diese beiden übergeordneten Gruppen jeweils gleichmäßig vertreten sind und mit möglichst unterschiedlichen Formen der offeneren bzw. festgelegteren Aufgaben berücksichtigt werden.

5.2.3.1. Test 1 "Komische Szenen"

Im Gymnasium haben alle 23 Schüler am Test teilgenommen und wenigstens eine brauchbare Bearbeitung abgegeben; von den abgegebenen werden 15 aussortiert und 61 nach den oben entwickelten Kriterien ausgewertet.

In der Hauptschule haben 3 der 26 Kinder gefehlt, eines hat keine verwertbare Lösung vorgelegt; von den abgegebenen werden 73 aussortiert und 64 ausgewertet.

Einige der 17 Aufgaben des Tests sind in der Auswertung nicht erfaßt: Nr. 5 (sie dient lediglich der Sensibilisierung für die folgenden Aufgaben, in denen Situationen danach zu beurteilen sind, ob sie umgedreht werden sollen); Nr. 10 und 13 (sie sind in beiden Klassen ausgefallen). Darüberhinaus fehlen in der Hauptschule Nr. 7, 8, 9, 11, 16, 17 (dazu ist anzumerken, daß die Aufgabenblätter für die Höheren Schüler bereits wesentlich verbessert wurden). Nr. 11 ist zufällig in der Rating-Auswahl nicht vertreten.

Die *Rater-Übereinstimmung* wurde an der Gymnasialklasse ermittelt. Für alle Rater über alle Aufgaben und Kriterien ergibt sich ein Wert von 0,69 (für R3/R2 0,66; R2/R1 0,71; R3/R1 0,71).

Das ist noch nicht optimal, wenn man davon ausgeht, daß Werte von etwa 0,75 an aufwärts wünschenswert sind.

Die einzelnen Werte pro Aufgabe, pro Kriterium bzw. pro Aufgabe und Kriterium sind aus folgender Tabelle abzulesen.

Tab. 1: Rater-Übereinstimmung (Test 1)

Aufg. Nr.	ZK 1	ZK 2	ZK 3	ZK 4	ZK 5	Σ_{K1-5}	$\bar{Z}_{K1-5}$	Anzahl
01	0,61	0,67	0,78	0,89	1,00	3,95	0,79	6
02	0,33	1,00	0,67	1,00	1,00	4,00	0,80	2
03	0,33	0,33	1,00	1,00	1,00	3,66	0,73	1
04	1,00	1,00	1,00	1,00	1,00	5,00	1,00	1
06	0,78	0,67	0,33	0,67	0,78	3,23	0,54	3
07	0,67	1,00	1,00	1,00	1,00	4,30	0,93	2
08	0,33	0,00	0,33	1,00	1,00	2,66	0,53	2
09	0,33	0,33	0,33	1,00	1,00	2,99	0,60	1
12	0,33	0,33	0,50	0,58	0,67	2,20	0,48	4
14	0,61	0,72	0,67	0,89	0,89	3,78	0,75	6
15	0,33	0,33	0,00	1,00	0,33	1,99	0,40	1
16	0,22	0,22	0,55	1,00	1,00	2,99	0,60	3
Σ_{A1-16}	5,87	6,60	7,16	11,03	10,67	40,75	8,25	32
$\bar{Z}_{(A1-16)}$	0,51	0,57	0,60	0,87	0,90	3,45	0,69	
Z_{A1-16}	0,49	0,55	0,61	0,92	0,89	3,46	0,69	

$Z_{(A1-16)}$ ist durch Mittelung der einzelnen Z-Werte zustandegekommen, so daß jeder Z-Wert unabhängig davon, auf wie viele Bearbeitungen er sich bezieht, mit gleichem Gewicht eingeht.

Z_{A1-16} gibt den Durchschnitt über alle Aufgaben hinweg an, so daß jede einzeln entsprechend der Anzahl ihrer Bearbeitungen ins Gewicht fällt.

Dadurch erklären sich geringfügige Differenzen zwischen den beiden Durchschnittswerten. Der validere, mit dem weiter gerechnet und interpretiert wird, ist Z_{A1-16}.

In die Spalten sind die Z-Werte (Übereinstimmungwerte) für jedes Kriterium (K1 bis K5) eingetragen für Aufgabe 1 bis 16. Z_{A1-16} gibt z.B. in der Spalte ZK1 den Durchschnitt der übereinstimmenden Urteile zum 1. Kriterium bei allen Aufgaben an.

In den Zeilen sind die Z-Werte für jede Aufgabe abzulesen. Z_{K1-5} gibt in der Zeile 01 den Durchschnitt der übereinstimmenden Urteile zu allen 5 Kriterien bei den Bearbeitungen der 1. Aufgabe an. Da Mittelwerte stets nur Näherungswerte sind, wird zusätzlich für jedes Kriterium der Z-Wert über alle Aufgaben errechnet. Der Vergleich dieser letzten mit der vorletzten Zeile verdeutlicht an der leichten Differenz die Ungenauigkeit der Z-Werte.

Die Anzahl der Bearbeitungen ist deshalb angegeben, da die Aussagekraft von Ergebnissen, die sich auf eine einzige Bearbeitung stützen natürlich geringer ist, als wenn mehrere Schülertexte zugrunde liegen.

Die Tabelle zeigt, daß für die Hälfte der *Aufgaben* (6, 8, 9, 12, 15, 16) die Übereinstimmung zu gering ist. Die erste Kategorie (1-4: Situation und Dialogpart von Hoppdidopp sind gegeben) hat durchgehend zufriedenstellende Werte. Gemischt sind die Ergebnisse für die zweite (14-16: Situation und Redewendungen von Hoppdidopp) und dritte (6-9: Situation und der erste provozierende Satz). Bei der vierten Kategorie (12: Situation und Dialog frei erfinden) ist die Übereinstimmung gering. Die offeneren Aufgabenstellungen lassen natürlich auch den Ratern mehr Spielraum. Das bedeutet, daß die Rater-Instruktionen präzisiert werden müssen. So ist zum Beispiel der Hinweis zur 2. Gruppe, daß zusätzliche bzw. alternative Wendungen, die die Kinder einführen, zuzulassen sind, besonders verwirrend.

Bei näherem Hinsehen zeigt sich jedoch, daß für die schlechten Ergebnisse primär die ersten drei *Kriterien* verantwortlich sind. Während K4 (Angabe des Tons der Reaktion) und K5 (Abgeschlossener Handlungsablauf) relativ eindeutig festzustellen sind, läßt sich eben über Humor 'streiten'. Das Problem dieses Teiltests besteht darin, daß sich generell Phänomene der stets kontextabhängigen Komik kaum, jedenfalls schwer in den Instruktionen eindeutig definieren lassen, so daß nicht nur der Humor der Schüler, sondern auch der der Rater 'getestet' wird. Zum Beispiel bei K1, der Einschätzung des "Widerstandes", scheint die Toleranzgrenze zwischen "aggressiv" und "humorvoll" individuell recht unterschiedlich zu verlaufen, so daß hierzu etwas ausführlicher Stellung genommen werden soll im Sinne der Akzeptanz einer gewissen Frechheit im kindlichen Witz. Ebenso bei K2 zur Differenzierung zwischen "passenden" und "unpassenden Kippeffekten auf der Wortebene". Das 3. Kriterium muß dagegen nicht nur präziser erläutert, sondern selbst umstrukturiert werden: Zum einen scheint die typographische Anordnung der Unteraspekte: Beurteilung, Entwicklung, Richtung (für R3) verwirrend gewesen zu sein, zum andern bringt die nicht nur von den Schülern, sondern auch von den Ratern zu treffende Entscheidung, ob eine Situation berechtigterweise humorvoll 'umgedreht' werden solle oder nicht, zuviel an subjektiver Interpretation ins Spiel. Die angemessene Aufgabe für die Rater (!) wäre auf die Feststellung zu begrenzen, ob eine Umkehrung im positiven Sinne erfolgt ist, und zwar kontinuierlich oder im letzten Moment. Demnach müßte die Aufgabenstellung für die Kinder beschränkt werden auf eindeutig humorvoll zu verdrehende Situationen. Zur Erleichterung könnte die erste (negative) Reaktion Hoppdidopps im Test explizit angegeben werden.

Dieses am Beispiel bewußt ausführlich entwickelte Rückschlußverfahren von der Schwierigkeit der Auswertung zur Vereinfachung der Aufgaben könnte und wird latent vorhandene Vorbehalte gegenüber Tests als Mittel der Lernerfolgskontrolle aufgestört haben. Der Vorwurf der Simplifizierung des Unterrichtsangebots mit Rücksicht auf die Beschränktheit des Testbaren greift jedoch nicht. Natürlich ist im Klassengespräch auf die quasi moralische Frage einzugehen, wann und wie das subversive Mittel der Ironie eingesetzt werden darf, genauso wie andere kontroverse Themen kontrovers zu diskutieren sind. Nur: ein Prüfungsgegenstand ist etwas anderes als ein Unterrichtsgegenstand. Er muß so ausgewählt und präsentiert werden, daß seine Beurteilung intersubjektiv nachprüfbar ist aus Gründen der Gerechtigkeit. D.h. er bleibt sinnvollerweise an

Komplexität und Ambivalenz unterhalb des Lernniveaus - was niemanden beunruhigen wird, der Unterricht für wichtiger als Zeugnisse und Lernprozesse für wichtiger als Tests ansieht.

Nachdem zunächst die Schwierigkeiten der Rater im Mittelpunkt standen, soll nun danach gefragt werden, welche *Schwierigkeiten* die Kinder bei der Bearbeitung unter den einzelnen *Kriterien* hatten. Diese und die folgenden Werte sind nicht mehr nur an der Rating-Auswahl gewonnen, sondern an jeweils einer ganzen Klasse, hier: des Gymnasiums.

Tab. 2: Schwierigkeit pro Kriterium   (Test 1)

Aufg. Nr.	K 1 %	K 2 %	K 3 %	K 4 %	K 5 %	Anzahl
01	60,0	80,0	0,0	80,0	90,0	10
02	66,7	88,9	55,5	66,7	100,0	9
03	50,0	50,0	0,0	100,0	100,0	2
04	100,0	100,0	100,0	100,0	100,0	1
06	75,0	50,0	25,0	75,0	100,0	4
07	0,0	0,0	0,0	100,0	100,0	2
08	0,0	0,0	0,0	50,0	100,0	2
09	0,0	100,0	100,0	100,0	100,0	1
11	50,0	50,0	0,0	100,0	100,0	2
12	25,0	37,5	0,0	0,0	62,5	8
14	53,8	53,8	15,4	84,6	100,0	13
15	50,0	100,0	50,0	100,0	100,0	2
16	25,0	25,0	25,0	100,0	100,0	4
17	0,0	0,0	0,0	100,0	100,0	1
Σ	555,5	735,2	370,9	1156,3	1352,5	61
$\bar{X}$	39,7	52,5	26,5	82,6	96,6	

Da der Schwierigkeits-Index den Anteil der gelösten von den bearbeiteten Items angibt, ist der Wert um so niedriger, je 'höher' der Schwierigkeitsgrad ist. D.h., bei der Interpretation der Tabelle ist darauf zu achten, daß die rechnerische Bestimmung der Schwierigkeit konträr zum Alltagssprachgebrauch verläuft.

Der Vortest erfaßt sozusagen die Ausgangsbasis für den kreativitätsfördernden Unterricht des Hauptversuchs, deshalb ist eine relativ hohe Schwierigkeit wünschenswert (also eine Lösungsquote unter 50 %). Die Kriterien 1 und 3 entsprechen dieser Anforderung. Durch die präzisere Fassung der Instruktionen zu "passenden" bzw. "unpassenden Kippeffekten auf der Wortebene" (s.o.) kann nicht nur die Übereinstimmung verbessert, sondern auch die Schwierigkeit etwas erhöht werden. K4 und K5 dagegen sind eindeutig zu leicht. Darum wird bei der Angabe des Tons der Reaktion die "implizite" Zwischenlösung (Handlungen, zusätzliche Verbalisierungen, die Rückschlüsse auf die Reaktion zulassen) aus der Wertung gestrichen. "Die Abgeschlossenheit des Handlungsablaufs" (K5) wird als selbständiges Kriterium aufgegeben und bei der Beurteilung der Situation subsumiert. Dadurch wird 1 Punkt 'frei', der zu gleichen Teilen den beiden zentralen Kriterien der Gegeninszenierung (K2 und K3) zugeschlagen wird. Als letztes soll die Reihenfolge dem logischen Prozeß des Ratings angepaßt werden, indem die Feststellung der Reaktion (K4) der Beurteilung der Situation (K3) vorangestellt wird. Aufgrund dieser Überlegungen sind die Kriterien und Instruktionen des Vortests für den Haupttest überarbeitet worden (vollständig abgedruckt am Ende von 5.2.3.1.).

Die *Auswahl der Aufgaben* erfolgt unter Berücksichtigung ihrer Schwierigkeit, ihrer Trennschärfe und der bereits berechneten Rater-Übereinstimmung. In der folgenden Tabelle sind die Werte für die Gymnasialklasse zusammengestellt. Die Numerierung bezieht sich auf die Aufgabenliste unter 5.1.3.1.

Tab. 3: Übereinstimmung/Schwierigkeit/Trennschärfe (Test 1)

Aufg. Nr.	Überein- stimmung (Z)	Schwierigk. %	Trenn- schärfe	Anzahl
01	0,79	50,0	0,84	10 (9)
02	0,80	66,7	0,95	9 (8)
03	0,73	50,0	1,00	2
04	1,00	100,0	-	1
06	0,64	25,0	0,51	4
07	0,86	0,0	0,00	2
08	0,53	50,0	0,99	2
09	0,60	100,0	-	1
11	-	50,0	1,00	2
12	0,44	0,0	0,00	8
14	0,75	46,2	0,84	13
15	0,40	100,0	0,00	2
16	0,60	50,0	- 0,51	4 (3)
17	-	0,0	-	1

Bei Nr. 11 und 17 fehlt der Z-Wert, da sie nicht geratet wurden (s.o.). Die Trennschärfe der Aufgaben 4, 9 und 17 konnte nicht berechnet werden, weil nur jeweils 1 Schüler sie bearbeitet hat. Wo die

Anzahl der für die Trennschärfeberechnung auszuwertenden Arbeiten von der, nach der die Schwierigkeit ermittelt wurde, abweicht, ist sie in Klammern dazugesetzt.

Wünschenswerte Merkmale für die auszuwählenden Aufgaben sind neben einer guten Rater-Übereinstimmung eine relativ hohe Schwierigkeit (Lösungsquote unter 50 %) und eine gute Trennschärfe (die untere Grenze liegt um 0,30). Bei den vorliegenden Schwierigkeitswerten ist einzukalkulieren, daß das Kriteriensystem für den Haupttest erschwerend modifiziert werden soll. Den genannten Bedingungen entsprechen die Aufgaben 1, 3 und 14. Nr. 4, 7, 9, 12, 15, 16, 17 fallen ganz aus. Nr. 2 ist mit 66,7 % Lösungen zu leicht. Die Übereinstimmung ist bei Nr. 11 unbekannt und bei Nr. 6 und Nr. 8 nicht zufriedenstellend; Verbesserungsmöglichkeiten wurden bereits (s.o.) entwickelt. Aufgrund der übrigen Werte werden sie jedoch (zusammen mit 1, 3 und 14) in die Aufgaben-Auswahl aufgenommen. Ein Vergleich mit der Übersicht zu den Hauptschulergebnissen (Anhang Tab. I; die römischen Zahlen verweisen jeweils auf den Anhang; die arabische Numerierung ist dem laufenden Text vorbehalten.) zeigt, daß sich dort überhaupt nur die Aufgaben 1, 2 und 4 als brauchbar erwiesen haben, während die Umrechnung auf die Gesamtheit der beiden Klassen (Tab. II) die Aufgaben-Auswahl bestätigt.

Die Aufgaben des Haupttests verteilen sich folgendermaßen auf die Kategorien:
1) Aufgaben mit Angaben zu *allen* Äußerungen des Gesprächspartners:
   - Situation und Dialogpart von Hoppdidopp sind gegeben (Dialog ergänzen und Ende erfinden)
     01 "Dein Freund hat eben geschellt, und Du springst nicht gerade leise die Treppe hinunter ..." (neu: 01)
     03 "Du bist bei Deinem Freund zu Besuch und willst beim Abräumen helfen ..." (neu: 02)
   - Situation und Redewendungen des Gesprächspartners sind gegeben. (Reihenfolge herstellen und Dialog ergänzen)
     14 "Herr H. sieht, wie Dir im Hausflur gerade Dein Kaugummipapier auf den Boden fällt ..." (neu: 03).
2) Aufgaben mit Angabe nur der *ersten* Äußerung des Gesprächspartners:
   - Situation und der erste provozierende Satz sind gegeben (Dialog fortführen)
     08 "Deine Mutter gibt Dir ein Paket ..." (neu: 04)
     11 "Herr H. streicht Euren Hausflur an ..." (neu: 05)
     06 "Du bist bei der Zahnärztin ..." (neu: 06)
   - Situation und Dialog erfinden fällt aus, da zu schwierig.

Schwerpunkt der ersten Gruppe ist vor allem das Erkennen der Doppeldeutigkeit der gegebenen Wendungen und die humorvolle 'Ausnutzung' im Gespräch. Nr. 14 leitet dabei zugleich über zum selbständigen Arrangieren der Szene.
Die zweite Gruppe erfordert von einer gegebenen Ausgangssituation aus das Erfinden weiterer Wendungen zur humorvollen Verbesserung der Interaktion, und zwar unter unterschiedlich Druck ausübenden Bedingungen (Ungeduld, Interesse, Angst). Die neue Anordnung der Aufgaben entspricht im übrigen

recht genau der Schwierigkeitseinschätzung, die die Kinder nach dem Test auf den Bewertungsblättern eingetragen haben, und zwar in ansteigender Linie.

Zur Überprüfung der *potentiellen Testendform* wird noch einmal die Rater-Übereinstimmung und zwar aufgrund der ausgewählten Aufgaben errechnet. Nr. 11 wurde nicht geratet und fehlt daher in der folgenden Tabelle.

Tab. 4: Rater-Übereinstimmung (Test 1)
— Aufgaben-Auswahl —

Aufg. Nr.	ZK 1	ZK 2	ZK 3	ZK 4	ZK 5	Σ_{K1-5}	$\bar{z}_{K1-5}$	Anzahl
01	0,61	0,67	0,78	0,89	1,00	3,95	0,79	6
03	0,33	0,33	1,00	1,00	1,00	3,66	0,73	1
06	0,78	0,67	0,33	0,67	0,78	3,23	0,65	3
08	0,33	0,00	0,33	1,00	1,00	2,66	0,53	2
14	0,61	0,72	0,67	0,89	0,89	3,78	0,75	6
Σ_{A1-14}	2,66	2,39	3,11	4,45	4,67	17,28	3,45	18
$\bar{z}_{(A1-14)}$	0,53	0,48	0,62	0,89	0,93	3,45	0,69	
z_{A1-14}	0,59	0,59	0,63	0,87	0,93	3,61	0,72	

Die Übereinstimmung für alle Rater über alle Aufgaben und Kriterien liegt bei 0,72 (für R3/R2: 0,68; R2/R1: 0,75; R3/R1: 0,73).

Die Werte zeigen, daß allein schon die Auswahl der Aufgaben (vor der Durchführung der geplanten Korrekturen) die Übereinstimmung deutlich verbessert (von 0,69 auf 0,72). Ursache dafür ist die höhere Übereinstimmung gerade bei den kritischen Kriterien 1 bis 3 verglichen mit der ursprünglichen Langform des Tests, am besten erkennbar am Unterschied der für jedes Kriterium über alle Aufgaben errechneten Z-Werte in dieser Tabelle und in Tabelle 1 (letzte Zeile).

Abschließend wird geprüft, ob die potentielle Testendform reliabel ist.

Tab. 5: Reliabilität (Test 1)
— Aufgaben-Auswahl —

N = 9	x_1	x_2
Vp.Nr.		
02	5,0	3,5
06	4,0	4,0
07	2,5	2,5
12	3,5	2,5
14	4,0	3,0
15	5,5	5,5
16	5,0	4,5
17	2,0	3,0
18	5,5	5,5
Σ	37,0	34,0

Nur 9 Schüler hatten wenigstens 2 der ausgewählten Aufgaben bearbeitet. Unter X_1 ist die Summe der Punktwerte der ungeraden, unter X_2 der geraden Aufgaben eingetragen.

Der Test ist in dieser Form reliabel mit $r_{tt} = 0{,}89$ ($r_{12} = 0{,}81$).
Die Aufgaben und Anweisungen für die Schüler und die Auswertungskriterien und Instruktionen sind im folgenden in der für den Haupttest revidierten Fassung komplett abgedruckt. Die Vorlage für den Vortest läßt sich aus den angegebenen Änderungen vollständig erschließen.

KOMISCHE SZENEN
================

Wir wollen heute ausprobieren, wie man sich einmal anders unterhalten kann.

Euer Gesprächspartner ist immer ein Herr oder eine Frau Hoppdidopp.

Ihr begegnet Herrn oder Frau Hoppdidopp in verschiedenen Situationen, die Ihr so ähnlich selbst schon erlebt habt oder die Ihr Euch gut vorstellen könnt. Aber es läuft diesmal alles ganz anders.

Zum Beispiel so:

- Klaus begegnet Herrn Hoppdidopp auf der Straße und rennt ihn versehentlich fast um.
- Herr Hoppdidopp ist *sehr ärgerlich* und sagt: "Kannst du nicht aufpassen, Klaus? Man sollte dir hinter die Löffel hauen!"
- Klaus: "Hier bitte, leider habe ich nur einen." Klaus gibt Herrn Hoppdidopp das Löffelchen, mit dem er sein Eis gerade ißt.
- Herr Hoppdidopp ist *in Eile* und sagt: "Du bist auch nicht auf den Mund gefallen."
- Klaus: "Nein, aber die Ute. Soll ich Ihnen mal erzählen, was der gestern beim Sackhüpfen passiert ist?"
- Herr Hoppdidopp unterbricht ihn *ungeduldig*: "Nein, sollst du nicht. Ich muß jetzt die Beine in die Hand nehmen, sonst erwische ich den Bus nicht mehr."
- Klaus: "Darf ich Ihnen helfen? Soll ich Ihnen das linke oder das rechte nehmen?"
- Herr Hoppdidopp ist *platt*:
  "Jetzt halt aber endlich die Klappe!"
- Klaus hält sich den Mund fest zu und macht: "Hmpf Hiherhehen."
- Herr Hoppdidopp *muß lachen* und klopft Klaus auf die Schulter. Dann rennt er zur Haltestelle.

Bitte wartet mit dem Umblättern, bis ich es Euch sage.

- 2 -

Was Euch an diesem Gespräch auffallen kann:

- Es ist komisch, lustig.
- Wörter und Redewendungen werden anders gebraucht als sonst.
- Es handelt sich um absichtliche 'Mißverständnisse'.
- Herr Hoppdidopp ist am Anfang ärgerlich, am Schluß lacht er.
- Das Verhalten von Klaus ist nicht selbstverständlich.

Das Gespräch hätte auch anders verlaufen können:

- entweder Herr Hoppdidopp reagiert wie in dem Beispiel. Klaus entschuldigt sich und rennt weg. Herr Hoppdidopp geht verärgert weiter.
- oder Herr Hoppdidopp sagt: "Du hast's aber eilig, Klaus. Wo willst Du denn hin?" Klaus erzählt es ihm. Dann verabschieden sie sich voneinander.

Im ersten Fall beginnt und endet die Szene verärgert.
Im zweiten Fall beginnt und endet die Szene freundlich.
In unserem Gespräch beginnt die Szene ärgerlich und endet freundlich, d.h. die Situation wird umgedreht. Genauer gesagt: Klaus dreht sie um durch seinen komischen Sprachgebrauch, um sich gegen eine unangemessene oder ungerechte Reaktion von Herrn/Frau Hoppdidopp zu wehren.

Es ist nicht selbstverständlich, daß Kinder in einer solchen Situation den Mut haben, einen Spaß zu machen, um den Gesprächspartner umzustimmen. Es ist auch nicht selbstverständlich, daß Erwachsene bereit sind, darauf einzugehen und sich umstimmen zu lassen.
Gerade deshalb, weil das nicht selbstverständlich ist, aber erfreulich wäre, sollt Ihr nun ein paar "Komische Szenen" erfinden, in denen es so ähnlich zugeht wie in unserm Beispiel.

Name:
Klasse:

1. Aufgabe

Ergänze das folgende Gespräch.
- Schreibe auf die gepunkteten Linien, in welchem Ton sich Herr Hoppdidopp äußert.
- Hinter "Antwort" schreibe, was Du erwiderst.
- Hinter "Ende" schreibe, wie die Szene ausgeht; in welcher Stimmung Herr Hoppdidopp ist, was er am Schluß sagt oder tut.

Dein Freund hat eben geschellt, und Du springst nicht gerade leise die Treppe hinunter. Da reißt Herr H. die Korridortüre auf und ruft wütend . . . . . . :
"Jetzt habe ich aber die Nase voll! Was fällt dir eigentlich ein?!"
Antwort:

Herr H. . . . . :
"Dein Vater sollte dir mal den Hintern versohlen, daß dir Hören und Sehen vergeht!"
Antwort:

Herr H. . . . . :
"Jetzt halt aber die Luft an."
Antwort:

Ende: Herr H. . . . .

- 3 -

1 Ich gebe Euch jetzt sechs Aufgaben, die Ihr nicht alle lösen müßt.
   Bevor Ihr anfangt, lest Euch aber alle sechs Aufgaben erst einmal durch.
   Die Reihenfolge, in der Ihr sie bearbeiten wollt, kann
6 jeder selbst bestimmen.

   Wenn Du Dich für eine Aufgabe entschieden hast:
   - Lies Dir die Anweisungen noch einmal genau durch.
10 - Stell Dir die Situation vor und wie Dir zumute wäre.
11 - Überleg Dir, wie das Gespräch nach Deiner Erfahrung
      wahrscheinlich verlaufen würde.
12 - Dann dreh die Situation in Gedanken so um, daß sie zu
      einem guten Ende führt.
   - Für Deinen komischen Dialog such in den Aufgaben 1 - 3
     die Wörter und Wendungen heraus, die man gut 'mißverstehen' kann; zu den Aufgaben 4 - 6 mußt Du selbst solche
17   Wörter oder Wendungen finden.
   - Verwende jede Idee möglichst nur einmal.
   - Denk Dir, bevor Du schreibst, den Fortgang des Gesprächs
     aus, wenn Du ein Wort anders als üblich gebrauchst, und
     mal Dir die Folgen des Mißverständnisses aus.
   - Damit man sieht, wie sich die Reaktion von Frau/Herrn
     Hoppdidopp allmählich ändert, schreib immer dazu, in
     welchem Ton sie/er etwas sagt: z.B. freundlich, wütend, entäuscht . . . Die gepunkteten Linien sollen Dich daran erinnern.
27 - Wie endet Deine Szene?

Name: _____
Klasse: _____

2. Aufgabe

Ergänze das folgende Gespräch.
- Schreibe auf die gepunkteten Linien, in welchem Ton sich Frau Hoppdidoop äußert.
- Hinter "Antwort" schreibe, was Du erwiderst.
- Hinter "Ende" schreibe, wie die Szene ausgeht:
  in welcher Stimmung Frau Hoppdidooo ist, was sie am Schluß sagt oder tut.

Du bist bei Deinem Freund zu Besuch und willst beim Abräumen helfen. Da stolperst Du über eine Schultasche, die im Flur liegt, und fällst mit dem Geschirr hin.
Frau H. sagt zornig........:
"Mußt du denn immer über Tische und Bänke gehen!"
Antwort: _____
Frau H. . . . . :
"Nun werd nicht noch frech! Du benimmst dich wie ein Elefant im Porzellanladen."
Antwort: _____
Frau H. . . . . :
"Jetzt mach dich aber dünn!"
Antwort: _____
Ende: Frau H. _____

Name: _____
Klasse: _____

3. Aufgabe

Erfinde zu der Ausgangssituation ein Gespräch.
Verwende für Herrn Hoppdidoop die unten angegebenen Redewendungen.
- Überleg Dir, in welcher Reihenfolge Herr Hoppdidoop sie gebraucht.
- Was kannst Du antworten?
- Schreib auf die gepunkteten Linien, in welchem Ton Herr Hoppdidopp spricht.
- Wie endet die Szene?

eine Fliege machen; ein Auge zudrücken; nicht in die Tüte kommen; für dumm verkaufen

Herr H. sieht, wie Dir im Hausflur gerade Dein Kaugummipapier auf den Boden fällt und sagt aufgebracht . . . :
Antwort: _____
Herr H. . . . . :
Antwort: _____
Herr H. . . . . :
Antwort: _____
Herr H. . . . . :
Antwort: _____
Ende: Herr H. _____

Name:
Klasse:

4. Aufgabe

Setze das Gespräch fort.
- Laß Dir eine passende Antwort auf die Bemerkung von Frau Hoppdidopp einfallen.
- Dann überleg Dir, wie das Gespräch weitergehen könnte.
- Suche für Frau Hoppdidopp andere Wendungen, die man 'mißverstehen' kann.
- Was antwortest Du?
- Wie reagiert Frau Hoppdidopp? Schreibe das auf die gepunkteten Linien.
- Wie endet die Szene?

Deine Mutter gibt Dir ein Paket, das Du bei der Post aufgeben sollst. Du mußt Dich anstellen, weil mehrere Leute vor Dir sind. Nach einer Weile fängst Du an, herumzuhampeln. Vor Dir steht Frau Hoppdidopp und sagt spitz.:
"Stell dich nicht so an! Du machst mich ganz nervös!"
Antwort: _____

Frau H. . . . . :

Antwort: _____

Frau H. . . . . :

Antwort: _____

Ende: Frau H. . . . .

Name:
Klasse:

5. Aufgabe

Setze das Gespräch fort.
- Laß Dir eine passende Antwort auf die Bemerkung von Herrn Hoppdidopp einfallen.
- Dann überleg Dir, wie das Gespräch weitergehen könnte.
- Suche für Herrn Hoppdidopp andere Wendungen, die man 'mißverstehen' kann.
- Was antwortest Du?
- Wie reagiert Herr Hoppdidopp? Schreibe das auf die gepunkteten Linien.
- Wie endet die Szene?

Herr H. streicht Euern Hausflur an. Du stellst Dich neben die Leiter und guckst zu.
Da sagt Herr H. ganz unfreundlich..:
"Du fällst mir auf den Wecker!"
Antwort: _____

Herr H. . . . . :

Antwort: _____

Herr H. . . . . :

Antwort: _____

Ende: Herr H. . . . .

Name: _____
Klasse: _____

6. Aufgabe

Setze das Gespräch fort.
- Laß Dir eine passende Antwort auf die Bemerkung von Frau Hoppdidopp einfallen.
- Dann überleg Dir, wie das Gespräch weitergehen könnte.
- Suche für Frau Hopodidopp andere Wendungen, die man 'mißverstehen' kann.
- Was antwortest Du?
- Wie reagiert Frau Hoppdidopp? Schreibe das auf die gepunkteten Linien.
- Wie endet die Szene?

Du bist bei der Zahnärztin. Frau Dr. H. ist ungeduldig... ungeduldig, und sagt:
"Nimm dich mal zusammen. Du tötest mir den letzten Nerv!"
Antwort: _____

Frau H. . . . . :

Antwort: _____

Frau H. . . . . :

Antwort: _____

Ende: Frau H. . . . . :

Name: _____
Klasse: _____

Zusatzaufgabe 1

Wenn Du bei keiner Aufgabe eine Idee hast, wie man die Situation durch komischen Sprachgebrauch umdrehen könnte, dann schreib auf, wie Du denkst, daß das Gespräch normalerweise vielleicht ablaufen würde.

Augabe 1

Aufgabe 2

Aufgabe 3

Aufgabe 4

Name:
Klasse:

Aufgabe 5

Aufgabe 6

×

Name:
Klasse:

Zusatzaufgabe 2

Wenn Du schon alle sechs Aufgaben gründlich bearbeitet hast, dann versuch es einmal ohne Anleitung:

Die Situation:

Da sagt Herr H. . . . . :

Antwort:

Herr H. . . . . :

Antwort:

Herr H. . . . . :

Antwort:

Ende: Herr H.

1. Test "KOMISCHE SZENEN"
zur UE "Ich möcht' ein Clown sein!"

Instruktionen für die Rater

Ziel des Tests ist es festzustellen, ob und inwiefern die Schüler Situationen, in denen sie mit autoritären Erwachsenen zusammentreffen, kreativ bewältigen.
Als kreativ wird dabei die humorvolle 'Gegen-Inszenierung' angesehen, die eine negative Gesprächssituation durch komische Mißverständnisse, die sich durch Neuheit und Brauchbarkeit auszeichnen, in eine positive umdreht, indem sie zugleich gegen die überwiegende eigene Erfahrung auch eine positive Reaktion des Gegenübers antizipiert.

1. WIDERSTAND

Mit Widerstand ist gemeint, daß der Betroffene aggressives, unangemessenes Verhalten nicht einfach hinnimmt und in angepaßter Form darauf reagiert, sondern sich dagegen wehrt, jedoch nicht aggressiv, was nur die Umkehrung der Anpassung wäre, sondern kreativ-humorvoll.
Zur Abgrenzung von kreativ-humorvoll gegenüber argumentativ und aggressiv: In allen drei Formen des Widerstands können Kippeffekte auf der Wortebene entweder eingesetzt werden oder fehlen. Entscheidend ist, ob die Antworten tendenziell auf Ärgern und Verletzen des Gegenübers zielen oder auf eine ernsthafte Richtigstellung bzw. Kritik am Verhalten des andern oder auf ein versöhnliches gegenseitiges Verständnis. Das schließt nicht aus, daß der kreativ-humorvolle Widerstand der Kinder, gemessen an 'normal-braven' Antworten, frech wirken kann, ohne daß damit schon aggressives Verhalten vorläge.
Die argumentierende Entgegnung wird in diesem Zusammenhang als 'neutral' zwischen Anpassung und Kreativität angesehen. Warum-Fragen werden als argumentativer Widerstand aufgefaßt.

Beispiele

kein Widerstand

    Hoppdidopp: Mußt du immer alles auf den Boden werfen heb es bloß wieder auf.

    Antwort: Endschuldigen sie bitte.

aggressiver Widerstand

    Hoppdidopp: Dir ist etwas auf den Boden gefallen du bösen Kind.

    Antwort: Ich antwortete: Dann heben sie es doch auf und ging weiter.

argumentativer Widerstand

    Hoppdidopp wütend: Macht kein schmuz in diesem Haus sonst muß ich dann alles sauber machen.

    Antwort: Ich nehm ihn schon auf. Aber seien sie nicht so streng zu mir. Man kann auch sagen: Junge hebst du das papier auf weil dir es aus der Tasche gefallen ist.

humorvoller Widerstand

    Hoppdidopp: Hir is kein Abfaleima.

    Antwort: Deshalb schmeiß ich es auch auf dem Boden.

2. KIPPEFFEKTE auf der WORTEBENE

Hier geht es darum, ob die Mehrdeutigkeit von Wörtern und Wendungen erkannt und die Möglichkeit genutzt wird, einen nicht erwartbaren überraschenden Gebrauch von der Sprache zu machen.
Es soll dabei unterschieden werden zwischen einem beliebigen rein formalen Ausnutzen der Mehrdeutigkeit der Sprache, das in keinem passenden Zusammenhang zur Bedeutung des provozierenden Satzes steht, und der gezielten Abweichung vom üblichen Sprachgebrauch, die eine erkennbare Funktion für die Erwiderung in der gegebenen Situation hat.

Bei den Aufgaben 1 - 3 ist entscheidend, daß der Doppelsinn der angegebenen drei Wendungen erfaßt und im Hinblick auf die Situation effektvoll genutzt wird. Nicht jeder für sich genommen trickreiche Einfall ist in diesem Sinne schon passend. Das Ersetzen der vorgegebenen durch eigene Wendungen ist hier nicht zulässig und wird als unpassend im Sinne der Aufgabenstellung registriert. Ebenso gilt bei Aufgabe 3 als unpassend, wenn die angegebenen Redewendungen nicht für Hoppdidopp, sondern für den Gesprächspartner eingesetzt werden. Schließlich sind Dialoge, die zwar Kippeffekte aufweisen, aber weniger als drei passende, unabhängig von der Qualität einzelner Antworten als unpassend einzustufen.

Bei den Aufgaben 4 - 6 kommt es darauf an, daß wie bei 1 - 3 der Doppelsinn des ersten provozierenden Satzes effektvoll und situationsadäquat genutzt wird. Als passend gelten die Kippeffekte dieser Dialoge, wenn darüberhinaus entweder zur Fortführung neue im Rahmen des Gesprächs geeignete mehrdeutige Wendungen eingeführt werden, oder wenn die Fortsetzung zur Entwicklung weiterer komischer Mißverständnisse aus der Doppeldeutigkeit des ersten Satzes führt.

Als passend gelöst gelten die Aufgaben hinsichtlich dieses Kriteriums, wenn die ersten drei Wortwechsel den angegebenen Maßstäben entsprechen. Die Gestaltung des Schlusses bleibt hierbei unberücksichtigt.

Beispiele

passende Antwort

    Hoppdidopp: Da schlägt's doch 13!
    Antwort: 13? Es ist 14,45 Uhr.
    oder: Ich höre nichts.

unpassende Antwort

    13 ist eine Unglückszahl.

3. ANGABE des TONS der REAKTION

Da es sich bei diesen Aufgaben um gesprochene Sprache, zudem um mehrdeutige Wendungen handelt, dient die Angabe des Tons, in dem H. spricht, der Verständigung über die Interpretation des Gesprochenen.
Die Bezeichnungen machen den Kindern gelegentlich Schwierigkeiten, so daß einige Intuition erforderlich ist; so kann "launisch" z.B. bedeuten "gut gelaunt, lustig".

Dieser Teil der Aufgabe gilt als gelöst, wenn alle drei offenen Reaktionen von Hoppdidopp **einschließlich der** Schlußwendung explizit benannt sind: sei es durch Adverbien, durch Verben, die die Art und Weise des Sprechens mit ausdrücken, oder durch die Verbindung mehrerer Verben.

Da es hier nur darum geht, ob der Ton der Reaktion angegeben worden ist, gilt dieser Teil der Aufgabe auch dann als gelöst, wenn die Reaktion selbst nicht oder nicht kontinuierlich zu einem guten Ende führt.

Ergänzungen in direkter Rede, aus denen eventuell eine
Reaktion erschlossen werden könnte, sollen nicht berücksichtigt werden.

Beispiel
Reaktionen
(Was soll denn das schon wieder?)
- schreit:
- sagt etwas ruhiger:
- hat sich beruhigt und sagt:

4. ENTWICKLUNG und ABGESCHLOSSENHEIT des HANDLUNGSABLAUFS

Hier geht es um den zentralen Aspekt, ob eine 'Gegen-Inszenierung' gelungen ist.

- Das impliziert zunächst formal, daß eine abgeschlossene Szene mit Anfang, Mitte und Ende dargestellt wird. Durch die Aufteilung der Arbeitsblätter sind im allgemeinen 4 Schritte vorstrukturiert: Anfang, zwei mittlere Wortwechsel und Ende. Die Gestaltung des Endes ist für dieses Kriterium von besonderer Bedeutung.
Zulässig ist lediglich, daß einer der beiden mittleren Wortwechsel fehlt. Szenen, die darüberhinaus unvollständig sind, gelten als unabgeschlossen.

Beispiele

Abgeschlossenheit fehlt

Du läufst hinter Deinem Ball her und trittst dabei versehentlich auf das frisch bepflanzte Beet. Frau H. kommt auf Dich zu und sagt Du Lausebengel:
"Mußt du denn immer hier spielen?! Das geht mir langsam über die Hutschnur!"
Antwort: Haben sie denn eine Schnur über ihren Hut gespannt?
Frau H.
"Da schlägt's doch 13!"
Antwort: Ist es schon so spät?
Frau H.
"Nun bleib mal auf dem Teppich!"
Antwort: Auf welchen Teppich?
Ende: Frau H.

Abgeschlossenheit gegeben

Du läufst hinter Deinem Ball her und trittst dabei versehentlich auf das frisch bepflanzte Beet. Frau H. kommt auf Dich zu und sagt Was soll denn das schon wieder?
"Mußt du denn immer hier spielen?! Das geht mir langsam über die Hutschnur!"
Antwort: Sie haben doch gar keine! Sie sind wohl ein bißchen verrückt
Frau H. schreit:
"Da schlägt's doch 13!"
Antwort: Wir haben aber erst zwanzig vor!
Frau H. sagt etwas ruhiger:
"Nun bleib aber auf dem Teppich!"
Antwort: Hier ist doch gar keiner!
Ende: Frau H. hat sich beruhigt und sagt:
Komm erst mal rein. Willst du ein Stück Kuchen?

- 4 -   1   - Inhaltlich kann der Abschluß der Handlung in einem negativen oder positiven Ende bestehen.
Als negativ werden Schlüsse bezeichnet, bei denen keine Entwicklung von der unfreundlichen, aggressiven usw. Reaktion Hoppdidoops zu einer freundlich-akzeptierenden stattgefunden hat.
Als positiv gilt ein Schluß, bei dem Hoppdidopp sich wenigstens zuletzt freundlich-akzeptierend äußert bzw. verhält.
8
Es genügt nicht, wenn das Kind als strahlender Sieger die Situation besteht, Hoppdidopp jedoch wütend bleibt oder sich einfach zurückzieht.
12   Beispiele erübrigen sich.

13   - Prüfstein dafür, ob bei einem positiven Ende, tatsächlich der Gedanke der Gegen-Inszenierung verstanden und umgesetzt wurde, ist die Entwicklung des Handlungsablaufs. Ein Stimmungswechsel von Hoppdidopp im letzten Moment bedeutet nicht nur, daß die Szene nicht konsequent aufgebaut ist, sondern legt auch den Verdacht nahe, daß aufgrund des Beispiels und der Anweisungen ein positives Ende einfach 'aufgesetzt' wurde.

Die kontinuierliche Entwicklung entspricht dagegen der Konzeption der Gegen-Inszenierung, bei der Hoppdidopp entgegen den Erfahrungen der Schüler allmählich aufgrund der humorvollen Antworten, die er erhält, seine Einstellung zum Freundlich-Akzeptierenden hin ändert. Eine kontinuierliche Entwicklung liegt dann vor, wenn spätestens ab dem 3. Wortwechsel die positive Reaktion des 4. deutlich vorbereitet wird.
28

Beispiele

positives Ende: im letzten Moment
   Reaktionen von Hoppdidopp
   - ungeduldig
   - wird wütend und sagt
   - schreit sehr laut
   - ist fröhlich. Platt

positives Ende: kontinuierlich
   - ärgerlich
   - (du frecher Junge)
   - etwas lustiger
40   - lustig.

KRITERIEN zum 1. TEST: "Komische Szenen"

1. WIDERSTAND

    fehlt   aggressiv   argumentativ   humorvoll
    (0,0)   (0,0)   (0,5)   (1,0)

2. KIPPEFFEKTE auf der WORTEBENE

    nein   ja: unpassend   ja: passend
    (0,0)   (0,5)   (1,5)

3. ANGABE des TONS der REAKTION

    nein (0,0)   ja (1,0)

4. ENTWICKLUNG und ABGESCHLOSSENHEIT des HANDLUNGSABLAUFS

    ⊢Abgeschlossenheit fehlt   (0,0)
    neg. Ende   (0,0)
    pos. Ende: im letzten Moment (1,5)
    pos. Ende: kontinuierlich   (2,5)

                                        Lernkriterium 4,5

Vo-Nr.:

VERÄNDERUNGEN gegenüber dem VORTEST 1

A Schüleranweisungen

Wo die Vorlagen für Hauptschule und Gymnasium im Vortest
variieren, wird Bezug genommen auf letztere.
Alle Änderungen (außer wenigen, die rein unter stilistischen
Gesichtspunkten erfolgten) sind registriert.

S. 2 nach Z.22 gestrichen:

> Eine Situation sollte man *umdrehen*
> - um sich gegen eine unangemessene, ungerechte Reaktion
>   zu wehren oder
> - zum Spaß für beide Gesprächspartner.
>
> Aber man sollte dem andern *nicht* die Wörter im Mund
> herumdrehen,
> - wenn man selbst im Unrecht ist oder
> - wenn man damit jemanden, der einem freundlich begegnet,
>   ärgert, verletzt oder ihm schadet.
>
> In unserm Beispiel sollte Klaus die Situation nicht
> umdrehen
> - wenn er durch seine Unachtsamkeit Herrn Hoppdidopp
>   tatsächlich weh getan hätte.
> - wenn Herr Hoppdidopp ihn aufgefangen hätte, damit er
>   nicht hinfällt.

Z.23-31 sind ergänzt.

S. 3 Z. 1- 6 ersetzen:

> Ich gebe Dir jetzt ein paar Aufgaben, die Du nicht alle
> lösen mußt.
> Die Aufgaben sind in vier *Gruppen* eingeteilt und auf ver-
> schiedenfarbige Blätter getippt:
> Gruppe A = orange
> Gruppe B = gelb
> Gruppe C = grün
> Gruppe D = rosa
> Aus *jeder* Gruppe suchst Du Dir *eine* Aufgabe aus. Bei
> Gruppe B mußt Du allerdings in jedem Fall zusätzlich
> (zuerst) die Aufgabe Nr.1 lösen.
> Wenn Du aus jeder Gruppe eine Aufgabe gemacht hast, kannst
> Du frei wählen, welche Aufgaben Du Dir nun vornimmst.

Z.10+11 ersetzen:

> Überleg Dir, ob und warum man die Situation umdre-
> hen sollte.

Z.12-17 sind ergänzt.

nach Z.27 gestrichen:

> Noch ein paar Hinweise:
> - Das, was gesprochen wird, schreibst Du als direkte Rede
>   auf.
> - Am besten beginnst Du für jeden Sprecher mit einer neuen
>   Zeile.
> - Wenn Du etwas über die Personen sagst, was sie denken,
>   was sie tun, beginnst Du ebenfalls eine neue Zeile.
> - Du darfst alles 'mißverstehen'. Wichtig ist nur, daß Du
>   den Ablauf der angedeuteten Situation, wenn Du das rich-
>   tig findest, *umdrehst*, indem Du einen *komischen*
>   Gebrauch von einzelnen Wörtern und Wendungen machst.

B Aufgaben − 2 −

Die Aufgabenkerne sind auf S.402f abgedruckt.
Die ursprüngliche Aufmachung wird stellvertretend an den
Veränderungen der ausgewählten Aufgaben vorgeführt.
Begründung der Auswahl im Text unter 5.1.3.1.

Für alle Aufgaben gilt:
- Die erste Reaktion Hoppdidopps wird (handschriftlich)
  vorgegeben bzw. ergänzt.
- Die Arbeitsanweisungen werden bei jeder Aufgabe (auch
  wenn es sich um Wiederholungen handelt) vollständig angegeben.

2. Aufgabe:
   x) "Du benimmst Dich wie ein Elefant im Porzellanladen."
      statt: "Ich krieche bald auf dem Zahnfleisch."

4. Aufgabe:
   x)   Hinweis auf die Vorentscheidung, ob die Situation
        umzudrehen ist - gestrichen.
   xx) "Du darfst auch Wendungen aus dem Zusatzmaterial
        (letztes Blatt) nehmen. Dann setz ein x) vor die
        Zeile." - gestrichen.
   xxx) Frau H. statt Herr H.

5. u. 6. Aufgabe:
   x) u. xx) s. 4.Aufgabe.

Zusatzmaterial - gestrichen:

> **Zusatzmaterial**
>
> um den heißen Brei herum reden
> kneifen
> jemandem Beine machen
> jemandem auf den Zahn fühlen
> einen Mann im Ohr haben
> einen Vogel haben
> auf den Putz hauen
> locker vom Hocker
> die Katze aus dem Sack lassen
> auf den Busch klopfen
> wenn man den Esel nennt...
> weiße Mäuse sehen
> aufs Dach steigen
> auf die Palme bringen
> die Hände hoch gehen
> bei dir ist eine Schraube locker
> du bist grün hinter den Ohren
> ich werd' Dir helfen
> ins Fettnäpfchen treten
> da bleibt einem die Spucke weg
> sich jemanden vorknöpfen
> ...
>
> - Wendungen, die Dir unbekannt oder unverständlich sind,
>   streiche bitte aus.
>
> - Die Wendungen, die Du aus dem Zusatzmaterial übernimmst,
>   kreuze bitte hier und in Deinem Text an.

- 3 -   Bewertungsblatt - entfällt:

> Beurteile bitte alle Aufgaben (nicht nur die, die Du
> gemacht hast) danach, ob Du sie schwer, mittel oder leicht
> findest. In der folgenden Tabelle bitte ankreuzen.
> Wenn Du eine Begründung dafür hast, schreib sie bitte dazu.

Aufgabe	schwer	mittel	leicht	warum?
1.				
2.				
3.				

Zusatzaufgabe 1

x) getrennte Linierung für Aufgabe 1-6   ergänzt.

Zusatzaufgabe 2 - ergänzt.

C   Rater-Instruktionen

vgl. die 1. Fassung des Kriterienkatalogs unter 5.1.3.1.
Begründet werden die Änderungen im Text unter 5.2.3.1.

S. 1   Z.10-12:   der Nebensatz ist ergänzt.

Z.13   statt: Widerstand leisten

Z.19-29   sind ergänzt.

nach Z.35:   die Angabe der Aufgabennummer ist hier wie im folgenden gestrichen.

Z.51   statt: kreativer Widerstand

S. 2   Z.12-35   sind ergänzt.

nach Z.35 gestrichen:

> Dabei ist zu beachten, daß 'passend' und 'unpassend' sich
> konkret auf den einzelnen Wortwechsel in der Situation be-
> zieht, nicht jedoch auf die Frage, ob überhaupt die Situation
> umgedreht werden soll (s. 3.Kriterium).

nach Z.42 gestrichen:

> Ferner:
> Wenn Schüler _andere_ Kiopmöglichkeiten entdecken als die,
> die auf der Hand zu liegen scheinen, ist das zu akzep-
> tieren.
> Wenn sie statt der vorgegebenen Wendungen zusätzliche
> _eigene_ Wendungen einführen, ist das zulässig.

Z.43   ursprünglich: 4.Kriterium

Z.51- S.3 Z.3 ersetzen:

> Die Aufgabe gilt als _nicht gelöst_, wenn weniger als drei
> Angaben zur Reaktion gemacht werden.
> Als _explizite_ Angaben werden Adverbien und andere Bestim-
> mungen der Art und Weise des Sprechens und der Stimmung von
> H. eingestuft.
> Als _implizit_ werden zusammengefaßt
> - Ergänzungen in direkter Rede, aus der die Reaktion er-
>   schlossen werden kann,
> - gemischte Ergänzungen, die zwischen impliziten und expli-
>   ziten Angaben abwechseln, wenn weniger als drei expliziten
>   Angaben gemacht werden.

Test 1

S. 3 Z.10 Zusammenfassung von: 3.Umdrehen der Situation - 4 -
+ 5. Abgeschlossener Handlungsablauf

Z.13-57 entspricht dem alten 5. Kriterium.

Z.20+21 sind ergänzt.

S. 4 vor Z.1 gestrichen alt 3.1.:

> Hier geht es darum, wie der Ablauf der Situation gestaltet wird, und zwar unabhängig davon, ob Kippeffekte auf der Wortebene vorkommen oder nicht.
> Entscheidendes Merkmal ist die Übereinstimmung zwischen der ersten und der letzten Reaktion.
> Als nicht umgedreht gelten daher nicht nur einheitliche Situationen, sondern auch diejenigen, die 'Binnenschwankungen' zeigen, Anfang und Ende jedoch in Übereinstimmung halten.
>
> 3.1. Beurteilung des Umdrehens
> Es soll zunächst festgestellt werden, ob die Situation umgedreht worden ist, oder nicht. Danach ist zu beurteilen, ob das Umdrehen bzw. Nichtumdrehen berechtigt ist oder nicht.
>
> Eine Situation umzudrehen ist
> - berechtigt, wenn man sich gegen Ungerechtigkeit wehren will oder zum Spaß,
> - unberechtigt, wenn man damit verletzt, ärgert, schadet, oder wenn man selbst im Unrecht ist.
>
> Eine Situation nicht umzudrehen ist
> - berechtigt, wenn man andernfalls jemanden verletzen, ihn ärgern oder ihm schaden würde, bzw. wenn man selbst im Unrecht ist,
> - unberechtigt, wenn es sich um lediglich angepaßtes Verhalten handelt.
>
> Nur wenn das Umdrehen der Situation als berechtigt angesehen wird, sind 3.2. als formales und 3.3. als inhaltliches Kriterium einzuschätzen.

Z. 1-12 entspricht alt 3.3.

Z. 1- 8 ersetzen:

> 3.3. Die Richtung des Umdrehens
> als inhaltliches Moment bezieht sich unabhängig von der kontinuierlichen oder nicht kontinuierlichen Entwicklung darauf,
> - ob sie eine positive Wendung nimmt,
> - oder eine negative.

nach Z.12 gestrichen:

> Wichtige Änderung: die Aufgaben der Gruppe B 2-7 (=6-11) werden von der Sortieraufgabe B 1 (=5) abgekoppelt. Beurteilt werden die Lösungen danach, ob die Schüler die Situation, so wie sie sie einschätzen, im angegebenen Sinne kreativ zum positiven wenden oder nicht.

Z.13-40 entspricht alt 3.2.

Z.13-28 ersetzen:

> 3.2. Die Entwicklung des Umdrehens bezieht sich formal darauf, ob die Veränderung der Stimmung von Herrn H. kontinuierlich von Wortwechsel zu Wortwechsel aufgebaut wird, oder ob mehr oder weniger unabhängig vom vorhergehenden Gesprächsverlauf, sozusagen mit Rücksicht auf die Aufgabenstellung in der letzten Sequenz des Gesprächs eine 'umgedrehte' Reaktion angehängt wird. Kontinuierliche Entwicklung setzt also voraus, daß spätestens in der 3. Sequenz die Reaktion der 4. vorbereitet werden muß.

5.2.3.2. Test 2 "Laut-Gedichte"

Im Gymnasium haben 4 der 27 Schüler nicht am Test teilgenommen; 12 Arbeiten werden aussortiert, 168 ausgewertet.

Von den 26 Hauptschülern haben 2 gefehlt und 1 hat keinen brauchbaren Test abgegeben; 24 Bearbeitungen werden aussortiert, 119 ausgewertet.

Aufgabe 15 ist weder im Gymnasium noch in der Hauptschule in Angriff genommen worden, im Gymnasium fehlt darüberhinaus Nr. 16. Für die Berechnung der Übereinstimmung fallen zufällig heraus: Nr. 11 und 17 im Gymnasium, Nr. 13 in der Hauptschule.

Die *Rater-Übereinstimmung* ist zufriedenstellend: im Gymnasium für alle Rater über alle Aufgaben und Kriterien 0,77 (für R3/R2 0,73; R2/R1 0,81; R3/R1 0,77), in der Hauptschule 0,74 (0,72; 0,79; 0,76).

Die Tabelle III (vgl. auch Tab. IV und Tab. V) zeigt, daß im Gymnasium nur bei einer Aufgabe (18) und den beiden *Kriterien* 5 und 7 die Z-Werte zu niedrig sind. Bei K5 "Variation" mögen dafür zwei Gründe verantwortlich sein: zum einen können die Beispiele in den Instruktionen bei weitem nicht alle Variationsmöglichkeiten erfassen, so daß die Rater hier in besonderem Maße die Anweisungen analog anwenden müssen. Zum andern ergeben sich Überlappungen mit K4 "Wiederholung", weil die Variation häufig neben veränderten auch wiederholte Elemente enthält oder sich nur im Rhythmus der Wiederholungen ausdrückt. Da die Wiederholung einfacher zu identifizieren ist, schlägt sich die Unsicherheit primär bei K5 nieder. Konsequenz: beide Kriterien werden als Merkmale der Textstrukturierung zusammengefaßt und in den Instruktionen deutlich voneinander abgegrenzt, indem u.a. festgelegt wird, daß Wiederholungen *in* Variationen nicht eigens anzukreuzen sind.

Der "Gesamteindruck" (K7) wird mit Abstand am unterschiedlichsten beurteilt. Die Schwierigkeit besteht darin, daß die Unterpunkte "ausdrucksvoll" vs. "beliebig" keine echten Alternativen sind, da ein 'nicht beliebiger' Text noch lange nicht ausdruckskräftig sein muß und ein 'nicht ausdruckskräftiger' nicht automatisch beliebig ist. Je nachdem, von welchem Pol die Rater ausgehen, ergeben sich bei diesem Kriterium deutlich abweichende Bewertungsstrukturen. Dementsprechend soll der Maßstab fixiert werden auf "ausdruckskräftig: ja/nein" und in den Instruktionen präziser definiert werden in Richtung auf den Funktionszusammenhang der einzelnen literarischen Techniken.

An Juan Mirós "Gespräch der Insekten" (*Aufgabe* 18) wird ein generelles Manko des Tests in der vorliegenden Form deutlich. Bearbeitungen, die ausschließlich Mittel der Lautmalerei verwenden und die semantische Ebene aussparen, erschweren die Beurteilung vor allem des Gesamteindrucks und zum Teil die Identifizierung von Variationen. Außerdem entsteht eine Bewertungslücke, da nicht nur das Kriterium "Wortveränderung" entfällt, sondern auch die Definition des "Klangcharakters" nicht greift, so daß die Chance, das Lernkriterium, zu erreichen von vornherein geringer ist, obgleich gute Laut-Gedichte vorliegen können. Das betrifft tendenziell zumindest auch die Aufgaben 7, 8 und 10 (Nr. 1 wird in der Hauptschule ebenfalls häufiger als reine Geräuschkulisse angelegt).

Darum sollen folgende Korrekturen vorgenommen werden: Generell ist in den Instruktionen für die Schüler darauf hinzuweisen, daß der Leser einzelne Elemente aus der ihm bekannten Sprache wiedererkennen muß, damit er das Gedicht besser 'versteht'. Aufgabe 8 (Entsprechendes gilt für Nr. 7) könnte weniger abstrakt formuliert werden: z.B. "Zwei Zwerge freuen sich." statt "Sich über etwas freuen. Wie klingt das?". Die Einschränkung des 1. Kriteriums "Klangcharakter" auf die Wortauswahl ist aufzugeben, so daß auch Lautmalerei nach ihrem Klang beurteilt werden kann. Allerdings soll die Zusammenstellung passender Laute mit 0,5 Punkten als weniger schwierig eingestuft werden gegenüber der gezielten Auswahl von nach Klang und Bedeutung abgestimmten Wörtern (1,0 Punkte). In den Instruktionen für die Rater ist ausdrücklich jeweils auf die Besonderheiten reiner Laut-Gedichte aufmerksam zu machen.

Die *Schwierigkeit der Kriterien* 4 (54,9 %), 5 (21,4 %) und 7 (34 %), ebenso von K3 "Wortveränderung" (25,1 %) entspricht den Anforderungen an den Vortest (Tab. VI). K1 (11,6 %) und K6 (10,9 %) erweisen sich als zu schwer. Die Ausdehnung des Merkmals "Klangcharakter" auch auf die reinen Lautmalereien wurde bereits begründet. Die "Einbeziehung der Fläche" (K6) soll künftig auch (sinnvolle) Formen der typographischen Visualisierung erfassen, die die Schüler selbst erfinden, obgleich sie in diesem Zusammenhang nicht eigentlich intendiert werden. Außerdem sind die Anweisungen im Anschluß an die Besprechung des Gedichtes von Jandl um Beispiele für unterschiedliche Möglichkeiten der Textanordnung zu ergänzen. Die "Lautmalerei" (K2) ist mit 92,2 % eindeutig zu einfach und bildet vor allem die Leistungen der Schüler nicht differenziert genug ab. Die gängigen "peng-Wörter" und Interjektionen müssen in der Bewertung gegenüber ungewöhnlichen Geräuschimitationen abgestuft werden.

Dem Eindruck der Rater, daß dieses Kriteriensystem teils aufgrund einzelner zu enger Definitionen, aber auch aufgrund der Gewichtung die Qualität der Schülertexte nicht optimal erfaßt, entspricht tatsächlich die Aufgabenschwierigkeit. Die Lösungsquote bleibt deutlich unter dem nach den Werten der Einzelkriterien zu erwartenden Niveau (Vorgriff auf Tab. X). Es wird darum auch die Punkteverteilung abgeändert. Der für diese Texte nicht so spezifische "Gesamteindruck" wird von 2,0 Punkten auf 1,0 heruntergestuft. Dafür werden die zentralen Kriterien "Klangcharakter" und "Lautmalerei" auf 1,0 (mit Binnendifferenzierung bei 0,5) aufgewertet. Auch die "Variation" kann durch die Zusammenfassung mit der "Wiederholung" auf 1,0 hochgesetzt werden. Die nach diesen Entscheidungen revidierte Fassung der Kriterien und Instruktionen ist nachzulesen im Anschluß an den laufenden Abschnitt 5.2.3.2. Da die Schwierigkeit der Aufgaben, wie erwähnt, wesentlich zu hoch ist (vgl. Tab. VII, VIII, IX), wird die Auswahl für die Testendform noch zurückgestellt. Stattdessen sollen die Punktwerte der für den Haupttest intendierten Umgewichtung angenähert und auf dieser Basis die Schwierigkeitswerte und die Trennschärfe erneut berechnet werden.

Folgendermaßen wird eine *Angleichung* an das *veränderte Kriteriensystem* versucht.

K1 und K2 werden von 0,5 auf 1,0 Punkte angehoben, K7 von 2,0 auf 1,0 gesenkt. Da hiermit nicht alle vorgesehenen Erleichterungen zu erfassen sind, werden Aufgaben, die 4,0 Punkte (statt ursprünglich 4,5) erreichen, bereits als gelöst angesehen. Gleichzeitig wird ein Fehler korrigiert, der beim Aussortieren unterlaufen ist: Während die Stichwortsammlungen und Beschreibungen von Hauptschülern als nur 'unvollständig' die Aufgabenstellung erfüllend ausgeklammert wurden, sind die Beschreibungen der Gymnasiasten mit ausgewertet worden. Diese 23 Arbeiten werden nachträglich herausgenommen: Rest 143. Die Übereinstimmungswerte bleiben davon unberührt.

Die Auswertung der so gewonnenen Daten führt zu einer minimalen Senkung der Schwierigkeit pro Kriterium (Tab. X) und zu einer besseren Lösungsquote pro Aufgabe. Die Numerierung bezieht sich auf die Aufgabenliste unter 5.1.3.2.

Tab. 6: Übereinstimmung/Schwierigkeit/Trennschärfe (Test 2)

Aufg. Nr.	Übereinstimmung	Schwierigk. %	Trennschärfe	Anzahl
01	0,91	25,0	0,67	8
02	0,83	7,1	0,87	14
03	0,78	0,0	0,00	15
04	0,76	0,0	0,00	11
05	0,78	0,0	0,00	11
06	0,86	0,0	0,00	9
07	0,71	0,0	0,00	11
08	0,71	11,1	0,32	9
09	0,76	0,0	0,00	9
10	0,74	16,7	0,89	12 (11)
11	-	0,0	-	1
12	0,86	36,4	0,49	11
13	0,74	21,4	0,23	14
14	0,71	0,0	0,00	6
15	-	-	-	0
16	-	-	-	0
17	-	0,0	-	1
18	0,57	33,3	0,35	3

Daß die neue Auswertung tatsächlich die spezifischen Merkmale der Laut-Gedichte besser erfaßt, zeigt der Vergleich mit den Ergebnissen für die Hauptschule (Tab. VIII mit XI). Diese haben sich fast überhaupt nicht verschoben außer bei Nr. 5 und 18, die etwas leichter geworden sind bei gleichzeitigem Absinken der Trennschärfe. Der Unterschied zu den deutlicheren Veränderungen im Gymnasium erklärt sich nämlich dadurch, daß die Punkte in der Hauptschule vor allem mit Hilfe des "Gesamteindrucks" gemacht wurden, im Gymnasium dagegen wesentlich häufiger die spezifischen Kriterien für Laut-Gedichte erfüllt waren.

Die *Auswahl der Aufgaben* erfolgt unter der Voraussetzung, daß die Lösungsquote aufgrund der vorgesehenen Korrekturen im Hauptversuch noch etwas ansteigen wird. Nr. 1, 10, 12 erfüllen bereits die gesetzten Bedingungen; bei Nr. 18 ist die Übereinstimmung zwar zu niedrig, aber die Ergebnisse in der Hauptschule bei dieser Aufgabe, die dort von 10, im Gymnasium nur von 3 Kindern bearbeitet worden ist, sprechen dafür, daß die diskutierten Verbesserungsvorschläge etwas erreichen können. Nr. 2 und Nr. 8 sind sehr schwer, aber (im Unterschied zu Nr. 13) noch ausreichend trennscharf.

Daß die ausgewählten Aufgaben nicht die einzig lösbaren sind, sondern daß der Aufgabentyp mit einer breiteren Basis bestätigt wird, zeigen ergänzend die Ergebnisse der Hauptschüler, die außer Nr. 1 und Nr. 18 auch Nr. 3, 5, 11 und 17 erfolgreich bearbeiten (Tab. XI; vgl. Tab. XII).

Die Aufgaben des Haupttests verteilen sich dann folgendermaßen auf die Kategorien:
1) Aufgaben *mit* bekannter Geräuschkulisse
   - eindrucksvolle akustische Effekte (Geräusche)
     10 "Ein Gewitter" (neu: 03)
   - alltägliche akustische Effekte (Geräusche + Stimmen)
     01 "Du gehst durch ein Kaufhaus" (neu: 01)
     02 "Auf dem Spielplatz" (neu: 02)
2) Aufgaben *ohne* bekannte Geräuschkulisse
   - fremde akustische Effekte (Geräusche + Stimmen)
     08 "Zwei Zwerge freuen sich." (neu: 05)
     18 Juan Miró "Gespräch der Insekten" (neu: 06)
   - unspezifische akustische Effekte
     12 "Du schaust ins Wasser." (neu: 04)

Die Rezeptionsaufgaben fallen aus, da sie nicht bearbeitet bzw. nicht gelöst worden sind.

Schwerpunkt der ersten Gruppe ist die Wahrnehmung und Imitation möglichst charakteristischer Elemente in einer bekannten Situation mit prägnanten Geräuschen.

In der zweiten Gruppe steht die Erfindung akustischer Signale zu sehr wenig spezifisch vorgeprägten Situationen (Freude, Gespräch, Wasser) im Vordergrund. Die Verfremdung, die diese Aufgabenstellungen implizieren (Zwerge, Insekten, schauen), dient einerseits als Anreiz zur konkreten Ausgestaltung, andererseits soll sie die Konzentration auf die möglichen sprachlichen Veränderungen erleichtern.

Die Anordnung innerhalb der Kategorien entspricht der Voreinschätzung der (steigenden) Schwierigkeit durch die Rater. Die Rangreihe der Aufgaben, wie sie die Hauptschüler beurteilen, auch wenn sie diese im einzelnen viel zu leicht einstufen, deckt sich nahezu hiermit, das Gespräch der Insekten wird von ihnen allerdings etwas vorgezogen. Die Reihenfolge in der Testendform ist ausgerichtet nach Themenbereichen: Umwelt (1, 2), Natur (3, 4), Phantastisches (5, 6), wobei schwerere und leichtere Aufgaben (aufgrund der Auswertungsergebnisse) abwechseln.

Die Übereinstimmung der *potentiellen Testendform* ist mit 0,77 für alle Rater über alle Aufgaben und Kriterien zufriedenstellend (R3/R2 0,75; R2/R1 0,84; R3/R1 0,72).

Tab. 7: Rater-Übereinstimmung (Test 2)
– Aufgaben-Auswahl –

Aufg. Nr.	ZK 1	ZK 2	ZK 3	ZK 4	ZK 5	ZK 6	ZK 7	Σ_{K1-7}	$\bar{z}_{K1-7}$	Anzahl
01	0,67	1,00	1,00	1,00	0,67	1,00	1,00	6,34	0,91	2
02	1,00	1,00	0,67	0,83	0,67	1,00	0,64	5,81	0,83	4
08	0,67	1,00	0,67	0,67	0,83	0,83	0,33	5,00	0,71	4
10	1,00	0,83	0,67	0,83	0,67	0,67	0,50	5,17	0,74	4
12	0,87	1,00	0,78	1,00	0,78	0,78	0,78	5,99	0,86	3
18	0,33	1,00	0,33	0,33	1,00	0,00	1,00	3,99	0,57	1
Σ_{A1-18}	4,54	5,83	4,12	4,66	4,62	4,28	4,25	32,30	4,62	18
$\bar{z}_{(A1-18)}$	0,76	0,97	0,68	0,78	0,77	0,71	0,71	5,38	0,77	
z_{A1-18}	0,83	0,96	0,70	0,81	0,74	0,79	0,62	5,45	0,77	

Die Auswahl bewährt sich bereits insofern, als der "Gesamteindruck" (K7) bei diesen Aufgaben deutlich übereinstimmender eingeschätzt wird als im Rahmen der Langform (0,62 gegenüber 0,52).

Zum Abschluß wird geprüft, ob die potentielle Testenform reliabel ist.

Tab. 8: Reliabilität (Test 2)
- Aufgaben-Auswahl -

N = 18	x_1	x_2
Vp.Nr.		
01	1,0	3,5
02	5,5	4,0
03	3,0	4,5
04	3,5	5,0
06	2,0	8,0
09	1,0	3,5
12	6,0	7,5
13	2,0	3,0
15	2,0	1,5
16	4,5	1,5
17	1,5	2,5
18	2,0	1,5
19	2,0	1,5
20	6,0	7,5
23	2,0	3,5
25	5,0	7,0
26	4,0	2,0
27	5,0	4,0
Σ	58,0	71,5

18 Gymnasiasten hatten wenigstens 2 der ausgewählten Aufgaben bearbeitet.

Mit r_{tt} = 0,64 (r_{12} = 0,475) ist der Test schwach reliabel. Zur Kontrolle wurde deshalb die Reliabilität auch für die gesamten Schüler in Gymnasium und Hauptschule berechnet. 35 haben wenigstens 2 der ausgewählten 6 Aufgaben bearbeitet. Mit dieser breiteren Basis steigt der Wert auf r_{tt} = 0,75 (r_{12} = 0,6). (Tab. XIII).

Die Aufgaben und Anweisungen für die Schüler sind in der überarbeiteten Fassung im folgenden nachzulesen.

LAUTGEDICHTE
==============
Wir wollen heute ausprobieren,was man alles mit dem
klang von Wörtern ausdrücken kann.

Hier ist ein Beispiel von Ernst Jandl:

                flatt
                        der vogel
                flatt
                flattliegt
                        der vogel
                flattgedrückt
                flatt

Normalerweise könnte man sagen:
Ein Vogel, der verletzt ist, flattert noch ein
paarmal auf, dann liegt er platt und ist tot.

Jandl macht es anders:
er beschreibt nicht, sondern zeigt, was passiert.
 - Er zeigt den Vorgang durch die Anordnung der Wörter.
 - Er zeigt das Flattern des Vogels, indem er dreimal
   (in den ersten vier Zeilen) "flatt" schreibt.
 - Er zeigt, daß der Vogel, der da flattert, stirbt,
   weil man eigentlich statt "flatt" ab der 5.Zeile
   "platt" lesen müßte.

Der Text von Jandl ist aber kein Muster, das Ihr nachahmen
sollt, sondern eine Anregung, andere Ausdrucksformen zu
suchen, als Ihr sie normalerweise verwendet.
Das Sterben des plattgedrückten Vogels könnte man nämlich
noch auf andere Weise zeigen:

 - Man kann die Vokale ganz weglassen: der sterbende Vogel
   hat keinen Ton mehr.
 - Man kann ab der Mitte die Vokale weglassen: jetzt stirbt
   der Vogel.
 - Man kann einen Vokal herauslösen und einzeln schreiben:
   um Trauer auszudrücken z.B. o ooooo vogel.
 - Man kann Klangwörter erfinden: Klagelaute z.B.
   ouo wowo.
 - Man kann von einem Wort zum andern überleiten: um den
   Vorgang zu zeigen: z.B. flatt flat flot tot.
 - Man kann Buchstaben mehrfach schreiben: um die wieder-
   holte und dann schwächer werdende Bewegung und das
   Aufhören zu zeigen: z.B. ffffflllllt fffllt flf f.
 - Man kann die verendende Bewegung auf unterschiedliche
   Weise auch durch die Anordnung der Zeilen auf der
   Fläche zeigen: z.B.
                            _____
                              _____
                                ___
                            _
                                _
                              _

 - Man kann sich bestimmt noch mehr einfallen lassen.

 Dabei ist aber in jedem Fall wichtig, daß Ihr zweierlei
 beachtet:
 Einerseits könnt Ihr den Leser durch die ungewöhnliche
 Darstellung zum Nachdenken bringen;
 andererseits braucht der Leser bestimmte Elemente, die
 er wiedererkennt, damit er verstehen kann, was Ihr meint.

 Lautgedichte zu verfassen ist also nicht so einfach,
 wie es vielleicht auf den ersten Blick erscheint.
 Denkt daran, daß es immer mehrere Aspekte zu berücksichtigen gilt, damit Ihr die Aufgaben nicht zu leicht
 nehmt.

Bitte wartet mit dem Umblättern, bis ich es Euch sage.

Test 2

Name: _____
Klasse: ___

1. Aufgabe

Du gehst durch ein Kaufhaus.
_____
_____
_____
_____
_____
_____
_____

- 3 -

1   Ich gebe Euch jetzt sechs Aufgaben, die Ihr nicht alle
    lösen müßt.
    Bevor Ihr anfangt, lest Euch aber alle sechs Aufgaben
    erst einmal durch.
6   Die Reihenfolge, in der Ihr sie bearbeiten wollt, kann
    jeder selbst bestimmen.
    Wenn Du Dich für eine Aufgabe entschieden hast:
8   - Nimm Dir Zeit. Laß Dir alles mögliche dazu einfallen.
    - Versuch, Dir alles ganz genau vorzustellen.
    - Dann überleg Dir, was für ein Eindruck durch Deinen
      Text entstehen soll.
    - Was geschieht oder verändert sich?
    - Welche Wörter passen dazu besonders gut?
    - Kannst Du den Eindruck verbessern, wenn Du sie veränderst?
      Wie?
17 - Ist es sinnvoll, neue Wörter zu erfinden? Welche?
    - Verstärkt es die Wirkung, die Du erzielen willst,
      wenn Du Laute, Wörter, Wortfolgen mehrfach verwendest,
19   in der gleichen Form oder abgewandelt?
    - Durch was für eine Anordnung des Textes auf dem Blatt
      kannst Du deutlich machen oder andeuten, was geschieht
      oder sich verändert?
    - Kann der Leser erkennen, was Du meinst?
24 Bei Aufgabe 6 erhältst Du als Vorlage ein Bild.
    - Schau es Dir in Ruhe an.
    - Beachte den Titel des Bildes.
    - Denk Dir etwas dazu aus.
29 - Dann stell die gleichen Überlegungen an, wie bei
      den andern Aufgaben auch.

    Noch ein paar Hinweise:
    - Es ist leichter, wenn Du keine ganzen Sätze schreibst.
    - Du darfst hier alle Wörter klein schreiben.
    - Schreib den Text nicht fortlaufend, sondern in einzel-
      nen Zeilen, damit die Wörter und Buchstabengruppen gut
      zur Geltung kommen.
36 - Bei dieser Gedichtform ist es nicht wichtig, daß Du
37   Reime findest.

Name: _____
Klasse: _____

3. Aufgabe
———————

Ein Gewitter

Name: _____
Klasse: _____

2. Aufgabe
———————

Auf dem Spielplatz

Test 2

Name: _____
Klasse: _____

5. Aufgabe

Zwei Zwerge freuen sich.

| | | | | | | | | | |

Name: _____
Klasse: _____

4. Aufgabe

Du schaust ins Wasser.

| | | | | | | | | | |

Name:
Klasse:

Zusatzaufgabe 1

Wenn Du zu keiner Aufgabe eine Idee für ein Lautgedicht hast, dann fertige eine normale (kurze) Beschreibung zu den einzelnen Themen an und achte dabei besonders auf alles Hörbare.

Aufgabe 1

Aufgabe 2

Aufgabe 3

Klasse:

6. Aufgabe

Juan Miró: Gespräch der Insekten

Name: _____
Klasse: _____

Zusatzaufgabe 2

Wenn Du schon alle sechs Aufgaben gründlich bearbeitet hast, dann denk Dir einmal selbst ein Thema aus, zu dem Du ein Lautgedicht schreiben möchtest.

Name: _____
Klasse: _____

Aufgabe 4

Aufgabe 5

Aufgabe 6

2. Test "LAUTGEDICHTE"
zur UE "Siehst du was? Hörst du was?"

Instruktionen für die Rater

Ziel des Tests ist es festzustellen, ob und inwiefern
die Schüler akustische (und andere) Eindrücke bzw.
Stimmungen mit den Mitteln der Sprache, vor allem ihrer
akustischen Dimension, schriftlich darstellen können.
Als kreativ wird dabei die 'destruktive Konstruktion'
der Wahrnehmung angesehen, die sich durch Neuheit und
Brauchbarkeit der sprachlichen Verfremdung auf der Wort-
und Textebene ausdrückt.

1. KLANGCHARAKTER

Gemeint ist das auffallend häufige Vorkommen derselben
Vokale bzw. Konsonanten entweder aufgrund der <u>Wortaus-
wahl</u>, oder durch Neubildung von Buchstabenfolgen zur
Nachahmung von <u>Geräuschen</u>.
Auch die Verwendung unterschiedlicher, aber deutlich
zueinander passender Vokale und Konsonanten soll hier
berücksichtigt werden.
Der Reim wird in diesem Zusammenhang als Klangphänomen
(nicht aber unter 4. als traditionelles Gliederungsprinzip) mit einbezogen.

Nicht gemeint ist die schlichte Angabe von Verben, die
das Geräuschemachen bezeichnen.

<u>Beispiele</u>

zur Aufgabe "Du gehst durch ein Kaufhaus."

Wortauswahl	Geräusche
Otto der Hund	dididi
der ist Rund	dissss s
und Bund auf	tick
der Rutsche.	tick
	dididi
	disss
	tick
	tick
	didididi

2. LAUTMALEREI

Gemeint ist die Nachahmung von akustischen und anderen
Sinneseindrücken durch imitatorische Buchstabenfolgen.
Dabei ist zu unterscheiden zwischen der Verwendung von
<u>Stereotypen</u> (eingeführten, bekannten) Geräuschwörtern
bzw. Interjektionen der Alltagssprache und <u>freien</u> Erfindungen.
Bei Texten, die beide Formen der Lautmalerei aufweisen,
soll die freie Erfindung als die kreativere Leistung angekreuzt werden.

Test 2

Beispiele
frei
zur Aufgabe: Juan Miró "Gespräch der Insekten" – 2 –

    Wasasojakulie, Pupiooooo, Pukuligojiee,
    Ohooosoptiekaluu, Lochowitolup,
    Ohmasokulipulakalatipiekonoso.

stereotyp
zur Aufgabe: Paul Klee "Die Zwitscher-Maschine"

    Zwitscher
    klapper, klapper
    Kurbel
    piep,piep,piep,piep,piep
    Vögel
    ...

3. WORTVERÄNDERUNG

Während der Klangcharakter sich auf die gezielte Auswahl des Sprachmaterials bezieht, die Lautmalerei auf die Neubildung von Buchstabenfolgen, geht es hier um die Verfremdung von Wörtern durch Weglassen von Vokalen oder Konsonanten oder größeren Einheiten, durch Vervielfältigung einzelner Elemente des Wortes, durch Ersetzung einzelner Vokale oder Buchstaben durch andere.
Dieses Kriterium erfordert ein peinlich genaues Lesen. Dabei ist in jedem Einzelfall zu entscheiden, ob es sich um eine absichtliche oder versehentliche Veränderung handelt.

Als <u>ausdrucksvoll</u> wird die Verfremdung angesehen, die durch Weglassen usw. dem Wort eine zusätzliche Bedeutungsdimension hinzugewinnt.
Als <u>nicht</u> ausdrucksvoll gilt die Abweichung von der Normalsprache, die keine Bedeutungsfunktion erkennen läßt.

Beispiele

nicht ausdrucksvoll
zur Aufgabe
"Auf dem Spielplatz"

M̶ädchen
Kind̶e̶r̶
Mutt̶e̶r̶
Hex̶e̶
Hund̶e̶
Opp̶e̶r̶
Lehr̶e̶r̶
Freund̶e̶

ausdrucksvoll
zur Aufgabe
"Ein Haus wird abgerissen"

Bestzer rufen bestzer
    schreien u-u-r-buh...

4. TEXTSTRUKTURIERUNG

Es geht hier speziell um Wiederholung und Variation
als Möglichkeiten des Textaufbaus.

Mit <u>Wiederholung</u> ist das mehrfache identische Aufgreifen
von Wörtern und Wortgruppen gemeint, aber auch die Wiederaufnahme von lautmalenden Buchstabengruppen in mehreren Zeilen. Lautmalende 'Ketten' werden pro Zeile als
Einheit angesehen, wobei geringe Veränderungen desselben
Musters (z.B. der Zahl der Buchstaben) zugelassen werden.

<u>Beispiel</u>
zur Aufgabe "Beim Zahnarzt"

```
         r r r r r r r r
            Blomben
            Zahnbohrer
                 warten
                 warten
              Spritze
                      rrr
```

Im Unterschied zur Wiederholung bezieht sich die <u>Variation</u>
nicht auf das identische Aufgreifen derselben Wörter oder
Laute, sondern auf die Beibehaltung des Satzmusters/ der
Wortfolge mit andern Wörtern oder Lauten bzw. auf das
Wiederaufnehmen bestimmter Wörter oder Lautgruppen in
veränderter Form.
Die folgenden Beispiele können selbstverständlich nicht
alle Variationsmöglichkeiten erfassen.

<u>Beispiele</u>
der parallele Aufbau innerhalb einer Zeile:
zur Aufgabe "Du schaust in die Wolken."

```
      ...
         ma gra ma bla
         ma ru  ma stu
      ...
```

die Parallelität der Wortfolge in mehreren Zeilen:
zur Aufgabe "Traurig sein. Wie klingt das?"

```
         Meine Mutter ist krank
         Mein Vater ist in Amerika
         Mein Bruder ist im Krieg
         Meine Schwester hat hairatet.
```

die sukzessive Veränderung eines Wortes über mehrere
Zeilen hinweg; die Überführung in ein anderes Wort;
die Auflösung des Wortes:
zur Aufgabe:Paul Klee"Die Zwitscher-Maschine"

```
         ...
         piep pie oi p
         tot
```

Wechsel von verfremdeter und nicht verfremdeter Schreibweise:
zur Aufgabe "Ein Feuerwerk"

...
```
        zischen
zzzzzzzzzzischschschschschsch
        knattern
                knnnnaatttterrrrrrr
```

Wenn in einem Text Wiederholung und Variation vorkommen (wobei die Wiederholung auch Element einer Variation sein kann), ist Variation als das komplexere Strukturmerkmal anzukreuzen.

5. EINBEZIEHUNG der FLÄCHE

Primär ist hiermit die Abweichung von der einfachen Anordnung in Zeilen gemeint. Z.B.

- Ein- und Ausrücken auf zwei und mehr Distanzen; kontinuierliches Einrücken
- Einschalten von Leerzeilen oder von Leerstellen innerhalb der Zeilen
- Symmetrische Anordnungen um eine Mittelachse

Als Abweichungen <u>mit Prinzip</u> gelten diejenigen, die einen Bedeutungszuwachs erkennen lassen. Z.B.

- die symmetrische Anordnung als visueller Ausdruck des dargestellten Geschehens
- das kontinuierliche Einrücken als Veranschaulichung des Fallens
- die Leerstellen als Hinweis darauf, daß die Wörter sozusagen den Rahmen des Geschehens markieren
- das wechselnde Ein- und Ausrücken als Gliederungsprinzip, indem z.B. ausgerückt untereinander die Geräusche dargeboten werden und eingerückt untereinander die Ursachen der Geräusche.

Abweichungen <u>ohne Prinzip</u> sind
- in sich uneinheitliche Variationen
- einheitliche Variationen ohne erkennbare Bedeutungsfunktion

<u>Beispiele</u>

mit Prinzip
zur Aufgabe "Beim Zahnarzt"

```
  rrrr.
       Bohrer
Kwitsch
     Drehstuhl
weinen
       Patient
```

ohne Prinzip
zur Aufgabe
"Du gehst durch ein Kaufhaus"

```
laufen
     Kaufhaus
     kaufen
     Tafel Schokolade
angucken
     Spielsachen
  nach Hause
```

Ferner sollen unter diesem Punkt weitere Möglichkeiten der <u>Visualisierung</u> von Geräuschen, soweit sie die Schüler von sich aus entdecken, subsumiert werden, z.B. die typographische Gestaltung oder die Erfindung von Bild-Zeichen.

Da die Unterrichtseinheit nicht auf Techniken der Visuellen Poesie abzielt, ist hierfür kein eigenes Kriterium vorgesehen.

Die Unterscheidung in "mit Prinzip" bzw. "ohne Prinzip" gilt sinngemäß wie oben: nämlich gemessen am Vorhandensein oder Fehlen einer erkennbaren Bedeutungsfunktion.

6. GESAMTEINDRUCK

Gemeint ist, daß die Auswahl der Wörter - der veränderten und der nicht veränderten - sowohl hinsichtlich ihrer Bedeutung als auch ihres Klangcharakters und ebenso der Lautmalereien nicht einfach eine Sammlung von Stichwörtern und Impressionen zum Thema ist , sondern ein Selektionsprinzip erkennen läßt. - Zum andern ist für den Gesamteindruck entscheidend, daß die verschiedenen Techniken der Wortverfremdung und Textstrukturierung wieder Einbeziehung der Fläche nicht beliebig sind, sondern in einem funktionalen Zusammenhang stehen, so daß ⊢——————————⊣ ein <u>ausdruckskräftiges</u> (einfaches oder komplizierteres) Bild entsteht, das zudem einen kritischen Aspekt haben kann. Dabei ist möglicherweise gerade der kürzere (komprimierte, reduzierte) Text der bessere.

<u>Beispiele</u>
ausdruckskräftig

zur Aufgabe "Ein Haus wird abgerissen"	zur Aufgabe "Du gehst durch ein Kaufhaus"
Kran	dididi
kugel	dissss s
bang	tick
krack bang rumpel	tick
Staub	dididi
Husten	disss
Steine	tick
Zaun	tick
	didididi

nicht ausdruckskräftig

zur Aufgabe
"Du schaust ins Wasser"

    Fische
    Hai
    Wal
    Goldfisch
    Weisehai

KRITERIEN zum 2. TEST: "Lautgedichte"

1. KLANGCHARAKTER

    nein   ja: Geräusche   ja: Wortauswahl
    (0,0)   (0,5)   (1,0)

2. LAUTMALEREI

    nein   ja: stereotyp   ja: frei
    (0,0)   (0,5)   (1,0)

3. WORTVERÄNDERUNG

    nein   ja: nicht ausdr.   ja: ausdrucksvoll
    (0,0)   (0,5)   (1,0)

4. TEXTSTRUKTURIERUNG

    nein   ja: Wiederholung   ja: Variation
    (0,0)   (0,5)   (1,0)

5. EINBEZIEHUNG der FLÄCHE

    nein   ja: ohne Prinzip   ja: mit Prinzip
    (0,0)   (0,5)   (1,0)

6. GESAMTEINDRUCK

    nicht ausdruckskräftig   ausdruckskräftig
    (0,0)   (1,0)

Lernkriterium   4,5

Vp-Nr.:

VERÄNDERUNGEN gegenüber dem VORTEST 2

A Schüleranweisungen

Zur Begründung der Änderungen siehe oben.

S. 2   Z.12-14   sind ergänzt.

   Z.30-36   sind ergänzt.

   Z.38-48   sind ergänzt.

S. 3   Z. 1- 6   ersetzen:

> Ich gebe Dir jetzt ein paar Aufgaben, die Du nicht
> alle lösen mußt.
> Sie sind in neun Gruppen eingeteilt.
> Zu jeder Gruppe gehören zwei Aufgaben.
>
> Aus jeder Gruppe löst Du bitte eine Aufgabe.
> Du kannst selbst entscheiden, in welcher Reihenfolge
> Du vorgehst.
> Wenn Du mit den neun Aufgaben fertig bist und dann
> noch Zeit hast, kannst Du mit den andern Aufgaben
> weitermachen.

   Z. 8   ersetzt:

> ...sammelst Du die Wörter, die Dir einfallen
> und schreibst sie auf.

   Z.17-19   sind ergänzt.

   Z.24-29   sind vorgezogen und ersetzen:

> IX. Gruppe
> - Wenn Du Dir ein Bild ausgesucht hast, schau es
>   Dir noch einmal genau an.
> - Suche Wörter für das, was Du siehst, und schreib
>   sie auf (Farben, Formen, Namen für die Wesen...)
> - Beschreib die Töne und Geräusche, die man sich
>   dazu vorstellen kann. Wie klingen sie?
> - Versuche, die Geräusche, die Du Dir vorstellst,
>   zu schreiben.
> - Welche Wörter, die Dir zu dem Bild eingefallen
>   sind, passen gut dazu?
> - Überleg Dir, ob der Eindruck noch besser wird,
>   wenn Du sie veränderst?
> - Ist es sinnvoll, neue Wörter zu erfinden?
>   Welche?
> - Wie kannst Du Deinen Text anordnen, daß er einen
>   Anfang und ein Ende hat?
> - Kann der Leser erkennen, was Du meinst?
>
> 17. Paul Klee: Die Zwitscher-Maschine
>
> 18. Juan Miró: Gespräch der Insekten

   Z.36+37   sind ergänzt.

   nach Z.37   gestrichen:

> - Du darfst alles mit den Wörtern machen. Aber Du mußt
>   Dir vorher überlegen, was Du damit ausdrücken willst.

Test 2

B Aufgaben

Die Aufgabenkerne sind auf S.410f abgedruckt.
Begründung der Aufgabenauswahl im Text S.
Die ursprüngliche Aufmachung wird stellvertretend an den
Veränderungen der ausgewählten Aufgaben vorgeführt.

- 2 -

Für alle Aufgaben gilt:
- Jedes Thema steht auf einem separaten Antwortblatt.
- Statt 10 längeren Zeilen werden 12 kürzere vorliniert.
Damit wird dieses Einheitsformular ersetzt:

                              Name_____

                              Klasse_____

                              Datum_____

Augabe Nr._____

_____
_____
_____
_____
_____
_____
_____
_____
_____
_____

5. Aufgabe:

    x) statt: Sich über etwas freuen. Wie klingt das?

Bewertungsblatt - entfällt:

> Welche Aufgabe hast Du besonders schwer und welche
> besonders leicht gefunden? Bitte ankreuzen.
> Wenn Du eine Begründung dafür hast, schreib sie bitte dazu.

Aufgabe	schwer	leicht	warum?
1.			
2.			
3.			

Zusatzaufgabe 1

    x) getrennte Linierung für Aufgabe 1-6 ergänzt.

Zusatzaufgabe 2 - ergänzt.

- 3 -   C Rater-Instruktionen

vgl. die 1. Fassung des Kriterienkatalogs unter 5.1.3.2.
Begründet werden die Änderungen im Text unter 5.2.3.2.

S. 1   nach Z.11 gestrichen:

> Die Kriterien sind in Gruppen zusammengefaßt:
>   A Phonetische Elemente
>   B Textstruktur
>   C Gesamteindruck
>
> Für die Rezeptionsaufgaben Nr. 15 und 16 gelten die gleichen Kriterien und zwar hinsichtlich der Identifikation von Textmerkmalen.

Z.15+16   sind ergänzt.

nach Z.22 gestrichen:

> Nicht berücksichtigt wird der Klangcharakter, der durch Neubildung von Buchstabenfolgen (2.Kriterium: Lautmalerei) oder Wortveränderung (3.Kriterium) entsteht.

Z.26: die Angabe der Aufgabennummer, auf die sich die Beispiele beziehen, ist hier wie im folgenden durch die Nennung des Themas ersetzt und um das Stichwort, das damit veranschaulicht werden soll, ergänzt.

Z.38-43 ersetzen:

> Gemeint ist die Nachahmung von akustischen und anderen Sinneseindrücken durch sprachliche Neubildungen, wobei hier weniger an Neologismen gedacht ist als an imitatorische Buchstabenfolgen.
> Auch die Verwendung von (eingeführten, bekannten) Geräuschwörtern gehört hierher, ebenso wie Interjektionen der Alltagssprache.

Z.44-46 sind ergänzt.

S. 2   Z.23   ist ergänzt.

S. 3   Z. 1 Zusammenfassung von: 4.Wiederholung + 5.Variation, entsprechend dem ursprünglichen Oberbegriff B Textstruktur.

Z. 2+ 3 sind ergänzt.

nach Z.18 entfällt die Überschrift des ursprünglichen 5.Kriteriums.

Z.25+26 sind ergänzt.

S. 4   Z. 9-12 sind ergänzt.

Z.13 ursprünglich: 6. Kriterium

S. 5   Z. 1-10 sind ergänzt.

Z.11 ursprünglich: 7.Kriterium bzw. C

Z.17-25 ersetzen:

> z.B. ein eindrucksvolles (einfaches oder komplizierteres) Bild oder einen kritischen Aspekt. Dabei kann gerade der kürzere (komprimierte, reduzierte) Text der bessere sein.
> Zusammenstellung bedeutet, daß die Wörter in eine Anordnung gebracht werden, die einen Text bilden, also einen synchronen oder diachronen Zusammenhang haben.
> Entsprechendes gilt für die Bildung und Kombination von Lautgruppen.
> Es geht also um den Gesamteindruck eines Textes als ausdruckskräftiger Darstellung einer Situation.
> Ausgeschlossen werden damit die reinen Wortlisten, auch wenn sie lang sind, sofern kein Selektions- und Kompositionsprinzip erkennbar ist, als beliebig.

5.2.3.3. Test 3 "Entdecken und Erfinden"

Von den 27 Gymnasiasten hat 1 gefehlt, 1 hat sich mit der Zusatzaufgabe beschäftigt. 2 Arbeiten werden aussortiert, 88 ausgewertet. 23 der 26 Hauptschüler haben am Test teilgenommen, allerdings haben 4 keine auswertbaren Texte vorgelegt, einer von ihnen, weil er die Zusatzaufgabe vorgezogen hat. 14 Arbeiten werden aussortiert, 53 ausgewertet.

Die Aufgabe Nr. 14 wird von beiden Klassen ausgelassen, im Gymnasium zusätzlich Nr. 18. Die Numerierung bezieht sich auf die Übersicht unter 5.1.3.3.

Die *Rater-Übereinstimmung* ist ebenso zufriedenstellend wie zum 2. Test: für alle Rater über alle Aufgaben und Kriterien 0,76 (für R3/R2 0,72; R2/R1 0,82; R3/R1 0,74).

Bei der Aufschlüsselung nach *Aufgaben* (Tab. XIV) fallen Nr. 2, 3, 9 und 12 allerdings deutlich ab. Alle vier gehören zu den Kategorien, die ohne expliziten Ansatzpunkt für die Erfindung formuliert sind. Die Offenheit der Aufgabenstellung läßt jedoch nicht nur den Schülern mehr Spielraum, sondern auch den Ratern (vgl. oben zum 1. und 2. Test). Die Instruktionen müssen daraufhin überarbeitet werden, so daß explizit zwischen Interpretationsmöglichkeiten der Kriterien in Anwendung auf die offeneren Aufgaben bzw. auf die Themen mit stärkeren Vorgaben unterschieden wird. Verantwortlich für die geringe Übereinstimmung sind in diesen Fällen primär die Z-Werte für die *Kriterien* 4, 5 und 6. Bei K4 "Nutzung und Ergänzung der Ansatzpunkte in der Aufgabe zur fiktionalen Erfindung" ist ausdrücklich (mit Beispielen) zu erläutern, daß sich die Nutzung auf die angegebenen anregenden Merkmale wie rostig, bröcklig usw. bezieht, die in der Geschichte aufgegriffen werden sollen. Die "Ergänzung" betrifft die offeneren Angaben, bei denen die Besonderheiten, von denen die Erzählung abspringt, erst eingeführt werden müssen: das "auffallende Gebäude" (Nr. 1) hat vielleicht ein schwarzes Dach oder keine Fenster usw. Der Hinweis auf die "fiktionale Erfindung" ist möglicherweise verwirrend und beeinträchtigt die Unabhängigkeit vom 2. Kriterium. Diese Wendung wird deshalb durch die neutralere "Geschichte" ersetzt. Die Binnendifferenzierung wird wie bei dem korrespondierenden 3. Kriterium auf eine einfache ja/nein-Entscheidung reduziert, die Abstufung nach "angedeutet" vs. "ausgeführt" dem 5. Kriterium zugewiesen: Die Instruktionen zur "Entfaltung und Ausschmückung des zentralen Einfalls" sollen stärker als bisher den Aspekt der Elaboration betonen, die im narrativen Bereich als Fabulieren ein spezifisches Kreativitätsmerkmal ist. Um Überschneidungen zu vermeiden, wird das 6. Kriterium "Überraschende Ausgestaltung" ganz auf das Überraschungsmoment konzentriert, das entweder fehlt (die ursprüngliche Qualifizierung als "Alltäglichkeit" ist nicht eindeutig genug) oder im Realen bzw. Surrealen seine Wirkung entfaltet. Mit "surreal" scheint die intendierte Transformation der vertrauten Umwelt besser erfaßt zu werden als mit "phantastisch", das durch den umgangssprachlichen Gebrauch unspezifisch abgeschwächt ist. Dieses zentrale Kreativitätskriterium soll durch die Instruktionen so streng gefaßt werden, daß auch ein nichtrealistischer Text unter "Überraschung fehlt" fällt, wenn er lediglich ein unerwartetes, aber aufgesetztes und nicht bedeutendes Detail bietet. Dem logischen Prozeß der Beurteilung entsprechend müssen K4 und K5 in umgekehrter Reihenfolge angesetzt werden.

Die *Schwierigkeit* dieser (in ihrer Formulierung hinsichtlich der Rater-Übereinstimmung leicht korrekturbedürftigen) *Kriterien* ist für die Schüler unter den Bedingungen des Vortests durchaus angemessen (s. Tab. XV). Sie liegt für K4 bei 34,8 %, K5 30,9 %, K6 32 %.

K2 "Erfahrungsbericht vs. Erfindung" hat mit 41,7 % zwar schon eine relativ hohe Lösungsquote, liegt aber noch im Bereich des Akzeptablen. Dagegen sind das 1. und 3. Kriterium - "Anfang und Ende" (82,5 %) bzw. "Verankerung der Geschichte in der realen/eigenen Umwelt" (91,6 %) - wesentlich zu leicht. Während die Abgeschlossenheit einer Geschichte zur Beurteilung von Hauptschularbeiten ein sinnvolles Kriterium ist, scheint es im Gymnasium aufgrund der stärkeren Übung des schriftlichen Erzählens nicht aussagekräftig zu sein. K1 wird darum als selbständiges Kriterium aufgegeben. Daß die Texte "Anfang und Ende" haben, soll statt dessen als Bedingung in die Anweisungen zu K5 "Entfaltung und Ausschmückung" hineingenommen werden. Die "Verankerung der Geschichte in der realen/eigenen Umwelt" (K3) ist dagegen als ein wichtiger Aspekt der kreativen Transformation unverzichtbar und muß daher über die Instruktionen präzisiert werden. Das Kriterium gilt nur als erfüllt, wenn entweder genauere Orts- oder Zeitangaben dazukommen oder Hinweise auf eine konkrete Situation usw. Es genügt jedenfalls nicht, die Angabe in der Aufgabe einfach zu übernehmen: "Als ich einmal über einen Parkplatz ging ..." Der Akzentuierung der spezifisch kreativen Leistung dient ebenfalls die Verdoppelung der Punkte für "Überraschung" (nach der Streichung von K1). Die aufgrund der Ergebnisse des Vortests veränderte Fassung der Kriterien und Instruktionen ist abgedruckt am Ende dieses Abschnitts Nr. 5.2.3.3.

Die für die *Auswahl der Aufgaben* maßgeblichen Werte, wie sie im Gymnasium ermittelt wurden, sind der folgenden Tabelle zu entnehmen (Numerierung entsprechend der Aufgabenübersicht unter 5.1.3.3).

Tab. 9: Übereinstimmung/Schwierigkeit/Trennschärfe (Test 3)

Aufg. Nr.	Übereinstimmung	Schwierigk. %	Trennschärfe	Anzahl
01	0,71	54,5	0,73	11
02	0,55	0,0	0,00	3
03	0,55	83,3	0,64	6
04	0,81	60,0	0,91	5
05	0,89	66,7	0,85	6
06	0,79	36,4	0,93	11
07	0,71	57,1	- 0,54	7
08	1,00	0,0	0,00	3
09	0,64	20,0	0,61	10
10	0,95	16,7	0,81	6
11	0,89	0,0	-	1
12	0,61	42,9	0,00	7
13	0,89	0,0	0,00	3
15	0,89	66,7	0,86	3
16	0,89	0,0	0,00	2
17	0,84	75,0	0,50	4 (2)

Während die Auswertung der Ergebnisse für die Hauptschule (s. Tab. XVI; vgl. Tab. XVII) den Eindruck bestätigt, der bei der Durchführung entstanden ist, daß nämlich der Test zu hohe Anforderungen hinsichtlich der schriftsprachlichen Elaboriertheit stellt, sind die Werte im Gymnasium erheblich besser, als nach der Beurteilung der Schüler selbst und der Lehrer zu erwarten war. Der Unterschied erklärt sich dadurch, daß dieser Test als einziger sich mit einer traditionellen Aufsatzform überschneidet, von der Schüler und Lehrer die vertrauten Maßstäbe übertragen, während die Auswertungskriterien im Kreativitäts-Test doch im wesentlichen andere sind.

Für die Aufgabenauswahl kommen nicht infrage Nr. 2, 7, 8, 11, 12, 13, 16, und zwar vor allem wegen der mangelhaften Trennschärfe; Nr. 3 und 17 sind zu leicht. Von den verbleibenden Aufgaben erfüllen Nr. 6 und 10 die Bedingungen bereits in der vorliegenden Testform. Nr. 1 und Nr. 4 werden ausgewählt in der Annahme, daß die Korrekturen zur Hebung der Schwierigkeit greifen. Auch die Übereinstimmung bei Nr. 9 scheint verbesserbar, da gerade am Beispiel der offenen Aufgabe "Du gehst über einen Parkplatz." die Rater 2 und 3 die Präzisierung der Instruktionen für diesen Aufgabentyp angeregt haben. Die Entscheidung zwischen Nr. 5 und Nr. 15 (beide sind noch zu leicht) fällt zugunsten des Erzählanfangs (Nr. 15), da diese Gruppe noch nicht in der Auswahl vertreten ist, Themen mit konkret angegebenem anregendem Merkmal (wie bei Nr. 5) dagegen schon zweifach aufgenommen worden sind.

Demnach verteilen sich die Aufgaben des Haupttests folgendermaßen auf die Kategorien:

1) Aufgaben *mit* explizit angegebenem Ansatzpunkt für die Erfindung
   - Erzählanfang mit phantastischen Details
     15 "Du kannst nicht einschlafen und siehst Schatten auf der Zimmertüre..." (neu: 06)
   - Gegenstand mit gewöhnlichem Merkmal
     04 "... bröckelige Mauer." (neu: 01)
     06 "... rostige Dose." (neu: 02)
2) Aufgaben *ohne* explizit gegebenen Ansatzpunkt für die Erfindung
   - Gegenstand mit unspezifischem Rätselcharakter
     01 "Ein Gebäude in Deiner Umgebung, das Dir aufgefallen ist." (neu: 03)
   - Auslöser für eine Idee
     09 "Du gehst über einen Parkplatz. Da kommt Dir eine Idee." (neu: 05)
   - Fundort
     10 "Drei Gegenstände im Sperrmüll." (neu: 04).

Die Bildervorlagen fallen aus, da sie entweder zu schwer oder zu leicht sind.

In der ersten Aufgabengruppe geht es vor allem darum, sich von einem ganz gewöhnlichen Merkmal zu einer ungewöhnlichen Geschichte inspirieren zu lassen. Der Schwerpunkt liegt hier auf der Erfindung. Die Beobachtung ist lediglich aufzugreifen. Zu den Themen der zweiten Gruppe müssen die Sujets dagegen erst entdeckt werden, von denen aus die Umwelttransformation dann zu entwickeln ist.

Die Anordnung der Kategorien entspricht der Systematik der Aufgabenstellung, die in etwa mit den ermittelten Schwierigkeitswerten korrespondiert. Weder die Voreinschätzung der Rater, die sich an der Attraktivität der Gegenstände zu orientieren scheint, noch die Beurteilung der Schwierigkeit durch die Schüler selbst - sie halten den Ausgangspunkt bei den Szenerien (Sperrmüll, Schatten auf der Türe, Parkplatz) für leichter als den bei Einzelobjekten, wird durch die Auswertung gestützt. Die Unsicherheit in der Taxierung der Aufgaben (im Unterschied zum 1. und 2. Test) rührt wahrscheinlich von der bereits erwähnten Interferenz mit gängigen Aufsatzthemen her. Die Reihenfolge im Haupttest richtet sich nach der Systematik, lediglich der Erzählanfang wird als Anreiz an den Schluß gestellt.

Die Übereinstimmung der *potentiellen Testendform* ist mit 0,74 für alle Rater über alle Aufgaben und Kriterien knapp zufriedenstellend (R3/R2 0,65; R2/R1 0,82; R3/R1 0,77).

Tab. 10: Rater-Übereinstimmung (Test 3)
- Aufgaben-Auswahl -

Aufg. Nr.	ZK 1	ZK 2	ZK 3	ZK 4	ZK 5	ZK 6	Σ_{K1-6}	$\bar{z}_{K1-6}$	Anzahl
01	0,89	0,78	0,78	0,50	0,55	0,78	4,28	0,71	6
04	0,78	0,78	1,00	0,78	0,78	0,78	4,90	0,82	3
06	1,00	0,78	0,87	0,78	1,00	0,33	4,76	0,79	3
09	0,73	0,60	0,87	0,47	0,60	0,60	3,87	0,64	5
10	1,00	1,00	0,67	1,00	1,00	1,00	5,67	0,95	2
15	1,00	1,00	0,33	1,00	1,00	1,00	5,33	0,89	1
Σ_{A1-15}	5,40	4,94	4,52	4,53	4,93	4,49	28,81	4,80	20
$\bar{z}_{A1-15}$	0,90	0,82	0,75	0,75	0,82	0,75	4,80	0,80	
z_{A1-15}	0,87	0,77	0,78	0,65	0,73	0,65	4,45	0,74	

Die Aufgabenauswahl zeigt bei den Kriterien 4 und 6 schlechtere Werte als die Testlangform. Das liegt daran, daß vor allem möglichst schwere Aufgaben ausgesucht wurden und daß für die Schwierigkeit die gleichen Kriterien verantwortlich sind, bei denen die Rater-Übereinstimmung am schwächsten ist.

Abschließend wird geprüft, ob die potentielle Testendform reliabel ist.

Tab. 11: Reliabilität (Test 3)
– Aufgaben-Auswahl –

N = 14	x_1	x_2
Vp.Nr.		
04	5,0	4,5
08	10,5	10,5
10	9,0	6,0
11	2,5	2,0
12	2,0	2,5
14	5,5	10,5
15	6,0	4,5
16	1,0	4,0
17	2,0	2,0
19	6,0	3,5
23	2,0	2,0
24	3,5	2,0
25	4,5	5,5
27	5,0	2,5
Σ	64,5	62,0

14 Schüler der Gymnasialklasse hatten mindestens 2 der ausgewählten Aufgaben bearbeitet.

Die Reliabilität ist mit $r_{tt} = 0{,}82$ ($r_{12} = 0{,}70$) zufriedenstellend.
Aufgaben und Schüleranweisungen des Haupttests sind in der überarbeiteten Fassung im folgenden abgedruckt.

ENTDECKEN und ERFINDEN

Wir wollen heute auf Entdeckungsreise gehen. Dazu fahren wir gar nicht weit weg, sondern bleiben hier in der Nähe.

Was man da alles entdecken könnte:

- Dinge, die man noch nie gesehen hat.
- Dinge, die man gebrauchen kann.
- Dinge, die etwas Besonderes sind.
- Dinge, die einen auf Ideen bringen.
- Dinge, zu denen man Fragen hat.
- ...

Alle solche Dinge können Ausgangspunkt für eine Geschichte werden.

Wir probieren das jetzt einmal an einer Strichzeichnung aus. Ihr stellt Euch konkret vor, was hier angedeutet ist, und versucht Ansatzpunkte für eine Geschichte zu finden.

- 2 -

Ansatzpunkte für eine Geschichte findet Ihr, indem Ihr Euch selbst Fragen stellt zu dem, was Ihr seht.

Zum Beispiel:

- Was fällt auf?
  (die Form des Baumes ...)
- Wie läßt sich das erklären?
  (Gewalteinwirkung ...)
- Welchen Wert hat etwas?
  (der unscheinbare Stein könnte auch etwas ganz Besonderes sein ...)
- Was ist dahinter? Was ist unter der Oberfläche?
  (der Baum könnte hohl sein ...)
- War der Gegenstand immer schon da? Wie kommt er da hin?
  (der Stein etwa ...)
- Wie sah es früher dort aus?
  (wo der Stein liegt, könnte ein Turm gestanden haben...)
- Wem gehört das?
  (der Stein ...)
- Wer wohnt dort?
  (in der Astgabel ...)
- Welcher Zusammenhang könnte zwischen den Dingen bestehen?
- ...

Je nachdem, was Ihr Euch für Fragen stellt und was Euch an Antworten dazu einfällt, kann aus dem, was Ihr vor Euch seht, eine ganz bunte Geschichte werden.

Zum Beispiel diese:

In der Astgabel wohnen winzige Wesen mit gelben Hüten und bewachen Beeren, die sie in dem hohlen Baumstamm gesammelt haben. Diese Beeren sind die lebensnotwendige Nahrung der rosa Ratten, der Erzfeinde der Winzlinge. Die Ratten haben, um an die Beeren zu kommen, den Baum so zernagt, wie er jetzt aussieht. Aber vergeblich. Da haben sie den roten Käfer, der unter dem Grasbüschel wohnt, um Rat gefragt ...

Aber Eure Geschichte kann natürlich auch völlig anders verlaufen, wenn Ihr andere Fragen stellt oder andere Antworten findet. Ob es eine überraschende Geschichte wird, hängt ganz davon ab, was Ihr entdeckt und was Ihr dazu erfindet.

Bitte wartet mit dem Umblättern, bis ich es Euch sage.

Name: _____
Klasse: _____

1. Aufgabe

Du kennst bestimmt eine bröcklige Mauer.

_____
_____
_____
_____
_____
_____
_____
_____
_____
_____
_____
_____
_____
_____
_____
_____
_____
_____
_____
_____
_____

Ich gebe Euch jetzt sechs Aufgaben, die Ihr nicht alle lösen müßt.

Bevor Ihr anfangt, lest Euch aber alle sechs Aufgaben erst einmal durch.

Die Reihenfolge, in der Ihr sie bearbeiten wollt, kann jeder selbst bestimmen.

Wenn Du Dich für eine Aufgabe entschieden hast:
- Überleg Dir zuerst genau, wo Du in Deiner Umgebung etwas Entsprechendes gesehen hast. Vielleicht fällt Dir sogar jetzt erst einiges auf.
- Gib im ersten Satz möglichst genau an, worauf Du Dich beziehst und beschreib, was Du vor Dir siehst.
- Du kannst Dir hilfsweise selbst in einem Rahmen skizzieren oder notieren, was Dir wichtig ist (wie in unserm Beispiel).
- Dann stell Dir einige Fragen, so als ob Du nichts weiter von den Gegenständen wüßtest.
- Du kannst die auf Seite 2 aufgezählten Fragen nehmen, aber natürlich auch neue.
- Sammle die Antworten, die Dir dazu einfallen. Es ist alles möglich! Du darfst auch zaubern.
- Wähle die Antworten, die zusammen passen könnten, aus.
- Jetzt schreib Deine Geschichte, indem Du Deiner Phantasie freien Lauf läßt.
- Nimm Dir dabei Zeit.

Bei Aufgabe 6 erhälst Du den Anfang einer Erzählung.
- Lies ihn in Ruhe durch.
- Hast Du etwas Ähnliches schon erlebt?
- Stell Dir die Situation ganz konkret vor.
- Dann laß Deiner Phantasie freien Lauf, wie bei den anderen Aufgaben auch.

Noch einige Hinweise:
- Bleib nicht an einer einzigen Geschichte hängen.
- Natürlich kann es Spaß machen, eine Erfindung immer weiter auszuspinnen.
- Aber wichtig ist, daß Du die Erzählung auch zum Abschluß bringst.
- Teile Deine Zeit ein, damit Du möglichst mehrere Aufgaben bearbeiten kannst.

Name: _____
Klasse: _____

2. Aufgabe

Auf der Straße liegt eine rostige Dose.

_____
_____
_____
_____
_____
_____
_____
_____

3. Aufgabe

Ein Gebäude in Deiner Umgebung, das Dir aufgefallen ist.

_____
_____
_____
_____
_____
_____
_____
_____

4. Aufgabe

Drei Gegenstände im Sperrmüll.

_____
_____
_____
_____
_____
_____
_____
_____

5. Aufgabe

Du gehst über einen Parkplatz. Da kommt Dir eine Idee.

_____
_____
_____
_____
_____
_____
_____
_____

Test 3

Name:
Klasse:

Zusatzaufgabe 1

Wenn Du zu keiner Aufgabe eine Geschichte erfinden kannst, dann beschreibe möglichst genau die Gegenstände bzw. Situationen, die mit den einzelnen Themen gemeint sein könnten. Vielleicht fällt Dir dazu auch etwas ein, was Du erlebt hast.

Aufgabe 1

Aufgabe 2

Name:
Klasse:

6. Aufgabe

Du kannst nicht einschlafen und siehst Schatten auf der Zimmertüre. Aber wenn Du lange genug draufstarrst, merkst Du, daß sich die dunkle Stelle öffnet ...

Name:_____
Klasse:_____

Aufgabe 3
_____
_____
_____
_____
_____

Aufgabe 4
_____
_____
_____
_____
_____

Aufgabe 5
_____
_____
_____
_____

Aufgabe 6
_____
_____
_____
_____
_____

3. Test "ENTDECKEN und ERFINDEN"

zur UE "Schatzsuche"

Instruktionen für die Rater

Ziel des Tests ist es festzustellen, ob und inwiefern die Schüler in ihrer alltäglichen Umwelt Ansatzpunkte für Erfindungen entdecken, die sie zu unerwarteten Geschichten ausspinnen.
Als kreativ wird dabei die 'Transformation' des Wahrgenommenen im Ausdruck von phantastischen Möglichkeiten angesehen, die sich durch Neuheit und Brauchbarkeit auf der fiktionalen Ebene auszeichnen.

1. ERFAHRUNGSBERICHT vs. ERFINDUNG

<u>Erfahrungsbericht</u> bedeutet, daß die Schüler mit ihrer Geschichte im Rahmen dessen bleiben, was sie jederzeit in ihrem Alltag erleben können. Das impliziert nicht unbedingt, daß sie das Berichtete tatsächlich schon einmal erfahren haben.
Mit <u>Erfindung</u> dagegen ist gemeint, daß die Geschichte deutlich über das normalerweise im Alltag der Kinder Erfahrbare hinausgeht. Das impliziert nicht unbedingt, daß die Erfindung surrealen Charakter haben muß.
Als <u>nah an literarischen Vorbildern</u> werden solche Erfindungen bezeichnet, die sich deutlich auf die Nachahmung eines Erzählschemas der fiktionalen Literatur beschränken, ohne dieses individuell auszugestalten.
Als <u>relativ frei</u> gelten Geschichten, bei denen unabhängig davon, ob sie sich auf literarische Muster beziehen, die individuelle Gestaltung dominiert.

Beispiele

Erfahrungsbericht
zur Aufgabe: "Auf der Straße liegt eine rostige Dose."

> An einem Montag ging ich mit meinem Freund über die Straße. Da sagte mein Freund: "Schau mal da, eine rostige Dose, welcher Umweltverschmützer hat sie wohl dort hingeworfen?" Wir gingen dort hin und nahmen sie in die Hand. Sie war voll Würmer und anderen kleinen Tierchen, darum haben wir sie in die Mülltonne geworfen. Wir waren uns unsrer guten Tat bewußt.

Erfindung nah an literarischen Vorbildern
zur Aufgabe: "Auf der Straße liegt eine rostige Dose."

> Als ich von der Schule kam, sah ich auf der Straße eine rostige Dose liegen. Ich habe sie aufgehoben und betrachtet. Plötzlich war der Rost verschwunden. Ich ging mit ihr nach Hause. Meine Mutter hatte gerade angefangen Kuchen zu backen. Ich hatte unheimlichen Hunger und sagte zur Dose: "Mensch, hab' ich einen Hunger!" Und sofort gab es Kuchen. Ich wunschte mir Geld. Schwupp hatte ich Geld. Meine Mutter fragte mich, woher ich es

498

hatte. Ich erzählte es und nun lebten wir wie die Fürsten.
So müßte man mal leben! Finden Sie nicht auch?

Erfindung relativ frei
zur Aufgabe: "Beim Spielen findest Du eine abgebrochene Schraube."

Ein kleines Mädchen namens Elke lebte in der Stadt Duisburg. Jeden Tag wurde es für das Mädchen langweiliger in Duisburg. Eines Tages zog ein kleiner Junge in die Stadt Als Elke ihn sah rannte sie zu ihm. Sie fragte ihn ob er mit auf dem Spielplatz gehen wollte. Er fragte seine Eltern ob er mit darf und er durfte. Auf dem Spielplatz haben sie fangen, verstecken und viele andere Spiele gespielt. Plötzlich schrie Uwe "aua" den er wurde von einer Schraube auf dem Kopf getrofen. Als Elke sie in die Hand nahm sagte sie: "Die Schraube ist ja abgebrochen." Verwundert sagte der Junge: "Ich habe doch nicht so einen harten Bumskopf, daß die Schraube abbricht." In der Nacht ging Elke ans Fenster und sah wie eine Fliegende Untertasse mit Phosphor Farbe am Himmel schrieb "Entschuldigung, das dein Freund die Schraube auf den Kopf bekommen hat, bitte entschuldige ihn von uns, kleines Mädchen." Am nächsten Mittag nach der Schule ging sie zu den Jungen und erzählte ihn alles, was in der Nacht geschähen war. Der Junge guckte in den Himmel mit glücklichen Gesicht.

2. VERANKERUNG der GESCHICHTE in der realen/eigenen UMWELT

Es geht darum, daß die Geschichte explizit von der konkreten Wahrnehmung der Schüler ihren Ausgang nimmt. Z.B.
- durch die Lokalisierung des Ereignisses in der eigenen Umwelt
- durch die Schilderung der Alltagssituation, aus der sich die Geschichte entwickelt
- durch Beschreibung des gewöhnlichen Gegenstandes, bevor das Ungewöhnliche dazu erfunden wird.

Hierher gehört auch die Verknüpfung mit der Realität durch 'Auflösung' der Fiktion etwa als Traum oder Sinnestäuschung.

Es genügt also nicht, die Angaben aus der Aufgabe einfach zu übernehmen, z.B. "Auf der Straße lag eine rostige Dose.", wenn keine Konkretisierung im oben angegebenen Sinn hinzukommt.

Das Kriterium ist auch dann nicht erfüllt, wenn der betreffende Gegenstand oder Ort von vornherein als erfundener in die Geschichte eingeführt wird.

Beispiele

nein
zur Aufgabe: "Ein Gebäude in Deiner Umgebung, das Dir aufgefallen ist."

Ich Simone Fonteyn habe ein seltsames Gebäude gesehen. Es war ein großes schwarzes Haus. Neben dem Haus waren große Scheunen aufgebaut mit geraden Dächern. Mir ist aufgefallen, daß ich das Haus noch nie gesehen hatte,

obwohl ich jeden Morgen diesen Weg gehe. Langsam ging
ich hinein den ich war neugierig, was in dem Haus wäre.
Als ich drin war sah ich einen Mann mit einen Zylinder.
Er sagt: "Guten Tag, wer bist du und wo kommst du her?"
"Ich, ich .... ich komme von zu Hause und heiße Simone."
"Aber was tun sie hier?" "Ich wohne hier und bin der
Zauberer Wackelzahn. Ich habe dieses Haus hierhin ge-
zaubert, weil ich aus meinem Land vertrieben worden
bin." ...

ja
zur Aufgabe: "Ein Gebäude in Deiner Umgebung, das Dir aufgefallen ist."

Das Haus, das mir aufgefallen ist, ist schon sehr alt
und auch nicht mehr im besten Zustand. Es sieht aus
wie ein kleines Schloß.
Als ich einkaufen gehen wollte kam ich wieder an diesem
Haus vorbei. Ich machte die Tür auf. Sie war nicht abgeschlossen und die Tür quitschte. Ich ging hinein.
Es war sehr staubig überall waren Spinnweben. Da sah
ich in einer Ecke 2 Rosamännchen die sie um die grüne
Ratte strieten ...

ja
zur Aufgabe: "Ein Kasten, der Dich neugierig macht."

1 Als ich von der Schule kam, sah ich einen dicken Kasten
der mir den Weg versperrte. Ich machte ihn mit aller
Mühe auf und sah: Einen winzigen Maschinenraum. Aus
ihm ragte ein kleiner Propeller und an der Seite war
ein Außerbortmotor. Ich dachte: "Was kann das sein.
Ein Raumschiff mit Außenbordmotor?"

Fortsetzung folgt!

2 Dann sah ich ein Komisches Gebilde hinter mir. Es
formt sich zu ....zu,zu,...? Zu Otto! Er sagt:
"Was machst du mit meinem Boot, ich brauche es für
das Rennen am Mittwoch."

3. NUTZUNG bzw. ERGÄNZUNG der ANSATZPUNKTE in der AUFGABE
für die GESCHICHTE

Dieses Kriterium setzt eine deutliche Unterscheidung zwischen den Aufgaben mit explizit gegebenem Ansatzpunkt (1,2,6)
und den Aufgaben ohne explizit gegebenem Ansatzpunkt voraus.

Bei den festgelegteren Aufgaben ist hier die <u>Nutzung</u> der
Angaben für die eigene Erfindung zu beurteilen, ob z.B.
die Adjektive (rostig, bröckelig) nicht nur einfach genannt,
sondern bei der Gestaltung der Geschichte aufgegriffen werden

Die offeneren Aufgaben erfordern die selbständige <u>Ergänzung</u>
entsprechender Ansatzpunkte, von denen die Erfindung dann
'abspringen' kann: auf dem Parkplatz findet ein Fest statt,
oder: ein Gebäude fällt auf, weil es keine Fenster hat usw.
Eine beliebige Assoziation zu dem nicht weiter konkretisier-
ten Gegenstand oder Ort genügt jedoch nicht.

- 4 -   Beispiele

nein
zur Aufgabe: "Du siehst eine Blume, zu der Dir etwas einfäll

> Ich gieng einmal über eine Wiese, und sah eine Blume.
> Ich dachte über diese Blume nach, dabei fiel mir ein,
> das ich meiner Mutter ja noch ein Geburtstagsgeschenk
> kaufen muste.

ja
zur Aufgabe: "Beim Spielen findest Du eine abgebrochene Schraube."

> Als ich zum Fußballspielen kam fand ich eine Riesige
> Schraube. Ich sah sie an und sie Rülpste unanständig.
> Ich bin fast aus den Latschen gekippt, könnte sie den
> auch sprechen? Als sie das zweite mal rülpste entgegnete
> ich: "Prost!" Dann fing sie sofort an zu heulen, und
> begann zu schrumpfen. Dann erst erkannte ich daß sie
> abgebrochen war. Doch sie schrumpfte weiter bis die
> Größe eines Staubkorns erreicht war. Dann war sie verschwunden.

20 **4.   ÜBERRASCHUNG**

21 Die Überraschung kann im Bereich des Realen oder des Surrealen erzielt werden.
Geschichten, deren Überraschungseffekt im Bereich des Realen liegt, verlaufen zwar unerwartet bis unwahrscheinlich, bleiben aber im Rahmen des Möglichen.
Geschichten, deren Überraschungseffekt im Surrealen liegt, gehen deutlich über das real Mögliche hinaus und schlagen ins Phantastische um.
Die Überraschung fehlt dann, wenn die Geschichte sich ganz im Rahmen des alltäglich Erwartbaren hält. Sie fehlt aber auch, wenn sich der 'Umschlag' ins Surreale in einem einzigen aufgesetzten Detail erschöpft, das ohne besondere Funk-
33 tion für den Ablauf der Geschichte bleibt.

Beispiele

Überraschung fehlt
zur Aufgabe: "Auf der Straße liegt eine rostige Dose."

> Ich kam wie immer an einem Parkplatz vorbei, als ich
> eine rostige Dose auf der Straße sah. Ich ging in und
> überlegte was ich damit anfangen konnte. Ich nahm sie
> an mir und brachte sie auf den Bürgersteig. Ich legte
> sie hin und spielte damit Fußball. Da kam ein Freund
> und spielte mit. Er ging ins Tor und ich schoß ihm ein
> par drauf. Da hatte eine rostige Dose doch etwas an sich.
> Ende.

Überraschung im Realen
zur Aufgabe: "Du kennst bestimmt eine bröckelige Mauer."

> Ich bin mal mit einem Freund zu 6 seeen Platte gefahren. auf dem Weg kamen wir an einer Brockeligen Mauer
> vorbei. Die Straße war ziemlich alt holperig und eng.
> Sie war ziemlich lehr, an der seite wuchs Unkraut. Wie
> Brennesseln usw.

Ich wuste das dahinter Eisenbahnschienen waren. Die
Strecke war stilgelegt. So stand es jedenfalls auf einem
Schild. Sie interressierte mich aber trotzdem. Ich
ging hin. Auf einmal kam ein D-Zug vorbei. Ich wurd fast
angefahren. Dann betrachtete ich das Schild noch einmahl
genau. Da merkte ich das dies ein falsches Schild war.
Ich ging nie wieder dorthin.

Überraschung im Surrealen
zur Aufgabe: "Auf der Straße liegt eine rostige Dose."

Ich ging von der Schule nach Hause dar sah ich am Straßenrand eine Dose. Sie war rostig und alt. Plötzlich
hörte ich Stimmen, sie kamen aus der Dose. Und dann
ging der Der Deckel auf und ein kleines Männlein kam
heraus. Es lachte mich an und sagte: "Hallo ich bin ein
Marsmänlein und bin mit meiner Familie auf der Erde gelandet. Wir haben hier Ferien gemacht und wollen nun
wieder auf unseren Planeten zurück. Kannst du uns helfen
Unsere Baterie ist leer und wir haben keine Ersatzbatarie mit." "Ja natürlich. Ich habe noch eine Batarie zu-
hause. Ich gehe und hole sie." Ich ging nach Hause und
kam nach einer halben Stunde wieder zu dem Platz zurück
wo die Dose war. Ich nahm den hoch und legte die Baterie
Das Mänche dankte mir und sagte das wir Freunde sind.
Dann hob die Dose ab, ich winkte ihr nach und sie ver-
schwant hinter den Wolken. Dann ging ich langsam nach
Hause.

5. ENTFALTUNG und AUSSCHMÜCKUNG des zentralen EINFALLS

Es geht hierbei um die Integration und Komplexität des Textes. Voraussetzung ist in jedem Fall, daß die Geschichte -
unabhängig von ihrem Umfang - Anfang und Ende hat, also als
Komposition abgeschlossen ist.
Entfaltung und Ausschmückung fehlen, wenn der Leser zwar
erfährt, wo der Ansatzpunkt für eine Erfindung läge, oder
daß der Autor eine Idee hat, diese Hinweise aber nicht kon-
kretisiert werden.
Hierzu zählen auch Formulierungen im Konjunktiv, sofern sie
nicht weiter ausgeführt werden.
Sie fehlt auch dann, wenn mehrere Einfälle unverbunden ne-
beneinandergesetzt werden.
Bei diesem Kriterium sollen zwei Grade unterschieden werden.
Die ansatzweise Erfüllung des Kriteriums: dabei werden dem
Leser zwar der zentrale Einfall und der Handlungsablauf mitgeteilt, aber ohne daß der Erzählkern entfaltet und ausgeschmückt wird.

Entfaltung und Ausschmückung gelten dann als ausgeführt, wenn
sich die konsequente Entwicklung des Einfalls mit der fabu-
lierenden Ausgestaltung verbindet.
Dabei ist zu beachten, daß nicht nur Überraschendes, sondern
auch ein Einfall, der das alltäglich Erwartbare nicht überschreitet in einer Geschichte entfaltet und ausgeschmückt
werden kann.

Beispiele

fehlt
zur Aufgabe:" Eine Tür oder ein Tor, von denen Du nicht weiß was dahinter ist."

Das Tor, das mir fremd vorkommt, ist auf der Gerhardt-Hauptmann Straße.
Jedesmal, wenn ich von meiner Freundin komme, muß ich an einem Tor vorbei, daß solange ich hier auch schon wohne, noch nie offen stand. Man kann kaum rübergucken, ich schon gar nicht, und trotzdem möchte ich wissen, was dahinter steckt. Ich glaube eine Garage, ein Garten mit einem schönen Haus. Aber wissen tu' ich es nicht!
Als ich einmal von der Musikschule kam, war das Tor kurz auf. Doch als ich davor stand, wurde mir es vor der Nase zugeknallt. Vielleicht können Sie mir helfen, zu erfahren, was dahintersteckt.

fehlt
zur Aufgabe: "Du siehst eine Blume, zu der Dir etwas einfäll

Vor unserer Wohnung haben wir einen großen Garten mit vielen Blumen. Ich gucke sie gerne an. Ein Blume mag ich besonders. Immer wenn ich sie angucke fällt mir was ein. Einmal ist mir eingefallen, ich wär in Backdart. Ein anderes mal stellte ich mir vor ich wär im Zirkus.
Eines Tages war sie weg. Ich weinte 3 Tage lang.

ansatzweise
zur Aufgabe: "Ein Kasten, der Dich neugierig macht."

Ich ging einmal in eine mir unbekannte Straße wo ich einen seltsamen Kasten entdeckte. Er war wunder schön und ich machte den Deckel ab und sah kleine grüne Mänchen die ein wunder baren Schloß bauten. Am nächsten Tag kam ich nochmal und die kleinen grünen Mänchen waren nicht mehr da und ihr schöner Palast auch nicht. Ich bekam später raus das sie weg gezogen waren und ich war sehr traurig.

ausgeführt
zur Aufgabe: "Du kannst nicht einschlafen und siehst Schatten auf der Zimmertüre. Aber wenn Du lange genug draufstarrst, siehst Du, daß die dunkle Stelle sich öffnet...'

und die Stelle wird immer größer und größer. Dann kommen 2 große schwarze Gestalten heraus. Ich habe Angst und die eine Gestalt gab der anderen ein Zeichen und sie sahen sich im Zimmer um. Ich wollte schreien aber es ging nicht. Die Gestalten hatten sich alles angesehen und verschanden wieder durch das große schwarze Loch. Das Loch wurde kleiner und kleiner und ich schlief ein.

KRITERIEN zum 3. TEST: "Entdecken und Erfinden"

1. ERFAHRUNGSBERICHT vs. ERFINDUNG

   Erfahrungsbericht (0,0)
   Erfindung nah an literarischen Vorbildern (0,5)
   Erfindung relativ frei (1,0)

2. VERANKERUNG der GESCHICHTE in der realen/eigenen UMWELT

   nein (0,0)   ja (1,0)

3. NUTZUNG bzw. ERGÄNZUNG der ANSATZPUNKTE in der AUFGABE für die GESCHICHTE

   nein (0,0)   ja (1,0)

4. ÜBERRASCHUNG

   fehlt (0,0)
   im Realen (1,0)
   im Surrealen (2,0)

5. ENTFALTUNG und AUSSCHMÜCKUNG des zentralen EINFALLS (Komplexität und Integration)

   fehlt (0,0)
   ansatzweise (0,5)
   ausgeführt (1,0)

Lernkriterium   4,5

Klasse:
Vp-Nr.:
AufgNr:

VERÄNDERUNGEN gegenüber dem VORTEST 3

A Schüleranweisungen

Zur Begründung der Änderungen siehe oben.

S. 2 nach Z.26 gestrichen:

> Zum Beispiel diese:
> Der auffallende Baum ist der Treffpunkt einer Räuberbande. Den Stein hat einer dorthingelegt, um die andern vor einer Gefahr zu warnen...

Z.35-38 ersetzen:
> Oder es wird eine ganz andere Geschichte.

S. 3 Z. 1- 6 ersetzen:

> Ich gebe Dir jetzt ein paar Aufgaben, die Du nicht alle lösen mußt.
> Die Aufgaben sind in sechs Gruppen eingeteilt, die jeweils durch eine Farbe gekennzeichnet sind. Zu jeder Gruppe gehören drei Aufgaben.
> Aus jeder Gruppe suchst Du Dir eine Aufgabe aus.
> In welcher Reihenfolge Du vorgehst, darfst Du selbst entscheiden.
> Deinen Text schreibst Du auf das Blatt mit der passenden Farbe: also eine Aufgabe aus der grünen Gruppe auf ein grünes Blatt, so daß Du am Ende sechs verschiedenfarbige Blätter beschrieben hast.
> Wenn dann noch Zeit ist, kannst Du frei wählen, welche Aufgabe Du Dir nun vornimmst.
> Vergiß nicht, auf jedem Blatt die Nummer der Aufgabe und Deinen Namen einzutragen.
> Schreibe bitte die Aufgabe selbst auf den ersten Zeilen ab.

Z.21 übernommen aus: s. folgende Anm.

nach Z.24 gestrichen:

> Dabei kannst Du Dich an das, was möglich wäre, halten (wie in dem 'Räuber-Beispiel'), oder Du darfst auch zaubern (wie in dem Beispiel mit den Winzlingen).

Z.25 wird ergänzt.

Z.26-31 sind vorgezogen und ersetzen:

> Lies Dir die Texte genau durch. Es handelt sich jeweils um den Anfang einer Geschichte. Du sollst sie weitererzählen.
> Wenn Du Dich für einen Text entschieden hast:
> - Achte darauf, welche Hinweise in diesem Text versteckt sind.
> - Übernimm auch die Hinweise, die Dir seltsam erscheinen, in Deine Geschichte.
> - Versuche, einen Zusammenhang zwischen diesen merkwürdigen Dingen und Andeutungen herzustellen.

Z.32-39 werden ergänzt. — 2 —

nach Z.39 gestrichen:

> Du darfst alles schreiben, was Du willst. Aber Du mußt
> 1. etwas der Aufgabe Entsprechendes in Deiner Umgebung finden und
> 2. eine Geschichte dazu erfinden.

B Aufgaben

Die Aufgabenkerne sind auf S.418 fabgedruckt.
Begründung der Aufgabenauswahl im Text S.   .
Die ursprüngliche Aufmachung wird stellvertretend an den
Veränderungen der ausgewählten Aufgaben vorgeführt.

Für alle Aufgaben gilt:
- Jedes Thema steht auf einem separaten Antwortblatt.
- Statt verschiedenfarbige Blätter wird einheitlich weißes Papier benutzt.

Bewertungsblatt — entfällt

> Beurteile bitte alle Aufgaben (nicht nur die, die Du gemacht hast) danach, ob Du sie schwer, mittel oder leicht findest. In der folgenden Tabelle bitte ankreuzen.
>
> Wenn Du eine Begründung dafür hast, schreib sie bitte dazu.

Aufgabe	schwer	mittel	leicht	warum?
orange 1				
" 2				
" 3				
gelb 1				
" 2				
" 3				
grün 1				
" 2				
" 3				
rosa 1				
" 2				
" 3				
blau 1				
" 2				
" 3				
weiß 1				
" 2				
" 3				

Zusatzaufgabe 1

  x) getrennte Linierung für Aufgabe 1-6 ergänzt.

Zusatzaufgabe 2 — ergänzt.

- 3 -   C Rater-Instruktionen

vgl. die 1. Fassung des Kriterienkatalogs unter 5.1.3.3.
Begründet werden die Änderungen unter 5.2.3.3.

S. 1 nach Z.11 gestrichen:

> Die Kriterien sind in Gruppen zusammengefaßt:
> A Erzählcharakter
> B Verknüpfung von Realität und Fiktion
> C Elaboration
>
> A Erzählcharakter
> 1. Anfang und Ende
> Es geht darum festzustellen, ob die Geschichte rein *formal*
> eine Geschichte ist, nämlich Anfang und Ende hat.
> Die Entscheidung darüber ist unabhängig vom Umfang der Ge-
> schichte, sondern bezieht sich lediglich auf die *Abgeschlos-*
> *senheit* der Komposition.
> Die Angabe einer Idee allein genügt nicht.
>
> *Beispiele*
> nein
> zur Aufgabe grün 2
> > Als ich in meine Schultasche schaute sah ich einen
> > Tennisball das erinnerte mich daran daß ich heute mit
> > meinem Freund Tennis spielen wollte. Weil es gestern
> > regnete.
>
> ja
> zur Aufgabe rosa 3
> Ein Gegenstand im Keller macht mir Angst.
> > Ich ging gerade in den Keller um etwas zu holen, da
> > sah ich ein Messer in der Kellertür von unserem Nach-
> > bar. Ich zieh es hinaus und bekomme Angst. Doch da
> > fällt mir ein, daß unser Nachbar mal Messerwerfer war
> > und das jetzt als Hobby macht. Ich ging nach oben und
> > war erleichtert.

Z.12 ursprünglich: 2.Kriterium

Z.31: die Angabe der Aufgabennummer, auf die sich die
   Beispiele beziehen, ist hier wie im folgenden durch
   die Nennung des Themas ersetzt.

S. 2 Z.35 ursprünglich: 4.Kriterium

Z.36 statt: zur fiktionalen Erfindung

Z.37-39 sind ergänzt.

Z.44-49 ersetzen:

> Die *Ergänzung* bezieht sich darauf, ob zu den offen(er)en
> Aufgaben entsprechend gute Ansatzpunkte für die Erfindung
> selbst gefunden werden.

nach Z.49 gestrichen:

> Von der fehlenden bzw. vorhandenen Nutzung bzw. Ergänzung
> der Ansatzpunkte soll die *Andeutung* davon unterschieden
> werden: wenn der Leser zwar erfährt, daß hier ein 'Ansatz'
> wäre oder daß der Autor eine 'Idee' hat, diese Hinweise
> aber nicht konkretisiert werden. Hierzu zählen auch Formu-
> lierungen im Konjunktiv, sofern sie nicht weiter ausgeführt
> werden.

S. 4 Z.20 ursprünglich 6.Kriterium: Überraschende Ausgestaltung

Z.21-33 ersetzen:

> Während es beim 5. Kriterium eher um die Konsequenz der Elaboration geht, soll hier speziell der Überraschungseffekt der Ausgestaltung beurteilt werden.
> Dabei sind zu unterscheiden
> - Geschichten, die durch nichts überraschen, sondern ganz im Rahmen des alltäglich Erwartbaren bleiben,
> - Geschichten, die ihren Überraschungseffekt im Bereich des Realen erzielen, der also zwar unerwartet bzw. unwahrscheinlich, aber dennoch möglich ist,
> - Geschichten, deren Überraschungseffekt durch den Umschlag ins Surreale entsteht, die also über das real Mögliche hinausgehen ins Phantastische.

S. 5 Z.28-37 ersetzen:

> Es geht hierbei um Integration und Komplexität der Fiktion. Sie fehlt, wenn der zentrale Einfall zwar dargestellt, aber nicht ausgesponnen wird.

Z.40-51 sind ergänzt.

S. 6 Z. 2-16 und 7-24: die Beispiele sind aus dem ursprünglich 4., gekürzten Kriterium hier übernommen.

5.2.3.4. Test 4 "Parallelgeschichten"

Von 23 Schülern der Gymnasialklasse hat 1 gefehlt, 2 geben keine brauchbaren Texte ab (ein Pole, der neu in der Klasse ist, wegen der Sprachschwierigkeiten und ein Junge, der erklärtermaßen keine Lust hat). 39 Arbeiten werden aussortiert, 46 ausgewertet.

In der Hauptschule haben 2 der 26 Kinder keine verwertbaren Bearbeitungen vorgelegt. Insgesamt werden 26 Texte aussortiert, 45 ausgewertet. Es fallen mehr Aufgaben aus als bei den andern Tests: Nr. 5, 15, 16 in der Hauptschule und im Gymnasium, im Gymnasium zusätzlich Nr. 12 und 13, in der Hauptschule 6, 9, 10, 11. Nr. 3 fehlt nur bei der Berechnung der Übereinstimmung.

Aufgaben und Kriterien des Vortests sind unter 5.1.3.4. nachzulesen.

Die *Rater-Übereinstimmung* ist nicht ausreichend. Fürs Gymnasium ergibt sich ein Wert von 0,55 (R3/R2 0,44; R2/R1 0,69; R3/R1 0,52), für die Hauptschule 0,62, für die Gesamtauswertung 0,58. Der höhere Wert in der Hauptschule ist dadurch zu erklären, daß hier nur zwei Aufgaben erfolgreich bearbeitet wurden und daß Fehlanzeigen leichter einheitlich festzustellen sind als abgestufte Qualitätsmerkmale (s. Tab. XVIII, XIX, XX).

Alle drei *Kriterien* zeigen schwache Z-Werte. Bei K3 (0,44) "Ungewöhnlicher Einfall und Konsequenz der einzelnen Geschichten ..." scheint die "Konsequenz" den Ratern die Abgrenzung von der "Passung" im 2. Kriterium erschwert zu haben. Der Ausdruck soll in der Endform durch "Komplexität" ersetzt werden auch deswegen, weil damit der kreative Aspekt der Ausgestaltung deutlicher hervorgehoben wird. Entsprechend wird in den Instruktionen statt von Elaboration von individueller Gestaltung gesprochen. Zur Präzisierung bei der Anwendung des 2. Kriteriums "Funktionale Passung" werden die Anweisungen ergänzt um Kurzcharakterisierungen der drei Geschichtstypen, nach denen die Schüler ihre Variationen erfinden und deren genretypologische Passung die Rater beurteilen sollen. Eine Verbesserung der Übereinstimmung bei der "Distanz der Alternativen" (K1) könnte dadurch erreicht werden, daß zu den Aufgaben, die eine Zuordnung einzelner Elemente zu den Geschichtstypen erfordern, den Ratern die Lösungen mitgeteilt werden.

Darüber hinaus sollen die Instruktionen um genauere Angaben zu den einzelnen *Aufgaben*(gruppen) ergänzt werden. Denn die Auswertung bestätigt den Eindruck der Durchführung, daß vor allem die Formulierung der Aufgaben noch korrekturbedürftig ist. Bei den Erzählanfängen (Nr. 1, 2, 3) wird nicht deutlich genug, daß die Hauptfigur nicht eine der bereits erwähnten Personen, sondern neu einzuführen ist. Darum sollen die ersten Sätze zur Forsetzung der Schüler überleiten mit "Da kommt ...". Ferner muß der Anfang der 3. Aufgabe geändert werden etwa in "Die Blausterne vom Planeten Safir ...", da die "Grünkerne vom Planeten Erbs" die (falsche) assoziative Zuordnung zur grünen Geschichtsmarkierung begünstigt haben dürften. - Aus der Gruppe der thematisch gebundenen Aufgaben (Nr. 4 - 7) bereitet nur die 6. bei der Einschätzung Schwierigkeiten, da die Variationsbreite durch die vorgegebene Situation eingeschränkter ist als bei den übrigen. In den Aufgaben zu den "Träumen" (13) ist für Rater wie Schüler zu klären, daß es ein (erfundener) Traum des Verfassers sein soll und daß er selbst entscheiden muß, welche Art von Geschichte er als Wunsch-, welche er als Alptraum ausarbeitet. - Die stärker formalisierten Aufgaben sind so zu modifizieren, daß mehr Text geschrieben werden kann und damit die Einschätzung eine bessere Basis gewinnt. Bei Nr. 8 und 9 soll eindeutig nach dem Gegenspieler gefragt werden; Nr. 10 bis 12 werden vereinfacht, indem die Bindung an einen ersten gemeinsamen Satz aufgegeben wird. Die Bildbeschreibungen (Nr. 14-16) sind insofern problematisch, als die Bilder, die die Kinder dazu malen, mit den Kriterien (vor allem dem 3.) kaum adäquat erfaßt werden können.

Die Werte für die *Schwierigkeit* pro *Kriterium* (s. Tab. XXI) zeigen, daß die Präzisierung der Aufgabenstellungen und Rater-Instruktionen bei K1 und K2 nicht gleichzeitig zur Senkung des Schwierigkeitsgrades führen dürfen. Im Gegenteil: Um die Lösungsquote von 64,6 % und 50,1 % in nicht unterrichteten Klassen zu senken, sollen die Schüleranweisungen zu den drei Geschichtsvariationen deutlich reduziert werden, so daß die Kinder zwar im Anschluß an die eigene Lektüreerfahrung und die vorangestellten Beispiele arbeiten, aber doch bei ihren Erfindungen weniger reglementiert sind. Zur Stärkung des 3. Kriteriums wird ausdrücklich darauf hingewiesen, daß es darauf ankommt, sich innerhalb der schematischen Handlungsabläufe etwas Ungewöhnliches einfallen zu lassen. Die Endfassung der Raterinstruktionen und Schüleranweisungen steht am Ende dieses Abschnittes (5.2.3.4.).

Die für die *Auswahl der Aufgaben* maßgeblichen Werte, wie sie im Gymnasium ermittelt wurden, sind der folgenden Tabelle zu entnehmen (s. Aufgabenübersicht unter 5.1.3.4.).

Tab. 12: Übereinstimmung/Schwierigkeit/Trennschärfe (Test 4)

Aufg. Nr.	Übereinstimmung	Schwierigk. %	Trennschärfe	Anzahl
01	0,55	25,0	0,89	8 (4)
02	0,28	33,0	0,49	3
03	-	16,7	0,00	6 (4)
04	0,89	75,0	0,69	4 (3)
06	0,55	100,0	0,00	2
07	0,67	66,7	0,91	6
08	0,41	22,2	0,79	9 (8)
09	-	0,0	-	1
10	0,78	50,0	1,00	2
11	-	0,0	0,00	2
12	-	-	-	0
13	(0,55)	(41,6)	(0,75)	(24) (14)
14	0,44	66,7	0,00	3

Nr. 3, 9, 11, 12 fallen aus der Berechnung der Übereinstimmung heraus; Nr. 12 und 13 wurden nur in der Hauptschule bearbeitet (vgl. Tab. XXII); Nr. 9: die Trennschärfe kann bei nur einer Bearbeitung nicht berechnet werden. Wo die Anzahl der Schülertexte, von denen aus die Trennschärfe berechnet wird, abweicht von der, die der Schwierigkeitsberechnung zugrunde liegt, wird sie in Klammern nachgesetzt. Bei Nr. 13 sind die Werte der Hauptschulklasse stellvertretend eingetragen: die starke Bearbeitung erklärt sich dadurch, daß die Kinder verpflichtet waren, mit dieser Gruppe anzufangen. Die Zahlen sind in Klammern gesetzt, denn es ist anzunehmen, daß im Gymnasium andere Werte erzielt werden, zumindest die Lösungsquote höher liegt (vgl. Tab. XXIII).

Die Aufgaben 4 und 10 entsprechen bereits im Vortest den Bedingungen. Die übrigen vier Aufgaben werden ausgewählt unter der Voraussetzung, daß die oben vorgeschlagenen Korrekturen greifen und bei Nr. 1 und 8 die Übereinstimmung verbessern, bei Nr. 7 und 13 zusätzlich die Lösungsquote senken (bei Nr. 13 in der Erwartung, daß entsprechend vergleichbaren Ergebnissen eine Aufgabe, die in der Hauptschule einen Schwierigkeits-Index von 41,6% erreicht, im Gymnasium zu leicht ist).

Damit verteilen sich die Aufgaben des Haupttests folgendermaßen auf die Kategorien:
1) Aufgaben mit Angabe des thematischen *Rahmens*
   - Traumbilder
     13 "Ich habe geträumt ..." (neu: 03)
   - Sensationsthemen
     04 "Ein Puma ist im Zoo ausgebrochen." (neu: 01)
     07 "Ein Banküberfall" (neu: 02)
2) Aufgaben mit Angabe von *Elementen* des Handlungsablaufs
   - Erzählanfänge
     01 "Irene spielt ..." (neu: 04)
   - Gegenspieler
     08 "Unwesen / Kobold / Junge mit großen Ohren" (neu: 05)
   - Problemlösungen
     10 "Da packt er die beiden und ..." (neu: 06)

Aufgaben zur Benennung passender Posen und optischer Signale fallen aus, da sie zu schwer sind.

Entscheidend für die erste Aufgabengruppe ist das Erfinden der verschiedenen Handlungsabläufe und Details zu einer Ausgangssituation. Dabei genügt der intuitive Zugang über die gegebenen Beispiele bzw. die eigene Lektüreerfahrung. Die andern Aufgaben erfordern ein reflektierteres Umgehen mit den Alternativen, wenn einzelne Bausteine den drei Varianten richtig zuzuordnen sind und zum Ausgangspunkt der Geschichten gemacht werden sollen.

Der systematischen Anordnung der Aufgaben entspricht sowohl die Schwierigkeitsrangreihe, wie sie die Rater vorab eingeschätzt haben, als auch wie sie sich aus den nachträglichen Bewertungen der Hauptschüler ergibt (lediglich die beiden mittleren Aufgaben haben hier die Plätze getauscht). Die tatsächliche Lösungsquote bestätigt die beiden Gruppen insofern, als die leichteren Aufgaben in der ersten, die schwereren in der zweiten versammelt sind. Die Reihenfolge im Haupttest ist lediglich in einem Punkt modifiziert: die "Träume" werden vom 1.

auf den 3. Platz gesetzt, damit nicht die Weichen falsch gestellt und die Erzählschemata vergessen werden über den individuellen Traumerlebnissen.

Die Übereinstimmung liegt für die *potentielle Testendform* bei 0,62 für alle Rater über alle Aufgaben und Kriterien (R3/R2 0,55; R2/R1 0,76; R3/R1 0,55) und ist damit deutlich besser als die der Testlangform. Die Werte beziehen sich wie die folgende Tabelle auf die Ergebnisse im Gymnasium.

Tab. 13: Rater-Übereinstimmung (Test 4)
— Aufgaben-Auswahl —

Aufg. Nr.	ZK 1	ZK 2	ZK 3	Σ_{K1-3}	$\bar{z}_{K1-3}$	Anzahl
01	0,56	0,55	0,55	1,66	0,55	9
04	1,00	1,00	0,67	2,67	0,89	2
07	0,67	1,00	0,33	2,00	0,67	2
08	0,56	0,33	0,33	1,22	0,41	3
10	1,00	1,00	0,33	2,33	0,78	1
13	–	–	–	–	–	0
Σ_{A1-13}	3,79	3,88	2,21	9,88	3,30	17
$\bar{z}_{(A1-13)}$	0,76	0,78	0,44	1,98	0,66	
z_{A1-13}	0,70	0,70	0,45	1,85	0,62	

Die höhere Übereinstimmung erklärt sich durch die höheren Werte des ersten und zweiten Kriteriums der ausgewählten Aufgaben. Da Nr. 13 im Gymnasium nicht bearbeitet wurde, ist zur Kontrolle auch die Übereinstimmung für Gymnasium und Hauptschule zusammen errechnet worden, also unter Einschluß von Nr. 13. Der Gesamtwert von 0,62 bestätigt die getroffene Aufgabenauswahl (vgl. Tab. XXIV).

Abschließend wird die Reliabilität der potentiellen Testendform geprüft.

Tab. 14: Reliabilität (Test 4)
– Aufgaben-Auswahl –

N = 8	x_1	x_2
Vp.Nr.		
02	2,0	2,0
05	1,0	5,0
06	3,0	2,0
07	11,0	10,0
12	4,0	3,0
13	5,0	1,0
14	4,0	3,0
22	4,0	6,0
Σ	34,0	32,0

8 Schüler der Gymnasialklasse haben mindestens 2 der ausgewählten Aufgaben bearbeitet.

Die Reliabilität ist mit r_{tt} = 0,81 (r_{12} = 0,68) zufriedenstellend.
Aufgaben und Schüleranweisungen des Haupttests sind in der überarbeiteten Fassung im folgenden abgedruckt.

PARALLEL-GESCHICHTEN

Wir wollen heute einmal ausprobieren, welche Bedeutung der Charakter der Hauptperson für den Fortgang einer Handlung hat.

Je nach der Wahl des 'Typs' können nämlich aus einer vergleichbaren Ausgangssituation ganz unterschiedliche Geschichten entstehen.

Zum Beispiel zu folgender Situation:

Die Invasion der weißen Mäuse

- Geschichte vom starken Mann (sM)

Die weißen Mäuse sind aus dem Laboratorium des Dr. U. entkommen. Wenn sie nicht sofort gefangen werden, bricht eine Katastrophe aus. Denn Dr. U. hat sie mit einem für Menschen tödlichen Virus geimpft, um ein Mittel zur Unterwerfung der Erdbevölkerung zu entwickeln. SM erkennt die Gefahr sofort und fängt die Mäuse ein, da ihm der Virus nichts anhaben kann. Natürlich fängt er auch Dr. U. und übergibt ihn der Polizei.

- Geschichte vom Kind mit Köpfchen (KmK)

KmK besucht seinen Vater, der in der Versuchsabteilung einer medizinischen Klinik an der Entwicklung eines neuen Impfstoffs mitarbeitet. Da entdeckt es, daß einige der weißen Mäuse schon im Raum herumlaufen, weil der Käfig nicht abgeschlossen wurde. KmK schiebt das Gitter herunter, um die restlichen Mäuse an der Flucht zu hindern, und lockt die andern mit Futterkörnern, die es im Schrank findet, zurück. Die Wärter kommen herein und sind sehr dankbar, daß ihr Experiment gerettet ist.

- Geschichte vom Angeber (A)

Jemand erzählt A, daß im Laboratorium in der Nähe weiße Mäuse entkommen seien, die auf keinen Fall mit Menschen in Berührung kommen dürfen. A sagt: "Kein Problem. Das haben wir gleich." nimmt sein Luftgewehr und rennt los. Unterwegs schießt er auf alles, was klein und hell ist und sich bewegt. Da hält ihn ein Polizist an und sagt: "Du siehst wohl weiße Mäuse!" A klärt ihn über seine Absicht auf und erfährt, daß ihn jemand veräppelt hat.

- 2 -

Was Euch an den drei Parallel-Geschichten auffallen kann:

Die Ausgangssituation ist in der roten, der grünen, der rot-grünen Geschichte etwa die gleiche.

Die Hauptpersonen unterscheiden sich jedoch deutlich voneinander:

rot — der starke Mann kann alles, was er will.

grün — das Kind mit Köpfchen läßt sich etwas einfallen.

rot/grün — der Angeber tut so, als könnte er alles.

Natürlich verläuft auch die ganze Geschichte anders, je nachdem ob der starke Mann, das Kind mit Köpfchen oder der Angeber die Hauptperson ist:

- Andere Gegen- und Mitspieler treten auf.
- Die Gefahren, die abzuwenden sind, unterscheiden sich.
- Die Mittel, mit denen die Lösung herbeigeführt wird, sind andere.
- Auch der Stil der Geschichten ist verschieden.

Selbstverständlich kann in die Rolle des starken Mannes auch eine Frau schlüpfen, genauso wie es auch Angeberinnen gibt.

Die Typen und die Art der Geschichten kommen Euch bestimmt bekannt vor:

- aus Eurer eigenen Erfahrung
- aus Eurer Lektüre
- vielleicht auch aus Wunsch- oder Alpträumen.

Deshalb zählen wir die Merkmale der Parallel-Geschichten nicht im einzelnen auf. Es genügt, wenn Ihr Euch nach der roten, der grünen, der rot-grünen Fassung zur "Invasion der weißen Mäuse" richtet.

Bitte wartet mit dem Umblättern, bis ich es Euch sage.

Test 4

Name:
Klasse:

1. Aufgabe

Ein Puma ist im Zoo ausgebrochen.

Schreib zu dieser Überschrift drei verschiedene Geschichten. Achte darauf, daß jede Geschichte zu ihrem Zeichen am linken Rand paßt.

Ein Puma ist im Zoo ausgebrochen.

_____
_____
_____
_____
_____

Ein Puma ist im Zoo ausgebrochen.

_____
_____
_____
_____
_____

Ein Puma ist im Zoo ausgebrochen.

_____
_____
_____
_____
_____

- 3 -

1   Ich gebe Euch jetzt sechs Aufgaben, die Ihr nicht alle
    lösen müßt.
    Bevor Ihr anfangt, lest Euch aber alle sechs Aufgaben
    erst einmal durch.
6   Die Reihenfolge, in der Ihr sie bearbeiten wollt, kann
    jeder selbst bestimmen.
7   Wenn Du Dich für eine Aufgabe entschieden hast:
    − Lies Dir die Anweisungen noch einmal genau durch.
    − Je nachdem, ob es um eine rote, grüne oder rot-grüne
      Geschichte geht, malst Du am Rand das entsprechende
      Zeichen aus.
11 − Du kannst Deine Geschichten in der Ich-Form oder in
      der er-Form schreiben.
    − Wichtig ist jedoch erstens, daß Du die Parallel-Geschich-
      ten auseinander hältst:
16   rot   die Geschichte vom starken Mann,
                   der alles kann, was er will.
        grün   die Geschichte vom Kind mit Köpfchen,
                   das sich etwas einfallen läßt.
        rot/   die Geschichte vom Angeber,
        grün   der so tut, als könnte er alles.
21 − Wichtig ist zweitens, daß Du Dir nicht nur etwas Passen-
22   des, sondern auch etwas Ungewöhnliches einfallen läßt,
      so daß der Leser zwar merkt, welche Art von Geschichte
      Du meinst, aber nicht den Eindruck gewinnt, er hätte
      so etwas schon x-mal gelesen.
    − Wichtig ist drittens, daß Du Dir möglichst zu jeder
      einzelnen Parallel-Geschichte etwas Neues ausdenkst
      und nicht einfach die gleiche Idee nur dreimal ein
      bißchen abwandelst.
30

x

rot

grün

rot
grün

rot/
grün

515

Test 4

Name:
Klasse:

2. Aufgabe

Ein Banküberfall.

Schreib zu dieser Überschrift drei verschiedene Geschichten.
Achte darauf, daß jede Geschichte zu ihrem Zeichen am linken Rand paßt.

Ein Banküberfall.

x

rot

Ein Banküberfall.

grün

Ein Banküberfall.

rot/grün

Name:
Klasse:

3. Aufgabe

Ich habe geträumt...

Du kennst selbst genügend Situationen, in denen Du gerne überlegen wärst.

- Überleg Dir eine solche Situation, die Du erlebt hast, oder erfinde eine ähnliche.
- Verfaß Traumtexte dazu.
  Es können Wunschträume oder Alpträume sein.
  Wichtig ist, daß es drei verschiedene Träume sind, die entweder vom starken Mann bzw. der starken Frau oder vom Kind mit Köpfchen oder vom Angeber bzw. von der Angeberin handeln.
- Schreib zuerst den Traum auf, den Du am liebsten erzählen möchtest.
- Dann laß Dir auch zu den beiden andern etwas einfallen.
- Achte darauf, daß jede Geschichte zu ihrem Zeichen am linken Rand paßt.
- Die Überschriften mußt Du selbst finden.

Ich habe geträumt

x

Ich habe geträumt

Die beiden anderen Träume schreib auf das folgende Blatt.

Name:
Klasse:

4. Aufgabe

Wer kommt als Held?

- Lies Dir die folgenden drei Texte durch. Es ist jeweils der Anfang einer Geschichte.
- Wer kommt als Held: starker Mann, Kind mit Köpfchen, Angeber?
- Markiere am Rand, um was für eine Art von Geschichte es sich demnach handelt.
- Die dritte Geschichte erzähle zu Ende.

1. Geschichte

(rot) (grün) (rot grün)

Max fährt mit seinem Mofa hin und her und stört Willi, Jörg und Rudolf, die auf der Straße Fußball spielen. Da kommt ...

2. Geschichte

(rot) (grün) (rot grün)

Die Blausterne vom Planeten Safir sind durch eine Explosion im solaren System außer Kontrolle geraten und steuern mit Lichtgeschwindigkeit auf die Erde zu. Da kommt ...

3. Geschichte

(rot) (grün) (rot grün)

Als Irene im Hof Ball spielt, läuft ein schwarzer Pudel auf sie zu und springt zur Begrüßung an ihr hoch. Die beiden balgen und toben miteinander. Da kommt ...

Name:
Klasse:

Fortsetzung der 3. Aufgabe

Ich habe geträumt _____

Ich habe geträumt _____

grün

rot/
grün

Test 4

Name:
Klasse:

5. Aufgabe

Wessen Gegenspieler könnte das sein,
- wenn es ein Junge mit großen Ohren wäre
- oder ein Kobold (aber nur ein verkleideter)
- oder ein Unwesen?

Ordne den Hauptfiguren ihren Gegenspieler zu.
Beschreibe den Gegenspieler jeweils so genau, daß man ihn sich gut vorstellen kann.

Gib an, wovon die Geschichte handeln könnte, in der diese Personen mitspielen.

rot
1. Der starke Mann und _____
2. Wie sieht der Gegenspieler aus? Was für Eigenschaften hat er? _____
3. Wovon handelt die Geschichte? _____

grün
1. Das Kind mit Köpfchen und _____
2. Wie sieht der Gegenspieler aus? Was für Eigenschaften hat er? _____
3. Wovon handelt die Geschichte? _____

rot/grün
1. Der Angeber und _____
2. Wie sieht der Gegenspieler aus? Was für Eigenschaften hat er? _____
3. Wovon handelt die Geschichte? _____

6. Aufgabe

Wer löst das Problem wie?

- Lies Dir die folgenden drei Satzanfänge durch und überleg Dir, welcher Satz zu welcher Hauptfigur am besten paßt.
- Markiere am Rand, um welche Art von Geschichte es sich handelt.
- Dann erfinde jeweils eine Geschichte (mit Überschrift) um den gegebenen Satzanfang herum; also drei verschiedene Geschichten.

1. Geschichte: _____

(rot) (grün) (rot/grün)

Da fällt ihm ein, daß sie gerne Schokolade essen _____

2. Geschichte: _____

(rot) (grün) (rot/grün)

Da zeigt er den beiden sein neues Trikot _____

3. Geschichte: _____

(rot) (grün) (rot/grün)

Da packt er die beiden und _____

Name:
Klasse:

Zusatzaufgabe 1

Wenn Du bei keiner Aufgabe Ideen zu einer roten, grünen, rot-grünen Geschichte hast, dann löse die Aufgaben so, wie es Dir unabhängig davon am besten erscheint.

Aufgabe 1

Ein Puma ist im Zoo ausgebrochen.

Aufgabe 2

Ein Banküberfall.

Name:
Klasse:

Fortsetzung der Zusatzaufgabe 1

Aufgabe 3

Ich habe geträumt ...

Aufgabe 4

Als Irene im Hof Ball spielt, läuft ein schwarzer Pudel auf sie zu und springt zur Begrüßung an ihr hoch. Die beiden balgen und toben miteinander. Da kommt

Test 4

Name:
Klasse:

Zusatzaufgabe 2

Wenn Du schon alle sechs Aufgaben gründlich bearbeitet hast, dann denk Dir selbst eine Situation aus, zu der Du Parallel-Geschichten schreiben möchtest.

Name:
Klasse:

Fortsetzung der Zusatzaufgabe 1

Aufgabe 5

Wessen Gegenspieler könnte das sein?

Wie sieht der Gegenspieler aus? Was für Eigenschaften hat er?   rot

Wovon handelt die Geschichte?

                                                                                                                              grün

Aufgabe 6

Erfinde eine Geschichte, bei der einer der drei Satzanfänge von entscheidender Bedeutung ist:

Da packt er die beiden und ...
Da fällt ihm ein, daß sie gerne Schokolade essen ...
Da zeigt er den beiden sein neues Trikot ...

                                                                                                                             rot/grün

4. Test "PARALLELGESCHICHTEN"

zur UE "Stark oder schwach?"

Instruktionen für die Rater

Ziel des Tests ist es festzustellen, ob und inwiefern die Schüler erwartbare Handlungsmuster bestimmten Situationen zuordnen und die Festlegung auf <u>eine</u> Lösungsmöglichkeit kreativ überwinden können.
Als kreativ wird dabei die 'Variation' typischer Verhaltensweisen jeweils zur gleichen Situation angesehen, wobei sich Neuheit und Brauchbarkeit als Kriterien auf den fiktionalen Charakter der erfundenen Handlungsabläufe beziehen.
Neuheit und Brauchbarkeit der Problemlösungen hinsichtlich ihrer Verwirklichung im Alltag werden im Test nicht erfaßt.

Beispiele und Hinweise für die verschiedenen Aufgabentypen werden im Anschluß an die grundsätzliche Explikation der Kriterien gegeben.

1. DISTANZ/UNTERSCHIEDLICHKEIT der ALTERNATIVEN

Es geht hier darum, wie deutlich sich die von den Schülern angebotenen Geschichten voneinander unterscheiden, und zwar unabhängig davon, ob die Zuordnung zu den drei 'Genres' passend ist (2.Kriterium) oder die Ausgestaltung überraschend und komplex (3.Kriterium).

<u>Einheitlich geringe</u> Distanz liegt dann vor, wenn die drei Varianten (als Geschichten, Ergänzungen oder Zuordnungen) sich nicht oder kaum voneinander unterscheiden.

<u>Uneinheitlich</u> ist die Distanz, wenn zwei Varianten von einander unterschieden werden, die dritte dagegen von einer der andern nur gering abgehoben wird.

<u>Einheitlich groß</u> ist die Distanz, wenn alle drei Varianten sich deutlich von einander unterscheiden.

2. FUNKTIONALE PASSUNG der TYPEN

Damit ist gemeint, daß die Unterschiede zwischen den Varianten (1.Kriterium) nicht beliebig sind, sondern aus der Zuordnung zu den drei Typen: der Geschichte vom starken Mann, vom Kind mit Köpfchen, vom Angeber resultieren.
'Funktionale Passung' bezeichnet also die Übereinstimmung der einzelnen Variante mit dem jeweils angegebenen Geschichtstyp.

<u>Einheitlich gering</u> ist die funktionale Passung, wenn keine oder nur eine der Varianten eine deutliche Zuordnung erkennen lassen.

Als <u>uneinheitlich</u> gilt die Passung von zwei Varianten.

<u>Einheitlich groß</u> ist die funktionale Passung, wenn sie auf alle drei Varianten zutrifft.

Kurzcharakterisierung

Die Handlungsabläufe können in verschiedenen literarischen Formen und anderen Medien vorkommen. Sie werden hier nach dem jeweiligen Heldentyp gekennzeichnet.

rot

Ausgangspunkt dieser Zusammenstellung von unterschiedlichen Handlungsabläufen sind Geschichten vom <u>starken Mann</u>, wie sie Kindern vor allem aus Abenteuer-Filmen u. -Comics vertraut si Überspitzt formuliert, kann der starke Mann (Entsprechendes gilt für die starke Frau) nahezu alles, was er will. Die Handlung entzündet sich meist nicht an kleinen alltäglichen Problemen, sondern beginnt mit einer großen, viele oder alle Menschen bedrohenden Gefahr. Der Gegner des Helden ist im allgemeinen ein Verbrecher, ein Unmensch im wahrsten Sinne des Wortes, der nicht selten über fast genauso ungeheure Kräfte verfügt wie der Held selbst. Die Gefahr wird jedoch schlie lich abgewendet durch die normalen Sterblichen nicht gegebene vorwiegend physische Überlegenheit des starken Mannes. Die Geschichten haben mehr oder weniger deutlich phantastischen Charakter trotz scheinbar realistischer Gestaltung im Detail.

grün

Handlungsabläufe, bei denen der Kleinere, Schwächere, scheinbar Unterlegene sich in seiner Umwelt behauptet, kennen die Schüler vorwiegend aus Humor-Comics, aus Kinder- und Jugendliteratur bzw. -filmen. Der Hauptakteur wird als <u>Kind mit Köpfchen</u> bezeichnet, da es über die Merkmale der <u>Kleinheit</u> und intellektuellen Überlegenheit hinaus keinen direkten Prototypen gibt. Die Gefahren, um die es sich hier handelt, sind eher alltäglicher Natur und werden durch Nachdenken und gezieltes, häufig listiges Handeln gebannt. Die Gegenspieler sind recht normale Leute mit mehr oder weniger ausgeprägten Schwächen. Die Geschichten sind im allgemeinen bei aller humoristischen Verfremdung eher realitätsnah und als Problemlösungsprozesse in den Alltag der Schüler transferierbar.

rot/grün

Aus einer Verquickung des ersten und zweiten Geschichtstyps entsteht der parodistische dritte vom <u>Angeber</u>, der selbst eher zu den Kleinen und Schwachen gehörig sich aber aufführt als wäre er groß und stark und könnte alles, was er möchte. Diesen 'Heldentyp' kennen die Schüler ebenfalls und zwar aus ko misch-kritischen Comics. Die Handlung geht von einer Situation aus, die nur scheinbar gefährlich ist, weil sie von Leuten inszeniert wurde, die den Angeber verulken wollen, oder die der Möchte-gern-Held irrtümlich für gefährlich hält. Aber auc wenn er tatsächlich einmal mit einer Bedrohung oder einem Problem konfrontiert ist: immer fällt er durch sein unangemes senes unüberlegtes Handeln auf und macht sich lächerlich. Diese Geschichten sind parodistisch im Hinblick auf den Typ des starken Mannes, wie er sowohl in der Literatur bzw. anderen Medien als auch im 'Leben' auftritt.

3. UNGEWÖHNLICHER EINFALL und KOMPLEXITÄT der EINZELNEN GESCHICHTEN

Hier geht es um die individuelle Gestaltung der einzelnen Geschichte, nämlich darum, wie einfallsreich der Ansatz gewählt und wie komplex er in der Erzählung realisiert wird - unabhängig vom 1.Kriterium der Distanz und vom 2. der Passung.

Gerade bei 'passenden' Varianten ist der Gesichtspunkt der originellen Ausführung stereotyper Handlungsabläufe von besonderer Bedeutung. Als 'ungewöhnlich' gilt unter anderem die Verbindung der Geschichten mit der eigenen Alltagserfahrung.

Die Komplexität kann, da hier bei allen Aufgaben (mit Ausnahme der 4.) drei Varianten verlangt werden, nicht so sehr am Umfang der Elaboration gemessen werden als an der Konsequ des Handlungsgablaufs und an der Vielfalt der Aspekte, auch wenn diese nur knapp aneinandergereiht sind.

Die individuelle Gestaltung gilt als
gering, wenn die Geschichte sich in der Idee an das von der Themenstellung her Erwartbare hält;
mittel, wenn ein originelles Detail bzw. eine unerwartete Id vorliegt, die jedoch nicht weiter ausgeführt wird;
groß, wenn ein ungewöhnlicher Einfall und dessen konsequente bzw. ausschmückende Gestaltung in der Geschichte realisiert sind.

Die Gesamtwertung hinsichtlich der Varianten ergibt sich fol gendermaßen:
gering, wenn die individuelle Gestaltung bei zwei oder drei Varianten gering ist
mittel, wenn die individuelle Gestaltung bei zwei oder drei Varianten mittel ist, bzw. auch, wenn sie bei einer dieser Varianten groß ist
groß, wenn die individuelle Gestaltung bei zwei oder drei Varianten groß ist.

Beispiele für die Aufschlüsselung der Kriterien
zur Aufgabe: Ein Puma ist im Zoo ausgebrochen

        1. Distanz/Unterschiedlichkeit: einheitlich gro
        2. Funktionale Passung: einheitlich groß
        3. Ungewöhnlicher Einfall u. Komplexität: groß

rot: Sie sagt zum Zoodirektor:"Das ist kein Problem."
Da flog (sie) los und ergrif den Puma er streupte sich aber sie war(f) ihn wieder in den Käfig und flog weiter.

grün: Sie handelte sofort in den Käfig kam ein Pumafrollen und der Puma der für ein Frollen gern die Freiheit aufgibt rannte im Galop zurück und als der Puma in Käfig war machte sie die Türe zu und der Fall war erledigt.

rot/grün: Das ist ein Kinderspiel und ging angeberisch
auf den Puma zu. Da der Puma merkte was für ein
Jammerlapper vor ihm stand und er doch kein Menschenquäler ist, ging er freiwillig in den Käfig.
Aber der Angeber bildete sich darauf was ein.

zur Aufgabe: Ein Blindgänger wird im Stadtwald entdeckt.
1. Distanz/Unterschiedlichkeit: einheitlich groß
2. Funktionale Passung: einheitlich groß
3. Ungewöhnlicher Einfall u. Komplexität: mittel

rot: "Wo im Stadtwald": sagt Stark und ging sofort hin
er überquerte die Absperrung und packte an Bum und
sie war weg Stark aber ist nichts passiert.

grün: Wir müssen Bombenentschärfer holen aber schnell
sonst kann sie hoch gehen Die Bombenentschärfer
entschärften sie und die Bombe war harmlos.

rot/grün: Ach entscherfen geht doch schnell das mache
ich aus dem Weg er legte Bombe an und sie explodierte und Angeber lag für ein paar Wochen im Krankenhau

zur Aufgabe: Ein Banküberfall.
1. Distanz/Unterschiedlichkeit: uneinheitlich
2. Funktionale Passung: uneinheitlich
3. Ungewöhnlicher Einfall u. Komplexität: gering

rot: Die Bank wird gerade überfallen. Der sm sieht wie
der Räuber in die Bank geht. Er schleicht sich von
hinten an und haut in KO. sm kriegt eine Belohnung.

grün: Das kmk wollte gerade 20 DM einzahlen. Es sieht wie
die Bank überfallen wird. Es ruft die Polizei und
ehe der Räuber das weite suchen kann ist die Polizei
da. Das kmk kriegt eine saftige Belohnung.

rot/grün: Der A sieht wie die Bank überfalen wird. Er
rennt in die Telephonzelle und wählt die Nummer aber
er hat kein Geld eingeworfen. Die Räuber konnten
fliehen und er schämte sich.

Zu_den_einzelnen_Aufgaben

Aufgabe 1 - 3:

1. Distanz/Unterschiedlichkeit
bezieht sich auf die Deutlichkeit, mit der sich die
drei Varianten voneinander abheben.

2. Funktionale Passung
bezieht sich darauf, wie gut eine, zwei oder drei
Variationen, den angegebenen Geschichtstyp realisieren

3. Ungewöhnlicher Einfall u. Komplexität
bezieht sich darauf, ob eine, zwei oder drei Variationen überraschende und/oder ausgeschmückte Geschichten sind, auch wenn sie nicht zu den bestimmten Geschichtstypen passen.

Aufgabe 4:

Die Aufgabe unterscheidet sich von den übrigen dadurch, daß hier nur eine einzige Geschichte ausgeführt wird. Daraus ergeben sich für die Einschätzung folgende Konsequenzen:

1. Distanz/Unterschiedlichkeit
   wird ermittelt aufgrund der Zuordnung der Erzählanfän in der Reihenfolge grün, rot, rot/grün.

   einheitlich große Distanz liegt vor, wenn die drei Zuordnungen in der angegebenen Reihenfolge angekreuzt werden;

   uneinheitliche Distanz, wenn zwei Zuordnungen richtig angegeben sind;

   einheitlich geringe Distanz bei einer oder keiner richtigen Zuordnung.

2. Funktionale Passung
   ist lediglich hinsichtlich des Grades der Übereinstimmung der einen ausgearbeiteten Geschichte mit dem angekreuzten Typus zu bestimmen.
   Wenn die Passung gering, die Geschichte an sich aber 'gut' ist, so findet das unter dem 3. Kriterium seinen Niederschlag.

3. Ungewöhnlicher Einfall und Komplexität
   bezieht sich auf die überraschende und ausgeschmückte Gestaltung dieser einen Geschichte, unabhängig von ihrer funktionalen Passung.

Aufgabe 5 und 6:

Beide Aufgaben binden die Schüler unter je einem andern Aspekt (nämlich Gegenspieler oder Problemlösung) an bestimmte Vorgaben, die die Phantasie stärker bzw. auf andere Weise eingrenzen als die thematischen Aufgaben 1-3 und der Erzählanfang der 4.Aufgabe.

1. Distanz/Unterschiedlichkeit
   s.o. zur 1.-3. Aufgabe

2. Funktionale Passung
   Aufgabe 5: Unter 1. ist einzutragen beim sM das "Unwesen", beim KmK der "Junge mit großen Ohren", beim A der verkleidete "Kobold". Es ist auch zulässig, wenn hier stattdessen der Name des bestimmten Gegners, auf den sich die folgende Beschreibung bezieht, eingesetzt wird, sofern dabei die drei vorgegebenen Varianten erkennbar bleiben.

   Aufgabe 6: Die Aufgaben sind in der Reihenfolge grün, rot/grün, rot zu markieren und zu gestalten.

3. Ungewöhnlicher Einfall u. Komplexität
   Aufgabe 5: Beschreibung und Charakterisierung des Gegenspielers sowie die Angaben zur Handlung sind voraussichtlich knapp und stichwortartig, so daß bei der Komplexität nicht die umfangreiche Ausschmückung, sondern die Vielzahl der Aspekte entscheidend sind.

   Aufgabe 6: Die Problemlösungsstrategie, auf die sich im allgemeinen der ungewöhnliche Einfall bezieht, ist hier bereits angedeutet, so daß sich die Beurteilung dieses Aspektes vor allem auf die Motivierung dieser angegebenen Strategie im erfundenen Kontext richtet.

Test 4

KRITERIEN zum 4. TEST: "Parallelgeschichten"

1. DISTANZ/UNTERSCHIEDLICHKEIT der ALTERNATIVEN

   einheitlich gering   (0,0)
   uneinheitlich   (1,0)
   einheitlich groß   (2,0)

2. FUNKTIONALE PASSUNG der TYPEN

   einheitlich gering   (0,0)
   uneinheitlich   (1,0)
   einheitlich groß   (2,0)

3. UNGEWÖHNLICHER EINFALL und KOMPLEXITÄT der EINZELNEN GESCHICHTEN

   gering   (0,0)
   mittel   (1,0)
   groß   (2,0)

Lernkriterium 5,0

Klasse:
Vp-Nr.:
AufgNr:

VERÄNDERUNGEN gegenüber dem VORTEST 4

A Schüleranweisungen

Zur Begründung der Änderungen siehe oben.

S. 2 Z. 5+ 6 ersetzen:
    Die Charakterisierung der unterschiedlichen Typen.

    Z.13-20 ersetzen:

- Die Gefahr:
  - ○ das Eingreifen wendet eine große Gefahr ab.
  - ○ das Eingreifen verhindert eine Panne.
  - ⊗ das Eingreifen ist letztlich überflüssig.
- Die Lösung:
  - ○ erfolgt mittels besonderer phantastischer Fähigkeiten.
  - ○ erfolgt durch Nachdenken und gezieltes Handeln.
  - ⊗ bleibt aus wegen unangemessenem unüberlegten Verhalten.
- Die anderen Beteiligten:
  - ○ ein böser Mensch, der ein Verbrechen plant.
  - ○ normale Leute, denen ein Fehler unterlaufen ist.
  - ⊗ normale Leute, die sich über A lustig machen.
- Die Art der Geschichte:
  - ○ phantastisch
  - ○ realistisch
  - ⊗ komisch-kritisch

    Z.21-23 sind ergänzt.

    Z.29-32 sind ergänzt.

S. 3 Z. 1- 6 ersetzen:

> Ich gebe Dir jetzt ein paar Aufgaben, die Du nicht alle lösen mußt.
>
> Die Aufgaben sind in sechs Gruppen eingeteilt und auf verschiedenfarbige Blätter abgetippt:
>
> Gruppe A = hellgelb
> Gruppe B = hellgrün
> Gruppe C = orange
> Gruppe D = dunkelgelb
> Gruppe E = hellblau
> Gruppe F = rosa
>
> Aus _jeder_ Gruppe bearbeitest Du _eine_ Aufgabe.
> Wenn Du aus jeder Gruppe eine Aufgabe gemacht hast, kannst Du frei wählen, welche Aufgaben Du Dir nun vornimmst.

    Z. 7 ist ergänzt.

    nach Z.11 gestrichen:
        Es macht nichts, daß die Farben auf den bunten Blättern nicht gut herauskommen.

Test 4

Z.16-21 ersetzen:

○ die phantastische Geschichte
mit dem starken Mann, der alles kann, was er will.

○ die realistische Geschichte
von dem Kind mit Köpfchen, das sich etwas einfallen läßt.

⊚ die komisch-kritische Geschichte
vom Angeber, der so tut, als könnte er alles.

Z.22-30 sind ergänzt.

B Aufgaben

Die Aufgabenkerne sind unter 5.1.3.4. abgedruckt.
Begründung der Aufgabenauswahl s.o. 5.2.3.4.
Die ursprüngliche Aufmachung wird stellvertretend an den
Veränderungen der ausgewählten Aufgaben vorgeführt.

Für alle Aufgaben gilt:
- Statt verschiedenfarbigen Blättern wird einheitlich weißes Papier benutzt.
- Die Arbeitsanweisungen und die Blattaufteilung sind geändert.
Darum werden die Vorlagen aus dem Vortest zum Vergleich mit der Fassung der 6 Aufgaben des Haupttests ganz abgedruckt.

1. + 2. Aufgabe:

Gruppe B

Gruppe B

Anweisungen zur 1. bis 4. Aufgabe

- Lies Dir die folgenden vier Situationen genau durch.
- Zu jeder der Situationen kannst Du drei verschiedene Geschichten erzählen, je nachdem

  ○ ob Du Dir vorstellst, daß Du alles kannst, was Du willst.

  ⊚ ob Du so tust, als könntest Du alles.

  ○ ob Du gute Ideen hast.

- Du kannst Deine Geschichten in ich- und in er-Form erzählen.
- Entscheide Dich für eine der Situationen und schreibe drei verschiedene Geschichten dazu.
- Vor jeder Geschichte gibst Du eines der Zeichen an.
- Schreibe Deine Geschichte auf eines der folgenden Aufgabenblätter.

1. Aufgabe
Ein Puma ist im Zoo ausgebrochen.

2. Aufgabe
Ein Wasserrohrbruch in der Nachbarschaft.

3. Aufgabe
Ein Blindgänger wird im Stadtwald entdeckt.

4. Aufgabe
Ein Banküberfall.

1. Aufgabe

Die Anweisungen stehen auf Seite 8.

Ein Puma ist im Zoo ausgebrochen.

○ rot
_____

○ grün
_____

⊚ rot/grün
_____

- 3 -   3. Aufgabe:

<u>Anweisungen zur 1. bis 3. Aufgabe</u>

Ihr kennt selbst genügend Situationen, in denen Ihr gerne Überlegen wärt.
- Überlegt Euch eine solche Situation, die Ihr erlebt habt, oder erfindet eine ähnliche.
- Verfaßt Traumtexte dazu.
  Ihr könnt im Wunschtraum
  1. die Situation als starker Mann bewältigen oder
  2. das Problem mit Köpfchen lösen
  oder im Alptraum
  3. in der Situation einen Angeber auftreten lassen.
- Schreibt zuerst den Traum auf, den Ihr am liebsten erzählen wollt.
- Dann laßt Euch auch zu den beiden anderen etwas einfallen.

Gruppe E

1. Aufgabe

Die Anweisungen stehen auf Seite 20.

Wunschtraum vom starken Mann

Gruppe E

2. Aufgabe

Die Anweisungen stehen auf Seite 20.

Wunschtraum vom Kind mit Köpfchen

Gruppe E

3. Aufgabe

Die Anweisungen stehen auf Seite 20.

Alptraum vom Angeber

4. Aufgabe:

Gruppe A

– 4 –

Anweisungen zur 1. bis 3. Aufgabe

- Lies Dir die folgenden drei Texte durch. Es handelt sich jeweils um den Anfang einer Geschichte.
- Probiere in Gedanken aus, welcher Typ **am besten** dazu passen würde.
  Bei welchem Anfang erwartest Du, daß einer auftritt,
  der alles kann,
  der sich etwas einfallen läßt,
  der so tut, als könnte er alles.
- Ordne die Anfänge den Typen zu, indem Du bei jedem Text das passende Zeichen ausmalst.
  Nimm kein Zeichen zweimal.
- Dann wähle eine der Geschichten aus und erzähle sie zu Ende.
  Die Aufgabenblätter zu den einzelnen Geschichten findest Du auf den nächsten Seiten.

1. Aufgabe

O O ⊕
rot grün rot/grün

Irene spielt mit einer Freundin Federball. Da kommt ein schwarzer Pudel und springt zur Begrüßung an ihr hoch...

2. Aufgabe

O O ⊕
rot grün rot/grün

Max fährt mit seinem Mofa hin und her und stört Willi, Jörg und Rudolf, die auf der Straße Fußball spielen...

3. Aufgabe

O O ⊕
rot grün rot/grün

Die Grünkerne vom Planeten Erbs sind durch eine Explosion im solaren System außer Kontrolle geraten und steuern mit Lichtgeschwindigkeit auf die Erde zu ...

Gruppe A

1. Aufgabe

Die Anweisungen stehen auf Seite 4.

O O ⊕
rot grün rot/grün

Irene spielt mit einer Freundin Federball. Da kommt ein schwarzer Pudel und springt zur Begrüßung an ihr hoch.

_____
_____
_____
_____
_____
_____
_____
_____
_____
_____

5. Aufgabe:

Gruppe C

Anweisungen zur 1. und 2. Aufgabe

- Sieh Dir die beiden Strichzeichnungen an.

1.   2.

- Was könnten sie darstellen?
- Jedes der Wesen spielt in einer roten, einer grünen und einer rot-grünen Geschichte mit.
- Ordne die folgenden Bezeichnungen je einem Geschichtstyp zu durch die Markierung am Rand:

Das 1. Wesen ist
ein Unwesen oder
ein Kobold, der aber nur ein verkleideter Kobold ist, oder
ein Junge mit großen Ohren.

Das 2. Wesen ist
eine Amöbe oder
eine Schlange, die aber nur eine Luftschlange ist, oder
eine alte Frau.

rot grün rot-grün
- Such Dir ein Bild aus.
- Dann beschreibe und charakterisiere das Wesen getrennt für eine rote, eine grüne und eine rot-grüne Geschichte.
- Welche Rolle spielt es, was erlebt es in den verschiedenen Geschichten.
- Ihr dürft die Bildchen auch weiter ausmalen.

Gruppe C

1. Aufgabe
Die Anweisungen stehen auf Seite 13.

 --- ein Unwesen
oder ein Kobold (aber nur ein verkleideter)
oder ein Junge mit großen Ohren

rot
a) Beschreibung und Charakterisierung
_____
_____
_____

b) Wovon handelt die Geschichte?
_____
_____
_____

grün
a) Beschreibung und Charakterisierung
_____
_____
_____

b) Wovon handelt die Geschichte?
_____
_____
_____

rot-grün
a) Beschreibung und Charakterisierung
_____
_____
_____

b) Wovon handelt die Geschichte?
_____
_____
_____

Test 4

Gruppe D

Anweisungen zur 1. bis 3. Aufgabe

- Lies Dir die folgenden Aufgaben genau durch.
- In den Aufgaben ist immer der Anfang des 2. Satzes einer Geschichte angegeben. Du sollst den Satz fortsetzen und den 1. und 3. Satz dazu erfinden.
- Stell Dir vor, daß es sich bei jeder Aufgabe um die gleiche (gefährliche) Situation handelt, in der die drei Typen sich unterschiedlich verhalten.
- Ordne bei jeder Aufgabe die drei Wendungen den drei Typen zu, indem Du das entsprechende Zeichen ausmalst. (auf diesem Blatt)
- Dann wähle eine Aufgabe aus. Die Aufgaben sind auf den folgenden Seiten noch einmal abgetippt.
- Überleg Dir die Ausgangssituation, die für alle drei Geschichten gemeinsam ist. Schreibe sie als 1. Satz auf. Der 2. Satz beginnt, so wie abgedruckt. Im 3. Satz findest Du ein Ende zu der Geschichte.

1. Aufgabe

O O ⊙ ...Da packt er die beiden und ...

O O ⊙ ...Da fällt ihm ein, daß sie gerne Schokolade essen, und ...

O O ⊙ ...Da zeigt er den beiden sein neues Trikot ...

2. Aufgabe

O O ⊙ ...Da hält er ein Streichholz an die Kiste und ...

O O ⊙ ...Da sieht er die Aufschrift auf der Kiste und...

O O ⊙ ...Da hebt er die Kiste hoch und ...

3. Aufgabe

O O ⊙ ...Da zieht er das Ungeheuer am Schwanz und...

O O ⊙ ...Da jagt er das Ungeheuer zurück in die ...

O O ⊙ ...Da fragt er das Ungeheuer, ob es sprechen kann und...

6. Aufgabe:

1. Aufgabe

Die Anweisungen stehen auf Seite 16.

1. Satz _____

O O ⊙ 2. Satz Da packt er die beiden und _____

3. Satz _____

O O ⊙ 2. Satz Da fällt ihm ein, daß sie gerne Schokolade und _____

3. Satz _____

O O ⊙ 2. Satz Da zeigt er den beiden sein neues Trikot _____

3. Satz _____

- 7 -   Bewertungsblatt - entfällt:

> Beurteile bitte alle Aufgaben (nicht nur die, die Du gemacht hast) danach, ob Du sie schwer, mittel oder leicht findest. In der folgenden Tabelle bitte ankreuzen.
>
> Wenn Du eine Begründung dafür hast, schreib sie bitte dazu.

Aufgabe		schwer	mittel	leicht	warum?
hellgelb	1				
"	2				
"	3				
hellgrün	1				

...

Zusatzaufgabe 1
  x) gesonderte Anweisungen für Aufgabe 1-6 ergänzt.

Zusatzaufgabe 2 - ergänzt.

C   Rater-Instruktionen

vgl. die 1. Fassung des Kriterienkatalogs unter 5.1.3.4.
Begründet werden die Änderungen s.o. unter 5.2.3.4.

Durchgängig ist "konsequent/Konsequenz" durch "komplex/Komplexität" ersetzt (s. Änderung des 3.Kriteriums).

S. 1   Z.37+38 ersetzen:
       ... der Variante mit dem Typus.

S. 2   ist komplett neu.

S. 3   Z. 1   statt: ... und Konsequenz der einzelnen Geschichten in ihrem jeweiligen Stil

       Z. 3- 7 ersetzen:
       > Hier geht es um die Elaboration (unabhängig vom 1. Kriterium der Distanz und vom 2. der Passung), nämlich darum, wie einfallsreich der Ansatz gewählt und wie konsequent er in der Erzählung realisiert wird.

       Z. 8-16 sind ergänzt.

       Z.17-24 ersetzen:
       > Gering ist die Elaboration, wenn sich die Geschichte in der Idee an das von der Aufgabenstellung her Erwartbare hält und die Ausarbeitung der Idee nicht konsequent aus dem Ansatz abgeleitet wird.
       > Mittel ist die Elaboration, wenn entweder eine unerwartete Idee vorliegt, die jedoch nicht konsequent ausgearbeitet wird,
       > oder wenn ein nicht besonders einfallsreicher Ansatz konsequent entfaltet wird.
       > Groß ist die Elaboration, wenn sowohl ein ungewöhnlicher Einfall als auch seine konsequente Ausgestaltung in der Geschichte realisiert wird.

       Z.30+31: "bzw. auch..." sind ergänzt.

nach Z.34: Die Angabe der Aufgabennummer und des Verfassers ist hier und im folgenden gestrichen.

S. 4 nach Z.34: Umstellung der Reihenfolge entsprechend dem Haupttest.

Z.44: "überraschende und/oder ausgeschmückte" statt: "in sich schlüssige".

nach Z.46 ist gestrichen:

> Wenn die Anweisung mißverstanden und eine fortlaufende Geschichte über alle drei Absätze weg erzählt wird, ist das 1. Kriterium 0, wenn die Zuordnung fehlt auch das 2., so daß nur die Konsequenz beurteilt werden kann.

Hinweis zur 3. Aufgabe gestrichen:

> Gruppe E
> Die Aufgaben der Gruppe E werden nur im Zusammenhang ausgewertet: Gruppe E gilt als eine Aufgabe.
> Hinsichtlich der problematischen Formulierung der Überschriften werden auch folgende Erweiterungen akzeptiert:
> - wenn bei der 1. und 2. Aufgabe statt eines Wunschtraums ein Alptraum erzählt wird,
> - wenn statt vom starken Mann von der starken Frau geträumt wird.
> Geschichten, bei denen lediglich die gewünschte Eigenschaft genannt, aber nicht in einer Handlung konkretisiert wird, können zwar hinsichtlich der Passung (2.Kriterium) hoch eingeschätzt werden, aber nicht in der Ausgestaltung (3.Kriterium).

S. 5 Z. 2-5 sind ergänzt.

Z. 6-11 ersetzen:

> 1. Distanz/Unterschiedlichkeit
> wird ermittelt aufgrund der Vorsortierung.
> 1. und 2. Aufgabe können grün oder rot-grün angekreuzt werden, 3. Aufgabe nur rot.
> Einheitlich große Distanz liegt vor, wenn 3 unterschiedliche mögliche Zuordnungen angekreuzt werden.

Z.12: "zwei Zuordnungen richtig" statt: "zwei mögliche Zuordnungen."

nach Z.16 gestrichen:
Da hier nur eine Geschichte ausgeführt wird, wird die Passung nicht im Vergleich mit anderen Varianten bestimmt,...

Z.23-26 ersetzen:

> 3. Ungewöhnlicher Einfall und Konsequenz
> Unter diesem Aspekt wird die einzelne Geschichte selbst hinsichtlich ihrer Ausarbeitung beurteilt, unabhängig von der funktionalen Passung.

Z.28-32 sind ergänzt.

Z.36-42 ersetzen.

> Berücksichtigt wird nur die Vorsortierung der ausgeführten Aufgabe. Sie braucht nur dann beachtet zu werden, wenn die Zuordnung in der Aufgabe selbst Fragen aufwirft.
> Da die Instruktion für die Schüler offen läßt, welche Rolle das (skizzierte) Wesen spielt, müssen nicht nur Beschreibungen, die sich auf den Gegner beziehen, sondern auch die, die den Helden meinen, zugelassen werden. Die unterschiedlichen Konsequenzen der Rollenzuweisung sind speziell unter dem Aspekt der Passung zu beachten.

- 6 -   Z.43+44 ersetzen:

wird beurteilt nach der Vorsortierung zur Aufgabe (die anders als bei Gruppe A (=4.) eindeutige Zuordnungen ermöglicht) im Zusammenhang mit den Ausführungen der Aufgabe selbst.
Es wird nur die Vorsortierung der bearbeiteten Aufgabe berücksichtigt.

Z.46-50   sind ergänzt.

Z.51-55   ersetzen:

wird unabhängig von Passung und Distanz für die Verbindung der 2. und 3. Sätze jeweils mit dem 1. Satz beurteilt.
Wenn die Anweisung mißverstanden wurde und die Geschichte über alle Absätze hinweg fortlaufend erzählt wird, gilt dasselbe wie bei Gruppe B (=1.+2.Aufgabe).

nach Z.55 gestrichen:

Gruppe F
Die Anweisungen, sofern sie auf eine Bildbeschreibung zielen, sind zu schwierig.
Die Aufgabe wird bereits als gelöst angesehen,
- wenn die Sätze ergänzt und das passende Bild dazu gemalt ist.

Bei der Einschätzung aller Aufgaben soll gelten:
- Wenn ein Kriterium nicht beurteilt werden kann, weil ein Teil der Aufgabe nicht erfüllt wurde, ist für dieses Kriterium "gering" anzukreuzen.
- Bei Widerspruch zwischen der Vorsortierung und der Ausführung ist die Ausführung maßgeblich.

5.2.3.5. Zusammenfassung

Die Tests haben sich von der Anlage her bewährt. In der folgenden Tabelle sind die charakteristischen Werte, wie sie im Gymnasium für die Testendform ermittelt wurden, zusammengestellt. Die Werte der Testlangform sind zum Vergleich in Klammern abgedruckt. Der "Bearbeitungsdurchschnitt" bezeichnet die Anzahl der durchschnittlich bearbeiteten Aufgaben pro Schüler.

Tab. 15: Testendform (Übersicht)

Test	Überein-stimmung (Z)	Schwierigk. %	Trenn-schärfe	Reliabi-lität	Bearbeitungs-durchschnitt
1	0,72 (0,69)	44,8 (37,8)	0,86 (0,51)	0,89	1,4 (2,6)
2	0,77 (0,77)	13,6 (9,4)	0,60 (0,27)	0,64	2,6 (6,5)
3	0,74 (0,76)	33,2 (36,2)	0,81 (0,42)	0,82	1,8 (3,5)
4	0,66 (0,55)	41,2 (41,4)	0,86 (0,48)	0,81	1,7 (2,3)

Im großen und ganzen ist der 3. Test bereits in der vorliegenden Fassung in Ordnung. Die Lösungsquote könnte als Ausgangspunkt der noch nicht unterrichteten Klassen etwas niedriger sein. Auch beim 1. und 4. Test ist die Schwierigkeit noch zu gering. Der 4. Test ist zusätzlich korrekturbedürftig hinsichtlich der Rater-Übereinstimmung. Der 2. Test unterscheidet sich von den anderen dadurch, daß die Schwierigkeit zu hoch und Trennschärfe bzw. Reliabilität relativ niedriger sind. Auch in der durchschnittlichen Anzahl der bearbeiteten Aufgaben tanzt dieser Test aus der Reihe, da die Laut-Gedichte generell von den Schülern unterschätzt worden sind. Die übrigen Werte sind im Hinblick auf den Haupttest, bei dem von 6 Aufgaben 4 möglichst von allen Schülern bearbeitet werden sollen, da die Auswahl einerseits nur 1/3 der vorgelegten Arbeiten erfaßt und jeweils etwa die Hälfte der tatsächlichen Bearbeitungen abdeckt, knapp ausreichend.

Der Schwerpunkt der geplanten Verbesserungen liegt nur im 4. Test bei der Korrektur der Aufgabenstellungen. An Test 1, 2 und 3 werden vor allem die Kriterien überarbeitet, und zwar in Richtung einer noch stärkeren Konzentration auf Kreativitätsaspekte: Weniger spezifische Merkmale der Elaboration werden gestrichen bzw. geringer gewertet (die Abgeschlossenheit bei Test 1 und 3, der Gesamteindruck bei Test 2), die zentralen Kreativitätskriterien höher gewichtet (Kippeffekte auf der Wortebene und humorvolles Umdrehen einer Situation im 1. Test, Klangcharakter und Lautmalerei im 2. und im 3. der überraschende Umschlag ins Surreale). Tendenziell entsprechend wird der Akzent des 3. Kriteriums im 4. Test von der Konsequenz der Ausarbeitung auf die Komplexität der individuellen Gestaltung verlegt. - Die Raterinstruktionen sind lediglich diesen Veränderungen angepaßt worden. In den Anweisungen für die Schüler wird etwas expliziter auf den jeweils entscheidenden Kreativitäts-Gesichtspunkt hingewiesen. Nur am 4. Test wird eine umfangreichere Streichung (der detaillierten Charakterisierung der parallelen Geschichtstypen) in den Schüleranweisungen vorgenommen und korrespondierend in den Rater-Instruktionen ergänzt.

Im Anschluß an die Durchführung und Auswertung der Ergebnisse des Vortests werden die Arbeitshypothesen für den Hauptversuch folgendermaßen formuliert:

- Die geplanten Unterrichtseinheiten fördern die Kreativität der Schüler in dem Sinne, daß unterrichtete Klassen bessere Testergebnisse erzielen als nicht unterrichtete.
- Kreative Veränderungen sind im Interaktionsbereich schwerer zu fördern und zu testen als in der (gegenständlichen) Umweltwahrnehmung, so daß die Ergebnisse des 1. und 4. Tests schlechter ausfallen als die des 2. und 3.

(Diese Hypothese wird aufgrund der teilnehmenden Beobachtung und der starken Unterschiede in der Anzahl der auszusortierenden Bearbeitungen für den Hauptversuch aufrechterhalten gegen die errechneten Lösungsquoten).

- Die Ausgangsbedingungen für kreative Prozesse sind in traditionellen Gymnasien ungünstiger als in anderen Schultypen, so daß dort weniger gute Ergebnisse erzielt werden als in 'reformierten' Höheren Schulen.

5.3. Durchführung des Haupttests

Der Bericht zur Vorbereitung wie der Kommentar des Ablaufs beschränken sich auf einige wenige Aspekte, die in den entsprechenden Passagen des Vortests noch nicht berücksichtigt worden sind. Der Schwerpunkt liegt im folgenden auf der deskriptiv- und inferenzstatistischen Auswertung des Haupttests. Um den Text nicht zu sehr zu befrachten, wird die Überprüfung der Gütekriterien nur zu einem der Tests mit dem vollständigen Tabellenwerk belegt. Die übrigen tabellarischen Übersichten sind im Anhang wiedergegeben.

5.3.1. *Planung*

Da die Richtlinien für die Testdurchführung bereits im Anschluß an die Auswertung des Vortests festgelegt worden sind, konzentriert sich die Vorbereitung des Haupttests vor allem auf die Auswahl der Testklassen und der Schulen.

5.3.1.1.

Die erste Hypothese, daß die unter Kreativitäts-Gesichtspunkten geplanten Unterrichtseinheiten tatsächlich Kreativität im angegebenen Sinne fördern, wäre am besten durch eine Vorher-Nachher-Testung in der Unterrichtsklasse zu prüfen. Da die Entwicklung von Paralleltests jedoch unverhältnismäßig aufwendig ist, wird die Testung in Form *überkreuzter Parallelstichproben* vorgezogen. Das heißt, dasselbe Erhebungsinstrument wird in zwei verschiedenen Klassen, die hinsichtlich der relevanten Punkte als parallel angesehen werden können, eingesetzt, nachdem die eine Klasse kreativitätsorientiert, die Kontrollgruppe nicht spezifisch unterrichtet wurde. Die Testung erfolgt zum möglichst gleichen Zeitpunkt, um sowohl Reifungsunterschiede als auch eine Vorinformation durch Schüler oder Lehrer der zuerst getesteten Klasse auszuschließen. Zur Vermeidung kumulierender Lerneffekte wird jede Unterrichts- und damit Testeinheit in einer anderen Klasse durchgeführt, der gesamte Hauptversuch also in 4 'Experimental'- und 4 Kontrollklassen. Die Erhebung zielt dabei auf Gruppenvergleiche und nicht primär auf die Ermittlung des Lernfortschritts der einzelnen Schüler.

Die Entscheidung für die *5. Jahrgangsstufe* ist, wie bereits erwähnt, dadurch begründet, daß die Unterrichtseinheiten sinnvollerweise bei dem ersten Durchgang des von der 5. bis zur 9. Klasse aufgebauten Programms einsetzen. Für die Tests ergibt sich dabei der Vorteil, daß die Eingangsklassen noch relativ wenig geprägt sind durch die unterschiedlichen Stile ihrer neuen Lehrer hinsichtlich bevorzugter Themen, Lernbereiche und Interaktionsformen, so daß die Vergleichbarkeit eher gegeben ist als zu einem späteren Zeitpunkt.

Die *Parallelität der Klassen* wird im einzelnen (näherungsweise) dadurch bestimmt, daß das Durchschnittsalter sowie die prozentuale Verteilung von Jungen und Mädchen errechnet und verglichen werden. Als Indikator für den Leistungsstand wird einerseits der Notendurchschnitt der Deutscharbeiten ermittelt, wobei den Aufsätzen größeres Gewicht beigemessen wird als den Diktaten und Grammatikarbeiten; andererseits werden die Grundschulgutachten herangezogen und die Anteile der jeweils als "geeignet" bzw. "vielleicht geeignet" für den Übergang auf das Gymnasium beurteilten Schüler festgestellt.

Die Problematik der Notengebung wie der prognostischen Urteile, die die unterschiedlichen Reifungsprozesse schwer einkalkulieren können, ist bekannt. Es besteht jedoch eine gewisse Wahrscheinlichkeit, daß diese verschiedenen Formen der Einschätzung, wobei einmal der Vorteil bei der langjährigen Beobachtung des einzelnen Schülers durch den Grundschullehrer liegt, zum andern auf der Absprache unter den Lehrern einer Jahrgangsstufe über einheitliche Anforderungen und Bewertungsmaßstäbe beruht, sich hinsichtlich der Parallelität der Klassen in ihrer Aussagekraft gegenseitig ergänzen.

Ferner werden die Rahmenbedingungen berücksichtigt: die Klassenstärke, der behandelte 'Stoff' aufgrund der Klassenbucheintragungen (gerade in der ersten Hälfte des Schuljahrs kann die Reihenfolge, in der die vorgesehenen Gebiete besprochen werden, zu relevanten Unterschieden im Wissensstand führen) und der Unterrichtsstil der Deutschlehrer, soweit er durch Gespräche und Hospitationen einzuschätzen ist. Dabei ist für die Auswahl der Klassen nicht die Ähnlichkeit mit den entwickelten Grundsätzen eines kreativitätsfördernden Unterrichts entscheidend, sondern die größtmögliche Gemeinsamkeit der Interaktionsformen zweier Fachlehrer.

Nachdem auf diese Weise von mehreren 5. Klassen die beiden mit der größten Parallelität der relevanten Voraussetzungen ermittelt worden sind, fällt die Entscheidung, welche zur Unterrichts-, welche zur Kontrollklasse wird, nach organisatorischen Erwägungen (Stundenplan: Eckstunden, Doppelstunden usw.). Bei den verbleibenden Unterschieden zwischen den Gruppen wird die den Versuch am wenigsten begünstigende Konstellation gewählt: z.B. wird - sofern in diesem Punkt größere Unterschiede bestehen - die Klasse, die die besseren einschlägigen Vorkenntnisse hat, zur Kontrollgruppe bestimmt.

Im übrigen wurde in allen Schulen versichert, daß man um eine möglichst gleichmäßige Verteilung der Kinder auf die Klassen unter den genannten Gesichtspunkten (auch hinsichtlich der Konfession) bemüht ist. Allerdings - und das machte den Vergleich der Daten der einzelnen Schüler trotzdem erforderlich - werden aus guten pädagogischen Gründen die 'Übergänger' grundschulweise zusammengelassen. Dieses übergeordnete Zuweisungsprinzip kann nicht nur die erwähnten Merkmale etwas verzerren, sondern bringt als weitere Komponente die soziale Schichtung zur Geltung. Da nach dem Datenschutzgesetz NW vom 19.12.1978 keine Angaben zum Beruf der Eltern mehr in die Unterlagen der Schulen aufgenommen werden dürfen und entsprechend auch beim Landesamt für Datenverarbeitung und Statistik keine Informationen abgerufen werden können, muß dieser möglicherweise für die Voraussetzungen von Kreativitätsförderung wichtige Einflußfaktor auf Umwegen zur Klärung der Vergleichbarkeit der Klassen auch in diesem Punkt erschlossen werden, indem von der genauen Auflistung der Adressen ausgehend die prozentuale Verteilung auf die mit unterschiedlichem Sozialprestige belegten Wohngegenden ermittelt wird. Dabei zeigen sich aufgrund der gruppenweisen Zuordnung der Grundschüler zu den Klassen Unterschiede, die als Indiz für eine möglicherweise unterschiedliche Sozialstruktur ebenfalls bei der Einschätzung der Parallelität beachtet werden. Die Differenzen zwischen den Klassen einer Schule sind jedoch relativ gering verglichen mit den verschiedenen Einzugsbereichen der Schulen selbst.

5.3.1.2.
Während für die Bestimmung der Unterrichts- und Kontrollklassen ein größtmögliches Maß an Homogenität angestrebt wird, sollen sich die *Schulen* im Hinblick auf die Überprüfung der dritten Hypothese in einigen wesentlichen Merkmalen unterscheiden. Die Annahme lautet, daß die Ausgangsbedingungen für kreative Prozesse in traditionellen Gymnasien schlechter sind als in anderen gymnasialen Formen. Die Vagheit und Pauschalität einer solchen Gegenüberstellung ist zugegebenermaßen problematisch. Es soll damit jedoch indirekt ermittelt werden - eventuell als Absprung für detailliertere Untersuchungen -, ob institutionelle Änderungen, wie sie aufgrund der kritischen Diskussion des Höheren Schulwesens in der BRD während der 60er und 70er Jahre in modifizierten gymnasialen Formen realisiert wurden, bereits bessere Startbedingungen für Kreativitätsförderung bieten, oder ob die verbleibenden gemeinsamen Verpflichtungen für staatliche Gymnasien die pädagogisch-didaktischen Abweichungen so eingrenzen, daß sie für die Kreativitätsförderung noch nicht zum Tragen kommen. Es wird dabei unterstellt, daß die noch heute mit dem höchsten Sozialprestige ausgestatteten Schulen primär (in der Nachfolge der Lern- und Drillschule des 19. Jahrhunderts) konformes Verhalten und konvergentes Denken in Übereinstimmung mit mittelständischen Normvorstellungen von Leistung und Erfolg intendieren und damit in Konsequenz der entwickelten Theorie für Kreativitätsförderung eher negativ prädisponiert sind.

Aus dieser gezielten Frage nach der konkreten Spannbreite innerhalb des vorherrschenden weiterführenden Schulsystems erklärt sich, daß weder Gesamtschulen noch alternative private Schulen zur Gegenüberstellung herangezogen werden, bei denen möglicherweise kontrastreichere Ergebnisse zu erwarten wären. Natürlich wird mit einer solchen auf Schulen als 'Vergleichseinheiten' abgestimmten Fragestellung ein ganzer Komplex von Wechselwirkungen erfaßt, wie sie die Schulwirklichkeit bestimmen: Vom Image einer Institution über die Auswahl passender (bzw. anzupassender) Kollegen zu den Eltern, die ihre Kinder dort (nicht selten in Familientradition) anmelden und damit zugleich zur Verfestigung des Images beitragen. Nicht jedoch geht es im folgenden um die besseren Einsichten einzelner Lehrer, auch nicht um ihr größeres oder geringeres pädagogisches Engagement.

Nach Befragung von Lehrern und Studenten zur Charakterisierung von Duisburger Gymnasien nach den relevanten Gesichtspunkten und nach Auskunft des Schulverwaltungsamtes zur Organisation der einzelnen Institutionen wurden zwei 'traditionelle' Gymnasien in der Stadtmitte ausgewählt und als Gegenpole die sogenannten 'Arbeitergymnasien' im Duisburger Süden bzw. Norden.

Die Schüler der beiden erstgenannten Schulen stammen aus denselben Wohngebieten und vorwiegend aus der 'gehobenen' Mittelschicht. Der Anteil der Ausländer ist gering. Als "geeignet" für den Besuch der Höheren Schule werden 73 % bzw. 81 % bezeichnet. Während eines der beiden (wie es heißt) 'Elite'-Gymnasien in der humanistischen Tradition steht (Latein als erste Fremdsprache), profiliert sich das andere durch die Schwerpunkte Naturwissenschaften und Sport (Englisch ist in 2 von 3 Klassen erste Fremdsprache).

Die 'Arbeitergymnasien' sind als Schultyp Mitte der 60er Jahre in Nordrhein-Westfalen gegründet worden mit dem speziellen Auftrag, ergänzende Förderungsmaßnahmen für Arbeiterkinder anzubieten mit zusätzlichen Stunden in den Fächern Deutsch, Englisch, Mathematik. In diesen Ganztagsschulen wird nicht nur die Betreuung der Hausaufgaben übernommen, es gibt auch Angebote für Freizeitneigungsgruppen, gemeinsames Mittagessen in der Kantine, Aufenthalts- und Ruheräume. Durch diese Organisation kann ein persönlicher, aufgelockerter Kontakt zwischen Lehrern und Schülern entstehen, auch ein ausgeprägteres Gruppenleben der Schüler untereinander. Anders als bei den Gesamtschulen (nach deren Einrichtung die Arbeitergymnasien kaum mehr gefördert wurden) steht es den Schulen frei, wie sie im einzelnen diesen Rahmen ausfüllen, was eine beträchtliche Chance zur Berücksichtigung der speziellen Schülerbedürfnisse bedeutet.

Die Kinder kommen vorwiegend aus den Industriegebieten im Norden bzw. Süden der Stadt. Der Ausländeranteil ist höher als in den Schulen im Zentrum. Weniger Grundschulgutachten bestätigen uneingeschränkt die Eignung für die Höhere Schule (66 % bzw. 57 %). Gewalttätigkeiten, verbunden mit einer ausgeprägten Punkkultur seien in einem der beiden Gymnasien an der Tagesordnung.

Damit die Unterschiedlichkeit der Tests nicht mit der der Schultypen interferiert, wird aus jedem Testpaar (zur Umwelt: 2 und 3, zu Interaktionen: 1 und 4) einer den 'traditionellen' (und zwar Test 1 und Test 2), einer den 'Arbeiter-Gymnasien' (Test 3 und Test 4) zugewiesen. Diese überkreuzte Verteilung ist auch erforderlich zur Überprüfung der zweiten Hypothese, daß die Förderung der Kreativität im Rahmen der Interaktionsthemen schwieriger ist als im Bereich der Umwelt-Rekonstruktion bzw. -Transformation, um umgekehrt den möglichen Einfluß der verschiedenen Gymnasien auszuschließen.

5.3.1.3.
Zur Organisation des Hauptversuchs: Die Planung der Unterrichtseinheiten ist im 4. Kapitel entwickelt worden, das Material unter 4.1.3., 4.2.3., 4.3.3. und 4.4.3. abgedruckt. Die Richtlinien für die Testdurchführung wurden im Anschluß an den Vortest (5.2.) festgelegt, das Material ist unter 5.2.3.1.-4. nachzulesen.

5.3.2. *Ablauf*
Die Testdurchführung wird (weniger ausführlich als beim Vorversuch) unter folgenden Aspekten kommentiert: auf welche Schwierigkeiten die Feldforschung trifft, welchen Aufschluß die teilnehmende Beobachtung speziell über die emotional-motivationale Disposition der Klassen gibt und welche Annahmen für weitere Untersuchungen sich anschließen könnten.

5.3.2.1.
Die vier Unterrichtseinheiten des Hauptversuchs wurden durchgeführt zwischen dem 4.11.1983 und dem 5.3.1984: die 1. und 2. vor den Weihnachtsferien, die 3. und 4. danach. Die Tests werden, wie oben begründet, jeweils in der 7./8. Stunde der zwölfstündigen Reihe angesetzt bzw. mit der Parallelklasse an einem der unmittelbar darauffolgenden Tage. Die Einzelheiten des Ablaufs sind in Gedächtnisprotokollen festgehalten.

Während die Durchführung weitgehend nach Plan verlaufen ist, waren die *Rahmenbedingungen* aus verschiedenen Gründen dennoch suboptimal: Die erste Unterrichtseinheit fand relativ bald nach den Sommerferien statt, so daß sich die Klassen noch kaum zusammengerauft hatten. Die zweite war tangiert von der vorweihnachtlich nachlassenden Arbeitsmoral. Die dritte bekam die Nervosität vor den Zeugnissen im Februar zu spüren. Die vierte lag im Karneval, der die Schüler gerade zur Zeit der Tests umgetrieben hat. Man kann jedoch davon ausgehen, daß sich die verschiedenen Ablenkungen gegenseitig ausgleichen und also die Vergleichbarkeit der Ergebnisse nicht beeinträchtigt wird, ebensowenig die Übertragbarkeit auf 'normale' Unterrichtssituationen: Denn im Unterschied zu einer keimfreien Laborsituation gehören alle möglichen Handicaps zur Normalität des Schulalltags. So hatte ja auch der Vortest unter einer starken Hitzewelle vor den Sommerferien zu leiden gehabt.

Andere Schwierigkeiten dagegen sind bedingt durch die Versuchssituation in fremden Klassen, deren vorausgehender bzw. parallellaufender Unterricht die Ergebnisse beeinflussen kann. Es ist zum Beispiel nicht auszuschließen, daß der Erfolg der ersten Reihe dadurch beeinträchtigt wurde, daß der Klassenlehrer im gleichen Zeitraum regelmäßig aus dem Buch von Schiefer/Halbritter: "Die Kunst, Lehrer zu ärgern" (1972) vorgelesen hat. Diese Geschichten sind insofern den "Komischen Szenen" ähnlich, als sich auch hier Kinder und Jugendliche gegen Autoritätspersonen zur Wehr setzen mit Ulk und Witz, jedoch nicht im Sinne einer humorvollen Gegeninszenierung, sondern um den Erwachsenen auszutricksen, so daß er am Ende der Dumme ist. Diese Bestärkung der Schüler in einer unkreativen, aber ihnen vertrauteren Form der Konfliktlösung, die zudem von einem beliebten Lehrer sanktioniert wird, ist wahrscheinlich dafür mitverantwortlich, daß sich die Klasse besonders schwertut, versöhnliche Schlüsse zu erfinden und die Lust, Erwachsene lächerlich zu machen, zurückzustellen, um sie konstruktiv für ein solidarischeres Verhalten zu gewinnen.

Beim 3. Test ergibt sich ein gewisses, wenn auch nicht so gravierendes Problem, dadurch, daß die Parallelklasse im ersten Halbjahr intensiv das schriftliche Erzählen geübt hat, die Unterrichtsklasse dagegen nicht. In diesem wie im ersten Fall wirkt sich die Interferenz zu Ungunsten des geplanten Versuchs aus, so daß die Ergebnisse bei Wiederholung unter weniger verzerrenden Bedingungen eher besser ausfallen müßten.

Der Verlauf der 4. Reihe sowie des Paralleltests ist möglicherweise nicht ganz unabhängig von der negativen Einstellung beider Deutschlehrer zu Massenmedien und Trivialliteratur, deren Muster die Schüler kreativ variieren sollten. Da in beiden Klassen dieselben Vorbehalte geäußert werden, ist die Vergleichbarkeit nicht beeinträchtigt. Es ist allerdings anzunehmen, daß der kreativitätsorientierte Unterricht in einem den Medien gegenüber unbefangeneren Lernumfeld mehr Erfolge erzielen könnte.

Lediglich die Bedingungen für den 2. Versuch sind neutral, insofern als beide Lehrer zwar dem Programm "Laut-Gedichte" mit einem gewissen skeptischen Interesse begegnen, sich vor der Klasse jedoch akzeptierend und unterstützend verhalten und bisher noch nichts Vergleichbares (sondern vorwiegend Grammatik) besprochen haben.

5.3.2.2.

Während die statistische Auswertung (im folgenden Abschnitt) die Kreativität der Schüler (im definierten Sinne) aufgrund ihrer literarischen Manifestationen zu ermitteln versucht, kann die *teilnehmende Beobachtung* ergänzend kreative Äußerungen vor allem im emotionalen Bereich erfassen, die weniger an den Produktmerkmalen, als an den unmittelbaren Reaktionen der Kinder selbst abzulesen sind.

Bei den unterrichteten Klassen fällt auf, daß sich ihr Verhalten nicht so sehr testspezifisch unterscheidet (wie es im Vorversuch der Fall war und wie es sich in den Kontrollgruppen des Hauptversuchs wiederholt), sondern daß schulspezifische Differenzen zu dominieren scheinen. Alle vier Klassen sind zwar nach den gleichen Grundsätzen unterrichtet worden mit dem Ziel, auch eine kreativitätsfördernde Atmosphäre aufzubauen. Aber obgleich sie sich nicht wesentlich in der Qualität der Hausaufgaben und der Beiträge zum Unterrichtsgespräch voneinander abheben, fällt es den Kindern in den 'Arbeitergymnasien' offensichtlich leichter, sich ohne Notengebung und Streß für eine Aufgabe zu engagieren und zu entfalten, sie lernen schneller mit Freiräumen wie der 'individuellen Pause', der aufgehobenen Schweigepflicht usw. umzugehen als diejenigen, die stärkeren disziplinarischen Druck gewöhnt sind.

Nach der anfänglichen Begeisterung für das neuartige Angebot unterscheidet sich die Spannungskurve zwischen den Klassen des einen wie des andern Schultyps in charakteristischer Weise: Während in den traditionellen Gymnasien sich etwa zum Zeitpunkt des Tests als Grundstimmung durchsetzt, daß man jetzt doch wieder zum normalen Unterricht zurückkehren möchte, wird in den andern Klassen der Wunsch artikuliert, in dieser Weise weiterzumachen, zum Teil mit verblüffend genauen Beobachtungen, was hier anders und besser sei als sonst.

Es ist unwahrscheinlich, daß unterschiedliche Reaktionen der Eltern in den Äußerungen der Kinder ihren Ausdruck finden, denn aus beiden Populationen wurden Proteste gegen den kreativitätsfördernden Unterricht bei den Klassen- bzw. Fachlehrern vorgetragen. Nicht auszuschließen ist dagegen, daß der Testlehrer selbst im Verlauf des vierteiligen Hauptversuchs dazugelernt und seine kreativen Fähigkeiten in der pädagogischen Interaktion besser entfaltet hat. Ausschlaggebend war dieser Prozeß jedoch wohl nicht. Dafür, daß hier letztlich die jeweilige schulische Sozialisation maßgeblich ist, spricht einerseits, daß die Verhaltensweisen der Schüler den im Vortest beobachteten unterschiedlichen Reaktionen der Hauptschüler und der Gymnasiasten entsprechen, und daß andererseits sich die Tendenz zur Konsolidierung des neuen Stils bzw. zur Rückwendung ins Übliche sogar konträr zur Beliebtheit der Tests, wie sie sich in allen nicht unterrichteten Klassen gezeigt hat, verhält.

Zudem erscheinen die Aufgaben in der revidierten Form zwar allen Schülern als machbar (die Zusatzaufgabe 1 wird keinmal vergeben), erweisen sich aber immer noch als unterschiedlich zeitintensiv, so daß die 2. Zusatzaufgabe für die, die "fertig" sind, bei Test 2 und 1 häufiger, bei Test 3 und 4 keinmal vergeben wird. Die Beurteilung der Aufgaben durch die Schüler (die Angaben werden im Rahmen dieser Untersuchung nicht exakt ausgewertet) deutet auf eine gelegentliche Diskrepanz hin zwischen der eigenen Leistung und der Einschätzung des Schwierigkeitsgrades.

Die skizzierte schulspezifische Differenz in der mehr oder weniger kreativen Veränderungen aufgeschlossenen Lernatmosphäre schließt jedoch nicht aus, daß im kognitiven bzw. produktiven Bereich kreative Prozesse ablaufen und ihren Niederschlag gefunden haben. Aufschluß darüber gibt die Prüfung der 3. Hypothese (s.u. 5.3.4.3.). Allerdings kann man aufgrund dieser Stimmungsbilder für die Übernahme mehrerer Einheiten bzw. die Einführung eines kreativitätsfördernden Unterrichtsstils größere Schwierigkeiten und Widerstände (nicht zuletzt bei den Schülern selbst) in eher traditionellen Gymnasien als in andern voraussagen. Dennoch gibt es in allen Klassen Schüler, die sich mit großem Engagement in die Aufgaben vertiefen, über die Zeit hinausschreiben wollen, zusätzliche Arbeiten, die sie zu Hause gemacht haben, nachreichen, um weitere Formulare bitten, weil sie daraus Geschenke machen möchten usw.

5.3.2.3.
Aus den Beobachtungen lassen sich einige *Annahmen* für *weitere* Untersuchungen ableiten:

- Die Problemsensibilität der Unterrichtsklasse ist höher als die der Parallelklasse.

Überprüfung anhand z.B. folgender Merkmale: Die Anzahl der als "schwer" eingeschätzten Aufgaben ist höher; der Schwierigkeitsgrad der Aufgaben wird adäquater eingeschätzt; kreative Schüler haben eine längere Anlaufzeit und lösen relativ mehr ihrer Aufgaben in der zweiten Hälfte als weniger kreative; die Zusatzaufgaben für die, die früher 'fertig' sind, werden seltener von kreativen als von weniger kreativen Schülern verlangt...

- Das Image vom 'guten Lehrer' (unter Kollegen) ist in einigen Merkmalen dem kreativen Lehrer konträr.

Überprüfung z.B. der Teilannahme: 'gute Lehrer' unterfordern ihre Schüler durch zu viele Vorgaben; 'gute Lehrer' überfordern ihre Schüler durch unnötige Einschränkung von Aktionsmöglichkeiten (motorisch, akustisch...).

5.3.3. *Ergebnisse und Interpretation I: Tauglichkeit der Tests 1 bis 4*

Bevor die Hypothesen überprüft werden können, müssen die Tests selbst kontrolliert werden, und zwar nach den gleichen Gesichtspunkten und mit denselben Rechenverfahren, wie sie zum Vortest ausführlicher dargestellt worden sind (5.2.3.0.). Der anschließende Vergleich dieser mit den früheren Ergebnissen kann dann zeigen, ob die Korrekturen (und ggfs. welche) die erste Testfassung verbessert haben.

Das Material wird kopiert und chiffriert. Aussortiert und nicht in die Auswertung aufgenommen werden Schülerarbeiten nach den gleichen Grundsätzen wie im Vorversuch. Daß die Anzahl der 'Unbrauchbaren' erheblich niedriger ist, erklärt sich dadurch, daß die Fehlerquellen mit der Aufgabenstellung weitgehend beseitigt werden konnten.

Alle Schülerarbeiten werden von Rater 1 und Rater 2, die im Vortest die beste Übereinstimmung erreicht haben, eingeschätzt und zwar in der zufälligen Reihenfolge: Test 3, 1, 4, 2. Dabei zeigt sich, daß die Tendenz der Rater gleichgeblieben ist: Rater 2 wertet bei den offeneren (Interpretations-)kriterien deutlich und durchgängig weniger streng als Rater 1. Ein Ausgleich dieses personenspezifischen Unterschieds wird nicht vorgenommen.

Zum Vergleich werden im folgenden die Werte der Gymnasialklassen aus dem Vortest herangezogen.

5.3.3.1.

Die *Rater-Übereinstimmung* konnte durch die Korrektur vor allem der Kriterien und die Präzisierung der Rater-Instruktionen bei allen Tests verbessert werden.

Tab. 16: Rater-Übereinstimmung

Test Nr.	Vortest		Haupttest		
	Vollständ.-Fassung	Aufgaben-Auswahl	Beide Klassen	Unterr.-Klasse	Parallel-Klasse
1	0,69	0,72	0,90	0,89	0,91
2	0,77	0,77	0,84	0,83	0,85
3	0,76	0,74	0,77	0,79	0,75
4	0,55	0,66	0,65	0,64	0,67

Zu Test 1 (vgl. Tab. XXV, XXVI, XXVII)

Die Ergebnisse sind gut sowohl hinsichtlich der Kriterien als auch der Aufgaben. Lediglich beim 1. Kriterium ist die Übereinstimmung etwas geringer als bei den andern, aber mit 0,787 immer noch hoch genug. Im einzelnen wird jeweils auf die Werte der Gesamttabelle Bezug genommen. Die Qualität des "Widerstandes" als aggressiv, argumentativ oder humorvoll einzuschätzen allein aufgrund der Dialogbeiträge, läßt den Ratern relativ viel Interpretationsspielraum. Verbesserungsmöglichkeit: Die Schüler geben nicht nur für Hoppdidopp den Ton der Reaktion an, sondern auch für ihre eigenen Antworten. In der gesprochenen Sprache ist der Humor eben oftmals nur über die Intonation 'eindeutig' zu identifizieren.

Zu Test 2 (vgl. Tab. XXVIII, XXIX, XXX)

Auch bei diesem Test sind die Ergebnisse gut. Daß die Übereinstimmung zu den Kriterien 1 ("Klangcharakter") und 6 ("Gesamteindruck") etwas geringer ist, liegt an der bereits im Vortest festgestellten unterschiedlichen Rater-Tendenz; bei K4 werden Variationen des Satzbaus von einem Rater nicht den Instruktionen gemäß berücksichtigt. Die etwas größere Abweichung in der Einschätzung der Aufgaben 4, 5 und 6 entspricht der anderen Themenstellung: Ebenso wie die Erfindung einer Geräuschkulisse zur Überschrift "Du schaust ins Wasser.", "Zwei Zwerge freuen sich.", "Gespräch der Insekten" besondere Anforderungen an die Schüler stellt, so ist auch die Beurteilung dieser Erfindungen für die Rater schwieriger als die der Laut-Gedichte zu bekannten Alltagssituationen. Veränderungen scheinen bei diesem Test nicht erforderlich.

Zu Test 3 (vgl. Tab. XXXI, XXXII, XXXIII)

Die Übereinstimmungswerte sind voll ausreichend, wenn auch nur wenig besser als im Vortest. Am stärksten sind die Abweichungen beim 5. Kriterium ("Entfaltung und Ausschmückung"), eindeutig aufgrund der unterschiedlichen Rater-Tendenz. Daß das 2. und 3. Kriterium ("Verankerung in der eigenen Umwelt" und "Nutzung bzw. Ergänzung der Ansatzpunkte") etwas weniger übereinstimmend eingeschätzt werden als die übrigen, liegt mit an einer nicht korrekten Anwendung der Instruktionen. Bei den Aufgaben zeigt sich das gleiche Phänomen wie im 2. Test: die Gruppe der Aufgaben, die ohne konkreten Ansatzpunkt für die Geschichte formuliert sind (A3 "Gebäude", A4 "Sperrmüll", A5 "Parkplatz") lassen den Schülern mehr Spielraum, aber auch den Ratern. Es wäre zu überlegen, ob die Konkretisierung des 5. Kriteriums den Test verbessern könnte, indem die Interpretationsfreiheit durch quantitative Angaben eingegrenzt wird (z.B. "Ausschmückung" beginnt bei soundso vielen unterschiedlichen Details).

Zu Test 4 (vgl. Tab. XXXIV, XXXV, XXXVI)
Obwohl die Übereinstimmung deutlich höher ist als in der vollständigen Fassung des Vortests, bleibt sie auch im Haupttest suboptimal. Da der Wert, der bereits durch die gezielte Aufgabenauswahl erreicht wurde, im Hauptversuch nicht überschritten wird, ist anzunehmen, daß die Ergänzungen der Rater-Instruktionen nicht ausreichend und die Kriterien weiterhin verbesserungsbedürftig sind. Daß die stärker formalisierten Aufgaben 4, 5, 6 (Held; Gegenspieler; Problemlösung) übereinstimmender eingeschätzt werden als die lediglich thematisch festgelegten, korrespondiert dem Befund des 2. und 3. Tests. Verbesserungsmöglichkeit: Das 3. Kriterium wird aufgeteilt in "Originalität" und "Komplexität". Das Untergliederungsprinzip nach "gering, mittel/uneinheitlich, groß" wird durch konkretere Angaben ersetzt.

5.3.3.2.

Die *Anzahl der Bearbeitungen* entspricht im Hauptversuch (außer dem 4. Test) annähernd den Erwartungen. Das heißt, die Festlegung des Testumfangs in Verbindung mit der zeitlichen und organisatorischen Planung der Durchführung bewährt sich weitgehend hinsichtlich der Kapazität der Schüler. Um die verbleibenden Differenzen zu verringern und die Vergleichbarkeit der vier Tests noch zu verbessern, werden jedoch anhand der Tabelle 17 einige Modifikationen für künftige Untersuchungen vorgeschlagen.

1. Test: Am Haupttest haben von 31 Schülern 29 teilgenommen. Sie haben 160 Arbeiten abgegeben, von denen 8 aussortiert werden mußten. In der Parallelklasse haben 31 von 34 Schülern den Test mitgemacht und 158 Arbeiten abgegeben, 11 davon waren 'unbrauchbar'.

2. Test: Alle 31 Schüler der Unterrichtsklasse nahmen am Test teil. Sie gaben 176 Arbeiten ab, davon sind 6 unleserlich.

Von den 26 Schülern der Parallelklasse fehlte einer. Abgegeben wurden 140 Arbeiten, 3 davon sind abgebrochen.

3. Test: Der Haupttest wurde mit 22 von 24 Schülern durchgeführt. Von den 101 abgegebenen Arbeiten sind 2 für die Auswertung unbrauchbar.

In der Parallelklasse nahmen 24 von 25 Schülern am Test teil und gaben 77 Arbeiten ab, von denen 2 aussortiert werden.

4. Test: Von 29 Schülern der Unterrichtsklasse haben 26 den Test mitgemacht und 84 Arbeiten, davon 12 unbrauchbare, abgegeben.

In der Parallelklasse nahmen 28 von 29 Schülern teil und gaben 70 Arbeiten ab, von denen 3 ausgeklammert werden.

Bei allen vier Tests wurden in jeder Klasse alle sechs Aufgaben bearbeitet. Lediglich in der Parallelklasse des 4. Tests fällt die 6. Aufgabe durch Aussortieren aus der Auswertung heraus.

In der folgenden Tabelle sind die Zahlen der im Durchschnitt pro Schüler bearbeiteten Aufgaben für jeden Test zusammengestellt und zwar für den Vorversuch (Gymnasialklasse) und den Hauptversuch, aufgeschlüsselt nach Parallel- und Unterrichtsklasse. Da es hierbei um die Quantität geht, werden die Zahlen für die abgegebenen Aufgaben einschließlich der aussortierten zugrundegelegt.

Tab. 17: Quantität der Bearbeitungen

Test Nr.	Vortest Gymnasium	Haupttest Parallel Klasse	Haupttest Unterrichts- Klasse	Vortest --------→ Parallelkl. %	Parallelkl. --------→ Unterrichtskl. %
1	3,30	5,10	5,52	+ 54,55	+ 8,23
2	7,82	5,60	5,68	- 28,39	+ 1,43
3	3,46	3,21	4,60	- 7,23	+ 43,30
4	3,86	2,50	3,23	- 35,23	+ 29,29
Median	3,66	4,15	5,06		

Der Vergleich der Mediane bestätigt, daß die Festsetzung der oberen Grenze auf 6 Aufgaben berechtigt war. Während bereits die Auswahl in der endgültigen Fassung des Haupttests zu einer Erhöhung der durchschnittlich bearbeiteten Aufgaben auf 4 führt, trägt der Unterricht offenbar auch zur Verbesserung der Ideenflüssigkeit und damit weiter der Anzahl der Bearbeitungen bei. Der Mittelwert von 5,06 liegt relativ hoch, so daß für die 'Spitze' zwar noch eine Steigerungsmöglichkeit auf 6 Aufgaben besteht, die Differenzierung zwischen den Schülerleistungen jedoch weniger die Anzahl (speed-Komponente) als die Qualität der Ausarbeitungen (power-Komponente) betrifft.

Vergleicht man jedoch über diese allgemeine Tendenz hinaus die Daten im Detail, so zeigen sich zwischen den Ergebnissen der einzelnen Tests doch deutliche Unterschiede. Test 1 ("Komische Szenen") und 2 ("Laut-Gedichte") sind allein schon durch die Auswahl und Verbesserung der Aufgaben auf das intendierte Niveau von durchschnittlich 5 Bearbeitungen angestiegen bzw. abgesunken. Die Erhöhung der Quantität ist daher in der unterrichteten gegenüber der Parallelklasse gering. Der Erfolg der Reihe muß sich primär in der kreativeren Ausgestaltung niederschlagen.

Test 3 ("Entdecken und Erfinden") und 4 ("Parallelgeschichten") dagegen fallen zunächst in der nicht unterrichteten Klasse beide hinter die Ergebnisse des Vortests zurück. Als Erklärungsmöglichkeit bietet sich an, daß die Parallelklasse des 3. Tests besonders intensiv im regulären Deutschunterricht die Erzählung als Aufsatzform geübt hatte und die Schüler sich daher schlechter lösen konnten von der Vorstellung, sie müßten umfangreichere Texte produzieren. Beim 4. Test würde eine Auszählung der unvollständigen Bearbeitungen wahrscheinlich ergeben, daß im Vorversuch häufiger nur eine Variante ausgeführt wurde, im Hauptversuch dagegen zwei Varianten (das gilt für beide Klassen).

Bei diesen narrativen Tests bringt der Unterricht (anders als beim 1. und 2. Test) eine deutliche Steigerung der Quantität, wobei der 3. Test am ehesten durch noch stärkere Abgrenzung vom üblichen Aufsatz im Ergebnis den ersten beiden Tests anzugleichen wäre. Eine solche rein *numerische Anpassung* würde zwar formal die statistische Vergleichbarkeit der Tests untereinander verbessern, jedoch eine Verstärkung der speed-Komponente erfordern, die den Prinzipien der Gestaltung dieser Kreativitätstests eher zuwiderläuft. Außerdem sind der Verknappung der Erzähltexte auch von der inhaltlichen Konzeption der Tests her Grenzen gesetzt, da sie auf die Entbindung der Lust am Fabulieren bzw. des Spiels mit Variationen zielen und die Kriterien der "Entfaltung und Ausschmückung" wie der "Komplexität" eine gewisse Fülle voraussetzen. Ferner spricht die teilnehmende Beobachtung während der Durchführung dafür, daß die Kinder beim "Entdecken und Erfinden" und den "Parallelgeschichten" keineswegs weniger gearbeitet haben als bei den "Laut-Gedichten" und "Komischen Szenen". Leider ist ein aufgabenübergreifender Vergleich der Testleistungen insgesamt nicht möglich, sofern er sich auf so unterschiedliche literarische Formen wie Lyrik, Dialog, Erzählung bezieht. Die beiden narrativen Tests dagegen könnten jedoch trotz der unterschiedlichen Anlage zueinander ins Verhältnis gesetzt werden, indem z.B. die Zahl der Wörter der Schüler pro Test ermittelt und auf diese Weise der größere Umfang der Aufgabenstellung mit je drei Variationen adäquater erfaßt wird.

Aufgrund der eher inhaltlich-konzeptionellen Überlegungen erscheint die *Vergleichbarkeit* der Tests durch folgende Änderungen besser gewährleistet: 1. die Zahl der Aufgaben wird für den 3. und 4. Test (im Hauptversuch) auf 5 festgesetzt wegen des von der Textsorte und von den Kriterien erforderten höheren Maßes an Elaboriertheit der narrativen Texte; 2. für die "Parallelgeschichten" soll nicht nur zur besseren Vergleichbarkeit mit dem 3. Test die Aufgabenstellung derart modifiziert werden, daß pro Aufgabe nur je zwei der drei Geschichtstypen in wechselnder Kombination auszuführen sind (umgerechnet auf die vorliegenden Daten ergäbe das für die Unterrichtsklasse einen Wert von 4,31, wäre also durchaus vergleichbar mit den 4,60 des 3. Tests). Weitere Argumente für diese quantitative, nicht aber qualitative Abänderung der Aufgabenstellung liefert die folgende Analyse der Test- bzw. Aufgabenschwierigkeit. Es kann außerdem verwiesen werden auf analoge Überlegungen zur Optimierung der Unterrichtseinheit (4.4.2.).

5.3.3.3.

Die *Schwierigkeit der Testaufgaben* soll unter vier Aspekten dargestellt und diskutiert werden: 1. Vergleich der Gesamtschwierigkeit der Tests untereinander und mit den Ergebnissen des Vortests; 2. Vergleich der beiden den verschiedenen Kategorien übergeordneten Aufgabengruppen (inhaltlich offenere vs. festgelegtere Aufgabenstellung) testintern und testübergreifend; 3. Analyse der Einzelaufgaben pro Test (in Verbindung mit ihrer Trennschärfe); 4. Analyse der Kriterien pro Test und Aufgabe.

Um einen groben Überblick zu gewinnen, wie sich die Korrektur und Auswahl der Aufgaben sowie die Änderungen der Anweisungen für die Schüler nicht nur auf die Quantität, sondern auch auf die Qualität ihrer Arbeiten ausgewirkt haben, werden in der folgenden Tabelle die Werte für die *Gesamtschwierigkeit der einzelnen Tests* in den verschiedenen Versuchsstadien zusammengestellt.

Tab. 18: Gesamtschwierigkeit der Tests

Test Nr.	Vortest		Haupttest		
	Vollständ. Fassung %	Aufgaben-Auswahl %	Beide Klassen %	Unterr. Klasse %	Parallel-Klasse %
1	37,8	44,8	14,6	25,5	3,8
2	9,4	13,6	31,8	53,9	4,5
3	36,2	33,2	44,1	59,5	23,2
4	41,4	41,2	20,8	32,8	5,9

Mit der Überarbeitung der Tests war (für nicht unterrichtete Klassen) eine Senkung der Lösungsquote beim 1., 3. und 4. Test auf ca. 25 % beabsichtigt, beim 2. eine entsprechende Anhebung, damit einerseits sichergestellt ist, daß sie nicht allzuviel voraussetzen und daß sie andererseits schwer genug sind, um eine starke Qualitätssteigerung durch den Unterricht erfassen zu können (auf ca. 75 %). Aufgrund der Ergebnisse des Vorversuchs waren die ersten drei Tests vor allem hinsichtlich der Kriterien (Konzentration auf und Höhergewichtung der Kreativitätsaspekte) modifiziert worden, der vierte Test durch Präzisierung der Aufgabenstellung und Reduzierung der konkreten Hinweise in den Instruktionen für die Schüler.

Außer bei *Test 3* steht die Wirkung jedoch in keinem Verhältnis zu den vorgenommenen Veränderungen. Während das "Entdecken und Erfinden" in beiden Klassen der Tendenz nach zu den angestrebten Ergebnissen führt, zeigt die Lösungsquote der "Laut-Gedichte" (*Test 2*) zwar einen deutlichen Erfolg in der unterrichteten Klasse, in der Parallelklasse dagegen ist keine Verbesserung der Ausgangsbasis eingetreten (bei gleichzeitig höchster Anzahl der Bearbeitungen). Daraus kann man schließen, daß wohl die Aufgaben angemessen, die Instruktionen jedoch noch immer nicht deutlich genug der Unterschätzung der Anforderungen und der Abgrenzung gegenüber bekannten Gedichtformen entgegenwirken, was sich natürlich verstärkt in der nicht unterrichteten Klasse auswirkt.

Die Verschlechterung der Lösungsquoten sogar in den Unterrichtsklassen des *1.* und *4. Tests* klärt sich im Nachhinein folgendermaßen auf. Der Anteil der abgebrochenen und daher aussortierten Bearbeitungen im Vortest war hier besonders hoch, so daß von den ausgewerteten Texten relativ viele das Lernkriterium erfüllen. Daraus nun zu schließen, daß der Schwierigkeitsgrad für den Hauptversuch zu erhöhen sei, war falsch. Die Annahme, daß die Ausfälle bei diesen beiden stärker formalisierten Tests durch Präzisierung der Aufgabenstellung und Verbesserung der Antwortformulare (leicht) zu vermeiden seien, war offenbar unzureichend. Die schwachen Ergebnisse des Hauptversuchs bestätigen vielmehr den Eindruck der teilnehmenden Beobachtung, daß die Interaktionsthemen zusätzliche, schwerer zu entbindende kreative Fähigkeiten den Schülern abverlangen als die Umweltthemen. Es ist anzunehmen, daß es für die "Komischen Szenen" wie für die "Parallelgeschichten" förderlich wäre, nicht nur die negativen Erfahrungen der Schüler vorbringen zu lassen, sondern in der Einführung gemeinsam die (wenn auch weitgehend utopischen) Chancen einer humorvollen Gegeninszenierung zu besprechen bzw. die kompensatorische, parodistische, Vorbild-Funktion der unterschiedlichen Handlungsschemata, was bei Test 1 die Ergänzung der Instruktionen, bei Test 4 die Wiederaufnahme der gestrichenen Teile erfordern würde. Darüber hinaus ist zu berücksichtigen, daß der 4. Test mit einem Lernkriterium von 5,0 höhere Anforderungen stellt, so daß die Lösungsquote bei den sonst geforderten 4,5 Punkten vergleichsweise höher läge.

Allerdings sind für die Gesamtschwierigkeit der Tests die *inhaltlich offeneren bzw. die festgelegteren Aufgabenstellungen* in unterschiedlichem Maß verantwortlich. Damit ist nicht die mehr oder weniger starke Vorstrukturierung der Antwortbogen gemeint, wie sie die formalisierteren Tests 1 und 4 von den freieren Tests 2 und 3 unterscheidet, sondern Bezugspunkt sind die in allen Tests vertretenen Aufgabenkategorien, die entweder die Erfindung (auch) der Gesamtsituation erfordern oder aber bei gegebenem Zusammenhang auf die Erfindung im Detail abheben. Die Differenzierung in 'offenere' bzw. 'festgelegtere' Aufgabenstellungen bezieht sich sozusagen auf die Makroebene der kreativen Texte. Die folgende Tabelle gibt Aufschluß über die prozentuale Verteilung der Lösungen auf die beiden Aufgabentypen.

Tab. 19: Schwierigkeit der Aufgabengruppen
(Haupttest / Unterrichtsklasse)

festgelegtere Aufgabenstellung	%	Test Nr.	%	offenere Aufgabenstellung
Angaben zu <u>allen</u> Äußerungen von H.	65,63	1	34,37	Angaben zur <u>ersten</u> Äußerung von H.
<u>mit</u> bekannter Geräuschkulisse	61,06	2	38,94	<u>ohne</u> bekannte Geräuschkulisse
<u>mit</u> angegebenem Ansatzpunkt	59,38	3	40,62	<u>ohne</u> angegebenen Ansatzpunkt
Angabe d. <u>themat.</u> Rahmens	67,87	4	32,13	Angabe v. <u>Elementen</u> der Handlung
	63,48	x̄	36,52	

Die Tabelle zeigt ein relativ einheitliches Bild mit der Tendenz einer 2:1-Verteilung zugunsten der Aufgaben, die mehr Hinweise für die Gestaltung der Situation enthalten.

Das entspricht der beabsichtigten Schwierigkeitsabstufung der beiden Typen von kreativen Aufgabenstellungen, wobei sich die übergeordnete kreative Leistung, die Komposition einer neuen Situation durch die integrative Verwendung der literarischen Verfahren, tatsächlich als deutlich schwerer erweist gegenüber dem additiven Einsatz der Techniken in einem konkreter vorgezeichneten Rahmen. Zwar stehen die offeneren Aufgaben vorwiegend in der zweiten Hälfte der Tests. Daß ein Positionseffekt für die unterschiedliche Lösungsquote entscheidend ist, ist jedoch unwahrscheinlich, da einerseits die Schüler im Haupttest selbständiger die Reihenfolge, in der sie vorgehen, bestimmen und da andererseits der Berechnung der Prozentsatz der gelösten von den bearbeiteten je Aufgabe (und nicht der Anteil an den Lösungen am Text insgesamt) zugrundegelegt wurde (Die Anzahl der Bearbeitungen pro Aufgabe nimmt bei Test 1 und 4 im Unterschied zu Test 2 und 3 deutlich zum Ende zu ab.).

Eine Senkung des Schwierigkeitsgrades (vor allem bei *Test 1* und *4*) wäre natürlich möglich, indem man den anspruchsvolleren Aufgabentyp ganz oder teilweise aufgibt. Eine solche konzeptionelle Änderung erscheint jedoch nicht sinnvoll, da die Aufgaben sich im Unterrichtsprozeß zur Generierung kreativer Prozesse in der anschließenden Phase bewährt haben. Das Überschußangebot an die Schüler, das mit deren Kreativität 'rechnet', muß auch in den Tests erhalten bleiben. Der Wunsch nach 'schöneren' statistischen Ergebnissen ist kein Argument für die Reduzierung der Komplexität des Phänomens. Während auf die Bedingungen möglichst übereinstimmender (Rater-)Urteile bei der Testkonstruktion Rücksicht zu nehmen ist, da andernfalls weder die intersubjektive Nachprüfbarkeit noch die Nachvollziehbarkeit gewährleistet sind, ist die nivellierende Herabminderung des Anspruchs an die Schüler jedoch nicht vertretbar. Immerhin wäre es möglich, das konzeptionell bedingte Komplexitätsniveau des angebotenen Materials beizubehalten und gleichzeitig das Bewertungssystem zu verändern, so daß die statistische Vergleichbarkeit der Tests auf diese Weise besser gewährleistet ist (und eventuell eine dem Durchschnitt der Schüler angemessenere Benotung ermöglicht wird).

Bevor jedoch unter diesem Gesichtspunkt die Schwierigkeit der einzelnen Kriterien analysiert wird, sollen die *Aufgaben gesondert* auf ihre Testtauglichkeit geprüft werden. Trotz der durchgängig sehr hohen Schwierigkeit der Tests und der deutlichen Unterschiede im Niveau der beiden Aufgabengruppen fällt nur bei *Test 3* und *Test 4* jeweils eine Aufgabe aus dem Toleranzbereich heraus. Daß der Test, der insgesamt die geringste Lösungsquote aufweist, nicht davon betroffen ist, spricht dafür, daß hier die quantitative Überforderung durch die beiden narrativen Tests den Ausschlag gegeben und damit zu einer 'Selbstregulierung' der Differenzen des Umfangs (s.o.) geführt hat. In beiden Fällen ist es die letzte Aufgabe der anspruchsvolleren Gruppe, die 'ausfällt': bei Test 3 (Nr. 5) wegen der zu geringen Trennschärfe, bei Test 4 (Nr. 6), weil keine ausreichende Bearbeitung vorliegt. Beide Aufgaben hatten im Vortest passable Kennwerte erzielt. Dieser Befund spricht eindeutig für die aufgrund des quantitativen Ungleichgewichts vorgeschlagene Reduzierung des Umfangs der Tests zum "Entdecken und Erfinden" bzw. zu den "Parallelgeschichten" von 6 auf 5 Aufgaben.

Die Ergebnisse der deskriptionsstatistischen Auswertung werden im Detail nur für die Unterrichtsklassen dargestellt und lediglich in bezug auf einzelne Aufgaben interpretiert. Die Werte für die Parallelklassen bzw. für beide Klassen zusammen sind im Anhang dokumentiert.

Tab. 20: Übereinstimmung/Schwierigkeit/Trennschärfe
- Test 1 -

Aufg. Nr.	Übereinstimmung	Schwierigk. %	Trennschärfe	Anzahl
1	0,88	41,38	0,72	29
2	0,89	26,92	0,78	26
3	0,91	32,00	0,68	25
4	0,85	18,52	0,75	27
5	0,87	24,00	0,58	25
6	0,92	10,00	0,33	20

Die Ergebnisse sind vom durchgängig zu hohen Schwierigkeitsniveau abgesehen, gut. Lediglich die 6. *Aufgabe* fällt mit der niedrigsten Lösungsquote und schwächsten Trennschärfe auf. Erklärung: Die Situation beim Zahnarzt ist (nicht nur) für die meisten Kinder zu Angst auslösend, um noch humorvoll bzw. witzig bewältigt zu werden, so daß primär andere als die intendierten kreativen Eigenschaften und Fähigkeiten bei der Bearbeitung in den Vordergrund treten. Dennoch scheint eine solche 'Grenzsituation' als Aufgabe sinnvoll, um die unterschiedliche Wirkung eines humorvoll-gewinnenden gegenüber einem aggressiven und riskanten Verhalten extrem deutlich zu machen und die Gegeninszenierung gerade auch in Angst auslösenden Konstellationen zu erproben. (vgl. Tab. XXXVII)

Tab. 21: Übereinstimmung/Schwierigkeit/Trennschärfe
- Test 2 -

Aufg. Nr.	Übereinstimmung	Schwierigk. %	Trennschärfe	Anzahl
1	0,80	70,00	0,57	30
2	0,82	55,17	0,77	29
3	0,84	72,41	0,51	29
4	0,85	50,00	0,82	26
5	0,79	24,14	0,58	29
6	0,85	51,85	0,79	27

Die Werte sind durchweg zufriedenstellend, auch wenn im Optimalfall die Lösungsquote in der unterrichteten Klasse noch etwas höher liegen sollte. Daß die 5. Aufgabe den Schülern schwerer fällt als die andern, läßt sich mit der doppelten Anforderung an die Phantasie der Kinder erklären. Während Kaufhof, Spielplatz und Gewitter Vorstellungen von bekannten Situationen und Geräuschen ansprechen, die Themen "Du schaust ins Wasser" und "Gespräch der Insekten" immerhin Anhaltspunkte auf der akustischen Ebene geben (Wassergeräusche und Insekten-'Stimmen' sind allen vertraut), ist bei der Aufgabe "Zwei Zwerge freuen sich" sowohl eine zwergengemäße Sprachform zu erfinden als auch ein Anlaß für die zunächst nur abstrakt benannte Freude. Die Lösungen, die hierfür gefunden werden, sind hervorragend. Dies und die Tatsache, daß die Aufgabe im Extrem die generell intendierte verfremdende Re-Konstruktion von Wahrnehmungspartikeln erfordert, spricht (wie bei der 6. Aufgabe des 1. Tests) dafür, sie trotz des hohen Schwierigkeitsgrades beizubehalten. (vgl. Tab. XXXVIII)

Tab. 22: Übereinstimmung/Schwierigkeit/Trennschärfe
- Test 3 -

Aufg. Nr.	Überein- stimmung	Schwierigk. %	Trenn- schärfe	Anzahl
1	0,81	68,75	0,57	16
2	0,80	66,67	0,60	18
3	0,79	41,18	0,41	17
4	0,79	82,35	0,64	17
5	0,68	21,43	0,32	14
6	0,83	76,47	0,40	17

Von der 5. Aufgabe abgesehen, sind die Werte für die Rater-Übereinstimmung gut und der Anteil der Lösungen annähernd zufriedenstellend. Daß die Trennschärfe etwas geringer ist als beim 1. und 2. Test, liegt daran, daß bei der wesentlich vertrauteren Form der Erzählung 'Zufallstreffer' eher vorkommen als bei den fremderen Genres der Lyrik bzw. des Dialogs. Die 5. *Aufgabe* stellt wie die andern problematischen Aufgaben der ersten beiden Tests die testspezifisch höchsten Anforderungen. Denn einerseits ist der Parkplatz bereits in der Alltagserfahrung der Kinder reich an interessanten Gegenständen und Ereignissen, andererseits ist es zu verlockend, die erlaubten und vor allem unerlaubten Spiele zu 'erfinden', mit denen man immer schon mal die Erwachsenen an diesem Ort überraschen wollte, so daß die Entdeckung bzw. Erfindung wirklich ungewöhnlicher Aspekte und die Transformation der (zwar nicht originellen, aber dennoch reizvollen) Alltagserfahrung ins Surreale die stärkste Herausforderung an die Phantasie bedeutet. Das jedoch spricht eher für als gegen die Beibehaltung der Aufgabe. Daß sie dennoch ausgeklammert wird, resultiert aus den allgemeinen Überlegungen zum überhöhten Testumfang in Verbindung mit der geringen Trennschärfe, die bei der Auswertung für beide Klassen zusammen unter das Limit von 0,3 auf 0,27 sinkt. Es ist nicht auszuschließen, daß ein starkes Interesse am Auto bei diesem Thema negativ interferiert, was dem (nicht exakt überprüften) Eindruck entsprechen würde, daß der Anteil der Mädchen an den kreativen Lösungen hier überproportional hoch ist. Die Lösungsquote des Gesamttests (der Unterrichtsklasse) steigt ohne die 5. Aufgabe von 59,5 % auf 67,08 %. (vgl. Tab. XXXIX)

Tab. 23: Übereinstimmung/Schwierigkeit/Trennschärfe
- Test 4 -

Aufg. Nr.	Überein- stimmung	Schwierigk. %	Trenn- schärfe	Anzahl
1	0,61	54,17	0,49	24
2	0,58	42,10	0,62	19
3	0,54	37,50	0,89	8
4	0,80	30,00	0,16	10
5	0,67	33,33	0,59	9
6	1,00	0,00	0,00	2

Für die 1. bis 5. Aufgabe sind die Ergebnisse insgesamt etwas niedrig. Die Trennschärfe ist allerdings nur bei der 4. Aufgabe problematisch, liegt jedoch mit 0,42 für die Auswertung beider Klassen zusammen (s. Tab. XLb) im Toleranzbereich (Verbesserung eventuell durch die explizite Aufforderung, auf die Situationen zu achten: Wer greift wann ein?). Auch die Rater-Übereinstimmung steigt bei der gemeinsamen Berechnung für Unterrichts- und Parallelklasse bis auf knapp ausreichende Werte. Die *6. Aufgabe*, die keinmal gelöst (und in der Kontrollgruppe nicht einmal vollständig bearbeitet) wurde, fällt aus. Auch hier kumulieren (wie bei der 5. Aufgabe von "Entdecken und Erfinden") die quantitative Überforderung des Gesamttests (nur 2 Bearbeitungen) und der spezifische Schwierigkeitsgrad dieser Aufgabe, die nach dem Ergebnis des Vorversuchs keineswegs unlösbar ist. Allerdings ist sie abstrakter formuliert als die vorhergehenden, die entweder die Situation im Thema angeben oder auf die Hauptpersonen abzielen. Die Frage "Wer löst das Problem wie?" erfordert sowohl den Rückschluß aus den angedeuteten Lösungsstrategien auf die passende Hauptfigur als auch die Erfindung einer Situation, die in der erwähnten Weise zu lösen ist. Möglicherweise setzt diese Aufgabenstellung in besonderem Maße für die kreative Erfindung die Fähigkeit des schlußfolgernden Denkens voraus, während die genretypologische "Passung" in den anderen Fällen eher intuitiv über die Orientierung an vertrauten Beispielen erreicht werden kann. Die Lösungsquote des Gesamttests steigt ohne die 6. Aufgabe von 32,80 % auf 39,42 %. (vgl. Tab. XL)

Nachdem die bisherige Analyse der Schwierigkeitsindizes ergeben hat, daß die Gesamtschwierigkeit der Tests mehr oder weniger zu hoch ist, die Konzeption der beiden Aufgabengruppen wie der Einzelaufgaben sich jedoch in diesem Rahmen bewährt hat, kann die folgende Untersuchung der *Schwierigkeit der einzelnen Kriterien* eventuell inhaltlich-konkreten Aufschluß darüber geben, was die Tests im Detail so schwer macht, welchen Anteil daran die Korrektur des Vortests hat und wo eine Verbesserung des Bewertungssystems jeweils ansetzen könnte.

Auf dieser und der folgenden Seite sind die Schwierigkeitsindizes, die für die einzelnen Kriterien in den Unterrichtsklassen erreicht wurden, zusammengestellt; beim 3. und 4. Test ohne die auszuklammernde 5. bzw. 6. Aufgabe. (vgl. Tab. XLI, XLII, XLIII, XLIV)

Test 1
1. Widerstand   80,31 %
2. Kippeffekte auf der Wortebene   30,72 %
3. Angabe des Tons der Reaktion   84,51 %
4. Entwicklung und Abgeschlossen-
   heit des Handlungsablaufs   15,26 %

Test 2
1. Klangcharakter   4,33 %
2. Lautmalerei   84,48 %
3. Wortveränderung   68,14 %
4. Teststrukturierung   73,78 %
5. Einbeziehung der Fläche   33,75 %
6. Gesamteindruck   70,84 %

Test 3
1. Erfahrungsbericht vs. Erfindung   68,27 %
2. Verankerung der Geschichte in der
   realen/eigenen Umwelt   83,64 %
3. Nutzung bzw. Ergänzung der Ansatzpunkte in der Aufgabe für die Geschichte 74,34 %
4. Überraschung   59,95 %
5. Entfaltung und Ausschmückung des
   zentralen Einfalls   53,18 %

Test 4
1. Distanz/Unterschiedlichkeit der
   Alternativen   53,47 %
2. Funktionale Passung der Typen   46,58 %
3. Ungewöhnlicher Einfall und Komplexität der einzelnen Geschichten 27,60 %

Aufgrund der Ergebnisse des Vorversuchs waren bei den Tests 1 bis 3 vor allem die Kriterien verändert worden, und zwar im Sinne einer Konzentration auf die kreativitätsspezifischen Aspekte und deren Höhergewichtung. Auch beim 4. Test war über die Definition des 3. Kriteriums eine entsprechende Wirkung beabsichtigt, obgleich hier die Verbesserung der Aufgabenstellung im Vordergrund gestanden hat. Der Überblick zeigt nun, daß und in welchen Punkten die Korrekturen in unterschiedlichem Maße erfolgreich waren.

Der *3. Test* bietet ein durchweg zufriedenstellendes Bild. Dabei wird vorausgesetzt, daß das 5. Kriterium automatisch häufiger erfüllt werden wird, wenn der Test um eine Aufgabe gekürzt ist, da sich die (unbeabsichtigte) speed-Komponente in der Fassung des Hauptversuchs wahrscheinlich besonders auf die Elaboration ausgewirkt hat. Daß die "Überraschung" als das zentrale Merkmal der kreativen Umwelt-Transformation schwer ist, entspricht der Konzeption.

Beim *2. Test* fallen das 1. und das 5. Kriterium deutlich ab. Beide sind jedoch für die Erhebung, wenn auch aus verschiedenen Gründen, von sekundärer Bedeutung. Die Einbeziehung der Fläche samt typographischer Visualisierung ist nicht spezifisch für Laut-Gedichte. Sie wurde in die Wertung einbezogen, weil die Texte nicht auf Tonband gesprochen, sondern aufgeschrieben werden sollten, und die Veränderung von Schreibweisen einen zusätzlichen Anreiz zum spielerischen Umgang mit dem

Sprachmaterial bietet, der nicht aus literarisch-puristischen Erwägungen unterdrückt werden sollte. Der Klangcharakter ist demgegenüber für Laut-Gedichte als Genre zentral. Beim Test ergeben sich jedoch zweierlei Schwierigkeiten: Zum einen ist das Gefühl für den Klang von Lauten bzw. Lautkombinationen und dessen Ausdruckswert nicht innerhalb von wenigen Stunden zu schulen, so daß zu überlegen ist, ob man das Phänomen zwar wie geplant im Unterricht gezielt einbezieht, aber die Testung einer späteren Einheit in einer kontinuierlichen Kreativitätsförderung im sprachakustischen Bereich vorbehält. In diesem Fall kann die ausdrucksvolle Wortveränderung (K3) mit 2 Punkten belohnt werden. Zum andern kommt speziell bei der vorliegenden Testfassung eine Unschärfe hinzu, da bei den Instruktionen für die Schüler der Klangcharakter nicht so ausdrücklich wie die andern Merkmale eingeführt wird. Die relativ hohe Lösungsquote der nicht unterrichteten Klasse (mit 55,42 %) erklärt sich dadurch, daß hier die Kinder vorzugsweise gereimt haben. In diesem Punkt müßte die Definition enger gefaßt werden, so daß das traditionelle Klangphänomen Reim nicht allein als kreative Lösung gelten kann.

Im Unterschied hierzu sind es beim *1. Test* gerade die beiden zentralen Kriterien, die einen zu hohen Schwierigkeitsgrad aufweisen: die Kippeffekte auf der Wortebene (K2) und das kontinuierliche Umdrehen der Situation (K4). In beiden Fällen kann der Test ohne konzeptionelle Änderungen aufgrund der Beobachtung der Schüler und der Auswertung ihrer Arbeiten verbessert werden. Die Hemmschwelle für die kreative Gestaltung von Interaktionsthemen ist so hoch, daß die praktische Funktion von humorvollen Gegeninszenierungen explizit in den Schülerinstruktionen legitimiert werden muß. Außerdem sind die Rater-Instruktionen dahingehend zu ergänzen, daß ein kontinuierliches Umdrehen nicht nur dann vorliegt, wenn die Stationen über eine positivere Reaktion zur positiven verlaufen, sondern auch - und das sind meist die differenzierteren Prozesse - über eine weniger negative zu einer positiven Verhaltensweise. Der spielerische Umgang mit mehrdeutigen Redewendungen zur Erreichung dieses Ziels fällt den Schülern dagegen nicht schwer. Hier wirkt sich aber die quantitative Anforderung von 3 passenden Wortspielen pro Dialog ungünstig auf die Lösungsquote aus, zumal nicht jedem Schüler immer alle drei Wendungen so geläufig sind, daß er eine treffende Replik finden kann. Es scheint daher sinnvoll, die Bedingungen zu K3 so zu modifizieren, daß in zwei von drei Wortwechseln passende Kippeffekte zu finden sind, damit die Aufgabe in diesem Punkt als kreativ gelöst gilt.

Auch beim *4. Test*, dessen Kriterien sämtlich eine zu hohe Schwierigkeit aufweisen, liegen die Verbesserungsmöglichkeiten zum einen in der expliziteren Formulierung der Schüleranweisung zur Bedeutung der unterschiedlichen Handlungsabläufe (die gestrichene ausführlichere Einführung des Vortests wäre eventuell wieder aufzunehmen), zum andern in der Reduzierung der quantitativen Anforderungen. Um die Fähigkeit der Schüler, kreative Variationen zu bilden, im Test zu erfassen, ist es keineswegs nötig, zu jeder Aufgabe alle Möglichkeiten durchzuspielen. Statt dessen könnten für die ersten drei thematisch gebundenen Aufgaben folgende unterschiedliche Kombinationen vorgegeben werden: 1. Ein Puma ist im Zoo ausgebrochen: starker Mann und Kind mit Köpfchen; 2. Ein Banküberfall: Kind mit Köpfchen und Angeber; 3. Ich habe geträumt...: starker Mann und Angeber. Die Aufgaben 5 und evtl. 6 wären nach dem Muster der 4. Aufgabe umzuändern, so daß jeweils die Zuordnung der Erzählelemente zu den drei Geschichtstypen zu markieren ist, aber nur eine Variante ausgearbeitet wird: Da die 4. Aufgabe bereits auf den Angeber als Held angelegt ist, bietet sich bei der 5. der Gegenspieler des starken Mannes an (bei der 6. die Lösungsstrategie vom Kind mit Köpfchen). Diese Vorschläge zur Verbesserung der Aufgabenstellung ändern nichts an der spezifischen

Testkonzeption und sind durch geringfügige Abänderung der Aufgabenblätter umzusetzen. Die jeweils vorgeschlagenen Geschichtstypen entsprechen dabei der Tendenz der von den Schülern am besten realisierten Varianten zum jeweiligen Thema. Mit diesen Modifikationen wird nebenbei auch der recht unhandliche Auswertungsschlüssel für die Rater einfacher. Außerdem entfällt (vorwiegend bei den letzten Aufgaben) das Problem, die Komplexität und Ideenvielfalt aus den (bisher) stichwortartigen Angaben herauszulesen. Die Verteilung der beiden Aspekte des 3. Kriteriums auf zwei unabhängige Kriterien "Originalität" und "Komplexität" würde schließlich auch zu einer differenzierteren Erfassung der Schülerleistungen beitragen mit folgender Gewichtung: Distanz und Originalität als die vorwiegend auf Neuheit tendierenden Merkmale erhalten je 2 Punkte, Passung und Komplexität, die stärker Redundanz bzw. Brauchbarkeit akzentuieren, je 1 Punkt.

5.3.3.4.

Diese eingehende Analyse der Aufgabenschwierigkeit unter den verschiedenen Aspekten und mit dem Ziel, weitere Verbesserungsvorschläge zu entwickeln, ist jedoch nur sinnvoll unter der Voraussetzung, daß die Tests ausreichend zuverlässig sind. Die *Reliabilität* wird in der folgenden Übersicht für die verschiedenen Stadien des Versuchs angegeben. (vgl. Tab. XLV, XLVI, XLVII, XLVIII)

Tab. 24: Test-Reliabilität

Test Nr.	Vortest Aufgaben-Auswahl	Haupttest		
		Beide Klassen	Unterr. Klasse	Parallel-Klasse
1	0,89	0,95	0,92	0,90
2	0,64	0,93	0,91	0,86
3	0,82	0,66	0,74	0,24
4	0,81	0,80	0,84	0,54

Die Werte, die bereits im Vorversuch recht zufriedenstellend waren, können im Hauptversuch für den *1.* und *2. Test* noch deutlich verbessert werden. Die Zuverlässigkeit des *3. Tests* sinkt allerdings ab, und zwar vor allem wegen der mehrfach erwähnten Erfahrung, die die Parallelklasse (mehr als die Unterrichtsklasse) mit der Erzählung als Aufsatzform hatte und die in unterschiedlichem Maß den Erfolg mit beeinflußt. Daß die Reliabilität beim *4. Test* in der nicht unterrichteten Klasse relativ niedrig ist, läßt sich aufgrund der Beobachtung erklären, daß diese Schüler in extremer Weise selbst bestimmt haben, wie viele Aufgaben sie bearbeiten wollen und wann sie aufhören, wodurch natürlich die Ergebnisse verzerrt werden. Trotz dieser Interferenzen, denen im Wiederholungsfall gegenzusteuern ist, können alle vier Tests als reliabel angesehen werden.

5.3.3.5.

Zusammenfassend zur Tauglichkeit der Tests: Die Tests sind in der Form, in der sie beim Hauptversuch eingesetzt wurden, speziell für den Vergleich von Gruppen geeignet. Der relativ hohe Schwierigkeitsgrad hat hier seine Berechtigung, da er die möglichst prägnante Ausprägung der Unterschiede zwischen den unterrichteten und den nicht unterrichteten Klassen, wie sie die inferenzstatistische Auswertung im nächsten Teilkapitel erfaßt, gewährleistet. Der Testumfang wird allerdings auch im Interesse der Vergleichbarkeit bei Test 3 und 4 durch Streichung jeweils einer Aufgabe dem 1. und 2. Test angepaßt. Eine leichtere Version könnte schnell zu leicht werden und damit zu einer Nivellierung der Ergebnisse in beiden Klassen führen, da die Leistungssteigerung der unterrichteten Klasse die Testkapazität überschreiten würde. Außerdem muß der Test, sofern er dazu dienen soll, den Erfolg des Unterrichts zu messen, mit recht unterschiedlichen Ausgangsniveaus und Zuwachsraten in den einzelnen Klassen rechnen.

Zur Einschätzung der Leistung und des Lernfortschritts der einzelnen Schüler schiene dagegen eine Fassung mit folgenden Korrekturen zur Senkung des Schwierigkeitsniveaus angemessener, da sie differenziertere Ergebnisse ermöglicht: Die quantitativen Anforderungen der Aufgaben des 1. wie des 4. Tests werden von 3 ("Kippeffekten" bzw. "Varianten") auf 2 zurückgenommen. Die Kriterien zur Beurteilung der "Parallelgeschichten" werden von 3 auf 4 ausdifferenziert, bei den "Laut-Gedichten" von 6 auf 5 konzentriert. Durch keine dieser Maßnahmen wird die Konzeption angetastet.

Damit die Tests auch als Alternative zu den unumgänglichen Klassenarbeiten eingesetzt werden können, wird folgender Notenschlüssel vorgeschlagen. Als ungenügend wird bezeichnet, wenn entweder keine Aufgabe bearbeitet oder alle Arbeiten 0 Punkte bekommen. Mangelhaft ist die Schülerleistung, wenn mit keiner Aufgabe das Lernkriterium von 4,5 erreicht wird. Die Note ausreichend wird bei einer gelösten Aufgabe, befriedigend bei zwei Lösungen vergeben. Als gut wird bei den Tests mit insgesamt 5 Aufgaben bewertet, wenn dreimal das Lernkriterium erreicht ist, als sehr gut bei vier- bzw. fünfmal. Beim Testumfang von 6 Aufgaben gelten 3 bzw. 4 Lösungen als gut, 5 bzw. 6 als sehr gut.

5.3.4. Ergebnisse und Interpretation II: Brauchbarkeit der Unterrichtseinheit

Nachdem die Ergebnisse bisher im Hinblick auf die Tauglichkeit der Tests ausgewertet wurden, soll im folgenden die Wirksamkeit des kreativitätsfördernden Unterrichts geprüft werden unter folgenden Annahmen:
- Die kreativitätsorientiert unterrichteten Klassen erzielen bessere Ergebnisse als die nicht spezifisch unterrichteten.
- Die Ergebnisse des 2. und 3. Tests (Umweltthemen) fallen besser aus als die des 1. und 4. (Interaktionsthemen).

- Die Schüler der 'Arbeitergymnasien' (Test 3 und 4) sind erfolgreicher in Richtung auf Kreativität als die der traditionellen Gymnasien (Test 1 und 2).

5.3.4.0. Auswertungsmodus zur Überprüfung der Hypothesen

Zunächst ist festzulegen, wann der Unterricht als erfolgreich angesehen werden soll. Die utopische Zielvorstellung, daß möglichst alle Kinder alle Aufgaben in kreativer Weise lösen, sollte zwar nie aus dem Blick geraten, die statistische Auswertung muß sich jedoch realistischere Maßstäbe setzen. Für einen kreativitätsfördernden Unterricht als Normalfall, wie er mit dem kompletten Programm intendiert ist, soll darum mit 75% der Lösungen das Lernkriterium erreicht sein. Da aber die vier Reihen bei diesem Versuch im Kontrast zu einem normalerweise kreativitätsindifferenten bzw. -hemmenden Umfeld durchgeführt werden und mit den Tests sozusagen gegen den Schulalltag 'angetestet' wird, scheint eine weitere Reduzierung der Anforderungen an einen erfolgreichen Unterricht geboten. Um bei einem niedrigeren Anspruchsniveau dennoch möglichst zuverlässige Ergebnisse zu erhalten, wird jede Hypothese nach drei Auswertungsmodellen überprüft, die sowohl hinsichtlich des Qualitätsniveaus der Schülerleistungen variieren als auch hinsichtlich der quantitativen Bezugsgröße:
1. Vergleich der Mittelwerte der Punktwerte pro Klasse unter Einbeziehung der 'aussortierten' Bearbeitungen.
2. Vergleich des Verhältnisses von gelösten zu ungelösten Aufgaben nach dem Lernkriterium pro Klasse bezogen auf alle Aufgaben, die von allen Schülern hätten gelöst werden können.
3. Vergleich des Verhältnisses der Schüler pro Klasse, die bei der Summe der Punktwerte 75% über die bearbeiteten Aufgaben, und zwar ohne die aussortierten, erreicht haben, und der Schüler, die sie nicht erreicht haben.

Das zweite Auswertungsmodell ist das strengste, da es als Qualitätsgrenze das Lernkriterium auf der Aufgabenebene ansetzt *und* die quantitativen Unterschiede durch Anrechnung auch der nicht bearbeiteten Aufgaben am vollständigsten erfaßt, so daß hier die Differenz zwischen den Klassen am deutlichsten abgebildet wird.

Mittelstreng unter beiden Gesichtspunkten ist das dritte Auswertungsmodell, da ohne die Aussortierten die Lösungsquote steigt und da die Anwendung des 75%-Kriteriums auf der Versuchspersonenebene die tatsächliche Leistung über die Summe der Punktwerte nuancierter erfaßt. Gleichzeitig erscheint der Abstand zwischen den einzelnen Tests nicht so kraß, da die Menge der nicht ausgewerteten Aufgaben beim 1. und 4. Test im Unterschied zum 2. und 3. hier nicht ins Gewicht fällt.

Am wenigsten streng ist allerdings das 1. Auswertungsmodell angelegt: Dadurch, daß nur die Punktwerte beachtet werden und das Lernkriterium ganz außer acht bleibt, können die gleitenden Übergänge auch in der Grauzone der Lernfortschritte unterhalb der 75%-Marke maximal erfaßt werden. Hierdurch wie durch die Einbeziehung der nicht brauchbaren Bearbeitungen wird tendenziell eine Nivellierung der Unterschiede erreicht.

Die Funktion der im folgenden durchgeführten Signifikanztests (als Verfahren der Inferenzstatistik) besteht darin, zu überprüfen, ob Zusammenhänge bzw. Unterschiede usw., die empirisch erhoben wurden, zufällig oder überzufällig sind. Das Signifikanzniveau (von 5%, 1% oder 0,1%) bezeichnet die Restwahrscheinlichkeit für die Zufälligkeit des Ergebnisses (ausführlicher in Groeben 1982b, 274).

Beim 2. und 3. Auswertungsmodell wird zur Signifikanzprüfung der Chi^2-Test eingesetzt nach der Formel (Sachs 1978, 358):

$$\hat{\chi}^2 = \frac{n^2}{x(n-x)} \left[\sum_{j=1}^{k} \frac{x_j^2}{n_j} - \frac{x^2}{n} \right]$$

Der Mittelwertvergleich des 1. Modells wird mit dem t-Test für unabhängige Stichproben durchgeführt. Dazu werden zunächst die Mittelwerte $\bar{x}_1$ (der ersten Gruppe) und $\bar{x}_2$ (der zweiten Gruppe) errechnet, anschließend für beide die Standardabweichung s_1 bzw. s_2 nach der Formel Nr.1.31 bei Sachs (S.57):

$$s = \sqrt{\frac{\sum(x-\bar{x})^2}{n-1}}$$

Ob Varianzhomogenität vorliegt, was Voraussetzung für die Anwendung des t-Test ist, wird mit folgender Formel geprüft (Sachs S.206):

$$\hat{F} = \frac{s_1^2}{s_2^2} \quad \text{mit} \quad FG_1 = n_1 - 1 = v_1$$
$$\text{mit} \quad FG_2 = n_2 - 1 = v_2$$

Der t-Test für unabhängige Stichproben wird durchgeführt mit der Formel (Sachs 1978, 209):

$$\hat{t} = \frac{|\bar{x}_1 - \bar{x}_2|}{\sqrt{\left[\frac{n_1+n_2}{n_1 \cdot n_2}\right] \cdot \left[\frac{Q_1+Q_2}{n_1+n_2-2}\right]}} = \frac{|\bar{x}_1 - \bar{x}_2|}{\sqrt{\left[\frac{n_1+n_2}{n_1 n_2}\right] \cdot \left[\frac{(n_1-1)s_1^2 + (n_2-1)s_2^2}{n_1+n_2-2}\right]}}$$

Wenn keine Varianzhomogenität vorliegt, wird stattdessen der Fisher-Pitman-Test gerechnet (Lienert 1973, 423f.):

$$t = \frac{D}{\sigma_D}$$

wobei $D = x_1 - x_2$ und $\sigma_D = \sqrt{\frac{N}{N_1 N_2 (N-2)} \left(\Sigma x_1^2 - \frac{S_1^2}{N_1} + \Sigma x_2^2 - \frac{S_2^2}{N_2} \right)}$.

5.3.4.1. Überprüfen der 1. Hypothese:
Die Unterrichtsklasse erzielt bessere Ergebnisse als die Parallelklasse.

<u>Erste Unterrichtseinheit</u>   "Ich möcht' ein Clown sein!"
<u>Test 1</u>   "Komische Szenen"

1. Auswertungsmodell: Vergleich der Mittelwerte der Punktwerte pro Klasse unter Einbeziehung der 'aussortierten' Bearbeitungen.

In der folgenden Tabelle ist für jeden Schüler der Unterrrichtsklasse unter x_1 bzw. der Parallelklasse unter x_2 die Summe der erreichten Punktwerte eingetragen.

Tab. 25: Rohwerte, Mittelwerte, Standardabweichung für Unterrichts- und Parallelklasse
— Test 1 —

Vp_1	x_1	Vp_2	x_2
01	3,0	01	2,0
02	11,0	02	7,0
03	18,5	03	9,5
04	14,0	05	22,0
05	8,0	06	12,0
06	18,5	07	9,5
07	15,5	08	5,5
08	24,5	09	11,0
09	19,5	10	7,0
10	25,0	11	8,5
11	18,5	12	2,0
12	28,0	14	10,0
13	16,5	15	12,5
14	8,0	16	14,0
15	27,0	17	12,0
16	22,5	18	1,5
17	18,5	19	6,5
18	10,5	20	5,0
19	20,0	21	20,5
20	24,0	22	1,5
22	17,0	24	10,0
23	22,0	25	5,5
25	26,5	26	6,5
26	15,0	27	15,0
27	18,0	28	2,5
28	26,5	29	6,5
29	21,0	30	11,0
30	10,0	31	12,5
31	23,0	32	2,5
		33	7,0
		34	4,0

$N_1 = 29$ | $N_2 = 31$
$\Sigma_1 = 530,0$ | $\Sigma_2 = 262,5$
$\bar{x}_1 = 18,2758$ | $\bar{x}_2 = 8,4677$
$s_1 = 6,43$ | $s_2 = 5,16$

Die Prüfung der Varianzhomogenität ergibt $\hat{F} = 1,55$.
Für $\gamma_1 = n_1-1 = 28$ und $\gamma_2 = n_2-1 = 30$ Freiheitsgrade ist der $\hat{F}$-Wert auf dem 5%-Niveau (F = 1,87) nicht signifikant, d.h. die Annahme der Varianzhomogenität kann aufrechterhalten werden.
Der t-Test ergibt 6,52.
Für $n_1 + n_2-2 = 58$ Freiheitsgrade ist der t-Wert auf dem 0,05%-Niveau signifikant.

2. *Auswertungsmodell*: Vergleich des Verhältnisses von gelösten zu ungelösten Aufgaben nach dem Lernkriterium pro Klasse bezogen auf alle Aufgaben, die von allen Schülern hätten gelöst werden können.

Tab. 26: Vierfeldertafel: gelöste vs. ungelöste Aufgaben von allen Aufgaben
– Test 1 –

Klasse \ Aufgabe	gelöst	ungelöst	Σ
unterrichtet	40	134	174
nicht unterr.	5	181	186
Σ	45	315	360

$Chi^2 = 33,78$
Bei K-1 = 2-1 = 1 Freiheitsgrad ist der Wert auf dem 0,1%-Niveau signifikant.

3. Auswertungsmodell: Vergleich des Verhältnisses der Schüler pro Klasse, die bei der Summe der Punktwerte 75% über die bearbeiteten Aufgaben, und zwar ohne die aussortierten, erreicht haben, und der Schüler, die sie nicht erreicht haben.

Tab. 27: Vierfeldertafel: 75% der PW erreicht vs. nicht erreicht über die bearbeiteten Aufgaben   - Test 1 -

Klasse \ Schüler	erreicht	nicht erreicht	Σ
unterrichtet	6	26	29
nicht unterr.	0	31	31
Σ	6	54	60

$Chi^2 = 7{,}11$

Bei 1 Freiheitsgrad ist der Wert auf dem 1,0%-Niveau signifikant.

Ergebnis: Nach allen drei Auswertungsmodellen kann aufgrund der Testergebnisse als erwiesen gelten, daß die Kinder in dem kreativitätsorientierten Unterricht der 1. Reihe "Ich möcht' ein Clown sein!" kreative Fähigkeiten erwerben (insoweit der Test "Komische Szenen" Kreativität mißt).

Zweite Unterrichtseinheit   "Siehst du was? Hörst du was?"
   Test 2   "Laut-Gedichte"

1. Auswertungsmodell: Vergleich der Mittelwerte der Punktwerte pro Klasse unter Einbeziehung der aussortierten Bearbeitungen.

Tab. 28: Rohwerte, Mittelwerte, Standardabweichung für Unterrichts- und Parallelklasse
- Test 2 -

Vp_1	x_1	Vp_2	x_2
01	26,0	01	13,0
02	22,0	02	6,5
03	30,0	03	7,5
04	30,0	04	10,0
05	14,5	05	16,5
06	28,0	06	16,0
07	25,0	07	22,0
08	19,5	08	11,5
09	15,5	09	17,0
10	23,5	11	7,5
11	16,0	12	4,0
12	32,5	13	15,0
13	31,0	14	11,0
14	16,0	15	16,5
15	23,0	16	9,5
16	26,5	17	10,5
17	30,5	18	14,0
18	24,0	19	17,5
19	29,5	20	8,5
20	27,0	21	12,0
21	21,5	22	13,0
22	20,0	23	13,0
23	22,5	24	19,0
24	15,5	25	8,0
25	21,0	26	13,5
26	21,5		
27	9,5		
28	27,5		
29	27,5		
30	20,0		
31	23,5		

$N_1 = 31$ $25 = N_2$
$\Sigma_1 = 720,0$ $312,5 = \Sigma_2$
$\bar{x}_1 = 23,2258$ $12,5 = \bar{x}_2$
$s_1 = 5,66$ $4,33 = s_2$

Die Prüfung der Varianzhomogenität ergibt $\hat{F} = 1,71$.

Für $\gamma_1 = n_1 - 1 = 30$ und $\gamma_2 = n_2 - 1 = 24$ Freiheitsgrade ist der $\hat{F}$-Wert auf dem 5%-Niveau 1,89. 1,71 ist kleiner, so daß Varianzhomogenität angenommen werden kann.

Der t-Test ergibt 7,80.

Für $n_1 + n_2 - 2 = 54$ Freiheitsgrade ist der t-Wert auf dem 0,05%-Niveau signifikant.

2. Auswertungsmodell: Vergleich des Verhältnisses von gelösten zu ungelösten Aufgaben nach dem Lernkriterium pro Klasse bezogen auf alle Aufgaben, die von allen Schülern hätten gelöst werden können.

Tab. 29: Vierfeldertafel: gelöste vs. ungelöste Aufgaben von allen Aufgaben
- Test 2 -

Klasse \ Aufgabe	gelöst	ungelöst	Σ
unterrichtet	82	104	186
nicht unterr.	6	144	150
Σ	88	248	336

$Chi^2 = 69,07$

Bei 1 Freiheitsgrad ist der Wert auf dem 0,01%-Niveau hoch signifikant.

3. Auswertungsmodell: Vergleich des Verhältnisses der Schüler pro Klasse, die bei der Summe der Punktwerte 75% über die bearbeiteten Aufgaben, und zwar ohne die aussortierten, erreicht haben, und der Schüler, die sie nicht erreicht haben.

Tab. 30: Vierfeldertafel: 75% der PW erreicht vs. nicht erreicht über die bearbeiteten Aufgaben   - Test 2 -

Klasse \ Schüler	erreicht	nicht erreicht	Σ
unterrichtet	12	19	31
nicht unterr.	0	25	25
Σ	12	44	56

$Chi^2 = 12,29$

Bei 1 Freiheitsgrad ist der Wert auf dem 0,1%-Niveau signifikant.

Ergebnis: Nach allen drei Auswertungsmodellen kann aufgrund der Testergebnisse als erwiesen gelten, daß die Kinder in dem kreativitätsorientierten Unterricht der 2. Reihe "Siehst Du was? Hörst Du was?" kreative Fähigkeiten erwerben (soweit der Test "Laut-Gedichte" Kreativität erfaßt).

Dritte Unterrichtseinheit   "Schatzsuche"
  Test 3   "Entdecken und Erfinden"

1. Auswertungsmodell: Vergleich der Mittelwerte der Punktwerte pro Klasse unter Einbeziehung der 'aussortierten' Bearbeitungen.

Tab. 31: Rohwerte, Mittelwerte, Standardabweichung für Unterrichts- und Parallelklasse
— Test 4 —

Vp_1	x_1	Vp_2	x_2
01	22,5	01	11,5
02	20,5	02	6,5
03	22,5	03	14,0
04	16,5	04	8,0
05	28,0	05	2,0
06	11,0	06	2,5
07	22,0	07	11,0
09	15,5	08	5,0
10	9,5	09	11,0
11	12,5	10	7,5
12	23,5	12	9,5
13	17,5	13	8,5
14	16,5	14	0,0
15	17,0	15	10,0
17	26,5	16	1,0
18	18,5	17	6,0
19	15,0	18	5,5
20	18,5	19	9,5
21	10,5	21	9,5
22	7,5	22	6,0
23	25,5	23	18,5
24	10,0	24	5,0
		25	9,5

$N_1 = 22$ $N_2 = 23$
$\Sigma_1 = 387,0$ $\Sigma_2 = 177,5$
$\bar{x}_1 = 17,5909$ $\bar{x}_2 = 7,7173$
$s_1 = 5,85$ $s_2 = 4,27$

Die Prüfung der Varianzhomogenität ergibt $\hat{F} = 1,88$.
Für $\gamma_1 = n_1-1 = 21$ und $\gamma_2 = n_2-1 = 22$ Freiheitsgrade ist der $\hat{F}$-Wert nicht signifikant (F = 2,07 auf dem 5%-Niveau), so daß Varianzhomogenität anzunehmen ist.
Der t-test erbringt einen Wert von 6,48.
Für $n_1 + n_2 - 2 = 43$ Freiheitsgrade ist der t-Wert auf einem Niveau von 0,05% signifikant.

2. *Auswertungsmodell*: Vergleich des Verhältnisses von gelösten zu ungelösten Aufgaben nach dem Lernkriterium pro Klasse bezogen auf alle Aufgaben, die von allen Schülern hätten gelöst werden können.

Tab. 32: Vierfeldertafel: gelöste vs. ungelöste
Aufgaben von allen Aufgaben
- Test 3 -

Klasse \ Aufgabe	gelöst	ungelöst	Σ
unterrichtet	57	53	110
nicht unterr.	10	110	120
Σ	67	163	230

$Chi^2 = 52,53$
Der Wert ist (bei 1 FG) auf dem 0,1%-Niveau signifikant.

3. Auswertungsmodell: Vergleich des Verhältnisses der Schüler pro Klasse, die bei der Summe der Punktwerte 75% über die bearbeiteten Aufgaben, und zwar ohne die aussortierten, erreicht haben, und der Schüler, die sie nicht erreicht haben.

Tab. 33: Vierfeldertafel: 75% der PW erreicht vs. nicht erreicht über die bearbeiteten Aufgaben   - Test 3 -

Klasse \ Schüler	erreicht	nicht erreicht	Σ
unterrichtet	13	9	22
nicht unterr.	4	19	23
Σ	17	28	45

$Chi^2 = 8,313$
Der Wert ist (bei 1FG) auf dem 1,0%-Niveau signifikant.

Ergebnis: Nach allen drei Auswertungsmodellen kann aufgrund der Testergebnisse als erwiesen gelten, daß die Kinder im kreativitätsorientierten Unterricht auch der 3. Reihe "Schatzsuche" kreative Fähigkeiten erwerben (insoweit der Test "Entdecken und Erfinden" Kreativität erfaßt).

Vierte Unterrichtseinheit   "Stark oder schwach?"
    Test 4   "Parallelgeschichten"

1. Auswertungsmodell: Vergleich der Mittelwerte der Punktwerte pro Klasse unter Einbeziehung der 'aussortierten' Bearbeitungen.

Tab. 34: Rohwerte, Mittelwerte, Standardabweichung für Unterrichts- und Parallelklasse
- Test 4 -

Vp_1	$\bar{x}_1$	Vp_2	$\bar{x}_2$
01	9,0	01	8,0
04	7,0	02	3,0
05	11,0	03	0,0
06	17,0	04	10,0
07	6,0	05	8,0
08	12,0	06	3,0
09	10,0	07	6,0
10	19,0	08	5,0
11	14,0	09	10,0
12	6,0	10	6,0
13	6,0	12	6,0
14	5,0	13	3,0
15	22,0	14	5,0
16	8,0	15	3,0
17	17,0	16	4,0
18	6,0	17	9,0
19	10,0	18	4,0
20	4,0	19	6,0
21	6,0	20	11,0
22	10,0	21	3,0
23	11,0	22	4,0
24	4,0	23	10,0
25	19,0	24	5,0
26	9,0	25	7,0
28	2,0	26	7,0
29	14,0	27	4,0
		28	12,0
		29	4,0

$N_1 = 26$ $28 = N_2$
$\Sigma_1 =$ 264,0   166,0 $= \Sigma_2$
$\bar{x}_1 =$ 10,1538   5,9286 $= \bar{x}_2$
$s_1 =$ 5,28   2,93 $= s_2$

Die Prüfung der Varianzhomogenität ergibt $\hat{F} = 3{,}25$.

Für $\gamma_1 = n_1 - 1 = 25$ und $\gamma_2 = n_2 - 1 = 27$ Freiheitsgraden ist der Wert auf dem 5%-Niveau (F = 1,94) signifikant, so daß Varianzhomogenität nicht angenommen werden kann.

Darum wird statt dem t-Test der Fisher-Pitman-Test gerechnet.

Ergebnis: t = 1,697

Mit N−2 = 52 Freiheitsgraden ist der Wert auf dem 5%-Niveau knapp signifikant.

2. Auswertungsmodell: Vergleich des Verhältnisses von gelösten zu ungelösten Aufgaben nach dem Lernkriterium pro Klasse bezogen auf alle Aufgaben, die von allen Schülern hätten gelöst werden können.

Tab. 35: Vierfeldertafel: gelöste vs. ungelöste Aufgaben von allen Aufgaben
 - Test 4 -

Klasse \ Aufgabe	gelöst	ungelöst	Σ
unterrichtet	30	100	130
nicht unterr.	9	131	140
Σ	39	231	270

$Chi^2 = 15{,}12$

Der Wert ist (bei 1 FG) auf dem 0,1%-Niveau signifikant.

3. Auswertungsmodell: Vergleich des Verhältnisses der Schüler pro Klasse, die bei der Summe der Punktwerte 75% über die bearbeiteten Aufgaben, und zwar ohne die aussortierten, erreicht haben, und derer, die sie nicht erreicht haben.

Tab. 36: Vierfeldertafel: 75% der PW erreicht vs. nicht erreicht über die bearbeiteten Aufgaben   - Test 4 -

Klasse \ Schüler	erreicht	nicht erreicht	Σ
unterrichtet	9	17	26
nicht unterr.	0	28	28
Σ	9	45	54

$Chi^2 = 11,63$

Der Wert ist (bei 1 FG) auf dem 0,1%-Niveau signifikant.

Ergebnis: Nach allen drei Auswertungsmodellen kann auch für die 4. Unterrichtsreihe "Stark oder schwach?" aufgrund der Ergebnisse des 4. Tests "Parallelgeschichten" als erwiesen gelten, daß der kreativitätsorientierte Unterricht zu Lernprozessen in der gewünschten Richtung geführt hat.

Zusammenfassung der Ergebnisse: Die Ergebnisse, die anhand der drei Auswertungsmodelle für Test 1 bis 4 errechnet wurden, sind in folgender Tabelle zusammengefaßt.

Tab. 37: Überprüfung der 1. Hypothese

Test Nr.	1. Modell t-Test		Signif. Niveau	2. Modell Chi^2-Test		Signif. Niveau	3. Modell Chi^2-Test		Signif. Niveau
1	6,52	s	0,05%	33,52	s	0,1%	7,11	s	1,0%
2	7,80	s	0,05%	69,07	ss	0,1%	12,29	s	0,1%
3	6,48	s	0,05%	52,53	ss	0,1%	8,31	s	1,0%
4	1,70	s	5,00%	15,12	s	0,1%	11,63	s	0,1%

Insgesamt bestätigen die inferenzstatistischen Berechnungen die Eindrücke, die sich bei der Analyse der Tests bereits ergeben haben. Nach dem 2. Auswertungsmodell, das qualitativ und quantitativ die höchsten Anforderungen stellt und daher die Unterschiede zwischen den Tests am deutlichsten abbildet, ist die Differenz der Ergebnisse bei unterrichteten und nicht unterrichteten Klassen für den 2. und 3. Test hochsignifikant, wobei der Wert für den 3. Test etwas niedriger liegt, vermutlich wegen des höheren Anfangsniveaus der Parallelklasse. Auch der 1. und 4. Test weisen einen überzufälligen Lernfortschritt der Unterrichtklassen nach, jedoch in geringerem Maße. Das kann heißen, daß entweder der Unterricht weniger erfolgreich ist oder die Tests den Erfolg weniger gut erfassen. Vorschläge zur Verbesserung der Testqualität sind bereits aus der deskriptivstatistischen Einzelanalyse entwickelt worden.

Ob nun über die formalen und unschwer zu behebenden Testmängel hinaus (s.o.) ein quasi gegenstandsspezifischer Unterschied für die schwächeren Ergebnisse des 1. und 4. Tests gegenüber dem 2. und 3. angenommen werden muß, soll im Rahmen der zweiten Hypothese überprüft werden.

5.3.4.2. Überprüfung der 2. Hypothese:
Die Ergebnisse fallen bei Umweltthemen (2. und 3. Test) besser aus als bei Interaktionsthemen (1. und 4. Test).

Die Auswertung erfolgt ebenfalls nach den unter 5.3.4.0. dargestellten drei Modellen, wobei jeweils die Werte der unterrichteten und der nicht unterrichteten Klassen für den 1. und 4. Test zusammengefaßt werden bzw. die entsprechenden Werte für die vier Klassen, die den 2. und 3. Test mitgemacht haben.

Durch Überprüfung der 2. und 3. Hypothese werden am selben Versuchsmaterial weitere statistische Signifikanztests durchgeführt. Eine solche Kumulierung von Signifikanztests hat zur Folge, daß wiederum Signifikanzen zufällig auftreten können (beim 5%-Niveau eben 5 von 100). Daher muß das Signifikanzniveau adjustiert werden, d.h. einem höheren Anspruch genügen. Die einfachste Adjustierung besteht in einer Teilung des Signifikanzniveaus durch die Anzahl der Signifikanztests; da zur Überprüfung der 2. und 3. Hypothese weitere 6 Signifikanztests durchgeführt werden, werden im folgenden nur mehr Ergebnisse interpretiert, die auf dem 1%-Niveau signifikant sind.

1. Auswertungmodell: Vergleich der Mittelwerte der Punktwerte pro Testgruppe unter Einbeziehung der 'aussortierten' Bearbeitungen.
Wegen des umfangreichen Zahlenmaterials (s. Tabelle XLIX) werden Mittelwert und Standardabweichung errechnet, indem die Einzelwerte in Klassen gruppiert werden. Zum Multiplikationsverfahren s. Sachs (1978, 60f.).

Testgruppe 1 + 4:
Für $N = 114$, $f \cdot z = 29$, $f \cdot z^2 = 323$, Klassenbreite $b = 4$, Klassenmitte $d = 10$
ergibt sich als Mittelwert nach der Formel

$$\bar{x} = d + \frac{b}{n}\sum fz = 11{,}02.$$

Standardabweichung

$$s = b\sqrt{\left(\frac{\sum fz^2 - (\sum fz)^2/n}{n-1}\right)} = 6{,}68$$

Testgruppe 2 + 3:
Für N = 101, f·z = 41, f·z^2 = 377, b = 4, d = 14 ergeben sich nach den gleichen Formeln der Mittelwert $\bar{x}_{2/3}$ = 15,62 und die Standardabweichunng $s_{2/3}$ = 7,59.

Die Prüfung der Varianzhomogenität führt zu $\hat{F}$ = 1,29.
Bei $\gamma_{1/4}$ = $n_{1/4}$−1 = 113 und $\gamma_{2/3}$ = $n_{2/3}$−1 = 100 Freiheitsgraden ist der $\hat{F}$-Wert auf dem 5%-Niveau nicht signifikant, so daß Varianzhomogenität anzunehmen ist.

Der t-Test ergibt 4,69.
Für n_1 + n_2−2 = 213 Freiheitsgrade ist der Wert auf dem 0,05%-Niveau signifikant.

2. *Auswertungmodell*: Vergleich des Verhältnisses von gelösten zu ungelösten Aufgaben nach dem Lernkriterium pro Testgruppe bezogen auf alle Aufgaben, die von allen Schülern hätten gelöst werden können.

Tab. 38: Vierfeldertafel: gelöste vs. ungelöste Aufgaben von allen Aufgaben
— Test 1/4 vs. Test 2/3 —

Aufgabe / Gruppe	gelöst	ungelöst	Σ
Test 2/3	155	411	566
Test 1/4	84	546	630
Σ	239	957	1196

Chi^2 = 36,82 (FG: 1)
Der Wert ist auf dem 0,1%-Niveau signifikant.

3. *Auswertungsmodell*: Vergleich des Verhältnisses der Schüler pro Testgruppe, die bei der Summe der Punktwerte 75% über die bearbeiteten Aufgaben, und zwar ohne die aussortierten, erreicht haben, und der Schüler, die sie nicht erreicht haben.

Tab. 39: Vierfeldertafel: 75% der PW erreicht vs. nicht erreicht über die bearbeiteten Aufgaben — Test 1/4 vs. Test 2/3 —

Gruppe \ Aufgabe	erreicht	nicht erreicht	Σ
T 2/3	29	72	101
T 1/4	15	99	114
Σ	44	171	215

$Chi^2 = 7,96$ (FG: 1)
Der Wert ist auf dem 1,0%-Niveau signifikant.

Ergebnis: Alle drei Auswertungmodelle zeigen, daß Testgruppe 1/4 überzufällig schwerer ist als Testgruppe 2/3. Als Erklärung hierfür ist anzunehmen, daß die Initiierung kreativer Prozesse im Interaktionsbereich auf mehr Widerstände stößt als bei der Umweltwahrnehmung (dabei mag auch die stärkere Vorstrukturierung der Arbeitsblätter in Abhängigkeit von der Aufgabenstellung in Dialog- bzw. Variantenform von Bedeutung gewesen sein). Eine Änderung der Konzeption scheint jedoch weder hinsichtlich der Tests noch der Unterrichtseinheiten erforderlich. Allein die vorgeschlagene Reduzierung des Umfangs von 3 auf 2 humoristische Wortspiele bzw. Varianten problemlösender Handlungabläufe müßte die äußeren Voraussetzungen dafür schaffen, daß die Schülerarbeiten im Test genausogut gelingen wie die Hausaufgaben. Was allerdings mit Rücksicht auf die besonderen Hemmungen, die kreativen Veränderungen im sozialen Interaktionsfeld entgegenstehen, verbessert werden kann, ist die stärkere Einbindung dieser Tests in den Unterricht. Während für die akustische Verfremdung wie für die Transformation ins Surrreale die selbständige Übertragung der gelernten Verfahren auf die alltägliche Umwelt keine zu hohe Anforderung bedeutet, scheint es notwendig zu sein, die Prinzipien der Gegeninszenierung wie der Parallelgeschichten in ihrer nicht-literarischen, lebenspraktischen Funktion vorab mit den Kindern zu besprechen, ohne daß sie sich darauf festgelegt fühlen dürfen. Damit auch in diesem Fall der Test nicht 'geübt' wird und der Aufgabentyp seinen Neuheitswert behält, könnte der problematische Zusammenhang an den Bildmedien reflektiert werden, die für die jeweilige Gestaltung des 'Klassenbuches' vorgesehen sind. Das heißt, die inventive Phase der 1. und 4. Unterrichtseinheit beginnt mit einer Reflexionsstunde (8. Stunde, quasi im Tausch mit der bisherigen 10.), es folgt dann erst der Test (9./10. Stunde). Da die Bebilderung des Buches als Veranschaulichung in der 8. Stunde vorbereitet wird, kann das gemeinsame Buch in der 11./12. Stunde, wie geplant, fertiggestellt werden.

Die teilnehmende Beobachtung während des Vor- und des Hauptversuchs spricht jedoch über die themenspezifische Hemmschwelle hinaus für eine diese überlagernde schulspezifische Kreativitätsbarriere. Denn in *beiden* Testgruppen zeigten die Gymnasiasten gegenüber den Hauptschülern bzw. die Kinder der Unterrichtsklassen im traditionellen Gymnasium gegenüber denen der 'Arbeitergymnasien' mehr Widerstände, Bedenken, Vorbehalte gegen kreative Veränderungen. Ob diese Annahme aufrechterhalten werden kann, soll im folgenden ermittelt werden.

5.3.4.3. Überprüfung der 3. Hypothese:
Die Schüler der sogenannten Arbeitergymnasien (Test 3 und 4) erzielen bessere Ergebnisse als die Schüler der traditionellen Gymnasien (Test 1 und 4).

1. Auswertungsmodell: Vergleich der Mittelwerte der Punktwerte (unter Einbeziehung der 'aussortierten' Bearbeitungen) pro unterrichtete vs. nicht unterrichtete Klassen und pro Schultyp. Wegen dieser doppelten Relation wird hier nicht der t-test, sondern der Chi^2-Test gerechnet.

Tab. 40: Vierfeldertafel: Mittelwerte der PW der unterrichteten vs. die nicht unterrichteten Klassen ('aussortierte' Arbeiten eingeschlossen)

Schulen \ Klassen	unterrichtet	nicht unterr.	Σ
Arbeiter-G.	13,56	6,73	20,29
TraditionsG.	20,83	10,27	31,10
Σ	34,39	17,00	51,39

Chi² = 0
Es besteht kein Unterschied zwischen dem Lernfortschritt in beiden Gymnasialformen.

2. Auswertungsmodell: Der intendierte Vergleich des Verhältnisses von gelösten zu ungelösten Aufgaben nach dem Lernkriterium pro Klassen und pro Schultypen, hier: bezogen auf alle Bearbeitungen, wird in drei Schritten näherungsweise durchgeführt:

a) gelöste
b) ungelöste } Aufgaben pro Klasse und Schultypen
c) alle

D.h., die Hypothese wird in drei Teilhypothesen differenziert:

Es sind relativ
a) mehr
b) weniger } Aufgaben { gelöst / ungelöst / bearbeitet } in den unterr. Klassen vergl. mit den nicht unterr. in Arbeiter-Gym. als in den Traditions-Gymn.
c) mehr

In den Tabellen 41 a) und b) wird zur besseren Verdeutlichung statt mit Prozenten mit Promillen gerechnet.

Tab. 41 a: Vierfeldertafel: gelöste Aufgaben der unterrichteten vs. die nicht unterrichteten Klassen - Test 3/4 vs. Test 1/2 -

Schulen \ Klassen	unterrichtet	nicht unterr.	Σ
Arbeiter-G.	362,50	73,08	435,58
TraditionsG.	338,89	32,74	371,63
Σ	701,39	105,82	807,21

Chi² = 11,15 (FG: 1)
Der Wert ist auf dem 0,1%-Niveau signifikant: d.h. die Schüler der traditionellen Gymnasien haben relativ mehr Aufgaben gelöst.

Da die Tabelle insgesamt signifikante Unterschiede zeigt, ist es möglich und sinnvoll, durch eine Chi^2-Zerlegung zu überprüfen, welche Unterschiede im einzelnen (zwischen Arbeiter- vs. Traditionsgymnasien oder zwischen unterrichteten vs. nicht unterrichteten Klassen) für die Signifikanz verantwortlich sind.

Die Prüfung gegen Gleichverteilung (Tabelle L) ergibt für die unterrichteten Klassen $Chi^2 = 0,36$. Der Unterschied zwischen Arbeiter- und traditionellen Gymnasien ist hinsichtlich der Lösungsquote in den unterrichteten Klassen nicht signifikant.

Für die nicht unterrichteten Klassen ist $Chi^2 = 7,96$. Der Wert ist auf dem 0,5%-Niveau signifikant.

Tab. 41 b: Vierfeldertafel: ungelöste Aufgaben der unterrichteten vs. die nicht unterrichteten Klassen - Test 3/4 vs. Test 1/2 -

Schulen \ Klassen	unterrichtet	nicht unterr.	
Arbeiter-G.	637,50	926,92	1564,42
TraditionsG.	661,11	967,26	1628,37
	1298,61	1894,18	3192,79

$Chi^2 = 0,08$

Der Wert ist nicht signifikant, d.h. der Unterschied hinsichtlich der ungelösten Aufgaben ist zufällig.

Tab. 41 c: Viefeldertafel: bearbeitete Aufgaben der unterrichteten vs. die nicht unterrichteten Klassen - T 3/4 vs. T 1/2 -

Schulen \ klassen	unterrichtet	nicht unterr.	Σ
Arbeiter-G.	240	260	500
TraditionsG.	360	336	696
Σ	600	596	1196

Chi² = 1,64
Der Wert ist nicht signifikant, d.h. der Unterschied hinsichtlich der Anzahl der bearbeiteten Aufgaben ist zufällig.

3. *Auswertungsmodell*: Der intendierte Vergleich des Verhältnisses der Schüler, die bei der Summe der Punktwerte 75% über die bearbeiteten Aufgaben, und zwar ohne die aussortierten, erreicht haben, und der Schüler, die sie nicht erreicht haben, pro Klassen und pro Schultypen wird in drei Schritten näherungsweise durchgeführt:

a) erfolgreiche
b) nicht erfolgreiche   } Schüler pro Klassen und Schultypen
c) alle

D.h., es werden folgende Teilannahmen gemacht:
Es sind relativ

a) mehr
b) weniger } Schüler { erfolgreich / nicht erfolgreich / insgesamt } in den unterr. Klassen vergl. mit den nicht unterr. der Arb.-Gymn. gegenüber den Trad.-Gymn.
c) mehr

Tab. 42 a: Vierfeldertafel: Schüler, die 75% der PW erreicht haben, in den unterrichteten Klassen vs. die nicht unterrichteten
- Test 3/4 vs. Test 1/2 -

Schulen \ Klassen	unterrichtet	nicht unterr.	Σ
Arbeiter-G.	45,83	7,84	53,67
TraditionsG.	30,00	0,00	30,00
Σ	75,83	7,84	83,67

Chi² = 4,83
Der Wert ist auf dem 5%-Niveau signifikant. D.h., der Unterschied im Verhältnis der erfolgreichen Schüler in beiden Klassen ist nicht zufällig.

Tab. 42 b: Vierfeldertafel: Schüler, die 75% der PW nicht erreicht haben, in den unterrichteten vs. die nicht unterrichteten Klassen - Test 3/4 vs. Test 1/2 -

Schulen \ Klassen	unterrichtet	nicht unterr.	
Arbeiter-G.	54,17	92,16	146,33
TraditionsG.	70,00	100,00	170,00
	124,17	192,16	316,33

$Chi^2 = 0,54$

Der Wert ist nicht signifikant, d.h. es besteht kein überzufälliger Unterschied im Verhältnis der Schüler, die nicht erfolgreich sind, zwischen den Schultypen.

Tab. 42 c: Vierfeldertafel: Anzahl der Schüler, deren erfolgreiche oder nicht erfolgreiche Bearbeitungen in der Auswertung erfaßt sind, pro Klassen bei Arbeiter-Gymnasien vs. traditionelle Gymnasien.

Schulen \ Klassen	unterrichtet	nicht unterr.	
Arbeiter-G.	48	51	99
TraditionsG.	60	56	116
	108	107	215

$Chi^2 = 0,2$

Der Wert ist nicht signifikant, d.h. daß die Differenz zwischen unterrichteten und nicht unterrichteten Klassen hinsichtlich der Anzahl der Bearbeitungen in Arbeiter- und Traditions-Gymnasien unwesentlich ist.

Ergebnis: Anscheinend erzielen die Traditionsgymnasien den größeren Lernfortschritt, während die Arbeitergymnasien auf einem höheren Niveau ansetzen und aufhören. Die Werte sind jedoch so wenig gesichert, daß auf eine weitere Interpretation verzichtet wird. Immerhin kann man daraus, daß kein signifikanter Unterschied zugunsten der Arbeitergymnasien erzielt wird, schließen, daß die dort praktizierten organisatorischen Änderungen noch nicht genügen, sondern daß radikalere Umgestaltungen der Lernumwelt erforderlich sind.

Die 3. Hypothese müßte in einem weiteren Versuch noch einmal eigens überprüft werden. Es wäre dann allerdings sinnvoll, den Vergleich zu erweitern um die Gesamtschule und eine der alternativen Formen wie Waldorf- oder Peter Petersen-Schulen, um eine stärker abgestufte Skala zu erhalten. Außerdem wäre zu bedenken, ob nicht wegen der besseren Vergleichbarkeit dieselbe(n) Unterrichtseinheit(en) bei allen durchgeführt werden sollten.

5.4. Perspektiven

Die empirische Überprüfung der ersten Hypothese hat ergeben, daß die im vierten Kapitel vorgestellten Unterrichtseinheiten zur Kreativitätsförderung brauchbar sind, auch wenn sie in einzelnen Punkten noch verbesserungsfähig erscheinen. Dieses erfreuliche Ergebnis darf jedoch in seiner Tragweite nicht überschätzt werden angesichts der Tatsache, daß sich kein bedeutender Unterschied hinsichtlich des Lernerfolgs zwischen traditionellen und reformierten Gymnasien hat nachweisen lassen (dritte Hypothese) und daß es deutlich schwerer ist, kreative Prozesse bei Interaktionsthemen als in der Umweltwahrnehmung zu initiieren (zweite Hypothese). Die Ergebnisse sollen darum abschließend kurz in ihrem Zusammenhang und im Rückgriff auf das im zweiten Kapitel entwickelte Kreativitätskonzept interpretiert werden.

Mit Absicht waren die Unterrichtseinheiten so konzipiert worden, daß sie zwar die Möglichkeiten des bestehenden Schulsystems extrem ausschöpfen, aber ohne die Durchführbarkeit durch Verstöße gegen die Schulordnung im weitesten Sinne zu gefährden. Zugrunde lag die Annahme, daß bereits Modifikationen des traditionellen Gymnasiums in Annäherung an reformpädagogische Grundsätze, wie sie für die Arbeitergymnasien mit bestimmend sind, eine deutliche Verschiebung zugunsten der Kreativitätsförderung bewirken. Die Erfahrung hat jedoch gezeigt, daß die Unterschiede innerhalb des bestehenden Schulsystems nicht sehr groß sind, so daß das lernende Individuum nur schwer den eindeutigen Vorrang gewinnt gegenüber den Ansprüchen der Gesellschaft auf seine Sozialisierung durch die öffentliche Erziehung.

Die zu den Teilaspekten der kreativen Person postulierten Zielideen der Befähigung zum Selbstdenker, zur Selbstbewußtheit und Selbstbestimmung, zur Selbstförderung und Selbst(er)findung führen damit deutlich in Opposition zur herrschenden Fremddidaktik, in der der Schüler häufiger Objekt als Subjekt des Unterrichtsgeschehens ist, und zum Gegenkonzept einer *Autodidaktik*. Damit ist gerade nicht die Verabschiedung des Lehrers gemeint. Nicht daß Lernangebote und Lernumwelt damit unwichtig würden (die Ausführungen unter 2.3. und 2.4. beweisen, daß der Ansatz beim einzelnen Schüler wesentlich mehr Differenziertheit verlangt als der bei der Klasse oder Jahrgangsstufe), sondern daß ihr instrumenteller Charakter noch stärker ins Bewußtsein zu heben ist. Das Kind, das Interesse zeigt und in Eigeninitiative lernt, was nicht als Ausnahme, sondern als Normalfall anzusehen ist, bedarf der Unterstützung auf seinem Weg, sei es mit, sei es ohne Programme, bisweilen der Ergänzung und Korrektur, aber mit vollem Respekt vor seinem Recht auf Fehler und Umwege. Entsprechend hat auch der Lehrer in erster Linie Autodidakt zu sein in dem Sinne, daß es seine hervorragendste Aufgabe ist, sich selbst als Person zu entfalten, zu sein und zu leben, was er lehrt, auch er mit dem Recht auf Irrtum und Revisionen. Daß in der lernenden Begegnung zweier Menschen in unterschiedlichen Entwicklungsstadien

Kreativität am besten gedeiht, ist bereits im zweiten Kapitel (2.1.3.) nachzulesen. Die Spannung zwischen diesem Ideal und der Schulwirklichkeit auszuhalten, weder das Ziel aus den Augen zu verlieren, noch den Beruf aufzugeben, ist hier und heute die Hauptanforderung an den Lehrer. Er muß die Verantwortung für die nächste Generation übernehmen, ohne auf eine bessere Schule zu warten. Dabei ist er auf sich selbst gestellt. Und wenn er Glück hat, gewinnt er Weggefährten unter den Heranwachsenden.

Auch für sie ist die Anstrengung, wie sich gezeigt hat, groß, da sie bereits eine entscheidende Phase ihrer Sozialisation hinter sich haben. Nun sollen in diesem weitgehend individuellen und selbstbestimmten Unterricht Traditionen und Konventionen nicht übergangen werden. Nur, was daraus gemacht wird, wie sie angeeignet werden, ist nicht mehr vorgegeben. Die Toleranzgrenzen hinsichtlich der kreativen Veränderung des Herkömmlichen sind in den verschiedenen für eine Gesellschaft relevanten Bereichen jedoch unterschiedlich eng oder weiter gezogen. Das Ergebnis der Überprüfung von Hypothese zwei, daß nämlich die Initiierung von kreativen Prozessen zu Interaktionsthemen auf mehr Widerstände stößt als die von Umweltwahrnehmung, spricht dafür, daß Kinder bei aller Aufgeschlossenheit im Unterricht die Vorsicht gegenüber solchen Tabu-Zonen bereits internalisiert haben. Ihre Reaktion entspricht der allgemeinen Beobachtung, daß Kreativität (in Grenzen) in der Ästhetik erwünscht ist, nicht aber in der Moral, daß sie in der Wissenschaft eher gefördert wird als in der Politik. Das heißt, Kreativität, so lange sie nicht praktisch wird (wie man meint), die Welt nicht wesentlich verändert (wie man hofft?), wird in ihren schmückenden oder nutzbringenden Ergebnissen geschätzt. Allerdings beruht bereits diese Trennung der Dimensionen auf einer Verkennung des Phänomens Kreativität und wird darum immer aufs Neue widerlegt, wenn sich Künstler und Intellektuelle als Wortführer verändernder Praxis offenbaren. Denn nicht nur korrespondieren kreative Ästhetik und Wissenschaft insofern, als diese auch Eleganz intendiert und jene Erkenntnis, darüber hinaus wollen beide, wenn sie denn kreativ sind, etwas bewirken.

Nicht vorhersehbare Transferleistungen wurden als spezifisch für Kreativität erkannt. Dafür, daß schon Kinder praktische Konsequenzen ziehen, die nicht im Unterricht direkt vorbereitet waren, wohl aber allgemein im Kreativitätskonzept angelegt sind, dafür spricht die Tatsache, daß bei der Anregung der Phantasiefähigkeit auch ihre Problemsensibilität und realistische Einschätzung der Aufgabenschwierigkeit mitwächst, daß das Unterrichtsexperiment für sie zum Anlaß für reflektierte und detaillierte Schulkritik wird, daß sie die Wirkung kreativer Verhaltensweisen am Lehrer, an Mitschülern und (wie berichtet wird) auch zu Hause ausprobieren usw. Es sind wohl solche nicht mehr kontrollierbaren Übertragungs- und Lernprozesse, die die Gesellschaft fürchtet und die sie vor einer konsequenten und integrierten Kreativitätsförderung zurückschrecken läßt. Wäre das Wort nicht so depraviert, könnte man sagen, daß der kreative Autodidakt sich mit Notwendigkeit zum *Lebenskünstler* entwickelt, der die polare Integration von Theorie und Praxis realisiert, der als Zeitgenosse einer besseren Zukunft die Gegenwart in ihren noch nicht verwirklichten Glücksmöglichkeiten liebt und daraufhin zu verändern sucht.

Mit andern Worten: die Kreativität des einzelnen Menschen und die Utopie einer Gesellschaft sind nur gemeinsam anzustreben. Weder kann die Utopie warten, bis die Menschen 'reif' für sie sind, noch die Kreativitätsförderung, bis die Umstände 'günstig' erscheinen. Die Welt wird nur besser in dem Maße, in dem die Menschen es werden. Und die Utopie ist nur wirklich in der *Sehnsucht* derer, die sie zu verwirklichen suchen, und die daran glauben, daß die Zeit, da das Wünschen geholfen hat, heute ist; die wie André Heller, Albert Camus, Francis Picabia, Bertrand Russell, Helmut Heißenbüttel und viele andere mit Leidenschaft aus Lösungen Rätsel destillieren, den Stein wie Sisyphos immer wieder ins Rollen bringen, ihren Kopf zum Umdenken benutzen und dabei von Liebe beseelt und von Wissen geleitet sind, die das Sagbare sagen und das nicht Beendbare offen halten - auch die paradoxe Aufgabe der Kreativität, und zwar offen für die Zukunft und offen für den andern, das Kind, den Schüler, den Leser, der die Arbeit weiterführt und auf dessen Mitwirkung das Werk angewiesen bleibt, um schöpferisch zu werden.

Das ist wie mit der Blume. Wenn du eine Blume liebst, die auf einem Stern wohnt, so ist es süß, bei Nacht den Himmel zu betrachten. Alle Sterne sind voll Blumen.

Antoine de Saint-Exupéry
"Der kleine Prinz"

ANHANG

Tabellen zum Vortest (VT):   Nr. I - XXIV

Tabellen zum Hauptest (HT):   Nr. XXV - L

Tab. I: Übereinstimmung/Schwierigkeit/Trennschärfe VT
(Test 1: Hauptschule)

Aufg. Nr.	Übereinstimmung x)	Schwierigk. %	Trenn-schärfe	Anzahl
01	0,79	23,5	0,70	17 (16)
02	0,80	16,7	0,67	12 (11)
03	0,73	0,0	0,00	15
04	1,00	14,3	0,31	14 (13)
06	0,64	0,0	-	1
07	-	-	-	0
08	-	-	-	0
09	-	-	-	0
11	-	-	-	1
12	0,44	0,0	-	1
14	0,75	33,3	- 0,50	3
15	0,40	0,0	-	1
16	-	-	-	0
17	-	-	-	0

Tab. II: Übereinstimmung/Schwierigkeit/Trennschärfe VT
(Test 1: Gesamt = Hauptschule + Gymnasium)

Aufg. Nr.	Übereinstimmung x)	Schwierigk. %	Trenn-schärfe	Anzahl
01	0,79	33,3	0,78	27 (25)
02	0,80	39,1	0,94	21 (19)
03	0,73	5,9	0,95	17
04	1,00	20,0	0,46	15 (14)
06	0,64	20,0	0,54	5
07	0,96	0,0	0,00	2
08	0,53	50,0	0,99	2
09	0,60	100,0	-	1
11	-	50,0	1,00	2
12	0,44	0,0	0,00	9
14	0,75	43,7	0,70	16
15	0,40	66,7	- 0,50	3
16	0,50	50,0	- 0,51	4 (3)
17	-	0,0	-	1

x) s.o. Tab. I

x) Da das Expertenrating bei diesem Test ausschließlich an Arbeiten der Gymnasialklasse durchgeführt wurde, werden deren Werte hier eingesetzt.

Die Aufgaben 7 bis 11, 16 und 17 wurden nicht bearbeitet; die Nr. 6, 12, 15 jeweils nur einmal, so daß keine Trennschärfe errechnet werden konnte.

Wenn die Anzahl der Schüler, deren Aufgaben in die Trennschärfeberechnung eingegangen ist, von der der Schwierigkeitsberechnung abweicht, ist sie in Klammern nachgestellt.

Tab. III: Rater-Übereinstimmung VT
(Test 2: Gymnasium)

Aufg. Nr.	ZK 1	ZK 2	ZK 3	ZK 4	ZK 5	ZK 6	ZK 7	Σ_{k1-7}	$\bar{Z}_{k1-7}$	Anzahl
01	0,67	1,00	1,00	1,00	0,67	1,00	1,00	6,34	0,91	2
02	1,00	1,00	0,67	0,83	0,67	1,00	0,64	5,81	0,83	4
03	0,78	1,00	0,78	0,78	0,78	1,00	0,33	5,45	0,78	3
04	1,00	1,00	0,67	1,00	0,67	0,67	0,33	5,34	0,76	2
05	1,00	1,00	0,55	1,00	0,56	1,00	0,33	5,44	0,78	3
06	1,00	1,00	0,67	1,00	0,67	0,67	1,00	6,01	0,86	2
07	0,55	1,00	0,55	1,00	0,56	0,78	0,55	4,99	0,71	3
08	0,67	1,00	0,67	0,67	0,83	0,83	0,33	5,00	0,71	4
09	0,67	1,00	1,00	1,00	0,33	1,00	0,33	5,33	0,76	2
10	1,00	0,83	0,67	0,83	0,67	0,67	0,50	5,17	0,74	4
12	0,87	1,00	0,78	1,00	0,78	0,78	0,78	5,99	0,86	3
13	1,00	1,00	0,83	0,83	0,50	0,67	0,33	5,16	0,74	4
14	1,00	1,00	0,67	0,67	0,67	0,67	0,33	5,01	0,71	2
18	0,33	1,00	0,33	0,33	1,00	0,00	1,00	3,99	0,57	1
Σ_{A1-18}	11,54	13,83	9,84	11,94	9,36	10,74	7,78	75,03	10,72	39
$\bar{Z}_{(A1-18)}$	0,82	0,99	0,70	0,85	0,67	0,77	0,55	5,36	0,77	
Z_{A1-18}	0,84	0,98	0,71	0,86	0,66	0,80	0,52	5,37	0,77	

R3/R2 0,73
R2/R1 0,81
R3/R1 0,77
R_{1-3} 0,77

Tab. IV: Rater-Übereinstimmung VT
(Test 2: Hauptschule)

Aufg. Nr.	ZK 1	ZK 2	ZK 3	ZK 4	ZK 5	ZK 6	ZK 7	Σ_{k1-7}	$\bar{Z}_{k1-7}$	Anzahl
01	0,50	0,83	0,67	0,50	0,50	0,67	0,83	4,50	0,64	4
02	0,83	0,67	1,00	1,00	1,00	0,83	0,67	6,00	0,86	4
03	0,67	1,00	1,00	1,00	0,82	0,83	0,67	5,99	0,86	4
04	0,56	1,00	1,00	0,78	0,78	0,60	0,55	5,27	0,75	3
05	0,33	1,00	1,00	0,67	0,67	0,50	0,67	4,84	0,69	2
06	1,00	1,00	1,00	1,00	1,00	0,33	1,00	6,33	0,90	1
07	0,33	1,00	1,00	1,00	0,33	1,00	1,00	5,66	0,81	1
08	1,00	0,33	1,00	1,00	0,33	0,33	1,00	4,99	0,71	1
09	0,78	1,00	0,78	1,00	0,56	0,78	1,00	5,90	0,84	3
10	0,33	0,67	0,67	0,67	0,33	0,67	0,33	3,67	0,52	2
11	0,33	0,33	1,00	1,00	1,00	0,33	1,00	4,99	0,71	1
12	0,33	1,00	1,00	1,00	1,00	0,33	1,00	5,66	0,81	1
14	1,00	1,00	0,33	1,00	1,00	0,00	0,33	4,66	0,67	1
17	0,56	0,78	0,67	0,78	0,55	0,78	0,78	4,90	0,70	3
18	0,60	0,87	0,79	0,87	0,60	0,49	0,60	4,82	0,69	5
Σ_{A1-18}	9,15	12,48	12,91	13,27	10,47	8,47	11,43	78,18	11,16	36
$\bar{Z}_{(A1-18)}$	0,61	0,83	0,86	0,88	0,70	0,56	0,76	5,21	0,74	
Z_{A1-18}	0,61	0,85	0,85	0,85	0,69	0,64	0,72	5,21	0,74	

R3/R2 0,72
R2/R1 0,77
R3/R1 0,74
R_{1-3} 0,74

Zu den Tabellen III und IV: Differenzen zwischen den
Übereinstimmungswerten im Gymnasium und in der Hauptschule

Daß der Z-Wert bei K7 "Gesamteindruck" fürs Gymnasium wesentlich niedriger liegt als für die Hauptschule, erklärt sich dadurch, daß die Arbeiten aus technischen Gründen in zwei Partien nacheinander geratet wurden und einer der Rater unterdessen seinen eigenen Bewertungsmaßstab drastisch verändert hat.

Positiv eingeschätzte Schülerarbeiten bei K7

	Hauptschule	Gymnasium	Differenz
R 2	83,3 %	86,8 %	+ 3,5 %
R 1	58,3 %	61,5 %	+ 3,2 %
R 3	63,9 %	20,5 %	- 43,4 %

Während R2 konsequent von "beliebig: ja/nein", R1 von "ausdruckskräftig: ja/nein" ausgegangen ist, sind die Urteile von R3 nicht kommensurabel.

Umgekehrt werden K1 "Klangcharakter" und K6 "Einbeziehung der Fläche" in der Hauptschule deutlich uneinheitlicher eingeschätzt als im Gymnasium. Erklärung: R2 hat K1 bei den Hauptschularbeiten weiter gefaßt als in der Instruktion angegeben, indem er nicht nur die Wortauswahl, sondern auch reine Lautmalerei nach ihrem Klangcharakter beurteilt hat.
R3 hat bei K6 die Zwischenstufe "Einbeziehung der Fläche ja: ohne Prinzip" nahezu völlig unberücksichtigt gelassen.
Beim Rating der Gymnasialarbeiten sind die Instruktionen zu diesen Kriterien korrekt beachtet worden.

Tab. V: Rater-Übereinstimmung VT
(Test 2: Gesamt)

Aufg. Nr.	ZK 1	ZK 2	ZK 3	ZK 4	ZK 5	ZK 6	ZK 7	Σ_{K1-7}	$\bar{Z}_{K1-7}$	Anzahl
01	0,56	0,89	0,78	0,67	0,56	0,78	0,89	5,13	0,73	6
02	0,92	0,83	0,83	0,92	0,83	0,92	0,66	5,91	0,84	8
03	0,71	1,00	0,91	0,91	0,80	0,91	0,52	5,76	0,82	7
04	0,73	1,00	0,87	0,87	0,73	0,63	0,47	5,30	0,76	5
05	0,73	1,00	0,73	0,87	0,60	0,80	0,47	5,20	0,74	5
06	1,00	1,00	0,78	1,00	0,78	0,55	1,00	6,11	0,87	3
07	0,50	1,00	0,67	1,00	0,50	0,83	0,67	5,17	0,74	4
08	0,73	0,87	0,73	0,73	0,73	0,73	0,47	4,99	0,71	5
09	0,73	1,00	0,87	1,00	0,47	0,87	0,73	5,67	0,81	5
10	0,78	0,78	0,67	0,78	0,56	0,67	0,45	4,69	0,67	6
11	0,33	0,33	1,00	1,00	1,00	0,33	1,00	4,99	0,71	1
12	0,73	1,00	0,83	1,00	0,83	0,67	0,83	5,89	0,84	4
13	1,00	1,00	0,83	0,83	0,50	0,67	0,33	5,16	0,74	4
14	1,00	1,00	0,56	0,78	0,78	0,44	0,33	4,89	0,70	3
17	0,56	0,78	0,67	0,78	0,55	0,78	0,78	4,90	0,70	3
18	0,56	0,89	0,71	0,78	0,67	0,40	0,67	4,68	0,67	6
Σ_{A1-18}	11,57	14,37	12,44	13,92	10,89	10,98	10,27	84,44	12,05	75
$\bar{Z}_{(A1-18)}$	0,72	0,90	0,78	0,87	0,68	0,69	0,64	5,28	0,75	
Z_{A1-18}	0,73	0,92	0,77	0,86	0,66	0,73	0,62	5,29	0,76	

R3/R2 0,72
R2/R1 0,79
R3/R1 0,76

R_{1-3} 0,76

Tab. VI: Schwierigkeit pro Kriterium VT
(Test 2: Gymnasium/1.Fassung)

Aufg. Nr.	K 1 %	K 2 %	K 3 %	K 4 %	K 5 %	K 6 %	K 7 %	Anzahl
01	22,2	88,9	11,1	88,9	11,1	11,1	22,2	9
02	6,7	100,0	26,7	60,0	20,0	6,7	13,3	15
03	0,0	100,0	23,5	58,8	11,8	0,0	29,4	17
04	7,7	92,3	23,1	46,1	23,1	7,7	46,1	13
05	0,0	100,0	38,5	38,5	30,8	23,1	46,1	13
06	20,0	80,0	20,0	50,0	50,0	30,0	70,0	10
07	0,0	100,0	38,5	53,8	23,1	0,0	15,4	13
08	0,0	90,0	27,3	63,6	36,4	18,2	18,2	11
09	9,1	90,9	9,1	45,5	9,1	0,0	18,2	11
10	0,0	85,7	35,7	57,1	0,0	21,4	42,9	14
11	0,0	66,7	0,0	33,3	33,3	0,0	0,0	3
12	33,3	91,7	50,0	83,3	50,0	16,7	75,0	12
13	6,3	87,5	43,8	56,3	18,8	25,0	43,8	16
14	0,0	100,0	28,6	42,9	0,0	14,3	28,6	7
17	50,0	100,0	0,0	50,0	0,0	0,0	0,0	2
18	25,0	100,0	25,0	50,0	25,0	0,0	75,0	4
Σ	190,3	1474,6	400,9	878,1	342,5	174,2	544,2	170
x̄	11,3	92,2	25,1	54,9	21,4	10,9	34,0	

Tab. VII: Übereinstimmung/Schwierigkeit/Trennschärfe VT
(Test 2: Gymnasium/1.Fassung)

Aufg. Nr.	Überein- stimmung	Schwierigk. %	Trenn- schärfe	Anzahl
01	0,91	11,1	1,00	9
02	0,83	6,7	0,83	15
03	0,78	0,0	0,00	17
04	0,76	0,0	0,00	13
05	0,78	0,0	0,00	13
06	0,86	0,0	0,00	10
07	0,71	0,0	0,00	13
08	0,71	9,1	0,43	11
09	0,76	0,0	0,00	11
10	0,74	14,3	0,83	14 (13)
11	-	0,0	0,00	3
12	0,86	33,3	0,64	12
13	0,74	18,8	0,48	16
14	0,71	0,0	0,00	7
15	-	-	-	0
16	-	-	-	0
17	-	0,0	0,00	2
18	0,57	0,0	0,00	4

Tab. VIII: Übereinstimmung/Schwierigkeit/Trennschärfe VT
(Test 2: Hauptschule/1.Fassung)

Aufg. Nr.	Überein- stimmung	Schwierigk. %	Trenn- schärfe	Anzahl
01	0,64	7,1	0,85	14
02	0,86	0,0	0,00	13
03	0,86	6,7	0,38	15
04	0,75	0,0	0,00	3
05	0,69	9,1	0,91	11
06	0,90	0,0	-	1
07	0,81	0,0	0,00	6
08	0,71	0,0	0,00	6
09	0,84	0,0	0,00	7
10	0,52	0,0	0,00	6
11	0,71	33,3	0,00	3
12	0,81	0,0	1,00	4
13	-	0,0	0,00	6
14	0,67	0,0	0,00	3
15	-	-	-	0
16	-	0,0	-	1
17	0,70	12,5	0,19	8
18	0,69	30,0	0,99	10

Tab. IX: Übereinstimmung/Schwierigkeit/Trennschärfe VT
(Test 2: Gesamt/1.Fassung)

Aufg. Nr.	Überein- stimmung	Schwierigk. %	Trenn- schärfe	Anzahl
01	0,73	8,7	0,73	25
02	0,84	3,6	0,72	28
03	0,82	3,1	0,25	32
04	0,76	0,0	0,00	16
05	0,74	4,2	0,62	24
06	0,87	0,0	0,00	11
07	0,74	0,0	0,00	19
08	0,71	5,9	0,39	17
09	0,81	0,0	0,00	18
10	0,67	10,0	0,83	20 (19)
11	0,71	16,7	0,94	6
12	0,94	25,0	0,66	16
13	0,74	13,6	0,44	22
14	0,70	0,0	0,00	10
15	-	-	-	0
16	-	0,0	-	1
17	0,70	10,0	0,22	10
18	0,67	21,4	0,82	14

Tab. X: Schwierigkeit pro Kriterium VT
(Test 2: Gymnasium)

Aufg. Nr.	K 1 %	K 2 %	K 3 %	K 4 %	K 5 %	K 6 %	K 7 %	Anzahl
01	25,0	100,0	12,5	100,0	12,5	12,5	25,0	8
02	7,1	100,0	28,6	64,3	21,4	7,1	21,4	14
03	0,0	100,0	26,7	60,0	13,3	6,7	26,7	15
04	9,1	90,9	27,3	45,4	27,3	9,1	54,5	11
05	0,0	100,0	45,4	45,4	36,4	18,2	45,4	11
06	33,3	77,8	22,2	55,6	55,6	33,3	77,8	9
07	0,0	100,0	45,4	63,6	27,3	0,0	18,2	11
08	0,0	88,9	33,3	55,6	44,4	11,1	33,3	9
09	11,1	88,9	11,1	44,4	11,1	0,0	11,1	9
10	0,0	91,7	41,7	66,7	0,0	25,0	50,0	12
11	0,0	100,0	0,0	100,0	0,0	0,0	0,0	1
12	36,4	100,0	54,5	90,9	45,4	18,2	72,3	11
13	7,1	85,7	50,0	57,1	21,4	28,6	50,0	14
14	0,0	100,0	33,3	50,0	0,0	16,7	33,3	6
17	0,0	100,0	0,0	100,0	0,0	0,0	0,0	1
18	33,3	100,0	0,0	66,7	33,3	0,0	66,7	3
Σ	162,4	1523,9	432,0	1065,7	349,4	186,5	585,7	145
$\bar{x}$	10,1	95,2	27,0	66,6	21,8	11,6	36,6	

Tab. XI: Übereinstimmung/Schwierigkeit/Trennschärfe VT
(Test 2: Hauptschule)

Aufg. Nr.	Übereinstimmung	Schwierigk. %	Trennschärfe	Anzahl
01	0,54	7,1	0,85	14
02	0,86	0,0	0,00	13
03	0,86	6,7	0,33	15
04	0,75	0,0	0,00	3
05	0,69	18,2	0,77	11
06	0,90	0,0	-	1
07	0,91	0,0	0,00	6
08	0,71	0,0	0,00	6
09	0,84	0,0	0,00	7
10	0,52	0,0	0,00	6
11	0,71	33,3	1,00	3
12	0,81	0,0	0,00	4
13	-	0,0	0,00	6
14	0,67	0,0	0,00	3
15	-	-	-	0
16	-	0,0	-	1
17	0,70	12,5	0,14	8
19	0,69	40,0	0,92	10

Tab. XIII: Reliabilität (Test 2: Gesamt)
- Aufgaben-Auswahl -   VT

N = 35	x_1	x_2
Vp.Nr.		
Hauptschule		
03	1,0	0,5
04	6,0	6,0
06	2,5	1,5
07	3,0	3,0
08	0,5	0,5
09	1,0	5,0
10	2,0	4,0
11	2,0	1,5
15	2,0	5,0
16	0,0	0,0
19	1,5	2,5
20	0,5	0,5
21	2,5	2,5
22	3,5	3,5
23	0,5	0,0
24		
26		
Gymnasium		
01	1,0	3,5
02	5,5	4,5
03	3,5	3,0
04	3,5	5,0
06	2,0	8,0
09	1,0	3,5
12	6,0	7,5
13	2,5	3,5
15	4,5	1,5
16	1,5	1,5
17	2,0	2,5
18	6,0	7,5
20	2,0	3,5
23	5,0	2,0
25	4,0	2,0
26	5,0	4,0
27		
Σ	87,5	101,0

$r_{12} = 0,6$
$r_{tt} = 0,75$

Tab. XII: Übereinstimmung/Schwierigkeit/Trennschärfe   VT
(Test 2: Gesamt)

Aufg. Nr.	Überein- stimmung	Schwierigk. %	Trenn- schärfe	Anzahl
01	0,73	11,1	0,45	22
02	0,84	3,7	0,72	27
03	0,62	3,3	0,23	30
04	0,76	0,0	0,00	14
05	0,74	4,1	0,50	22
06	0,87	0,0	0,00	10
07	0,74	6,7	0,29	17
08	0,71	0,0	0,00	15
09	0,81	0,0	0,00	16
10	0,67	11,1	0,64	18 (17)
11	0,71	25,0	0,45	4
12	0,84	26,7	0,60	15
13	0,74	15,0	0,42	20
14	0,70	0,0	0,00	9
15	-	-	-	0
16	-	0,0	-	1
17	0,70	11,1	0,16	9
18	0,67	38,5	0,73	13

Anhang / VT

Tab. XIV: Rater-Übereinstimmung VT
(Test 3: Gymnasium)

Aufg. Nr.	ZK 1	ZK 2	ZK 3	ZK 4	ZK 5	ZK 6	Σ_{K1-6}	Z_{K1-6}	Anzahl
01	0,89	0,78	0,78	0,50	0,55	0,78	4,28	0,71	0
02	0,33	0,33	1,00	0,33	1,00	0,33	3,32	0,55	2
03	1,00	0,33	0,33	0,33	0,33	1,00	3,32	0,55	1
04	0,78	0,78	1,00	0,78	0,78	0,78	4,90	0,82	0
05	1,00	1,00	0,83	1,00	0,50	1,00	5,33	0,89	4
06	1,00	0,78	0,87	0,78	1,00	0,33	4,76	0,79	3
07	1,00	1,00	0,78	0,56	0,56	0,56	4,24	0,71	3
08	1,00	1,00	1,00	1,00	1,00	1,00	6,00	1,00	1
09	0,73	0,60	0,87	0,47	0,60	0,60	3,87	0,64	5
10	1,00	1,00	0,67	1,00	1,00	1,00	5,67	0,95	2
11	1,00	1,00	1,00	1,00	1,00	0,33	5,33	0,89	1
12	1,00	0,56	0,78	0,56	0,55	0,22	3,67	0,61	3
13	0,33	1,00	1,00	1,00	1,00	1,00	5,33	0,89	1
15	1,00	1,00	0,33	1,00	1,00	1,00	5,33	0,89	1
16	1,00	1,00	0,33	1,00	1,00	1,00	5,33	0,89	1
17	0,91	0,83	0,50	1,00	0,83	1,00	5,07	0,84	4
Σ_{A1-17}	13,97	12,77	12,07	12,31	12,70	11,93	75,75	12,62	41
$\bar{x}_{(A1-17)}$	0,87	0,80	0,75	0,77	0,79	0,74	4,72	0,79	
Z_{A1-17}	0,88	0,77	0,79	0,70	0,72	0,71	4,57	0,76	

Tab. XV: Schwierigkeit pro Kriterium VT
(Test 3: Gymnasium)

Aufg. Nr.	K 1	K 2	K 3	K 4	K 5	K 6	Anzahl
01	81,81	45,45	90,90	45,45	36,36	45,45	11
02	66,67	66,67	100,00	0,00	0,00	0,00	3
03	100,00	83,33	100,00	66,67	50,00	50,00	6
04	80,00	20,00	100,00	40,00	40,00	40,00	5
05	100,00	67,00	100,00	67,00	67,00	67,00	6
06	100,00	27,27	100,00	27,27	36,36	36,36	11
07	85,71	45,86	100,00	45,86	57,14	57,14	7
08	66,67	33,33	100,00	0,00	0,00	0,00	3
09	90,00	30,00	100,00	30,00	20,00	10,00	10
10	100,00	16,67	83,33	50,00	16,67	16,67	6
11	100,00	0,00	100,00	0,00	0,00	0,00	1
12	100,00	57,14	100,00	42,86	20,57	14,28	7
13	0,00	33,33	66,67	0,00	0,00	33,33	3
15	100,00	66,67	100,00	66,67	66,67	66,67	3
16	50,00	0,00	50,00	0,00	0,00	0,00	2
17	100,00	75,00	75,00	75,00	75,00	75,00	4
Σ	1320,86	657,72	1465,20	556,80	493,00	511,50	89
$\bar{x}$	82,50	41,70	91,50	34,80	30,80	32,00	

R3/R2 0,72
R2/R1 0,82
R3/R1 0,74

R_{1-3} 0,76

Tab. XVII: Übereinstimmung/Schwierigkeit/Trennschärfe VT
(Test 3: Gesamt)

Aufg. Nr.	Überein- stimmung x)	Schwierigk. %	Trenn- schärfe	Anzahl
01	0,71	47,1	0,79	17 (15)
02	0,55	0,0	0,00	4
03	0,55	47,1	0,81	17
04	0,81	37,5	0,91	8
05	0,89	36,4	0,87	11
06	0,79	27,8	0,79	18
07	0,71	30,8	0,36	13
08	1,00	0,0	0,00	4
09	0,64	18,2	0,78	11
10	0,95	12,5	0,80	8
11	0,89	0,0	0,00	1
12	0,61	23,1	0,75	13
13	0,89	0,0	0,00	3
14	–	–	–	0
15	0,89	50,0	0,90	4
16	0,89	0,0	0,00	4
17	0,84	60,0	1,00	5 (3)
18	–	0,0	0,00	1

x) s.o. Tab. XVI

Tab. XVI: Übereinstimmung/Schwierigkeit/Trennschärfe VT
(Test 3: Hauptschule)

Aufg. Nr.	Überein- stimmung x)	Schwierigk. %	Trenn- schärfe	Anzahl
01	0,71	33,3	1,00	6 (4)
02	0,55	0,0	0,00	1
03	0,55	27,3	0,99	11
04	0,81	0,0	0,00	3
05	0,89	0,0	0,00	5
06	0,79	14,3	0,80	7
07	0,71	0,0	0,00	6
08	1,00	0,0	–	1
09	0,64	–	–	0
10	0,95	0,0	0,00	2
11	0,89	–	–	0
12	0,61	0,0	1,00	6
13	0,89	–	–	0
14	–	–	–	0
15	0,89	0,0	–	1
16	0,89	0,0	0,00	2
17	0,84	0,0	–	1
18	–	0,0	–	1

x) Da das Expertenrating bei diesem Test ausschließlich an Arbeiten der Gymnasialklasse durchgeführt wurde, werden deren Werte hier eingesetzt.

Die Aufgaben 11 und 13 wurden in der Hauptschule nicht bearbeitet; Nr. 8,9,15,17,18 nur einmal, so daß keine Trennschärfe berechnet werden konnte.

Aufgabe 14 wurde in keiner Klasse bearbeitet, Nr. 18 nicht im Gymnasium, so daß der Wert für die Übereinstimmung fehlt.

Wenn die Anzahl der Schüler, deren Aufgaben in die Trennschärfeberechnung eingegangen ist, von der der Schwierigkeitsberechnung abweicht, ist sie in Klammern nachgestellt.

Tab. XVIII: Rater-Übereinstimmung VT
(Test 4: Gymnasium)

Aufg. Nr.	ZK 1	ZK 2	ZK 3	Σ_{K1-3}	$\bar{Z}_{K1-3}$	Anzahl
01	0,56	0,55	0,55	1,66	0,55	9
02	0,17	0,33	0,33	0,83	0,28	6
04	1,00	1,00	0,67	2,67	0,89	2
06	0,33	1,00	0,33	1,66	0,55	1
07	0,67	1,00	0,33	2,00	0,67	2
08	0,56	0,33	0,33	1,22	0,41	3
10	1,00	1,00	0,33	2,33	0,78	1
13	-	-	-	-	-	0
14	0,50	0,50	0,33	1,33	0,44	2
Σ_{A1-14}	4,79	5,71	3,20	13,70	4,57	26
$\bar{Z}_{(A1-14)}$	0,60	0,71	0,40	1,71	0,57	
Z_{A1-14}	0,58	0,64	0,44	1,66	0,55	

R3/R2 0,44
R2/R1 0,69
R3/R1 0,52

R_{1-3} 0,55

Tab. XIX: Rater-Übereinstimmung VT
(Test 4: Hauptschule)

Aufg. Nr.	ZK 1	ZK 2	ZK 3	Σ_{K1-3}	$\bar{Z}_{K1-3}$	Anzahl
01	-	-	-	-	-	0
02	-	-	-	-	-	0
04	0,33	1,00	0,33	1,66	0,55	1
06	-	-	-	-	-	0
07	1,00	1,00	1,00	3,00	1,00	1
08	0,33	1,00	1,00	2,33	0,78	2
10	-	-	-	-	-	0
13	0,76	0,52	0,38	1,66	0,55	7
14	0,33	0,67	0,67	1,67	0,56	2
Σ_{A1-14}	2,75	4,19	3,38	10,32	3,44	13
$\bar{Z}_{(A1-14)}$	0,55	0,84	0,67	2,06	0,69	
Z_{A1-14}	0,62	0,69	0,57	1,88	0,63	

R3/R2 0,74
R2/R1 0,59
R3/R1 0,54

R_{1-3} 0,62

Tab. XX: Rater-Übereinstimmung   VT
(Test 4: Gesamt)

Aufg. Nr.	ZK 1	ZK 2	ZK 3	Σ_{K1-3}	$\bar{z}_{K1-3}$	Anzahl
01	0,55	0,56	0,55	1,66	0,55	9
02	0,17	0,33	0,33	0,83	0,28	6
04	0,78	1,00	0,55	2,33	0,78	3
06	0,33	1,00	0,33	1,66	0,55	1
07	0,78	1,00	0,55	2,33	0,78	3
08	0,47	0,60	0,60	1,67	0,56	5
10	1,00	1,00	0,33	2,33	0,78	1
13	0,76	0,52	0,38	1,66	0,55	7
14	0,42	0,58	0,50	1,50	0,50	4
Σ_{A1-14}	5,26	6,59	4,12	15,97	5,33	39
$\bar{z}_{(A1-14)}$	0,58	0,73	0,46	1,77	0,59	
Z_{A1-14}	0,60	0,66	0,48	1,74	0,58	

R3/R2 0,57
R2/R1 0,64
R3/R1 0,53

R_{1-3} 0,58

Tab. XXI: Schwierigkeit pro Kriterium
(Test 4: Gymnasium)   VT

Aufg. Nr.	K 1 %	K 2 %	K 3 %	Anzahl
01	50,0	37,5	25,0	8
02	0,0	33,3	33,3	3
03	50,0	33,3	16,7	6
04	100,0	75,0	50,0	4
06	100,0	100,0	50,0	2
07	66,7	83,3	0,0	6
08	77,8	22,2	11,1	9
09	0,0	0,0	0,0	1
10	100,0	50,0	0,0	2
11	100,0	50,0	0,0	2
14	66,7	66,7	0,0	3
Σ	711,2	551,3	186,1	46
$\bar{x}$	64,6	50,1	16,9	

Tab. XXII: Übereinstimmung/Schwierigkeit/Trennschärfe
(Test 4: Hauptschule)   VT

Aufg. Nr.	Übereinstimmung	Schwierigk. %	Trennschärfe	Anzahl
01	-	0,0	0,00	2
02	-	0,0	0,00	2
03	-	66,6	0,00	3
04	0,55	0,0	0,00	4
06	-	-	-	0
07	1,00	0,0	0,00	3
08	0,78	0,0	0,00	3
09	-	-	-	0
10	-	-	-	0
11	-	-	-	0
12	-	0,0	-	1
13	0,55	41,6	0,75	24 (14)
14	0,56	0,0	0,00	3

Tab. XXIII: Übereinstimmung/Schwierigkeit/Trennschärfe
(Test 4: Gesamt)   VT

Aufg. Nr.	Übereinstimmung	Schwierigk. %	Trennschärfe	Anzahl
01	0,55	25,0	0,88	10 (6)
02	0,28	20,0	0,54	5
03	-	33,0	0,14	9 (7)
04	0,78	37,5	0,94	8 (7)
06	0,56	100,0	0,00	2
07	0,78	44,4	0,87	9
08	0,55	16,6	0,78	12 (11)
09	-	0,0	-	1
10	0,78	50,0	1,00	2
11	-	0,0	0,00	2
12	-	0,0	-	1
13	0,55	41,6	0,75	24 (14)
14	0,50	40,0	0,35	6

Tab. XXIV: Rater-Übereinstimmung (Test 4: Gesamt)
 – Aufgaben-Auswahl –   VT

Aufg. Nr.	ZK 1	ZK 2	ZK 3	Σ_{K1-3}	$\bar{z}_{K1-3}$	Anzahl
01	0,55	0,56	0,55	1,66	0,55	9
04	0,78	1,00	0,55	2,33	0,78	3
07	0,78	1,00	0,55	2,33	0,78	3
08	0,47	0,60	0,60	1,67	0,56	5
10	1,00	1,00	0,33	2,33	0,78	1
13	0,76	0,52	0,38	1,66	0,55	7
Σ_{A1-13}	4,34	4,68	2,96	11,98	4,00	28
$\bar{z}_{(A1-13)}$	0,72	0,78	0,49	2,00	0,67	
Z_{K1-13}	0,68	0,70	0,50	1,88	0,62	

R3/R2 0,65
R2/R1 0,67
R3/R1 0,54

R_{1-3} 0,62

Tab. XXV: Rater-Übereinstimmung   HT
 (Test 1: Gesamt= Unterrichtsklasse +
   Parallelklasse)

Aufg. Nr.	ZK 1	ZK 2	ZK 3	ZK 4	Σ_{K1-4}	$\bar{z}_{K1-4}$	Anzahl
01	0,77	0,87	0,98	0,92	3,54	0,88	60
02	0,74	0,86	0,96	1,00	3,56	0,89	57
03	0,84	0,94	1,00	0,90	3,68	0,92	51
04	0,77	0,90	1,00	0,92	3,59	0,90	51
05	0,81	0,88	1,00	0,91	3,60	0,90	43
06	0,84	0,89	1,00	0,95	3,68	0,92	37
Σ_{A1-6}	4,77	5,34	5,94	5,60	21,65	5,41	299
$\bar{z}_{(A1-6)}$	0,79	0,89	0,99	0,93	3,60	0,90	
Z_{K1-6}	0,79	0,89	0,99	0,93	3,60	0,90	

R1/R2 0,90

Tab. XXVI: Rater-Übereinstimmung HT
(Test 1: Unterrichtsklasse)

Aufg. Nr.	ZK 1	ZK 2	ZK 3	ZK 4	Σ_{1-4}	$\bar{z}_{K1-4}$	Anzahl
01	0,83	0,83	1,00	0,86	3,52	0,88	29
02	0,73	0,89	0,96	1,00	3,58	0,89	26
03	0,88	0,88	1,00	0,88	3,64	0,91	25
04	0,70	0,85	1,00	0,85	3,41	0,85	27
05	0,80	0,84	1,00	0,84	3,48	0,87	25
06	0,90	0,95	1,00	0,95	3,70	0,93	20
Σ_{A1-6}	4,74	5,24	5,96	5,38	21,33	5,33	152
$\bar{z}_{(A1-6)}$	0,79	0,87	0,99	0,90	3,55	0,89	
Z_{A1-6}	0,79	0,87	0,99	0,90	3,55	0,89	

R1/R2 0,89

Tab. XXVII: Rater-Übereinstimmung HT
(Test 1: Parallelklasse)

Aufg. Nr.	ZK 1	ZK 2	ZK 3	ZK 4	Σ_{K1-4}	$\bar{z}_{K1-4}$	Anzahl
01	0,71	0,90	0,97	0,97	3,55	0,89	31
02	0,74	0,84	0,97	1,00	3,55	0,89	31
03	0,81	1,00	1,00	0,92	3,73	0,93	26
04	0,83	0,96	1,00	1,00	3,79	0,95	24
05	0,83	0,94	1,00	1,00	3,77	0,94	18
06	0,88	0,82	1,00	0,94	3,64	0,91	17
Σ_{A1-6}	4,80	5,46	5,94	5,83	22,03	5,51	147
$\bar{z}_{(A1-6)}$	0,80	0,91	0,99	0,97	3,67	0,92	
Z_{A1-6}	0,78	0,91	0,99	0,97	3,65	0,91	

R1/R2 0,91

Tab. XXVIII: Rater-Übereinstimmung   HT
(Test 2: Gesamt)

Aufg. Nr.	ZK 1	ZK 2	ZK 3	ZK 4	ZK 5	ZK 6	Σ_{K1-6}	$\overline{z}_{K1-6}$	Anzahl
01	0,87	0,85	0,87	0,84	0,82	0,84	5,09	0,85	55
02	0,79	0,88	0,92	0,85	0,90	0,81	5,15	0,86	52
03	0,83	0,91	0,87	0,91	0,79	0,87	5,18	0,86	53
04	0,77	0,83	0,92	0,77	0,77	0,79	4,85	0,81	48
05	0,69	0,87	0,92	0,73	0,88	0,91	4,90	0,82	52
06	0,81	0,96	0,83	0,72	0,89	0,72	4,93	0,82	47
Σ_{A1-6}	4,76	5,30	5,33	4,81	5,05	4,84	30,10	5,02	307
$\overline{z}_{(A1-6)}$	0,79	0,88	0,89	0,80	0,84	0,81	5,01	0,84	
z_{A1-6}	0,79	0,88	0,89	0,80	0,84	0,81	5,02	0,84	

R1/R2   0,84

Tab. XXIX: Rater-Übereinstimmung   HT
(Test 2: Unterrichtsklasse)

Aufg. Nr.	ZK 1	ZK 2	ZK 3	ZK 4	ZK 5	ZK 6	Σ_{K1-6}	$\overline{z}_{K1-6}$	Anzahl
01	0,83	0,83	0,83	0,77	0,77	0,80	4,83	0,80	30
02	0,72	0,86	0,90	0,86	0,86	0,72	4,92	0,82	29
03	0,86	0,90	0,90	0,86	0,72	0,79	5,03	0,84	29
04	0,81	0,85	0,96	0,77	0,88	0,81	5,08	0,85	26
05	0,65	0,86	0,90	0,69	0,93	0,72	4,75	0,79	29
06	0,85	0,96	0,89	0,78	0,93	0,70	5,11	0,85	27
Σ_{A1-6}	4,72	5,26	5,38	4,73	5,09	4,54	29,72	4,95	170
$\overline{z}_{(A1-6)}$	0,79	0,88	0,90	0,79	0,85	0,76	4,97	0,83	
z_{A1-6}	0,79	0,88	0,89	0,79	0,85	0,76	4,96	0,83	

R1/R2   0,83

Tab. XXX: Rater-Übereinstimmung HT
(Test 2: Parallelklasse)

Aufg. Nr.	ZK 1	ZK 2	ZK 3	ZK 4	ZK 5	ZK 6	Σ_{K1-6}	$\overline{z}_{K1-6}$	Anzahl
01	0,92	0,88	0,92	0,92	0,88	0,88	5,40	0,90	25
02	0,87	0,91	0,96	0,83	0,96	0,91	5,44	0,91	23
03	0,79	0,92	0,83	0,96	0,87	0,96	5,33	0,89	24
04	0,73	0,82	0,86	0,77	0,64	0,77	4,59	0,77	22
05	0,74	0,87	0,96	0,78	0,83	0,91	5,09	0,85	23
06	0,75	0,95	0,75	0,65	0,85	0,75	4,70	0,78	20
Σ_{A1-6}	4,80	5,35	5,28	4,91	5,03	5,18	30,55	5,09	137
$\overline{z}_{(A1-6)}$	0,80	0,89	0,88	0,82	0,84	0,86	5,09	0,85	
z_{A1-6}	0,80	0,89	0,88	0,82	0,84	0,87	5,10	0,85	

R1/R2   0,85

Tab. XXXI: Rater-Übereinstimmung HT
(Test 3: Gesamt)

Aufg. Nr.	ZK 1	ZK 2	ZK 3	ZK 4	ZK 5	Σ_{K1-5}	$\overline{z}_{K1-5}$	Anzahl
01	0,80	0,90	0,87	0,87	0,60	4,04	0,81	30
02	0,89	0,78	0,86	0,92	0,58	4,03	0,82	36
03	0,76	0,86	0,76	0,79	0,62	3,79	0,76	29
04	0,90	0,77	0,70	0,87	0,63	3,87	0,77	30
05	0,82	0,74	0,52	0,70	0,56	3,33	0,67	27
06	0,88	0,73	0,85	1,00	0,54	4,00	0,80	26
Σ_{A1-6}	5,05	4,78	4,55	5,15	3,53	23,06	4,63	178
$\overline{z}_{(A1-6)}$	0,84	0,80	0,76	0,86	0,59	3,84	0,77	
z_{A1-6}	0,84	0,80	0,76	0,86	0,59	3,85	0,77	

R1/R2   0,77

Tab. XXXII: Rater-Übereinstimmung HT
(Test 3: Unterrichtsklasse)

Aufg. Nr.	ZK 1	ZK 2	ZK 3	ZK 4	ZK 5	Σ_{K1-5}	$\bar{Z}_{K1-5}$	Anzahl
01	0,81	0,81	0,87	0,88	0,69	4,06	0,81	16
02	0,78	0,78	0,89	0,94	0,61	4,00	0,80	18
03	0,78	0,83	0,83	0,94	0,56	3,94	0,79	18
04	0,82	0,71	0,88	0,94	0,59	3,94	0,79	17
05	0,80	0,93	0,53	0,67	0,47	3,40	0,68	15
06	0,94	0,94	0,88	1,00	0,41	4,17	0,83	17
Σ_{A1-6}	4,93	5,00	4,88	5,37	3,33	23,51	4,70	101
$\bar{Z}_{(A1-6)}$	0,82	0,83	0,81	0,90	0,56	3,92	0,78	
Z_{A1-6}	0,82	0,83	0,82	0,90	0,55	3,92	0,78	

R1/R2 0,78

Tab. XXXIII: Rater-Übereinstimmung HT
(Test 3: Parallelklasse)

Aufg. Nr.	ZK 1	ZK 2	ZK 3	ZK 4	ZK 5	Σ_{K1-5}	$\bar{Z}_{K1-5}$	Anzahl
01	0,79	1,00	0,86	0,86	0,50	4,01	0,80	14
02	1,00	0,78	0,83	0,89	0,55	4,05	0,81	18
03	0,73	0,91	0,64	0,54	0,73	3,55	0,71	11
04	1,00	0,85	0,46	0,77	0,69	3,77	0,75	13
05	0,83	0,50	0,50	0,75	0,67	3,25	0,65	12
06	0,78	0,33	0,78	1,00	0,78	3,67	0,73	9
Σ_{A1-6}	5,13	4,37	4,07	4,81	3,92	22,30	4,46	77
$\bar{Z}_{(A1-6)}$	0,86	0,73	0,68	0,80	0,65	3,72	0,74	
Z_{A1-6}	0,87	0,75	0,69	0,80	0,64	3,75	0,75	

R1/R2 0,75

Tab. XXXIV: Rater-Übereinstimmung   HT
(Test 4: Gesamt)

Aufg. Nr.	ZK 1	ZK 2	ZK 3	Σ_{K1-3}	$\bar{Z}_{K1-3}$	Anzahl
01	0,74	0,64	0,42	1,80	0,60	50
02	0,57	0,69	0,57	1,83	0,61	42
03	0,71	0,64	0,79	2,14	0,71	14
04	1,00	0,72	0,61	2,33	0,78	18
05	0,69	0,85	0,61	2,15	0,72	3
06	1,00	1,00	1,00	3,00	1,00	2
Σ_{A1-6}	4,71	4,54	4,00	13,25	4,42	139
$\bar{Z}_{(A1-6)}$	0,78	0,76	0,67	2,21	0,74	
Z_{A1-6}	0,72	0,69	0,55	1,96	0,65	

R1/R2   0,65

Tab. XXXV: Rater-Übereinstimmung   HT
(Test 4: Unterrichtsklasse)

Aufg. Nr.	ZK 1	ZK 2	ZK 3	Σ_{K1-3}	$\bar{Z}_{K1-3}$	Anzahl
01	0,83	0,67	0,33	1,83	0,61	24
02	0,42	0,74	0,58	1,74	0,58	19
03	0,50	0,50	0,62	1,62	0,54	8
04	1,00	0,70	0,70	2,40	0,80	10
05	0,78	0,78	0,44	2,00	0,67	9
06	1,00	1,00	1,00	3,00	1,00	2
Σ_{A1-6}	4,53	4,39	3,67	12,59	4,20	72
$\bar{Z}_{(A1-6)}$	0,75	0,73	0,61	2,09	0,70	
$\bar{Z}_{A1-6}$	0,71	0,69	0,51	1,91	0,64	

R1/R2   0,64

Tab. XXXVI: Rater-Übereinstimmung HT
(Test 4: Parallelklasse)

Aufg. Nr.	ZK 1	ZK 2	ZK 3	Σ_{K1-3}	$\bar{Z}_{K1-3}$	Anzahl
01	0,65	0,62	0,50	1,77	0,59	26
02	0,70	0,65	0,56	1,91	0,64	23
03	1,00	0,83	1,00	2,83	0,94	6
04	1,00	0,75	0,50	2,25	0,75	8
05	0,50	1,00	1,00	2,50	0,83	4
06	-	-	-	-	-	0
Σ_{A1-6}	3,85	3,85	3,56	11,26	3,75	67
$\bar{Z}_{(A1-6)}$	0,77	0,77	0,71	2,25	0,75	
Z_{A1-6}	0,73	0,69	0,60	2,02	0,67	

R1/R2 0,67

Tab. XXXVII: Übereinstimmung/Schwierigkeit/Trennschärfe HT
(Test 1)

Aufg. Nr.	Übereinstimmung	Schwierigk. %	Trennschärfe	Anzahl
a) Parallelklasse				
01	0,89	3,23	0,41	31
02	0,89	0,00	-	31
03	0,93	3,85	0,41	26
04	0,95	4,17	0,41	24
05	0,94	5,55	0,42	18
06	0,91	5,88	0,45	17
b) Gesamt				
01	0,89	21,67	0,77	60
02	0,89	12,28	0,79	57
03	0,92	17,65	0,71	51
04	0,90	11,76	0,75	51
05	0,90	16,28	0,68	43
06	0,92	8,11	0,42	37

Tab. XXXVIII: Übereinstimmung/Schwierigkeit/Trennschärfe HT
(Test 2)

Aufg. Nr.	Überein- stimmung	Schwierigk. %	Trenn- schärfe	Anzahl
a) Parallelklasse				
01	0,99	0,00	-	25
02	0,91	8,69	0,73	23
03	0,89	4,17	0,71	24
04	0,77	0,00	-	22
05	0,85	4,35	0,25	23
06	0,78	10,00	0,46	20
b) Gesamt				
01	0,95	38,18	0,79	55
02	0,86	34,61	0,82	52
03	0,86	41,51	0,75	53
04	0,81	27,08	0,88	48
05	0,82	15,38	0,58	52
06	0,82	34,04	0,79	47

Tab. XXXIX: Übereinstimmung/Schwierigkeit/Trennschärfe HT
(Test 3)

Aufg. Nr.	Überein- stimmung	Schwierigk. %	Trenn- schärfe	Anzahl
a) Parallelklasse				
01	0,80	28,57	0,45	14
02	0,81	23,53	0,55	17 (16)
03	0,71	9,09	0,66	11 (10)
04	0,75	8,33	0,52	12
05	0,65	25,00	0,31	12 (11)
06	0,73	44,44	0,30	9
b) Gesamt				
01	0,81	50,00	0,62	30
02	0,82	45,71	0,67	35 (34)
03	0,76	28,57	0,57	28 (27)
04	0,77	51,72	0,79	29
05	0,67	23,08	0,27	26 (25)
06	0,90	65,38	0,51	26

Tab. XL: Übereinstimmung/Schwierigkeit/Trennschärfe HT
(Test 4)

Aufg. Nr.	Überein-stimmung	Schwierigk. %	Trenn-schärfe	Anzahl
a) Parallelklasse			
01	0,59	26,92	0,56	26
02	0,64	8,70	0,42	23
03	0,94	0,00	0,00	6
04	0,75	0,00	0,00	8
05	0,83	0,00	0,00	4
06	-	-	-	0
b) Gesamt			
01	0,60	40,00	0,57	50
02	0,61	23,81	0,65	42
03	0,71	21,43	0,79	14
04	0,78	16,67	0,42	18
05	0,72	23,08	0,68	13
06	1,00	0,00	0,00	2

Tab. XLI: Schwierigkeit pro Kriterium HT
(Test 1)

Aufg. Nr.	K 1 %	K 2 %	K 3 %	K 4 %	Anzahl
a) Unterrichtsklasse					
01	79,31	55,17	86,21	31,03	29
02	84,61	34,61	88,46	7,69	26
03	76,00	44,00	88,00	16,00	25
04	62,96	18,52	70,37	14,81	27
05	84,00	32,00	84,00	12,00	25
06	95,00	0,00	90,00	10,00	20
Σ	481,88	184,30	507,04	91,53	152
$\bar{x}$	80,31	30,72	84,51	15,26	
b) Parallelklasse					
01	35,48	12,90	70,97	3,22	31
02	9,68	12,90	54,84	0,00	31
03	42,31	7,69	57,69	3,85	26
04	12,50	0,00	70,83	4,17	24
05	50,00	11,11	38,89	0,00	18
06	52,94	5,88	41,18	0,00	17
Σ	202,91	50,48	334,40	11,24	147
$\bar{x}$	33,82	8,41	55,73	1,87	
c) Gesamt					
01	56,67	33,33	78,33	16,67	60
02	43,86	22,81	70,17	3,51	57
03	58,82	25,49	72,55	9,80	51
04	39,22	9,80	70,59	9,80	51
05	69,77	23,26	65,12	6,98	43
06	75,68	2,70	67,57	5,40	37
Σ	344,02	117,39	424,33	52,16	299
$\bar{x}$	57,33	19,57	70,72	8,69	

Tab. XLII: Schwierigkeit pro Kriterium   HT
(Test 2)

Aufg. Nr.	K 1 %	K 2 %	K 3 %	K 4 %	K 5 %	K 6 %	Anzahl
a) Unterrichtsklasse							
01	0,00	93,33	73,33	56,67	56,67	86,67	30
02	3,45	93,10	79,31	72,14	31,03	75,86	29
03	3,45	93,10	82,76	82,76	48,28	82,76	29
04	15,38	69,23	73,08	84,61	23,08	50,00	26
05	0,00	65,52	44,83	72,41	13,79	48,28	29
06	3,70	92,59	55,55	74,07	29,63	81,48	27
Σ	25,98	506,87	408,86	442,66	202,48	425,05	170
x̄	4,33	84,48	68,14	73,78	33,75	70,84	
b) Parallelklasse							
01	56,00	8,00	8,00	12,00	12,00	16,00	25
02	65,22	21,74	13,04	39,13	13,04	13,04	23
03	54,17	16,67	8,33	29,17	20,83	16,67	24
04	63,64	13,64	0,00	27,27	31,82	22,73	22
05	43,48	13,04	4,35	13,04	13,04	13,04	23
06	50,00	50,00	5,00	35,00	10,00	50,00	20
Σ	332,51	123,09	38,72	155,61	100,73	131,48	137
x̄	55,42	20,52	6,45	25,93	16,79	21,91	
c) Gesamt							
01	25,66	50,66	40,66	34,33	11,44	51,33	55
02	34,33	57,42	46,18	55,64	7,35	44,45	52
03	28,81	54,89	45,54	55,96	11,52	49,72	53
04	39,51	41,43	36,54	55,94	27,45	36,36	48
05	21,74	39,28	24,59	42,72	13,42	30,66	52
06	26,85	71,30	30,28	54,54	19,81	65,74	47
Σ	179,24	314,98	223,79	299,13	90,99	278,26	307
x̄	29,87	52,50	37,30	49,86	15,17	46,38	

Tab. XLIV: Schwierigkeit pro Kriterium HT (Test 4)

Aufg. Nr.	K 1 %	K 2 %	K 3 %	Anzahl
a) Unterrichtsklasse				
01	83,33	58,33	33,33	24
02	47,37	52,63	26,32	19
03	50,00	37,50	25,00	8
04	20,00	40,00	20,00	10
05	66,67	44,44	33,33	9
Σ	267,37	232,90	137,98	70
x̄	55,47	46,58	27,60	
b) Parallelklasse				
01	69,23	46,15	11,54	26
02	26,09	13,04	8,69	23
03	0,00	0,00	0,00	6
04	12,50	37,50	37,50	8
05	75,00	0,00	50,00	4
Σ	182,82	96,69	107,73	67
x̄	36,56	19,34	21,55	
c) Gesamt				
01	76,00	52,00	22,00	50
02	35,71	30,95	16,67	42
03	28,57	21,43	14,29	14
04	16,67	38,89	27,78	18
05	69,23	30,77	38,46	13
Σ	226,18	174,04	119,20	137
x̄	45,24	34,81	23,84	

Tab. XLIII: Schwierigkeit pro Kriterium HT (Test 3)

Aufg. Nr.	K 1 %	K 2 %	K 3 %	K 4 %	K 5 %	Anzahl
a) Unterrichtsklasse						
01	75,00	87,50	68,75	62,50	81,25	16
02	72,22	77,78	50,00	66,67	61,11	18
03	52,94	82,35	70,59	23,53	23,53	17
04	76,47	76,47	82,35	70,59	41,18	17
06	64,71	94,12	100,00	76,47	58,82	17
Σ	341,34	418,22	371,69	299,76	265,89	85
x̄	68,27	83,64	74,34	59,95	53,18	
b) Parallelklasse						
01	42,86	71,43	78,57	28,57	57,43	14
02	29,41	47,06	29,41	29,41	47,06	17
03	18,18	54,54	54,54	0,00	36,36	11
04	8,33	33,33	75,00	8,33	8,33	12
06	22,22	33,33	66,67	66,67	22,22	9
Σ	121,00	239,69	304,19	132,98	171,40	63
x̄	24,20	47,94	60,84	26,60	34,28	
c) Gesamt						
01	60,00	80,00	73,33	46,67	70,00	30
02	51,43	62,86	40,00	48,57	54,29	35
03	39,29	71,43	64,29	14,29	28,57	28
04	49,28	58,62	79,31	44,83	27,59	29
06	50,00	73,08	88,46	73,08	46,15	26
Σ	249,00	345,99	345,39	227,44	226,60	148
x̄	49,80	69,20	69,08	45,49	45,32	

Tab. XLV: Reliabilität (Test 1)   HT

a) Unterrichtsklasse

N = 29	x_1	x_2
Vp.Nr.		
01	0,5	0,0
02	2,5	1,5
03	10,5	8,0
04	8,5	5,5
05	5,0	3,0
06	7,5	11,0
07	10,0	5,5
08	12,0	11,0
09	10,0	9,0
10	10,0	9,0
11	8,0	6,5
12	15,0	13,0
13	8,5	8,0
14	4,0	4,0
15	12,0	15,0
16	12,5	10,0
17	12,0	6,5
18	7,5	3,0
19	11,0	9,0
20	13,0	11,0
22	6,0	7,0
23	11,0	11,0
25	14,0	12,5
26	5,0	2,5
27	10,5	7,5
28	13,0	13,5
29	9,0	8,0
30	5,0	5,0
31	12,5	10,5
Σ	266,0	227,0
r_{12} =	0,86	
r_{tt} =	0,92	

b) Parallelklasse

N = 31	x_1	x_2
Vp.Nr.		
01	2,0	0,0
02	4,5	2,5
03	3,5	4,0
05	5,0	5,5
06	5,0	5,5
07	5,0	4,5
08	4,5	1,0
09	6,5	4,5
10	1,0	2,0
11	4,5	4,0
12	1,0	1,0
14	4,5	5,5
15	9,0	3,5
16	7,0	7,0
17	7,5	4,5
18	1,0	0,5
19	4,0	2,5
20	3,0	2,0
21	11,0	9,5
22	0,5	1,0
24	3,5	3,5
25	1,0	2,0
26	4,5	2,0
27	7,5	6,0
28	1,5	1,0
29	2,0	3,0
30	6,5	4,5
31	6,5	6,0
32	2,0	0,5
33	3,5	1,5
34	1,5	1,0
Σ	130,0	101,5
r_{12} =	0,82	
r_{tt} =	0,90	

c) Beide Klassen

N = 60	x_1	x_2
	...	
	...	
	...	
Σ	396,0	329,5
r_{12} =	0,90	
r_{tt} =	0,95	

Tab. XLVI: Reliabilität (Test 2)   HT

a) Unterrichtsklasse

N = 31	x_1	x_2
Vp.Nr.		
01	10,5	10,5
02	10,5	7,5
03	14,5	11,5
04	15,0	15,0
05	4,5	5,5
06	14,5	13,5
07	11,5	13,5
08	11,5	8,0
09	6,5	9,0
10	14,0	9,5
11	5,0	5,5
12	16,0	16,5
13	15,5	15,5
14	6,5	6,0
15	11,5	11,5
16	13,5	13,0
17	15,5	15,0
18	9,5	6,5
19	14,0	15,5
20	12,5	14,5
21	9,5	9,5
22	11,5	8,5
23	9,5	13,0
24	8,0	5,0
25	10,5	10,5
26	10,0	9,0
27	1,5	3,0
28	13,5	14,0
29	13,0	14,5
30	11,5	8,5
31	11,0	12,5
Σ	342,0	331,0

$r_{12} = 0,84$

$r_{tt} = 0,91$

b) Parallelklasse

N = 24	x_1	x_2
Vp.Nr.		
01	7,0	6,0
02	1,0	5,5
03	2,0	2,0
04	4,5	5,5
05	8,0	8,5
06	8,0	8,0
07	10,5	11,5
08	5,5	6,0
09	9,0	8,0
11	1,5	1,5
13	7,5	7,5
14	4,0	3,0
15	7,5	9,0
16	4,5	5,0
17	5,0	5,5
18	6,5	7,5
19	9,5	9,0
20	5,0	3,5
21	4,0	6,5
22	6,0	7,0
23	6,0	7,0
24	7,5	11,5
25	2,5	5,5
26	4,0	9,5
Σ	136,5	159,5

$r_{12} = 0,76$

$r_{tt} = 0,86$

c) Beide Klassen

N = 55	x_1	x_2
	...	
	...	
	...	
Σ	478,5	490,5

$r_{12} = 0,87$

$r_{tt} = 0,93$

Tab. XLVII: Reliabilität (Test 3) HT

a) Unterrichtsklasse

N = 22	x_1	x_2
Vp.Nr.		
01	8,5	9,5
02	8,0	9,0
03	11,5	11,0
04	5,0	5,5
05	11,0	11,0
06	5,5	5,5
07	9,5	7,5
09	10,0	10,5
10	5,0	4,5
11	5,5	2,5
12	8,0	9,5
13	6,0	5,5
14	6,5	8,0
15	8,0	9,5
17	9,0	11,5
18	11,5	7,0
19	6,0	5,0
20	9,0	9,5
21	4,0	5,5
22	4,5	3,0
23	7,5	12,0
24	3,0	7,0
Σ	162,5	163,5

$r_{12} = 0,59$
$r_{tt} = 0,74$

b) Parallelklasse

N = 20	x_1	x_2
Vp.Nr.		
01	4,0	5,0
02	1,5	5,0
03	6,0	4,0
04	4,0	4,0
06	1,5	1,0
07	6,5	0,0
08	3,0	2,0
09	1,0	7,5
10	5,5	1,0
12	2,5	5,0
13	3,5	5,0
14	0,0	0,0
17	3,0	2,0
18	4,0	1,5
19	6,0	3,5
21	4,0	1,0
22	2,5	3,5
23	9,0	9,5
24	2,5	2,5
25	4,0	5,5
Σ	74,0	68,5

$r_{12} = 0,24$
$r_{tt} = 0,39$

c) Beide Klassen

N = 42	x_1	x_2
...		
...		
...		
Σ	236,5	232,0

$r_{12} = 0,66$
$r_{tt} = 0,79$

Tab. XLVIII: Reliabilität (Test 4) HT

a) Unterrichtsklasse

N = 22	x_1	x_2
Vp.Nr.		
01	4,0	1,0
04	6,0	1,0
05	4,0	6,0
06	8,0	3,0
08	6,0	6,0
09	4,0	2,0
10	9,0	10,0
11	4,0	4,0
12	4,0	2,0
13	5,0	1,0
15	10,0	10,0
16	5,0	1,0
17	10,0	7,0
19	6,0	4,0
21	5,0	1,0
22	6,0	4,0
23	3,0	5,0
24	4,0	0,0
25	9,0	10,0
26	4,0	5,0
28	2,0	0,0
29	8,0	6,0
Σ	126,0	89,0

$r_{12} = 0,72$
$r_{tt} = 0,84$

b) Parallelklasse

N = 24	x_1	x_2
Vp.Nr.		
01	3,0	5,0
02	0,0	2,0
03	0,0	0,0
04	6,0	4,0
05	3,0	3,0
06	3,0	0,0
07	3,0	3,0
08	5,0	0,0
09	6,0	4,0
10	3,0	2,0
12	3,0	3,0
14	2,0	3,0
15	3,0	0,0
16	3,0	1,0
17	4,0	5,0
19	4,0	2,0
20	5,0	2,0
21	0,0	0,0
23	3,0	4,0
24	3,0	2,0
25	5,0	2,0
26	5,0	2,0
28	5,0	3,0
29	3,0	1,0
Σ	80,0	53,0

$r_{12} = 0,37$
$r_{tt} = 0,54$

c) Beide Klassen

N = 46	x_1	x_2
...		
Σ	206,0	142,0

$r_{12} = 0,67$
$r_{tt} = 0,80$

Anmerkung: Die Reliabilität wird nur für 5 Aufgaben berechnet. Dadurch werden die Testhälften kürzer, und der Wert sinkt.

Tab. XLIX: Rohwerte, Mittelwerte, Standardabweichung HT
(2. Hypothese/1. Auswertungsmodell: Vergleich der Mittelwerte der Punktwerte pro Klasse einschließlich der aussortierten Bearbeitungen)

16	4,0
17	9,0
18	4,0
19	6,0
20	11,0
21	3,0
22	4,0
23	10,0
24	5,0
25	7,0
26	7,0
27	4,0
28	12,0
29	4,0

$N_{1/4} = 114$ 9,5   25 $101 = N_{2/3}$

Testgruppe 1+4

Klasse	Klassen-mitte	f	z	f·z	f·z²
0 − 3,9	2	14	−2	−28	56
4 − 7,9	6	33	−1	−33	33
8 − 11,9	10	27	0	0	0
12 − 15,9	14	13	+1	13	13
16 − 19,9	18	12	+2	24	48
20 − 23,9	22	8	+3	24	72
24 − 27,9	26	6	+4	24	96
28 − 31,9	30	1	+5	5	5
Σ		114		29	323

d =

Testgruppe 2+3

Klasse	Klassen-mitte	f	z	f·z	f·z²
0 − 3,9	2	4	−3	−12	36
4 − 7,9	6	12	−2	−24	48
8 − 11,9	10	22	−1	−22	22
12 − 15,9	14	14	0	0	0
16 − 19,9	18	16	+1	16	16
20 − 23,9	22	16	+2	32	64
24 − 27,9	26	9	+3	18	54
28 − 31,9	30	7	+4	28	112
32 − 35,9	34	1	+5	5	25
Σ		101		41	377

d =

Tab. L: Prüfung gegen Gleichverteilung   HT
(3. Hypothese/2. Auswertungsmodell:
gelöste Aufgaben der unterrichteten
vs. die nicht unterrichteten Klassen)

Schulen \ Klassen	unterrichtet		Σ
Arbeiter-G.	362,50	350,69	713,19
TraditionsG	338,89	350,69	689,58
Σ	701,39	701,38	1402,77

$Chi^2 = 0,36$

Schulen \ Klassen	nicht unterr.		Σ
Arbeiter-G.	73,08	52,91	125,99
TraditionsG	32,74	52,91	85,65
Σ	105,82	105,82	211,64

$Chi^2 = 7,96$

LITERATURVERZEICHNIS

Aebli, Hans 1982: Über die geistige Entwicklung des Kindes. Frankfurt/M., Berlin, Wien

Allemann, Beda (Hg.) 1971: Ars poetica. Texte von Dichtern des 20. Jahrhunderts zur Poetik. Darmstadt (1. Auflage 1966)

Amabile, Teresa M. 1983: The social psychology of creativity. New York, Berlin, Heidelberg, Tokyo

Ammon, Gisela 1974: Stufen der Kreativität in der Vorlatenz. In Ammon, Günter (Hg.): Grupppendynamik der Kreativität. München, S. 37ff.

Ammon, Günter (Hg.) 1974a: Grupppendynamik der Kreativität. München, Einleitung S. 7ff.

Ammon, Günter 1974b: Kreativität und Ich-Entwicklung in der Gruppe. In Ammon, Günter (Hg.): Grupppendynamik der Kreativität. München, S. 12ff.

Aristoteles 1981: Poetik. Übersetzung, Einleitung und Anmerkungen von Olof Gigon. Stuttgart.

Arvatov, Boris 1972: Kunst und Produktion. München.

Auchter, Thomas 1978: Die Suche nach dem Vorgestern. In: Psyche Nr. 32, S. 52ff.

Ausubel, David P./ Joseph D. **Novak**/ Helen **Hanesian** 1980: Psychologie des Unterrichts Bd. 1, 1981: Psychologie des Unterrrichts Bd. 2. Weinheim, Basel (2. Auflage)

Autenrieht, Norbert 1977: Umgang mit einem Unsinnstext unter den Gesichtspunkten eines integrierenden Deutschunterrichts. In: Pädagogische Welt, Jg. 31, H. 10, S. 626ff.

Baacke, Dieter 1979: Die 13- bis 18-jährigen. Einführung in Probleme des Jugendalters. München, Wien, Baltimore (2. Auflage), S. 66ff.

Baacke, Dieter 1982: Phantasie und Kreativität. In Kagelmann, H. Jürgen/ Gerd Wenninger (Hg.): Medienpsychologie. München, Wien, Baltimore, S. 146ff.

Bachem, Rolf 1975: Wann sind Schüler sprachlich kreativ? In: Linguistische Berichte, H. 35, S. 83ff.

Bark, Karin 1979: Anregung zu Phantasie und Kreativität durch Texte und Bilder? In Grützmacher, Jutta (Hg.): Didaktik der Jugendliteratur. Stuttgart, S. 129ff.

Barron, Frank 1963: Creativity and psychological health. Origins of personal vitality and creative freedom. Princeton

Barron, Frank 1967: The psychology of the creative writer. In Barron, Frank (Hg.): Explorations in creativity. New York, S. 69-74 (zitiert nach Schmidt, Siegfried J./ Reinhard Zobel 1983: Empirische Untersuchungen zu Persönlichkeitsvariablen von Literaturproduzenten. Braunschweig, Wiesbaden, S. 142ff.)

Barron, Frank 1969: Creative person and creative process. New York usw.

Barron, Frank 1975: The disposition toward originality. In Taylor, Calvin W./ Frank Barron (Hg.): Scientific creativity: its recognition and development. Huntington, New York, S. 139ff.

Barron, Frank/ Georg S. **Welsh** 1973: Künstlerische Wahrnehmung als ein möglicher Faktor des Persönlichkeitsstils: Deren Messung mit Hilfe eines Tests der Präferenzen für Figuren. In Ulmann, Gisela (Hg.): Kreativitätsforschung. Köln, S. 141ff. (orig. 1951)

Barthes, Roland 1974: Mythen des Alltags. Frankfurt/M. (3. Auflage), S. 39ff.

Baumgärtner, Alfred Clemens 1981: Das Abenteuer und die Jugendliteratur. Überlegungen zu einem literarischen Motiv. In: Sub tua platano. Festgabe für Alexander Beinlich. Emsdetten, S. 218ff.

Beer, Ulrich/ Willi **Erl** 1974: Entfaltung der Kreativität. Tübingen

Begemann, Ernst 1972: Kreativität und Schule, Jg. 64, H. 6, S. 362ff.

Bense, Max 1971: Zusammenfassende Grundlegung moderner Ästhetik. In Kreuzer, Helmut (Hg.): Mathematik und Dichtung. Versuche zur Frage einer exakten Literaturwissenschaft. München, S. 313ff.

Berlyne, D.E. 1974: Konflikt, Erregung, Neugier. Zur Psychologie der kognitiven Motivation. Stuttgart (orig. 1960)

Birner, Heinz 1978: Kreative Gestaltungsübungen im Deutschunterricht der Mittelstufe. München

Bloch, Gottfried R./ Noretta **Haas-Robbins** 1974: Handhabung des Nein in der analytischen Gruppentherapie. In Ammon, Günter (Hg.): Grupppendynamik der Kreativität. München, S. 63ff.

Boehncke, Heiner/ Jürgen **Humburg** 1980: Schreiben kann jeder. Reinbek bei Hamburg

Bogdan, Michael 1975: Lifelong education and creativity. In Dave, R.H. (Hg.): Reflections on lifelong education and the school. Hamburg (Unesco Institute for education), S. 31ff.

Bono, Edward de 1972: Das spielerische Denken. Reinbek bei Hamburg (orig. 1967)

Bortz, Jürgen 1979: Lehrbuch der Statistik. Berlin, Heidelberg, New York

Bortz, Jürgen 1984: Lehrbuch der empirischen Forschung für Sozialwissenschaftler. Berlin, Heidelberg, New York, Tokyo

Bräuer, Gottfried 1966: Das Finden als Moment des Schöpferischen. Tübingen

Breitinger, Johann Jakob 1980: Critische Dichtkunst (1740). In Bodmer, Johann Jakob/ Johann Jakob Breitinger: Schriften zur Literatur, hrsg. v. Volker Meid. Stuttgart, S. 83ff.

Brokerhoff, Karl Heinz 1976: Kreativität im Deutschunterricht. Kastellaun

Brown, George I. 1965: A second study in the teachinng of creativity. In: Havard educational review Bd. 35, S. 39ff.

Brühl, Gisela 1970: Kreativität und Schule. In: Lebendige Schule, H. 3, S. 81ff.

Bruner, Jerome S. 1962: The conditions of creativity. In Gruber, Howard E./ Glenn Terrell/ Michael Wertheimer (Hg.): Contemporary approaches to creative thinking. A symposium held at the University of Colorado. New York, S. 1ff.

Büchner, Georg 1963: Sämtliche Werke, hrsg. v. Paul Stapf. Berlin, Darmstadt, Wien

Camus, Albert 1959: Der Mythos von Sisyphos. Düsseldorf

Cattell, Raymond B. 1975: The personality and motivation of the researcher from measurements of contemporaries and from biography. In Taylor, Calvin W./ Frank Barron (Hg.): Scientific creativity: its recognition and development. Huntington, New York, S. 119ff.

Chenfeld, Mimi Brodsky 1978: Teaching language arts creatively. New York usw.

Cropley, Arthur J. 1978: Unterricht ohne Schablone. Wege zur Kreativität. Ravensburg

Crutchfield, Richard S. 1962: Conformity and creative thinking. In Gruber, Howard E./ Glenn Terrell/ Michael Wertheimer (Hg.): Contemporary approaches to creative thinking. New York, S. 120ff. (wiederabgedruckt in Ulmann, Gisela (Hg.) 1973, S. 155ff.)

Crutchfield, Richard S. 1971: Individueller Unterricht in kreativem Denken. In Mühle, Günther/ Christa Schell (Hg.): Kreativität und Schule. München (orig. 1967), S. 116ff.

Culbert, Samuel A./ Jerry **Fisher** 1969: The medium of art as an adjunct to learning in sensitivity training. In: Journal of Creative Behavior 3, S. 26ff.

Curtius, Mechthild (Hg.) 1976: Seminar: Theorien der künstlerischen Produktivität. Frankfurt/M.

Davis, Gary A. 1971: Übung der Kreativität im Jugendalter: eine Diskussion über die Strategie. In Mühle, Günther/ Christa Schell (Hg.): Kreativität und Schule. München, S. 105ff.

Davis, Gary A./ Joseph A. **Scott** (Hg.) 1971: Training creative thinking. New York usw.

Delft, Pieter van/ Jack **Botermans** 1977: Denkspiele der Welt. München

Demers, Patricia (Hg.) 1986: The creating word. Papers from an international conference on the learning and teaching of English in the 1980s. Houndsmills usw.

Dewey, John 1951: Wie wir denken. Eine Untersuchung über die Beziehung des reflektiven Denkens zum Prozeß der Erziehung. Zürich (orig. 1910)

Dewey, John 1980: Kunst als Erfahrung. Frankfurt/M. (orig. 1934)

Dietrich, Wolf/ Barbara **Kupisch** (Hg.) 1978: Modelle für den Deutschunterricht in der Grundschule. Freiburg, Basel, Wien

Dreitzel, Hans P./ Jürgen **Wilhelm** 1966: Das Problem der "Kreativität" in der Wissenschaft. Ein Beitrag zur Wissenschaftssoziologie. In: Kölner Zeitschrift für Soziologie, S. 62ff.

Dries, Gerd-Manfred 1982: Kreativität. Heidelberg

Dubois, Jacques u.a. 1974: Allgemeine Rhetorik. München

Duncker, Karl 1974: Zur Psychologie des produktiven Denkens. Berlin, Heidelberg, New York (1. Auflage 1963; orig. 1935)

Eckensberger, Lutz H./ Peter **Burgard** 1981: The cross-cultural assessment of normative concepts: some considerations on the affinity between methodological approaches and preferred theories. In Irvine, S. H./ John W. Berry (Hg.): Human Assessment and cultural factors. New York und London, S. 459ff.

Eco, Umberto 1972: Einführung in die Semiotik. München

Ehmer, Hermann K. 1980: Ästhetische Erziehung und Subjektivität. In: Kunst + Unterricht, Sonderheft, S. 4ff.

Ehrenzweig, Anton 1976: Die drei Phasen der Kreativität. In Curtius, Mechthild (Hg.): Seminar: Theorien der künstlerischen Produktivität. Frankfurt/M. S. 65ff

Eiduson, Bernice T. 1958: Artist and nonartist: a comparative study. In: Journal of personality, 26, S. 13ff.

Eisenman, Russell 1968: Complexity - simplicity. Preferences, involvement, and attitude change. In: Journal of creative behavior Bd. 2, Nr. 2, S. 128ff.

Eisenstadt, J. Marvin 1966: Problem-solving ability of creative and non-creative college students. In: Journal of consulting psychology Bd. 30, Nr. 1, S. 81ff.

Empson, William 1965: Seven types of ambiguity. Harmondsworth (orig. 1930)

Endl, Kurt 1980: Rubik's Cube. Strategie zur Lösung. Gießen

Erikson, E.H. 1970: Identität und Lebenszyklus. Frankfurt/M. (orig. 1959)

Essen, Erika 1968: Methodik des Deutschunterrichts. Heidelberg (1. Auflage 1955)

Fehrmann, Carl 1980: Poetic creation. Inspiration or craft. Minneapolis

Festinger, L. 1957: A Theory of cognitive dissonance. Evanston

Fingerhut, Karlheinz/ Hartmut **Melenk** 1980: Über den Stellenwert von "Kreativität" im Deutschunterricht. In: Diskussion Deutsch, H. 55, S. 494

Fingerhut, Karlheinz/ Hartmut **Melenk**/ Günter **Waldmann** 1981: Kritischer und produktiver Umgang mit Literatur. In: Diskussion Deutsch, H. 58, S. 130ff.

Flechsig, Karl-Heinz 1966: Erziehen zur Kreativität. In: Die (neue) Sammlung, Jg. 6, H. 2, S. 129ff.

Flechsig, Karl-Heinz 1978: Von der Lehrerdidaktik zur Lernerdidaktik (Gespräch mit Wolfgang Born). In: Didaktische Trends, hrsg. v. Born, Wolfgang/ Gunter Otto. München, Wien, Baltimore, S. 120ff.

Fleming, Elyse/ Samuel **Weintraub**: Attitudinal rigidity as a measure of creativity in gifted children. In: Journal of educational psychology, 53, S. 81ff. (zitiert nach Ulmann, Gisela 1968)

Floßdorf, Bernhard 1978: Kreativität. Bruchstücke einer Soziologie des Subjekts. Frankfurt/M.

Forstbauer, Hannelore 1976: Die Funktion der Ästhetik in der Sprache - kreativer Umgang mit der Sprache. In Neumann, Hans Joachim (Hg.): Der Deutschunterricht in der Grundschule Bd. 2, S. 71ff.

Frank, Rainer 1982: Kreativität und Sprachbetrachtung. In: Der Deutschunterricht Jg. 34, H. 3, S. 49ff.

Franke, Herbert W. 1981: Die kybernetischen Grundsätze der Ästhetik. In: Psychologie der Kultur, Bd. 2 (Imagination, Kunst und Kreativität), hrsg. v. Gion Condrau. Weinheim, Basel, S. 323ff.

Frenkel-Brunswik, E. 1949: Intolerance of ambiguitiy as an emotional and perceptual variable. In: Journal of personalitiy, 18, S. 108ff.

Fromm, Erich 1959: The creative attitude. In Anderson, Harold H.(Hg.): Creativity and its cultivation. New York, S. 44ff.

Fromm, Erich 1980: Die Kunst des Liebens. Frankfurt/M., Berlin, Wien (orig. 1956)

Fudickar, Margrit 1985: Kreativitätstraining und Schule. Erfolgreiche Methoden zur Steigerung der Kreativität am Beispiel eines Unterrichtsversuchs. Essen

Gage, Nathaniel L./ David C. **Berliner** 1979: Pädagogische Psychologie (2 Bände). München, Wien, Baltimore (2. Auflage, orig. 1975)

Gallert, Thorsten 1982: Alltägliches als Anlaß zum Schreiben. In: Der Deutschunterricht, Jg. 34, H. 4, S. 41ff.

Galli, Walter/ Rudolf **Pflieger** 1973: Deutsch. In Tybl, Rolf/ Hellmuth Walter (Hg.): Handbuch zum Unterricht. Starnberg, S. 107ff.

Gardner, John W. 1971: Self-renewal. The individual and the innovative society. New York

Gerth, Klaus 1979: Poetik. In: Praxis Deutsch, H. 37, S. 11ff.

Getzels, Jacob W./ Philip W. **Jackson** 1962: Creativity and intelligence. Explorations with gifted students. London, New York

Getzels, Jacob W./ Philip W. **Jackson** 1975: The Highly intelligent and the highly creative adolescent. A summary of some research findings. In Taylor, Calvin W./ Frank Barron (Hg.): Scientific creativity: its recognition and development. Huntington, New York, S. 161ff.

Ghiselin, Brewster (Hg.) 1952: The creative process. A symposium. New York and Scarborough, Ontario

Glasser, William 1969: Schools without failure. New York, Evanston, London

Gomringer, Eugen (Hg.) 1983: konkrete poesie. Stuttgart

Gordon, William J.J. 1961: Synectics. The development of creative capacity. New York, Evanston, London

Gowan, John C./ George D. **Demos** 1967: Managing the "Post Partum"-depression in creative individuals. In Gowan, John Curtis/ George D. Demos/ E. Paul Torrance (Hg.): Creativity: its educational implications. New York usw. S. 224ff.

Greil, Josef/ Anton **Kreuz** 1978: Umgang mit Texten in Grund- und Hauptschule. Donauwörth

Groeben, Norbert 1972: Literaturpsychologie. Literaturwissenschaft zwischen Hermeneutik und Empirie. Stuttgart, Berlin, Köln, Mainz

Groeben, Norbert 1979: Literaturrezeption zwischen Genuß und Erkenntnis. In Mainusch, Herbert (Hg.): Literatur im Unterricht. München, S. 116ff.

Groeben, Norbert 1981: Zielideen einer utopisch-moralischen Psychologie. In: Zeitschrift für Sozialpsychologie, 12, S. 104ff.

Groeben, Norbert 1982a: Leserpsychologie: Textverständnis - Textverständlichkeit. Münster

Groeben, Norbert 1982b: Empirische Literaturwissenschaft. In Harth, Dietrich/ Peter Gebhardt (Hg.): Erkenntnis der Literatur. Stuttgart, S. 266ff.

Guilford, Joy P. 1957: Creative abilities in the arts. In: Psychological review Bd. 64, Nr. 2, S. 110ff.

Guilford, Joy P. 1959: Traits of creativity. In Anderson, Harold H. (Hg.): Creativity and its cultivation. New York and Evanston, S. 142ff.

Guilford, Joy P. 1964: Progress in the discovery of intellectual factors. In Taylor, Calvin W. (Hg.): Widening horizons in creativity. New York, S. 261ff.

Guilford, Joy P. 1967: Creativity: Yesterday, today, and tomorrow. In Parnes, Sidney J.: Creative behavior guidebook. New York 1967a, S. 268ff.

Guilford, Joy P. 1971a: Kreativität. In Mühle, Günther/ Christa Schell (Hg.): Kreativität und Schule. München, S. 13ff. (orig. 1950)

Guilford, Joy P. 1971b: Grundlegende Fragen bei kreativitätsorientiertem Lehren. In Mühle, Günther/ Christa Schell (Hg.): Kreativität und Schule. München, S. 139ff. (orig. 1966)

Guilford, Joy P. 1972: Creativity in interpersonal relations. In Taylor, Calvin W. (Hg.): Climate for creativity. New York usw., S. 63ff.

Guilford, Joy P. 1974: Persönlichkeit. Logik, Methodik und Ergebnisse ihrer quantitativen Erforschung. Weinheim, Basel

Guilford, Joy P./ Moana **Hendricks**/ Ralph **Hoepfer** 1973: Kreatives Lösen sozialer Probleme. In Ulmann, Gisela (Hg.): Kreativitätsforschung. Köln, S. 113ff. (orig. 1968)

Hadamard, Jacques 1945: The psychology of invention in the mathematical field. Princeton

Haefele, John W. 1962: Creativity and innovation. New York

Hart, Henry Harper 1950: The integrative function in creativity. In: Psychiatric quaterly Nr. 24, S. 1ff.

Hassett, Joseph D./ Arline **Weisberg** 1972: Open education. Alternatives within our tradition. Englewood Cliffs, New Jersey

Heine, Heinrich o. J.: Werke in einem Band. Stuttgarter Hausbücherei ("Es stehen unbeweglich/ Die Sterne in der Höh")

Heinelt, Gottfried 1976: Kreative Lehrer - kreative Schüler. Wie die Schule Kreativität fördern kann. Freiburg

Heiner, Achim 1974: Kritische Anmerkungen zum Thema Kreativität. In: Diskussion Deutsch, H. 17, S. 276ff.

Heißenbüttel, Helmut 1983: das Sagbare sagen. In Eugen Gomringer (Hg.): konkrete poesie. Stuttgart, S. 69

Heller, André 1974: sie nennen mich den messerwerfer. Frankfurt/M.

Helms, Hans G. 1976: Vom Proletkult zum Bio-Interview. In Roul Hübner/ Erhard Schütz (Hg.): Literatur als Praxis? Opladen, S. 71ff.

Henle, Mary 1962: The birth and death of ideas. In Gruber, Howard E./ Glenn Terrell/ Michael Wertheimer (Hg.): Contemporary approaches to creative thinking. New York, S. 31ff.

Hentig, Hartmut von 1969: Spielraum und Ernstfall. Stuttgart

Herbart, Johann Friedrich 1806: Allgemeine Pädagogik aus dem Zweck der Erziehung abgeleitet. Wiederabgedruckt in der Reihe "Kleine pädagogische Texte" Bd. 25, hrsg. v. E. Blochmann, G. Geißler, H. Nohl, E. Weniger. Weinheim 1952

Herrmann, Manfred 1980: Schule der Poetik. Paderborn

Hidas, György/ Béla **Buda** 1974: Beiträge zur Frage der Kreativität in der Gruppenpsychotherapie. In Ammon, Günter (Hg.): Gruppendynamik der Kreativität. München, S. 100ff.

Hillmann, Heinz 1975: Rezeption - empirisch. In Heuermann, Hartmut/ Peter Hühn/ Brigitte Röttger (Hg.): Literarische Rezeption. Paderborn, S. 113ff.

Hillmann, Heinz 1977: Alltagsphantasie und dichterische Phantasie. Versuch einer Produktionsästhetik. Kronberg/Ts.

Hippmann, Fritz 1977: Ästhetische Erziehung als Instrument imperialistischer Manipulierung. In: Pädagogik (Berlin), Jg. 32, H. 6, S. 551ff.

Hoffmann, Heinz 1981: Kreativitätstechniken für Manager. Landsberg am Lech

Horstmann, Ulrich 1979a: Literatur und Literaturunterricht: Lernfeld für wen? In Herbert Mainusch (Hg.): Literatur im Unterricht. München, S. 155ff.

Horstmann, Ulrich 1979b: Bastelei und respektloses Interesse: Für einen unprätentiösen Literaturunterricht. In: Diskussion Deutsch H. 45, S. 68ff.

Houston, John P./ Sarnoff A. **Mednick** 1963: Creativity and the need for novelty. In: Journal of abnormal and social psychology, Bd. 66, Nr. 2, S. 137ff.

Hurrelmann, Bettina 1977: Kreatives Schreiben - ästhetische Kommunikation in der Grundschule. In: Linguistik und Didaktik, H. 32, S. 257ff.

Jackson, Philip W./ Samuel **Messick** 1973: Die Person, das Produkt und die Reaktion: Begriffliche Probleme bei der Bestimmung der Kreativität. In Ulmann, Gisela(Hg.): Kreativitätsforschung. Köln, S. 93ff. (orig. 1964)

Jauß, Hans Robert 1977: Ästhetische Erfahrung und literarische Hermeneutik. Band I: Versuche im Feld der ästhetischen Erfahrung. München

Johannimloh, Norbert 1973: Kreativer Umgang mit dem Tonbandgerät. In Winfried Pielow/ Rolf Sanner (Hg.): Kreativität und Deutschunterricht. Stuttgart, S. 150ff. (2. Auflage 1978)

Joyce, Bruce 1975: The "Models of Teaching" community: What we have learned. In: Texas tech. journal of education Bd. 2, H. 2, S. 95ff.

Kafka, Franz 1981: Sämtliche Erzählungen. Frankfurt/M.

Kastner, Paul Marquard 1973: Domestizierte Kreativität. Starnberg

Kemmler, Lilly 1969: Neue Untersuchungen zum schöpferischen Denken (creativity). In: Psychologische Rundschau Bd. 20, S. 103ff.

Kerbs, Diethart 1970: 7 Thesen zur politischen Kritik der Kreativitätstheorie. In: Kunst + Unterricht, H. 7, S. 47ff.

Kerbs, Diethart 1973: Sieben weitere Thesen zur utopischen Dimension der Erziehung. In: Kunst + Unterricht, H. 19, S. 55ff.

Khatena, Joe 1970: Training college adults to think creatively with words. In: Psychological reports, Nr. 27, S. 279ff.

Khatena, Joe 1971: A second study training college adults to think creatively with words. In: Psychological reports, Nr. 28, S. 385ff.

Kirst, Werner/ Ulrich **Diekmeyer** 1979: Creativitätstraining. Reinbek bei Hamburg (1. Auflage 1973)

Klaßen, Theodor F. 1978: Kreativität - ein problematisches Thema der Vorschuldidaktik. In Pielow, Winfried/ Rolf Sanner (Hg.): Kreativität und Deutschunterricht. Stuttgart (1. Auflage 1973), S. 162ff.

Kliewer, Heinz-Jürgen 1976: Eingreifendes Denken oder dumme Ideen - Kreativität im Literaturunterricht. In: Diskussion Deutsch, H. 32, S. 518ff.

Kloepfer, Rolf 1975: Poetik und Linguistik. Semiotische Instrumente. München

Koestler, Arthur 1964: The act of creation. New York

Kossolapow, Line 1975: Musische Erziehung zwischen Kunst und Kreativität. Frankfurt/M.

Krause, Rainer 1972: Kreativität. Untersuchungen zu einem problematischen Konzept. München

Kreft, Jürgen 1977: Grundprobleme der Literaturdidaktik. Heidelberg

Kreuzer, Helmut 1969: Literarische und naturwissenschaftliche Intelligenz. Dialog über die "zwei Kulturen". Stuttgart

Kreuzer, Helmut 1971: Die Bohème. Analyse und Dokumentation der intellektuellen Subkultur vom 19. Jahrhundert bis zur Gegenwart. Stuttgart

Kreuzer, Helmut (Hg.) 1983: Glück. Zeitschrift für Literaturwissenschaft und Linguistik, Jg. 13, H. 50. Göttingen

Kries, Dietrich von 1974: Kreativität und Aggression - Zur Ich-Psychologie schöpferischen Verhaltens. In Ammon, Günter (Hg.): Gruppendynamik der Kreativität. München, S. 52ff.

Kris, Ernst 1976: Ästhetische Mehrdeutigkeit. In Curtius, Mechthild (Hg.): Seminar: Theorien der künstlerischen Produktivität. Frankfurt/M., S. 92ff.

Kris, Ernst 1977: Die ästhetische Illusion. Phänomene der Kunst in der Sicht der Psychoanalyse. Frankfurt/M. (orig. 1952)

Kubie, Lawrence S. 1966: Psychoanalyse und Genie. Der schöpferische Prozeß. Reinbek bei Hamburg (orig. 1958)

Kühn, Dieter 1974: Siam-Siam. Ein Abenteuerbuch. Frankfurt/M., S. 37ff.

Landau, Erika 1969: Psychologie der Kreativität. München, Basel (3. Auflage 1974)

Lange-Eichbaum, W. 1956: Genie, Irrsinn und Ruhm. München, Basel, 4. Auflage

Lausberg, Heinrich 1973: Handbuch der literarischen Rhetorik. Eine Grundlegung der Literaturwissenschaft. München, 2. Auflage

Leary, Timothy 1964: The effects of test score feedback on creative performance and of drugs on creative experience. In Taylor, Calvin W. (Hg.): Widening horizons in creativity. New York, S. 87ff.

Lehmann, Günther K. 1976: Phantasie und künstlerische Arbeit. Betrachtungen zur poetischen Phantasie. Berlin, Weimar

Lévy-Strauss, Claude 1973: Das wilde Denken. Frankfurt/M. (orig. 1962)

Lienert, Gustav A. 1969: Testaufbau und Testanalyse. Weinheim, Berlin, Basel, 3. Auflage

Lienert, Gustav A. 1973: Verteilungsfreie Methoden in der Biostatistik. Meisenheim am Glan

Link, Jürgen 1974: Literaturwissenschaftliche Grundbegriffe. Eine programmierte Einführung auf strukturalistischer Basis. München

Lisch, Ralf/ Jürgen **Kriz** 1978: Grundlagen und Modelle der Inhaltsanalyse. Reinbek bei Hamburg

Lombroso, C. 1887: Genie und Irrsinn in ihren Beziehungen zum Gesetz, zur Kritik und Geschichte. Leipzig

Lotman, Jurij M. 1973: Die Struktur des künstlerischen Textes. Frankfurt/M.

Lowenfeld, Viktor 1960: Vom Wesen schöpferischen Gestaltens. Frankfurt/M.

Lowenfeld, Viktor/ W. Lambert **Brittain** 1970: Creative and Mental Growth. New York, London, 6. Auflage

Lüdeke, Ingeborg/ Gerhart **Wolff** 1978: Kreative Schreibübungen im 4. Grundschuljahr. In: Der Deutschunterricht, Jg. 30, H. 4, S. 42ff

MacKinnon, Donald W. 1962: The nature and nuture of creative talent. In: American psychologist Nr. 17, S. 484ff.

MacKinnon, Donald W. 1967: Educating for creativity: A modern myth? In Heist, Paul (Hg.): Education for creativity. A modern myth. Berkeley, S. 1ff.

Maddi, Salvatore R. u.a. 1962: Effects of monotony on imaginative productions. In: Journal of personality, 30, S. 513ff.

Maltzmann, Irving 1960: On the training of originality. In: Psycological review, Bd. 67, Nr. 4, S. 229ff.

Maslow, Abraham H. 1981: Motivation und Persönlichkeit. Reinbek bei Hamburg (Olten 1977; orig. 1954)

Massialas, Byron G./ Jack **Zevin** 1969: Kreativität im Unterricht. Unterrichtsbeispiele nach amerikanischen Lerntheorien. Stuttgart

Mattenklott, Gundel 1979: Literarische Geselligkeit - Schreiben in der Schule. Stuttgart

Mattenklott, Gundel 1981: Arkadische Spiele. Möglichkeiten freien Schreibens in der Schule. In: Praxis Deutsch H. 45, S. 56ff.

Matussek, Paul 1979: Kreativität als Chance. München, Zürich (1. Auflage 1974)

Matussek, Paul 1981: Kreativität. In: Psychologie des 20. Jahrhunderts Bd. 15, S. 44ff.

May, Rollo 1959: The nature of creativity. In Anderson, Harold H. (Hg.): Creativity and its cultivation. New York and Evanston, S. 55ff.

Mayer, Frederick 1976: Erziehung zu einer kreativen Gesellschaft. Wien, München

McClelland, David 1973: Das kalkulierte Risiko: Ein Aspekt wissenschaftlichen Verhaltens. In Ulmann, Gisela (Hg.): Kreativitätsforschung. Köln, S. 147ff. (orig. 1955)

McMullan, W. E. 1976: Creative individuals: paradoxical personages. In: Journal of creative behavior, Bd. 10, Nr. 4, S. 265ff.

Mead, Margaret 1959: Creativity in cross-cultural perspective. In Anderson, Harold H. (Hg.): Creativity and its cultivation. New York, Evanston, S. 222ff.

Meckling, Ingeborg 1972: Kreativitätsübungen im Literaturunterricht der Oberstufe. München (2. Auflage 1974)

Mednick, Sarnoff A. 1973: Die assoziative Basis des kreativen Prozesses. In Ulmann, Gisela (Hg.): Kreativitätsforschung. Köln, S. 287ff. (orig. 1963)

Menzel, Wolfgang 1974: Kreativität und Sprache. In: Praxis Deutsch, H. 5, S. 14ff.

Menzel, Wolfgang 1977a: Kreativität und Sprache. In: Praxis Deutsch, Sonderheft, S. 3ff.

Menzel, Wolfgang 1977b: Spiele mit Sprache. In: Praxis Deutsch, Sonderheft, S. 10ff., S. 33ff.

Menzel, Wolfgang 1977c: Comics verändern und neu gestalten. In: Praxis Deutsch, Sonderheft, S. 12ff., S. 49ff.

Menzel, Wolfgang 1977d: Spielarten des Komischen. In: Praxis Deutsch, Sonderheft, S. 18ff., S. 81ff.

Menzel, Wolfgang 1978: Kreative Sprachverwendung. In Hannig, Christel (Hg.): Deutschunterricht in der Primarstufe. Neuwied, Darmstadt, S. 43ff.

Moles, Abraham A. 1957: La création scientifique. Genève

Moles, Abraham A. 1971: Informationstheorie und ästhetische Wahrnehmung. Köln (orig. 1969)

Montessori, Maria 1978: das kreative Kind. Freiburg, Basel, Wien

Mooney, Ross L. 1958: A conceptional model for integrating four approaches to the identification of creative talent. In Taylor, Calvin W. (Hg.): The second (1957) University of Utah research conference on the identification of creative scientific creativity, Salt Lake City, S. 170-180

Moser, Heinz 1977: Praxis der Aktionsforschung. München

Moser, Heinz 1978: Aktionsforschung als kritische Theorie der Sozialwissenschaften. München

Moustakas, Clark E. 1967: Creativity and conformity. New York usw.

Mühle, Günther/ Christa **Schell** (Hg.) 1971: Kreativität und Schule. München

Mukařovský, Jan 1970: Kapitel aus der Ästhetik. Frankfurt/M.

Muthesius, K. 1902: Die Ausbildung der Lehrer in den Seminaren. In: Kunsterziehung. Ergebnisse und Anregungen des Kunsterziehungstages in Dresden am 28. und 29. September 1901, Leipzig, S. 200ff.

Mutschler, Dieter 1969: Intelligenz und Kreativität. In: Zeitschrift für Pädagogik, Jg. 15, S. 119ff.

Mutschler, Dieter 1976: Über Verengungen der kindlichen Lernwelt. In Halbfas, Hubertus/ Friedemann Maurer/ Walter Popp (Hg.): Neuorientierung des Primarbereichs, Bd. 5 (Lernwelten und Medien), Stuttgart, S. 7ff.

Mutschler, Dieter/ Ernst H. **Ott** 1977: Über den Zusammenhang von Lehren und Lernen - Didaktische Implikationen gegenwärtiger Lerntheorien. In Neff, Günter (Hg.): Praxis des entdeckenden Lernens in der Grundschule, Kronberg/Ts., S. 9ff.

Neber, Heinz 1974: Die Erforschung spontanen Lernens. Grundlagen und Methoden der Untersuchung epistemischen Verhaltens bei Grundschülern. Weinheim, Basel

Neff, Günter 1975: Kreativität und Gruppe. In Neff, Günter (Hg.): Kreativität und Gesellschaft. Ravensburg, S. 72ff.

Negt, Oskar/ Alexander **Kluge** 1976: Öffentlichkeit und Erfahrung. Frankfurt/M. (1. Auflage 1972)

Neumann, Hans Joachim 1973: Spiel mit Sprache. Dortmund

Newell, Allen/ J. C. **Shaw**/ Herbert A. **Simon** 1962: The process of creative thinking. In Gruber, Howard E./ Glenn Terrell/ Michael Wertheimer (Hg.): Contemporary approaches to creative thinking. A symposium held at the University of Colorado. New York, S. 63ff.

Niederland, William G./ N.J. **Englewood** 1978: Psychoanalytische Überlegungen zur künstlerischen Kreativität. In: Psyche, Nr. 32, S. 329ff.

Nieraad, Jürgen 1980: Kommunkation in Bildern. In: Diskussion Deutsch, H. 52, S. 147ff.

Nündel, Ernst 1976: Zur Grundlegung einer Didaktik des sprachlichen Handelns. Kronberg/Ts.

Oerter, Rolf 1982: Die kreative Persönlichkeit. In: Psychologie der Kultur Bd. 2 (Imagination, Kunst und Kreativität), hrsg. v. Gion Condrau. Weinheim, Basel, S. 307ff.

Olton, Robert M./ Richard S. **Crutchfield** 1969: Developing the skills of productive thinking. In Mussen, Paul/ Jonas Langer/ Martin Covington (Hg.): Trends and issues in developmental psychology. New York usw., S. 68ff.

Opitz, Martin 1624/1949: Buch von der deutschen Poeterei. Abdruck der ersten Ausgabe (1624), Halle/Saale

Osborn, Alex F. 1963: Applied imagination. Principles and procedures of creative problem-solving. New York (1. Auflage 1953)

Ostermann, Friedrich 1973: Kreative Prozesse im "Aufsatzunterricht". Paderborn

Ott, Ernst/ Hans **Leitzinger** 1972: Ihr creatives Kind. Stuttgart

Panofsky, Erwin 1978: Sinn und Deutung in der bildenden Kunst. Köln (orig. 1955)

Parnes, Sidney J. 1967a: Creative Behavior Guidebook. New York

Parnes, Sidney J. 1967b: Creative Behavior Workbook. New York

Parnes, Sidney J. 1972: Programming creative behavior. In Taylor, Calvin W. (Hg.): Climate for creativity. New York, S. 193ff.

Patrick, Catharine 1937: Creative thought in artists. In: Journal of psychology, Nr. 4, S. 35ff.

Pausewang, Elfriede 1982: 100 Spiele zur Förderung der Kreativität im Vorschulalter. München (5. Auflage)

Piaget, Jean 1975: Nachahmung, Spiel und Traum. Die Entwicklung der Symbolfunktion beim Kinde. Stuttgart

Pielow, Winfried 1973: Zum Verhältnis von Aufsatz und Kreativität. In Pielow, Winfried/ Rolf Sanner (Hg.): Kreativität und Deutschunterricht, Stuttgart, S. 55ff. (2. Auflage 1978)

Pielow, Winfried/ Rolf **Sanner** (Hg.) 1973: Kreativität und Deutschunterricht. Stuttgart (2. Auflage 1978)

Piirainen, Ilpo Tapani 1973: Kreativität und generative Transformationsgrammatik. In Pielow, Winfried/ Rolf Sanner (Hg.): Kreativität und Deutschunterricht. Stuttgart, S. 9ff. (2. Auflage 1978)

Pischke, Hildegard 1981: Schneewittchen einmal anders - Veränderte Märchen in der Grundschule. In Wermke, Jutta (Hg.): Ästhetische Erziehung im Deutschunterricht der Grundschule. Bochum, S. 108ff.

Poincaré, Henri 1913: The foundations of science. New York (zitiert nach S. Preiser: Kreativitätsforschung. Darmstadt 1976)

Poincaré, Henri 1973: Die mathematische Erfindung. In Ulmann, Gisela (Hg.): Kreativitätsforschung. Köln, S. 219ff. (orig. 1914)

Praxis Deutsch 1974: Sonderheft "Kreativität"

Preiser, Siegfried 1976: Kreativitätsforschung. Darmstadt

Prokop, Dieter 1974: Massenkultur und Spontaneität. Frankfurt/M.

Psaar, Werner 1973: Spiel und Umwelt in der Kinderliteratur der Gegenwart. Paderborn

Rahn, Fritz 1952: Können Kinder Geschichten erfinden? In: Der Deutschunterricht, Jg. 4, H. 3

Renz, Paul/ Florence **Christopolos** 1971: Versuch einer operationalen Definition der Begabung. In Mühle, Günther/ Christa Schell (Hg.): Kreativität und Schule. München, S. 52ff. (orig. 1968)

Renzulli, Joseph S./ Carolyn M. **Callahan** 1974: Creativity training activities for secondary school students. In Labuda, M. (Hg.): Creative reading for gifted learners. Newark, Del., S. 97ff.

Rigol, Rosemarie M. u.a. (Hg.) 1978: Praxis des Deutschunterichts in der Grundschule. Freiburg im Breisgau

Rilke, Rainer Maria 1966: Werke in drei Bänden, Bd. 2 (Gedichte und Übertragungen). Frankfurt/M., S. 185

Ritz-Fröhlich, Gertrud 1978: Weiterführender Leseunterricht in der Grundschule. Bad Heilbrunn/Obb. (5. Auflage)

Rogers, Carl R. 1959: Toward a theory of creativity. In Anderson, Harold H. (Hg.): Creativity and its cultivation. New York, Evanston, S. 69ff.

Rogers, Carl R. 1979: Lernen in Freiheit. München (orig. 1969)

Roth, Heinrich 1976: Kreativität lernen? In: Die deutsche Schule, Nr. 68, S. 142ff.

Rump, Hans-Uwe 1978: Schöpferisches Gestalten im Deutschunterricht. Donauwörth

Rumpf, Horst, 1968: Kreativer Umgang mit Texten. In: Zeitschrift für Pädagogik, Jg. 14, S. 276ff.

Russell, Bertrand 1968: Warum ich kein Christ bin - Über Religion, Moral und Humanität. Reinbek bei Hamburg (orig. 1957)

Russell, Bertrand 1980: Eroberung des Glücks. Neue Wege zu einer besseren Lebensgestaltung. Frankfurt/M. (orig. 1930)

Rutschky, Katharina (Hg.) 1977: Schwarze Pädagogik. Quellen zur Naturgeschichte der bürgerlichen Erziehung. Frankfurt/M.

Sachs, Lothar 1978: Angewandte Statistik. Berlin, Heidelberg, New York

Saint-Exupéry, Antoine de 1985: Der Kleine Prinz. Düsseldorf (orig. 1946)

Sanner, Rolf 1973a: "Spiel" und "Spielregel" im kreativen Prozeß. In Pielow, Winfried/ Rolf Sanner (Hg.): Kreativität und Deutschunterricht. Stuttgart, S. 26ff. (2. Auflage 1978)

Sanner, Rolf 1973b: Bild und Text. Kreative Möglichkeiten der Medientransformation und Medienmischung. In Pielow, Winfried/ Rolf Sanner (Hg.): Kreativität und Deutschunterricht. Stuttgart, S. 41ff. (2. Auflage 1978)

Sauder, Gerhard 1981: Über die Feindschaft zwischen Germanisten und Schriftstellern. In: Mitteilungen des Deutschen Germanistenverbandes. Jg. 28, H. 3, S. 19ff.

Schmidt, Arno 1974: "Leviathan" und "Schwarze Spiegel". Frankfurt/M., S. 41ff.

Schmidt, Klaus 1979: Kreativität im Rahmen kommunikationsdidaktischer Konzepte des Deutschunterrichts. In: Der Deutschunterricht, Jg. 31, H. 3, S. 54ff.

Schmidt, Siegfried J. 1968: Alltagssprache und Gedichtsprache. In: Poetica, Jg. 2, S. 285ff.

Schmidt, Siegfried J. 1971: ästhetizität. philosphische beiträge zu einer theorie des ästhetischen. München

Schmidt, Siegfried J. 1979: Literatur und Schule: Ein Essay. In Mainusch, Herbert (Hg.): Literatur im Deutschunterricht. München, S. 298ff.

Schmidt, Siegfried J./ Reinhard **Zobel** 1983: Empirische Untersuchungen zu Persönlichkeitsvariablen von Literaturproduzenten. Braunschweig, Wiesbaden

Schoppe, Karl-Josef 1975: Verbaler Kreativitäts-Test (V-K-T). Ein Verfahren zur Erfassung verbal-produktiver Kreativitätsmerkmale. Göttingen, Toronto, Zürich

Schulman, David 1966: Openness of perception as a condition for creativity. In: Exceptional children, Nr. 33, S. 89ff.

Schulte-Sasse, Jochen/ Renate **Werner** 1977: E. Marlitts "Im Hause des Kommerzienrates". Analyse eines Trivialromans in paradigmatischer Absicht. Nachwort in Eugenie Marlitt: Im Hause des Kommerzienrates. München, S. 390ff.

Schutz, William C. 1973: Freude. Reinbek bei Hamburg (orig. 1967)

Seiffge-Krenke, Inge 1974: Probleme und Ergebnisse der Kreativitätsforschung. Bern, Stuttgart, Wien

Sikora, Joachim 1976: Handbuch der Kreativ-Methoden. Heidelberg

Spearman, C. 1931: Creative Mind. London

Spender, Stephen 1971: Wie ein Gedicht entsteht. In Allemann, Beda (Hg.): Ars poetica. Texte von Dichtern des 20. Jahrhunderts zur Poetik. Darmstadt, S. 286ff.

Spinner, Kaspar H. 1982: Poetisches Schreiben und Entwicklungsprozeß. In: Der Deutschunterricht, Jg. 34, H. 4, S. 5ff.

Steffens, Wilhelm 1981: Spielen mit Sprache. Aspekte eines kreativen Sprach- und Literaturunterrichts im 1. bis 6. Schuljahr. Frankfurt/M.

Stein, Gerd 1979: Verlorene Söhne. 'Productive Tips' für eine 10. Klasse. In: Der Deutschunterricht, Jg. 31, H. 1, S. 74ff.

Stein, Morris I. 1962: Creativity as an intra- and interpersonal process. In Parnes, Sidney J./ Harold F. Harding (Hg.): A Source book for creative thinking. New York, S. 85ff.

Steinmetz, Horst 1974: Rezeption und Interpretation. Versuch einer Abgrenzung. In: Amsterdamer Beiträge zur neueren Germanistik, S. 37ff.

Taft, Ronald 1971: Creativity: hot and cold. In: Journal of personality. Nr. 39, S. 345ff.

Taylor, Calvin W. (Hg.) 1964: Progress and potential. New York, San Francisco, Toronto, London

Taylor, Calvin W. 1975: Some possible relations between communication abilities and creative abilities. In Taylor, Calvin W./ Frank Barron (Hg.): Scientific creativity: its recognition and develpoment. Huntington, New York, S. 365ff.

Taylor, Calvin W./ Sidney J. **Parnes** 1970: Humanizing educational systems: a report of the eighth international creativity research conference. In: Journal of creative behavior 4, S. 169ff.

Taylor, Irving A. 1959: Creativity. An examination of the creative process. In Smith, Paul (Hg.): A report on the third communications conference of the art directors club of New York. Freeport, New York, S. 51ff.

Taylor, Robert E./ Russel **Eisenman** 1964: Perception and production of complexity by creative art students. In: Journal of psychology, Bd. 57, S. 239ff.

Thomasius, Christian 1696: Ausübung der Sittenlehre. Reprografischer Nachdruck, Hildesheim 1968

Torrance, E. Paul 1964a: Education and creativity. In Taylor, Calvin W. (Hg.): Creativity: progress and potential. New York, S. 49ff.

Torrance, E. Paul 1964b: The Minnesota studies of creative thinking: 1959-62. In Taylor, Calvin W. (Hg.): Widening horizons in creativity. New York, S. 125ff.

Torrance, E. Paul 1968: Education and the creative potential. Minneapolis

Torrance, E. Paul 1970: Achieving socialization without sacrificing creativity. In: Journal of creative behavior 4, S. 183ff.

Torrance, E. Paul 1971: Die Pflege schöpferischer Begabung. In Mühle, Günther/ Christa Schell (Hg.): Kreativität und Schule. München, S. 181ff. (orig. 1967)

Torrance, E. Paul 1972: Can we teach children to think creatively? In: Journal of creative behavior 6, S. 114ff.

Torrance, E. Paul 1974: Torrance tests of creative thinking (Verbal tests, forms A and B; Figural tests forms A and B). Personnel Press/Ginn and Company (1. Auflage 1966)

Tretjakov, Sergej 1972: Die Arbeit des Schriftstellers. Reinbek bei Hamburg

Ueding, Gert (Hg.) 1978: Literatur ist Utopie. Frankfurt/M.

Ulmann, Gisela 1968: Kreativität. Neue amerikanische Ansätze zur Erweiterung des Interlligenzkonzeptes. Weinheim, Berlin, Basel

Ulmann, Gisela (Hg.) 1973: Kreativitätsforschung, Köln

Ulmann, Gisela 1974: Bedürfnisorientierte Erziehung zur Kreativität. Ästhetische Erziehung und gesellschaftliche Relevanz. In: Die Grundschule 6, S. 624ff.

Ulshöfer, Robert 1967: Produktives Denken und schöpferisches Gestalten im Deutschunterricht. In: Der Deutschunterricht, Jg. 19, H. 6, S. 5ff.

Ulshöfer, Robert 1976: Methodik des Deutschunterrichts Bd. 2: Mittelstufe I. Stuttgart (1. Auflage 1953)

Ulshöfer, Robert 1978a: Methodik des Deutschunterrichts Bd. 1: Unterstufe. Stuttgart (1. Auflage 1964)

Ulshöfer, Robert 1978b: Methodik des Deutschunterrichts Bd. 3: Mittelstufe II. Stuttgart (1. Auflage 1957, 2. Auflage 1974))

Uspenskij, Boris A. 1975: Poetik der Komposition. Struktur des künstlerischen Textes und Typologie der Kompositionsform. Frankfurt/M. (orig. 1970)

Valéry, Paul 1971a: Die ästhetische Erfindung. In Allemann, Beda (Hg.): Ars poetica. Darmstadt, S. 204ff. (orig. 1938)

Valéry, Paul 1971b: Dichtkunst und abstraktes Denken. In Allemann, Beda (Hg.): Ars poetica. Darmstdt, S. 208ff. (orig. 1939)

Waldmann, Günter 1979: Überlegungen zu einer kommunikationsorientierten Didaktik literarischer Texte. In: Mainusch, Herbert (Hg.): Literatur im Unterricht. München, S. 328ff.

Waldmann, Günter 1980: Literatur zur Unterhaltung. Bd. 1: Unterrichtsmodelle zur Analyse und Eigenproduktion von Trivialliteratur, Bd. 2: Texte, Gegentexte und Materialien zum produktiven Lesen. Reinbek bei Hamburg.

Wallach, Michael A./ Nathan **Kogan** 1966: Modes of thinking in young children. A study of the creativity - intelligence distinction. New York usw.

Wallas, G. 1926: The art of thought. New York (zitiert nach S. Preiser: Kreativitätsforschung. Darmstadt 1976)

Weinert, Franz E. 1974: Der Beitrag der Psychologie zur Theorie und Praxis des Lehrens. In: Funk-Kolleg Pädagogische Psychologie, Bd. 2, hrsg. von F. E. Weinert/ C. F. Graumann/ H. Heckhausen/ M. Hofer u.a. Hamburg, S. 741ff.

Wellershoff, Dieter 1971a: Fiktion und Praxis. In D. W.: Literatur und Veränderung. Köln, S. 9ff.

Wellershoff, Dieter 1971b: Wiederherstellung der Fremdheit. In D. W.: Literatur und Veränderung. Köln, S. 82ff.

Wertheimer, Max 1964: Produktives Denken. Frankfurt/M. (orig. 1945)

Westcott, Malcolm R./ Jane H. **Ranzoni** 1963: Correlates of intuitive thinking. In: Psychological reports, Nr. 12, S. 595ff.

Whiting, Ch. S. 1958: Creative thinking. New York (zitiert nach Sikora 1976)

Wiebe, Rudy 1986: Creative writing: can it be taught? In Demers, Patricia (Hg.): The creating word. Houndsmills usw., S. 134ff.

Willenberg, Heiner 1978: Zur Psychologie literarischen Lesens. Wahrnehmung, Sprache und Gefühle. Paderborn

Williams, Frank E. 1966: Conference overview with models and summary lists of tenable ideas and research areas. In Taylor, Calvin W./ Frank E. Williams (Hg.): Instructional media and creativity. New York, London, Sidney, S. 353ff.

Williams, Frank E. 1971: Intellektuelle Kreativität und der Lehrer. In Mühle, Günther/ Christa Schell (Hg.): Kreativität und Schule. München, S. 165ff. (orig. 1967)

Wilson, R. C./ J. P. **Guilford**/ P. R. **Christensen** 1975: The measurement of individual differences in originality. In Barbe, Walter B./ Joseph S. Renzulli (Hg.): Psychology and education of the gifted. New York usw., S. 282ff. (zuerst 1953)

Wilson, Robert N. (Hg.) 1975: Das Paradox der kreativen Rolle: Soziologische und sozialpsychologische Aspekte von Kunst und Künstler. Stuttgart (orig. 1964)

Winnicott, D. W. 1973: Vom Spiel zur Kreativität. Stuttgart (orig. 1971)

Wintgens, Hans-Herbert 1978a: Operative Verfahrensweisen im Literaturunterricht. Kreativer Umgang mit Texten. In: Neue Unterrichtspraxis, Jg. 12, H. 2, S. 72ff.

Wintgens, Hans-Herbert 1978b: Kreativität im Literaturunterricht durch operative Methoden. In: Neue Unterrichtspraxis, Jg. 12, H. 4, S. 229ff.

Winterling, Fritz 1971: Kreative Übung oder Gestaltungsversuch. In: Diskussion Deutsch, H. 2, S. 243ff.

Wollschläger, Gunther 1971: Kreativität und Gesellschaft. Wuppertal

Wünsche, Konrad 1979: Die Wirklichkeit des Hauptschülers. Frankfurt/M. (1. Auflage 1972)

Yamamoto, Kaoru 1967: Creative thinking: some thoughts on research. In Gowan, John Curtis/ George D. Demos/ E. Paul Torrance (Hg.): Creativity: its educational implications. New York, London, Sydney, S. 308ff.

Zander, Sönke 1975: Kreativitätsförderung im sprachunterricht. In: Die Grundschule 7, S. 589ff.

Zander, Sönke 1978: Aufsatzunterricht in der Grundschule. Bochum (6. Auflage)

Ziehe Thomas 1980: Vom Subjekt her gesehen. In: Kunst + Unterricht, Sonderheft, S. 14ff.

Zwicky, F. 1967: Morphological astronomy. Berlin (zitiert nach S. Preiser 1976)

Zwicky, F. 1972: Entdecken, Erfinden, Forschen im Morphologischen Weltbild. München, Zürich

NAMENREGISTER
Band I und Band II

A

Achleitner, F. 179
Adler, A. 112
Aebli, H. 97, 100, 102
Allemann, B. 33, 89
Allen, W. 66
Amabile, T. M. 31, 42, 66, 72, 76, *82f*, 85, 95f, 108, 111, 115, 121
Ammon, Gisela 34
Ammon, Günter 2, 58, *59*, *64f*, 69f, 94
Aragon, L. 127
Aristoteles 60, 121
Arp, H. 13
Arvatov, B. 2, 25
Auchter, T. 58
Ausubel, D. P. 28, 33, 54, *102-104*
Autenrieth, N. 13

B

Baacke, D. 25
Bachem, R. 4
Ball, H. 13, 291, 410
Bark, K. 17
Barron, F. 1, 31, 37, 40, 42, 50, *52f*, 54, 57f, 60, 63, 72, 85, 98, 102, 125
Barthes, R. 123
Baumgärtner, A. C. 133
Beer, U. 3
Begemann, E. 96, 103
Benn, G. 11
Bense, M. 121
Berliner, D. C. 96f, 99, 102, 112
Berlyne, D. E. 33, 50, 60, 85, *99-101*, 128, 394

Bichsel, P. 13, 17, 179
Bienek, H. 184
Birner, H. *10f*
Bloch, G. R. 59
Boehncke, H. 24
Bogdan, M. 101
Bono, E. de 48, 61, 64, 75, 77, 80, 85, *87f*, 90
Borchert, W. 123, 176
Botermans, J. 3
Bräuer, G. 49
Brecht, B. 13, 17, 23
Breitinger, J. J. 121
Brittain, W. L. 110, 134
Brokerhoff, K. H. *17-20*, 23
Brown, G. I. 50
Brühl, G. 96
Bruner, J. S. 42, 56, 72, *99-101*, 102, *103f*, 105, 108, 110-112
Büchner, G. 51
Buda, B. 70
Burgard, P. 31
Busch, P. 169
Busch, W. 175

C

Camus, A. 28, 50, 586
Callahan, C. M. 87, 97
Cattell, R. B. 59
Chenfeld, M. B. 96-98, 105, 110f, 115
Christensen, P. R. 43
Christopolos, F. 126
Claudius, M. 127

Cotes, P. 234

Croft-Cooke, R. 234

Cropley, A. J. 57, 96f, 110

Crutchfield, R. S. 50, 54, 57, 61, *68*, 100, *105f*, 139

Culbert, S. A. 134

Curtius, M. 3

D

Davis, G. A. *105*, 139

Dali, S. 127, 176

Delft, P. v. 3

Demos, G. D. 77

Dewey, J. 32, 60, 75-77, 80, 88, 103, 111, 130

Diekmeyer, U. 3

Dietrich, W. 13

Dreitzel, H. P. 50

Dries, G.-M. 3

Dubois, J. 121

Duchamp, M. 47

Duncker, K. 1, 30, 32, 44f, 47, 75, 85

Durrell, L. 184

E

Eckensberger, L. H. 31

Eco, U. 80, 129

Ehmer, H. K. 18

Ehrenzweig, A. 58, 77

Eiduson, B. 51, 58

Einstein, A. 66

Eisenman, R. 50

Eisenstadt, J. M. 50, 61

Empson, W. 129

Endl, K. 3

Englewood, N. J. 34, 50f, 56, 58

Erikson, E. H. 59

Erl, W. 3

Escher, R. *328-331*, 419

Essen, E. 7

F

Fassbinder, R. W. 141

Fehrmann, C. 74

Fingerhut, K. *23f*, 25

Fisher, J. 134

Flaubert, G. 46

Flechsig, K.-H. 18, 27, 99, 102

Fleming, E. 83

Floßdorf, B. 3, 34f, 51, 68, 126

Fontane, T. 13

Forstbauer, H. 13

Frank, R. 4

Franke, H. W. 121

Frenkel-Brunswik, E. 56

Freinet, C. 25

Freud, S. 58, 112

Frisch, M. 172

Fromm, E. 53, 60, 62f, 69, 71, 81

Fuchs, G. B. 13, 170

Fudickar, M. 110f

G

Gage, N. L. 96f, 99, 102, 112

Galilei, G. 126

Gallert, T. 18

Galli, W. 22

Gardner, J. W. 47, 54

Gauß, C. F. 82

Gerth, K. 11

Getzels, J. W. 34, 37, 40, 42, 47, 50, 54, 57, 61, 80, 88, 95, 111, 125

Ghiselin, B. 28, 56, 57, 59, 60, 61, 64, 68, 77, 80, 85, 87f, 89f

Glasser, W. 100, 105, 114

Goethe, J. W. 13, 51, 169, 173, 264, *271-273*

Gomringer, E. 46, 173, 264, *265-267*, 268, 271

Gordon, W. 32, 54, 56, 77, 80, 84f, 86, 87, 88, 123

Gowan, J. C. 77

Greil, J. 23

Groeben, N. 30, 51, 54, 56, 60, 70, 73, 134, 561

Guilford, J. P. 8, 12, 25, 28, 30, 33, 38f, *40- 45*, 47f, 50f, 54f, 65, 78, 83, 88, 98, 118

H

Haas-Robbins, N. 59

Hadamard, J. 80

Haefele, J. W. 86

Halbritter, K. 542

Hallensleben, R. 321, 419

Handke, P. 51, 183

Harig, L. 171, 175

Hart, H. H. 57, 62

Hassett, J. D. 99

Hebel, J. P. 9

Heine, H. 46

Heinelt, G. 108, 110

Heiner, A. 22, 25

Heißenbüttel, H. 90, 170, 384, 586

Heller, A. 7, 170, 586

Helm, E. M. 322-326

Helms, H. G. 25

Hendricks, M. 41

Henle, M. 48, 49, 52, 61, 64, 72, 76

Hentig, H. v. 1, 12

Herbart, J. F. 32, 113

Herrman, M. *10f*

Hidas, G. 70

Hillmann, H. 23, 130

Hippmann, F. 22

Hoepfer, R. 41

Hofmannsthal, H. v. 172

Hoffmann, H. 3, 84

Horstmann, U. 17

Houston, J. P. 50

Humburg, J. 24

Hurrelmann, B. 12, 14f, 16, 20

J

Jackson, P. W. 30, 34, 37, 40, 42, 47, 50, 54, 57, 61, 80, 88, 95, 111, *121-123*, 125

Jandl, E. 13, 170, 173, 264, 268-270, 271, *281-284*, *285-287*, 291, 343, 345, 347, 407, 436, 468, 473

Jauß, R. 130, *133f*

Johannimloh, N. 24

Joyce, B. 113

Jung, C. G. 112

K

Kafka, F. 13, 23, 46, 170, 179

Karlstadt, L. 237f

Kastner, P. M. 3

Kékulé von Stradonitz, A. 86, 90, 129

Kemmler, L. 28, 62, 72, 115

Kerbs, D. 22

Khatena, J. 88

Kirst, W. 3

Klaßen, T. 32, 88, 100

Klee, P. 179, 411, 480f, 484f

Kliewer, H.-J. *22f*

Kloepfer, R. 123

Kluge, A. 1, 25

Koestler, A. 53, 128f

Kogan, N. 40, 59

Kossolapow, L. 7

Krause, R. 28, 57, 66, 68f, 95, 123

Kreft, J. 18

Kreuz, A. 23

Kreuzer, H. 66, 73, 90

Kries, D. v. 47, 59, 64, 77

Kris, E. 58, 61, 64, 76, 81, 85

Kriz, J. 441

Kubie, L. 58, 64, 80, 96

Kühn, D. 64, 172

Kupisch, B. 13

L

Landau, E. 1, 28, 54, 72, 76f, 81, 84, 85, 89, 97
Lange-Eichbaum, W. 57
Lausberg, H. 80, 85
Leary, T. 35, 75, 85, 87
Lehmann, G. 76
Leitzinger, H. 3
Lentz, H. 169
Leonardo da Vinci 78, 126
Leont'ev, A. N. 11
Leutritz, G. 171
Lévy-Strauss, C. 27
Lienert, D. A. 439, 442f, 461
Link, J. 85, 123, 129
Lisch, R. 441
Lombroso, C. 57
Lotman, J. 124
Lowenfeld, V. 8, 38, 110, 134
Lüdeke, I. *10f*
Lütgen, K. 312-319

M

MacKinnon, D. 37, 40, 47, 50, 53f, 56f, 58, 62f, 95, 123
Maddi, S. 99
Magrit, R. *306-309*, 311, 323, 419
Maltzmann, I. 30, 42, 88, 96
Marceau, M. 169
Maslow, A. 2, 18, 34, 39f, 48, *50-52*, *56-65*, *68-71*
Massialas, B. G. 96, 105, 110
Mattenklott, G. *24f*
Matussek, P. 18, 40, 48, 53, 56f, 58f, 61, 63-65, 69, 71, 77, 78, 81-83, 87, 89f, 96, 108, 112
May, R. *52f*, 57, 58, 77, 81
Mayer, F. 1
McClelland, D. 49, 59
McMullan, W. E. 69, *72f*, 80

Mead, M. *93*
Meckling, I. 12-14, *16f*
Mednick, S. A. 49f
Melenk, H. *23f*, 25
Menzel, W. 13, *17-21*, 23, 24
Messick, S. 30, 40, *121-123*
Meyer, C. F. 176
Miró, J. 293, 302, 411, 465, 470, 477, 480, 484
Moles, A. 121, 128
Montessori, M. 1, 99f
Mooney, R. L. 28
Morgenstern, C. 13, 173, 174, 264, 272, 274, 277, 281
Moser, H. 141
Moustakas, C. E. 39f, 47, 53, 62, 68, 70
Mozart, W. A. 82, 90
Mühle, G. 1, 4, 105
Mukařovský, J. 123
Musil, R. 11, 48, 178
Muthesius, K. 115
Mutschler, D. 96, 99, 102

N

Neber, H. 99
Neff, G. 1, 4, 108
Negt, O. 1, 25
Neumann, H. J. 13
Newell, A. 35
Niebelschütz, W. v. 122
Niederland, W. 34, 50f, 56, 58
Nieraad, J. 24
Nündel, E. 13

O

Oerter, R. 40, 73
Olton, R. M. 105
Opitz, M. 66
Oppenheimer, R. 126

Osborn, A. F. 32, 34, 42, 45, 52, 85, *86*, 87f, 105

Ostermann, F. 5

Ott, E. 3

Ott, E. H. 102

P

Panofsky, E. 122

Parnes, S. J. 37, 40, 48, 54f, 57, 59-63, 68, 73, 84, 87f, 94, 96, *105f*, 111, 139, 387

Parth, W. W. 169, 227, *228-231*

Patrick, C. 78

Pausewang, E. 3

Petersen, P. 583

Pflieger, R. 22

Piaget, J. 70

Picabia, F. 145

Picasso, P. 127

Pielow, W. 5

Piirainen, I. T. 4

Pischke, H. 13

Plauen, E. O. 343, *360-362*

Poe, E. A. 89f

Poincaré, H. 56, 64, 75, 80, 90

Preiser, S. 28f, 33, 38-40, 41, 43, 47f, 50, 54, 56, 58, 61, 63, 65, 75f, 78, 86f, 115

Preußler, O. 169

Prokop, D. 1

Psaar, W. 13

R

Ranzoni, J. H. 90

Renz, P. 126

Renzulli, J. S. 87, 97

Rigol, R. M. 23

Rilke, R. M. 11, 23, 42, 44, 51, *89*, 90, 135f, 176

Ringelnatz, J. 174

Ritz-Fröhlich, G. 23

Rogers, C. R. 2, 18, 45, 47, 56, 58f, 94, 96-98, 99f, 109f, 113f

Roth, H. 57, 88, 102

Rousseau, J. J. 145

Rühm, G. 170

Rühmkorf, P. 184

Rump, H.-U. 17, 20

Rumpf, H. 23

Russell, B. 73, 225, 586

Rutschky, K. 113

S

Sachs, L. 561, 575

Saint-Exupéry, A. de 48, 586

Sanner, R. 12f, *14f*, 16, 17, 20, 23

Sauder, G. 115

Schell, C. 1, 4, 105

Schiefer, H. 542

Schiller, F. 13

Schlote, W. 343, 355-359

Schmidt, A. 131

Schmidt, K. 13

Schmidt, S. J. 66, 80, 129f

Schoppe, K.-J. 31, 57

Schulman, D. 47

Schulte-Sasse, J. 133

Schutz, W. 2, 18, 96

Schwitters, K. 184

Scott, J. A. 105

Seiffge-Krenke, I. 28, 33, 57, 60, 66, 70, 74f, 78, 88, 97, 106, 108, 111f, 118

Shaw, J. C. 35

Sikora, J. 3, 62, 86, 87

Simon, H. A. 35

Spearman, C. 85

Spender, S. 54, 90

Spinner, K. H. 18

Steffens, W. 12-14, *15f*

Stein, Gerd *17-20*, 23

Stein, Gertrude 44, 176
Stein, M. 28, 56, 76f, 121
Steinmetz, H. 137
Superman, *345f, 348-352*

T
Taft, R. 90
Taylor, C. W. 34, 73, 76
Taylor, I. A. 35, 75f, 78, *81*, 82
Taylor, R. E. 50
Thomasius, C. 66
Thompson, J. 184
Torrance, E. P. 44, 63, 66, 75, *83f*, 85, 89, 96-98, 101-103, *108f*, *111f*, 114, 380
Tournier, M. 184
Trakl, G. 11
Tretjakov, S. 2, 25
Twain, M. *310-312*
Tzara, T. 184

U
Ueding, G. 124
Ulmann, G. 1, 28, 35, 40, 56, 61, 66, 69f, 75f, 81, 83, 88, 94, 97, 99, 102, 106, 109f
Ulrich, T. 46
Ulshöfer, R. *8-11*, 12, 16, 381
Uspenskij, B. A. 48

V
Valentin, K. 79, 169, 227, *246-250, 342-344*
Valéry, P. 75, 86, 90, 121, 130

W
Waechter, F. K. 169
Waldmann, G. *23-25*
Wallach, M. A. 40, 59
Wallas, G. 75
Warhol, A. 175
Weinert, F. E. 28
Weintraub, S. 83
Weisberg, A. 99
Wellershoff, D. 50, 133
Welsh, G. S. 50
Werner, R. 133
Wertheimer, M. 1, 8, 31-33, 44, 75
Westcott, M. R. 90
Whiting, C. S. *87*
Wilhelm, J. 50
Willenberg, H. 133
Williams, F. E. 34, 100, 102, 105
Wilson, R. C. 2, 43, 72
Winnicott, D. W. 2, 34, 47, 59, 85
Wintgens, H.-H. 13
Winterling, F. *11-16*, 17, 20
Wolf, C. 171
Wolf, G. 171
Wolf, R. 184
Wolff, G. *10f*
Wollschläger, G. 2, 23, 100f
Wünsche, K. 22

Y
Yamamoto, K. 28

Z
Zander, S. 4, 5
Zevin, J. 96, 105, 110
Ziehe, T. 18
Zobel, R. 66
Zwicky, F. *87*

VERZEICHNIS DER TABELLEN

Seite

Tabellen A bis K zur Unterrichtsplanung

A:	Kreativitätsförderung im Literaturunterricht (Ziele)	162
B:	Profile der Stränge eines kreativitätsfördernden Kontinuums	165
C:	Sequenzen eines kreativitätsfördernden Kontinuums für die Klassen 5 bis 9 [Faltblatt]	nach 186
D:	Kreativitätsförderung im Literaturunterricht (Ziele und Mittel) [Faltblatt]	nach 194
E:	Erste Unterrichtseinheit "Ich möcht' ein Clown sein!" - Planung -	227
F:	Zweite Unterrichtseinheit "Siehst du was? Hörst du was?" - Planung -	264
G:	Dritte Unterrichtseinheit "Schatzsuche" - Planung -	305
H:	Vierte Unterrichtseinheit "Stark oder schwach?" - Planung -	341
J:	Überprüfung eines kreativitätsfördernden Unterrichts (Ziele)	391
K:	Überprüfung eines kreativitätsfördernden Unterrichts (Ziele und Mittel) [Faltblatt]	nach 394

Tabellen 1 bis 15: zur Auswertung des Vortests

1:	Rater-Übereinstimmung	(Test 1)	445
2:	Schwierigkeit pro Kriterium	(Test 1)	447
3:	Übereinstimmung/Schwierigkeit/Trennschärfe	(Test 1)	448
4:	Rater-Übereinstimmung - Aufgabenauswahl -	(Test 1)	450
5:	Reliabilität - Aufgabenauswahl -	(Test 1)	451
6:	Übereinstimmung/Schwierigkeit/Trennschärfe	(Test 2)	469
7:	Rater-Übereinstimmung - Aufgabenauswahl -	(Test 2)	471
8:	Reliabilität - Aufgabenauswahl -	(Test 2)	472
9:	Übereinstimmung/Schwierigkeit/Trennschärfe	(Test 3)	489
10:	Rater-Übereinstimmung - Aufgabenauswahl -	(Test 3)	491
11:	Reliabilität - Aufgabenauswahl -	(Test 3)	492
12:	Übereinstimmung/Schwierigkeit/Trennschärfe	(Test 4)	510
13:	Rater-Übereinstimmung - Aufgabenauswahl -	(Test 4)	512
14:	Reliabilität - Aufgabenauswahl -	(Test 4)	513
15:	Testendform	(Übersicht Test 1 - 4)	536

Tabellen 16 bis 42: zur Auswertung des Haupttests

Tabellen 16 bis 24: deskriptionsstatistisch

16:	Rater-Übereinstimmung	(Übersicht Test 1 - 4)	546
17:	Quantität der Bearbeitungen	(Übersicht Test 1 - 4)	548
18:	Gesamtschwierigkeit der Tests	(Übersicht Test 1 - 4)	550
19:	Schwierigkeit der Aufgabengruppen	(Übersicht Test 1 - 4)	551
20:	Übereinstimmung/Schwierigkeit/Trennschärfe	(Test 1)	553
21:	Übereinstimmung/Schwierigkeit/Trennschärfe	(Test 2)	553
22:	Übereinstimmung/Schwierigkeit/Trennschärfe	(Test 3)	554
23:	Übereinstimmung/Schwierigkeit/Trennschärfe	(Test 4)	554
24:	Test-Reliabilität	(Übersicht Test 1 - 4)	558

Tabellen 25 bis 42: inferenzstatistisch

Tabellen 25 bis 37: Überprüfung der 1. Hypothese

25:	Standardabweichung	(Test 1)	562f
26:	Vierfeldertafel: gelöste vs. ungelöste (von allen) Aufgaben (Test 1)		563
27:	Vierfeldertafel: 75% der PW erreicht vs. nicht erreicht (über die bearbeiteten Aufgaben)	(Test 1)	564
28:	Standardabweichung	(Test 2)	565
29:	Vierfeldertafel s.Tab. 26	(Test 2)	566
30:	Vierfeldertafel s. Tab. 27	(Test 2)	567
31:	Standardabweichung	(Test 3)	568
32:	Vierfeldertafel s. Tab. 26	(Test 3)	569
33:	Vierfeldertafel s. Tab. 27	(Test 3)	570
34:	Standardabweichung	(Test 4)	571
35:	Vierfeldertafel s. Tab. 26	(Test 4)	572
36:	Vierfeldertafel s. Tab. 27	(Test 4)	573
37:	Überprüfung der 1. Hypothese (Übersicht über die Ergebnisse)		574

Tabellen 38 und 39: Überprüfung der 2. Hypothese

38:	Vierfeldertafel: gelöste vs. ungelöste (von allen) Aufgaben	576
39:	Vierfeldertafel: 75% der PW erreicht vs. nicht erreicht (über die bearbeiteten Aufgaben)	577

Tabellen 40 bis 42: Überprüfung der 3.Hypothese

40:	Vierfeldertafel: Mittelwerte der PW der unterrichteten vs. die nicht unterrichteten Klassen	578
41a:	Vierfeldertafel: gelöste Aufgaben der unterrichteten vs. die nicht unterrichteten	579
41b:	Vierfeldertafel: ungelöste ...	580
41c:	Vierfeldertafel: bearbeitete ...	580

42a: Vierfeldertafel: 75% der PW erreicht in den unterrichteten vs. die nicht unterrichteten ... 581
42b: Vierfeldertafel: ... nicht erreicht ... 582
42c: Vierfeldertafel: Anzahl der Bearbeitungen 582

Tabellen I bis L: Anhang zur Auswertung   **588 - 619**

Tabellen I bis XXIV: Anhang zum Vortest   588 - 601

I und II:	zu Test 1
III bis XIII:	zu Test 2
XIV bis XVII:	zu Test 3
XVIII bis XXIV:	zu Test 4

Tabellen XXV bis L: Anhang zum Haupttest   601 - 619

XXV bis XXVII:	Rater-Übereinstimmung	(Test 1)
XXVIII bis XXX:	Rater-Übereinstimmung	(Test 2)
XXXI bis XXXIII:	Rater-Übereinstimmung	(Test 3)
XXXIV bis XXXVI:	Rater-Übereinstimmung	(Test 4)
XXXVII:	Übereinstimmung/Schwierigkeit/Trennschärfe	(Test 1)
XXXVIII:	Übereinstimmung/Schwierigkeit/Trennschärfe	(Test 2)
XXXIX:	Übereinstimmung/Schwierigkeit/Trennschärfe	(Test 3)
XL:	Übereinstimmung/Schwierigkeit/Trennschärfe	(Test 4)
XLI:	Schwierigkeit pro Kriterium	(Test 1)
XLII:	Schwierigkeit pro Kriterium	(Test 2)
XLIII:	Schwierigkeit pro Kriterium	(Test 3)
XLIV:	Schwierigkeit pro Kriterium	(Test 4)
XLV:	Reliabilität	(Test 1)
XLVI:	Reliabilität	(Test 2)
XLVII:	Reliabilität	(Test 3)
XLVIII:	Reliabilität	(Test 4)
XLIX:	Standardabweichung 2. Hypothese/1. Auswertungsmodell	
L:	Prüfung gegen Gleichverteilung 3. Hypothese/2. Auswertungsmodell